Strohm

Vom Ursprung der Religion

W0388613

Harald Strohm

Über den Ursprung der Religion

oder

Warum Indra mit dem Dreirad zur Hochzeit fuhr

Wilhelm Fink Verlag

Mit den alten Göttern ging es ja lange schon zu Ende: – und wahrlich, ein gutes fröhliches Götter-Ende hatten sie!
Sie „dämmerten" sich nicht zu Tode – das lügt man wohl!
Vielmehr: sie haben sich selber einmal zu Tode – ***gelacht****!*

F. Nietzsche, Also sprach Zarathustra (Za II 431)

Mit Dank an die Peter-Dornier-Stiftung und die Firma Rehsler Kühlsysteme GmbH für die finanzielle sowie an Petrus und Pablo für die ideelle Unterstützung.

Mit Dank auch an die unzitierten Psychologen Gabi, Paddy, Erich und Michael sowie an die insgeheimen Hauptdarsteller: Meli, Lisa, Cora, Paul, Cami und Gilles.

Bibliografische Information Der Deutschen Bibliothek

Die Deutsche Bibliothek verzeichnet diese Publikation in der Deutschen Nationalbibliografie; detaillierte bibliografische Daten sind im Internet über http://dnb.ddb.de abrufbar.

Das Werk einschließlich aller seiner Teile ist urheberrechtlich geschützt. Jede Verwertung außerhalb der engen Grenzen des Urheberrechtsgesetzes ist ohne Zustimmung des Verlages unzulässig und strafbar. Das gilt insbesondere für Vervielfältigungen, Übersetzungen, Mikroverfilmungen und die Einspeicherung und Verarbeitung in elektronischen Systemen.

ISBN 3-7705-3795-5
© 2003 Wilhelm Fink Verlag, München
Einbandgestaltung: Evelyn Ziegler, München
Herstellung: Ferdinand Schöningh GmbH, Paderborn

Inhaltsverzeichnis

I. Hinführung

1. Das Thema und die Methoden

Wort Gottes. Einer der faszinierendsten Quellentexte der Religionsgeschichte, das *Popol Vuh* der Maya, entging der Vernichtung nur durch einen sonderbaren Umstand: Reverendo Padre Francisco Ximénez, seit 1688 auf Mission in Mittelamerika, fand sich durch den ihm vorgelegten und von Mayapriestern bereits in lateinische Lettern transkribierten Text so angerührt, daß er sich sogleich daranmachte, ihn zu kopieren; in einer Spalte getreu der Vorlage, in einer zweiten als spanische Übersetzung. Durch alle Entstellungen hindurch nämlich, so mußte es dem Padre erscheinen, klang aus diesem Text hier und da nichts Geringeres als – das Wort des Herrn. Und in der Tat: Die folgende Passage des Popol Vuh gleicht dem Schöpfungsbericht des Alten Testaments in erstaunlicher Weise:

> *Da war das ruhende All. Kein Hauch. Kein Laut … Noch war der Erde Antlitz nicht enthüllt … Unbeweglich und stumm war die Nacht, die Finsternis. Aber im Wasser … waren diese: … der Sieger Tepëu und die Grünfederschlange Gucumátz … – In Dunkelheit und Nacht kamen Tepëu und Gucumátz zusammen und sprachen miteinander: … „Es geschehe! Es fülle sich die Leere! Weichet zurück, ihr Wasser, und gebet Raum, daß die Erde aufsteige und sich festige!“ So sprachen sie … – „Erde!“ sagten sie, und im Augenblick war sie geschaffen … Es teilten sich die Wasser. Die Bäche liefen frei zwischen den Hügeln … – Darauf schufen sie die Tiere des Waldes, die Wächter der Wälder und Berge: Rehe, Löwen, Jaguare, Vögel; und als Wächter der Lianen schufen sie Schlangen, Nattern und Vipern …* – (Und zuletzt den Menschen:) *Aus Erde, aus Lehm machten sie des Menschen Fleisch …* (Cordan 29 ff.)

Was Padre Francisco noch nicht ahnen konnte, war, daß diese merkwürdige Parallelität zum Schöpfungsmythos des Alten Testaments (1 Mos 1,1 ff.) nur ein Beispiel von vielen ist. Denn analoge Schöpfungsmythen finden sich in den unterschiedlichsten alten Kulturen, verstreut über die gesamte Erde; im alten Ägypten nicht anders als in Babylonien, Kanaan, Altarabien und bei den Hethitern; im vedischen und epischen Indien, in Griechenland, Rom und bei den Germanen Nordeuropas; desgleichen im alten China, Japan, bei den polynesischen Völkern …: Überall begegnet, mehr oder weniger vollständig, eben jener Mythos, dessen Grundstruktur sich aus folgenden Elementen zusammensetzt: Am Anfang existierte (1) ein chaotisches Urwasser, eine undifferenzierte Urfinsternis, die durch (2) das gesprochene Wort eines oder mehrerer (3) göttlicher Schöpfer ausdifferenziert wurde: Unter dem (4) abgetrennten Himmel und seinem Licht erhob sich (5) eine Insel aus festem Land, die sodann mit (6) Pflanzen, Getier und zuletzt (7) den Menschen bevölkert wurde.[1]

Gewiß, die entsprechenden Mythen der jeweiligen Kulturen sind stets nur Variationen dieses Themas; in den umrankenden Details unterscheiden sie sich mannigfach: Die Namen der in diesem Schöpfungsprozeß aktiven Götter etwa sind kulturindividuell und verschieden. Sie reichen von Jahwe und Allah, Atum und Schu, El und Baal, Enlil und Enki, Prajapati und Indra, … bis eben zu Tepëu und Gucumátz. Gleichwohl sind aber auch viele Details oft von überraschender Ähnlichkeit: Die aus dem Urmeer aufsteigende Urinsel etwa wird im alten Indien nicht anders als in China und bei den Maya mit einem Schildkrötenrücken verglichen[2], der, aus dem Sumpf des Urchaos sich erhebend, Basis und Träger der künftigen Erdbewohner geworden sei. Auffallend häufig und ähnlich ist auch die Metaphorik für die ursprüngliche Trennung von Himmel und Erde: An verschiedenen Stellen der Welt wird diese Trennung als ein Hochstemmen des Himmels und anschließendes Absichern mit Hilfe eines zentralen Weltenbaumes oder -pfostens beschrieben …

NETZ. Der geschilderte Mythos ist im Komplex der „heidnischen" Religionen nur ein Element von vielen. Neben ihm stehen Mythen um Drachenkämpfe, Höhlenabenteuer, dramatische Aussetzungen und Verirrungen hinkender Götter … Auch diese Mythen haben globalen Charakter, kehren oft in bemerkenswerter Ähnlichkeit an den verschiedensten Orten der Welt wieder … Woher diese weltumspannende Kongruenz der früheren Mythen? – Mythen dieses Typs, ja die „heidnischen" Religionen insgesamt scheinen Ausdruck eines gemeinsamen psychologischen „Prinzips" zu sein: Aus ihnen scheint etwas elementar Menschliches zu sprechen, ein heiliges „Wissen", ein urwüchsiger, Kulturen überspannender Sinn. – Diesen Sinn, mithin die Psychologie des Heiligen in den frühen Religionen aufzuzeigen, ist Thema dieses Buches. Im Hintergrund, gleichsam als Baß wird dabei natürlich stets die weitere Frage schwingen: Durch welche Mechanismen wurden aus diesen sonderbaren Mythen des „Heidentums" die neuen Religionen vom Typ zumal des Christentums und des Islam? Denn daß diese neuen Religionen ein Produkt historischer Entwicklung sind, ist heute nicht mehr zu bezweifeln und wird auch im vorliegenden Text klar: Richtende und erlösende Himmelsväter, Heilungen und Wunder, … sterbende und wieder auferstehende Gottessöhne: praktisch alle Motive der neuen Religionen kannte auch schon das alte „Heidentum" – und war doch völlig anders. –

Der Frage nach dem psychologischen Sinn der frühen Religionen widmete sich in den vergangenen zweihundertfünfzig Jahren eine beträchtliche Anzahl oft hochverdienter Autoren. Wer sich (wie der hier Schreibende) ausnimmt, das Thema neu aufzurollen, muß drei strengen methodischen Voraussetzungen gerecht werden:

(1) Er muß zurück zu den Quellen; und zwar zu solchen, die möglichst alt, die hinreichend zuverlässig überliefert und wissenschaftlich erschlossen und die hinreichend aussagekräftig, das heißt hinreichend umfangreich und detailliert sind. – Zu den wenigen Quellen, die diesen Kriterien genügen, gehört der altindische Rigveda. Wie gleich unten, im Abschnitt *2. Der Rigveda und die Gathas des Zarathustra* ausgeführt, empfiehlt sich die rigvedische Liedersammlung aber auch noch aus weiteren Gründen als primäre Textgrundlage. Ihr hohes Alter qualifiziert sie überdies als eine Art Leitfossil zur Erschließung anderer, auch späterer Quellen.

(2) Quellen, die den genannten Kriterien genügen, gilt es sodann möglichst getreu zu bearbeiten; insbesondere sind sie so weit als möglich vor theoretischen Vereinnahmungen und ideologischen „Überfällen" zu schützen. Dies wird am zuverlässigsten durch zwei Verfahren gewährleistet: durch wörtliches Zitieren (aus Übersetzungen Dritter) und durch die Wiedergabe möglichst aller vorkommenden Motive; ausgenommen nur jene, die methodisch klar ausgegrenzt wurden. Das anzustrebende Ideal muß ein so fein gewobenes Netz wörtlich zitierter Aussagen sein, daß jede querschießende Interpretation von selbst in die Augen springt. – Das Sprechenlassen der alten Quellen verleiht dem Text zwar die ungewohnte, bisweilen vielleicht stokkend anmutende Form einer Kollage. Ihre Inhalte entschädigen dafür aber reichlich.

(3) Wer die Frage nach dem psychologischen Sinn des „Heidentums" neu aufrollt, muß das Netz der überlieferten Aussagen sodann mit den Aussagen einer psychologischen Theorie zur Deckung bringen. – Die entsprechende psychologische Theorie sollte dabei nicht nur konsensfähig, empirisch gesichert und in der Praxis erprobt sein; sie sollte insbesondere auch unabhängig sein; unabhängig im Sinn von: nicht eigens für religionswissenschaftliche, sondern für andere, „sachfremde" Zwecke entworfen. – Die Einzelheiten dazu im Abschnitt *3. Die These.* –

Trotz dieser strengen methodischen Vorgaben darf dem Leser schon hier zugesichert werden, daß die konkrete Ausgestaltung des Textes alles andere als spröde wird. Nicht nur die Quellentexte selbst sind von oft faszinierender Farbigkeit und originellem Humor; auch die besagte psychologische Theorie überlappt und betrifft zumal die heiteren Nischen unserer Alltagserfahrung. – Beide, Quellen und Theorie, in einem flüssigen Text zu moderieren, war der Ehrgeiz des Verfassers.

2. Der Rigveda und die Gathas des Zarathustra

Wer den schnellen Einstieg liebt, kann den folgenden Kapitelabschnitt einstweilen diagonal lesen und den Faden erst wieder bei Abschnitt *3. Die These* aufnehmen. – Alle Zitate sind kursiv gedruckt, längere überdies abgesetzt. – Die Anmerkungen (Fußnoten) verweisen speziell Interessierte auf weitere Quellen und Details. In den Anhang ausgelagert sollen sie den Weg der Untersuchung für die übrigen Leser frei und übersichtlich halten.

***

URALTE DENKER. Der altindische *Rig-veda*, wörtlich: *„(heiliges) Wissen in Versen"*, ist eine (in heutigem Druckbild) rund 1000 Seiten umfassende, in zehn Liederkreise (Mandalas) zerfallende und aus 1028 Kultliedern (Mantras) mit insgesamt mehr als 10 000 Strophen bestehende Sammlung von archaischem Alter. In seinen ältesten Schichten ist der Rigveda auf etwa 1700, in seinen jüngeren auf vielleicht 1200 v. Chr. zu datieren; er ist insgesamt also rund 3500 Jahre alt.

Zusammen mit den hethitischen Quellen bildet der Rigveda somit die älteste Schicht indogermanischer Literatur. Die ältesten aussagekräftigen Quellen des westlichen Europa sind mehr als 2000 Jahre, die Griechenlands, Homer und Hesiod, rund 800 Jahre jünger.

In Indien gilt der Rigveda bis heute als Inbegriff heiligen Wissens. Den indischen Auslegern freilich begann im Lauf der Jahrhunderte und Jahrtausende sein Inhalt mehr und mehr im Legendären und Unverstandenen zu verschwimmen. Erst der relativ kleine Kreis moderner Sprachwissenschaftler und Indologen von Roth, Grassmann, Bergaigne, Oldenberg bis Lüders, Thieme, Gonda ... Kuiper, Doniger[3] ordnete in den zurückliegenden 150 Jahren die Dinge wieder so weit, daß wir den Rigveda inzwischen als zuverlässige Quelle heranziehen können. – Obwohl über Jahrhunderte hinweg nur mündlich überliefert, ist die Qualität der erhaltenen Texte von hoher Treue. Paul Thieme, mein verehrter Lehrer und Grandseigneur der modernen Rigvedaforschung (er verstarb 96jährig im April 2001), sprach einmal von *dem immer wieder bewährten tadellosen Zustand unserer Überlieferung* (Unt 50).

Doch nicht nur sein hohes Alter; zwei weitere Gründe sprechen für den Rigveda als primäre Textgrundlage:

Der Rigveda ist ein Stiefkind der religionswissenschaftlichen Literatur. Überdeckt von den spektakulären Monumenten anderer Hochkulturen; überdeckt auch vom tropischen Indienbild schwüler Askese und Ewiger Wiedergeburt, blieb der Charme des Rigveda der Öffentlichkeit verborgen. Nur ausgesprochene Experten widmeten ihm bislang gebührende Aufmerksamkeit; zumeist in Aufsätzen, die, verstreut im Dickicht der Fachzeitschriften, zudem oft schwer zu lesen sind. Und in der Tat erschließen sich die alten Texte erst nach gründlichem Studium:

Anfangs mutet die Überfülle der oft gebetsmühlenartig aneinandergereihten Verse nicht eben aufregend an. Mal um Mal umkreisen sie das zentrale rigvedische Ritual, das sogenannte Soma-Opfer, bei dem der berauschende Saft der heiligen Somapflanze, nachdem aus deren Stengeln gepreßt, geseiht und mit Milch vermischt, von Priestern getrunken und mit viel Pomp den Göttern dargeboten wurde. Die meisten der rigvedischen Kultlieder wurden während dieses Soma-Opfers in kunstvoller Sprache und ehrwürdigem Ton rezitiert. – Die religiösen Vorstellungen der rigvedischen Dichter klingen in diesen Liedern aber nur in Andeutungen durch; in Andeutungen, die einst jedermann verstand. Uns Heutigen dagegen erschließen sich die religiösen Inhalte erst, wenn wir diese Andeutungen, die oft hunderte von Seiten auseinanderliegen, wieder zusammenfügen wie verstreute Scherben. Die Situation ist der vergleichbar, daß man aus einem Gesangsbuch die christliche Religion rekonstruieren wollte.

Richtig aneinandergelegt gibt das Puzzle allmählich eine kleine Schar von Göttern zu erkennen. Diese Götter waren aber höchst sonderbare Gestalten, die nicht minder sonderbare Abenteuer zu bestehen hatten: Fast durchweg galten sie als zugleich kraftvolle Stiere, Könige und Krieger; als adelige Helden jedenfalls, die sich, sei es lärmend, tanzend und musizierend, sei es in gefährlichen Drachenkämpfen oder knisternden Affären übermenschliche Verdienste zu erwerben hatten. Denn Sinn und Ziel ihres üppigen Treibens war nichts Geringeres als die Erschaffung dieser, unserer Welt. Der eine fand die Sonne und brachte sie in Umlauf, andere molken Wolken zum Gießen der Felder, ein dritter spaltete einen Berg und befreite daraus rote Kühe … Und natürlich hatten auch die rigvedischen Götter, wie Tepëu und Gucumátz bei den Maya, die ursprüngliche Finsternis zu Himmel und Erde auseinanderzustemmen. Über Agni, den rigvedischen Gott des Feuers, heißt es z. B.:

> *Er stemmte beide Welthälften auseinander, … er zerteilte die dazwischenliegende Finsternis durch das Licht. Die beiden Welten* (= Himmel und Erde) *rollte er wie Felle auseinander … (und) eignete sich die volle Bullenstärke an.* (Q 1)

Es nimmt nicht wunder, daß frühere Rigvedaforscher angesichts solch fürwahr toller, aus endlosen Textschlangen hervorspitzender Götter oft halb verärgert reagierten. Max Müller, der Herausgeber der ersten wissenschaftlichen Rigveda-Ausgabe (1849–1874), sah darin *das Geschwätz von Idioten und den Fieberwahn von Verrückten.*[4] Und auch noch Hermann Oldenberg schrieb 1894 in seinem epochemachenden Werk *Die Religion des Veda*:

> *Ungeheuerlichkeiten, absichtliche Widersinnigkeiten, Rätsel … erfüllen viele Lieder ganz, ununterbrochen aneinandergereiht.* (RdV 5)

Inzwischen sehen wir in vielem klarer, und aus angemessener Perspektive beleuchtet treten nicht nur die alten Götter, sondern auch die Menschen, die sie so inbrünstig verehrten, in schärferen Konturen hervor; nicht mehr, wie ihnen so lange unterstellt, als primitive Halbwilde, sondern als sympathische und uns ähnliche Menschen mit, je nachdem, ernsten oder lächelnden Gesichtszügen. – Überkommene Erklärungsmuster wie „Naturreligion", „Schamanismus", „Fruchtbarkeitskult", „Animismus", ... „Ausdruck einer magischen/mythischen Bewußtseinsstufe" greifen um so mehr ins Leere, je genauer wir hinhorchen, je genauer wir die Psychologie dieser Religion verstehen und nachvollziehen.

Einmal von ihnen ergriffen, zeigen sich die rigvedischen Texte – selbst in ihrer Monotonie – als großartige Poesie, die aus gutem Grund die Jahrtausende überdauerte. Ich teile das Urteil Paul Thiemes, daß wir im Rigveda in der Tat

> ... *hoch originelle Gedanken vorfinden, die erfrischen wie Quellwasser* ... (Zutage kommen) *die dichterischen Qualitäten uralter Denker,* ... *deren Vorstellungskraft etwas wunderbares zuwege brachte* ... (MaA 22)

Zarathustra. Aber nicht nur weil es dem Rigveda noch immer an angemessener Popularität fehlt, auch aus einem weiteren Grund verdient er besondere Aufmerksamkeit. Pointiert formuliert: Der Rigveda markiert das Ende der „heidnischen" Religionen. – Um den Zusammenhang aufzuschlüsseln, gilt es, ein wenig auszuholen:

Im Laufe des ersten vorchristlichen Jahrtausends vollzog sich auf religiösem Gebiet ein mächtiger Wandel. In Anlehnung an die griffige Formel Karl Jaspers' kann die Phase dieses religiösen Umbruchs als *Achsenzeit* bezeichnet werden. Bis in die sechziger Jahre des 20. Jahrhunderts wurde diese Achsenzeit, grob gesprochen, auf das 5. und 6. Jahrhundert vor Christus datiert. Dies vor allem deshalb, weil sich die mächtigen Verschiebungen in diesen Jahrhunderten sowohl für Israel als auch für Griechenland nachweisen lassen. Klar war aber schon damals, daß die Religion Irans, verkündet von dem iranischen Propheten Zoroaster (seit Nietzsche Zarathustra genannt), bei diesem Umbruch eine wichtige Rolle spielte. Auch Zarathustra wurde damals noch ins 6. Jahrhundert datiert.

Inzwischen wissen wir aber, daß dieser Zarathustra Jahrhunderte früher wirkte. Er wird inzwischen auf etwa 1000 v. Chr., genauer (aber noch immer unsicher) in die Spanne zwischen dem 10. und 14. Jahrhundert v. Chr. datiert.[5] – Auch über Zarathustra sind wir aus hinreichend gut erhaltenen Texten informiert; ja, in Gestalt der sogenannten *Gathas („Singstrophen")* liegen uns kultische Lieder vor, deren Urheber zweifelsfrei der Prophet selbst war.

Zumal diese Gathas belegen nun, daß Zarathustra eine Religion verkündete, die, obwohl von derart archaischem Alter, eigentümlich modern anmutet. Die wichtigsten Elemente seines Mythos lassen sich in zehn Punkten wie folgt zusammenfassen:

(1) Herr des gesamten Weltgeschehens sei ein väterlich-lichter Monotheos, der sich (2) in einem linear fortschreitenden Prozeß der Weltgeschichte eines (3) dualistisch-entgegengesetzten, teuflisch-finsteren Widersachers zu erwehren und zuletzt zu entledigen habe. Am (4) Ende der Weltgeschichte

würden die irdischen Verhältnisse dann in einem kolossalen Krieg aufgelöst und (5) in ein neues, von Gott Vater allein beherrschtes, lichtdurchflutetes Paradies der Transzendenz übergeführt. – Die Menschen der rechten Religion, so lehrte Zarathustra weiter, hätten diesen Prozeß der Welterlösung zu befördern, indem sie sich selbst erlösen: Ausgestattet mit einem (6) Erlösungsorgan = Seele oder Subjekt, müßten sie sich, (7) von Rationalität geleitet, in (8) freier Wahl für die Sache ihres Himmelsvaters entscheiden. Dadurch würden sie fortan auf der Seite der Guten agieren, als solche das Böse und die Bösen bekämpfen, und sich so für das Kommende Reich qualifizieren, das heißt (9) Unsterblichkeit erlangen. – Die Wahrheit dieses Mythos sei (10) durch Offenbarung verbürgt: Gott selbst habe sie seinem Propheten eingegeben.

Man sieht sofort, daß dieses mythische Erlösungsdrama mehr oder weniger vollständig in den noch praktizierten Religionen des Westens fortlebt: im Christentum nicht anders als in den Strömungen der Gnosis und im Islam. Es bildete auch schon den Kern der achsenzeitlichen Neuerungen im antiken Griechenland, insbesondere bei Platon; und ebenso im etwa gleichzeitigen Israel: bei den großen Propheten der exilischen und nachexilischen Zeit und insbesondere dann in der sogenannten jüdischen Apokalyptik.[6]

Es ist hier nicht der Ort, der Frage nachzugehen, ob das Erlösungsdrama Zarathustras auf die späteren Religionen, z. B. das Christentum, genealogisch übertragen wurde oder ob es dort in ähnlicher Form neu entstand. Festzuhalten bleibt indessen: Seine Ausgestaltung bei Zarathustra war, soweit wir wissen, die erste in der Geschichte.[7]

Zarathustra kann deshalb als der Angelpunkt der achsenzeitlichen Wende gelten; mit ihm begann der Niedergang des „Heidentums". Schon in Zarathustras eigener Verkündigung war das neue Erlösungsdrama ausdrücklich zur Überwindung des „Heidentums" konzipiert. Uns erhaltene Worte des fernen Propheten bezeugen dies klar genug: Während er sich und seine Lehre als Inbegriff des *Wahrseins* und des *Guten Denkens* apostrophierte, grenzte er die ihn umgebenden „Heiden" schroff ab: als (nach Herman Lommels Übersetzung) die *Lügenhaften ringsum* (Y 29,5).

Zarathustra selbst blieb weitreichender Erfolg zwar noch verwehrt. Seine Lehre aber hatte nach wenigen Jahrhunderten schon die Züge einer Weltreligion. So nachhaltig verdrängte das von Zarathustra erstmals verkündigte Erlösungsdrama die alten Religionen, daß wir erst allmählich wieder zu begreifen beginnen, was diese alten Religionen überhaupt waren. Bis vor kurzem noch schien es undenkbar, ja widersprüchlich, dort von „wirklicher" Religion zu sprechen, wo keine Erlösung verheißen und kein weltgeschichtlicher „Sinn" angesetzt wird, wo Vorstellungen von einer mit freiem Willen begabten unsterblichen Seele, von moralischer Verpflichtung und von Transzendenz fehlen. Aber genau dies ist der Fall. Das „Heidentum", z. B. die Religion des Rigveda, handelt von gänzlich anderen Inhalten; sie hat völlig andere mythische Themen, repräsentiert einen grundsätzlich anderen Typ von Religion. – Um es in einer Formel vorwegzunehmen: Die alten Religionen handeln primär nicht vom Ende der Welt, nicht von Tod, Apokalypse und Auferstehung, sondern vom Anfang der Welt; nicht von Erlösung, sondern von Schöpfung – von Schöpfung freilich in einem sehr spezifischen Sinn. – Diesen Sinn mit Hilfe moderner Psychologie zu entschlüsseln, ist das Thema dieses Buches.

Aufs engste assoziiert waren diese Schöpfungsmythen dabei mit der Morgenröte: So wie jeden Morgen beim Aufgang der Sonne die Welt aus dem Nichts der Nacht von neuem entsteht, so ähnlich sei es auch damals, am Uranfang gewesen. Die Morgenröte war deshalb auch die wichtigste Zeit des Kults und Gebets …

PISSE. Wir sind in der glücklichen Lage, rekonstruieren zu können, von welcher Religion genau sich Zarathustra so entschieden abgrenzte. Denn jene vorgeblich *Lügenhaften ringsum* bekannten sich zu einer Religion, die der des altindischen Rigveda aufs nächste verwandt gewesen sein muß.

Zwar erwies sich die (ideologisch bald schon so übel ausgeschlachtete) These des 19. Jahrhunderts, daß die Iraner im Umfeld Zarathustras und die Inder der rigvedischen Kultur die Seitenarme eines gemeinsamen, erst wenige Jahrhunderte zuvor verzweigten indogermanischen Stammes gewesen seien, in dieser Einfachheit als nicht haltbar. Beide ethnische Gruppen nannten sich zwar „Arier"; aber was beide verband, war nicht biologische, sondern sprachliche und religiöse Verwandtschaft.[8] Und dies ist nicht weiter verwunderlich; denn beide Volksgruppen standen sich nicht nur zeitlich, sondern auch geographisch nahe: Zarathustra missionierte nämlich – wahrscheinlich – in Nordost-Iran. Der Rigveda dagegen entstand im Nordwesten Indiens, genauer: im Panjab, heute Pakistan, dem Gebiet des oberen Indus, das ist der rigvedischen Sindhu. Erst Jahrhunderte später breitete sich die vedische Kultur, schon mannigfach verändert, weiter nach Süden und Osten aus.

Wie nah die altiranischen Singstrophen Zarathustras und die altindischen Gedichte des Rigveda in der Tat stehen, zeigen die linguistischen Parallelen in aller Deutlichkeit. Die Standardbeispiele: Altiranisch *haoma, „berauschender Preßsaft"* heißt altindisch *soma, „berauschender Preßsaft"*; altiranisch *ahura, „Herr"* heißt altindisch *asura, „Herr"*. Auch der philologische Laie sieht diesen Vokabeln an, daß sie allenfalls einige Jahrhunderte divergenter (und lautgesetzlich regelmäßiger) Entwicklung hinter sich haben, aber aus einem gemeinsamen Stamm hervorgegangen sein müssen.

Ähnliches wie für die Sprache gilt für verschiedene Bräuche, Werte und Vorstellungen des damaligen Iran hier und Indiens dort: Zarathustra polemisierte z. B. gegen jenen haoma = „berauschender Preßsaft" und nannte ihn in schroff abwertender Fäkalsprache eine *Pisse von Rauschtrank* (Y 48,10; nach Humbach Ga-I 141). Ein solch scharfer Ton macht aber nur Sinn, wenn in seinem Umfeld Menschen lebten, die den Rausch des haoma noch heiligten. Nun erhielt sich zwar von diesen vorzarathustrischen haoma-Verehrern in

Iran keine unmittelbare Nachricht. Prompt aber nebenan in Indien: Ein Großteil der rigvedischen Kultlieder handelt von der Pressung und Kelterung eben jenes soma/haoma = „berauschender Preßsaft". Und in diesen Kultliedern galt der Saft mitnichten als *Pisse von Rauschtrank*, sondern unter anderem als flüssiges *Gold* von lieblicher *Blume*, als *lieber Göttertrank, süßer wie Honig.* (Q 2). – Wir werden von Soma noch Genaueres lesen.

Auch verschiedene Götternamen sind hier und dort, in Altiran und Altindien, aufs nächste verwandt. Der altiranische, bei Zarathustra erwähnte Gott *Yima* (Y 32,8) etwa hat sein genaues sprachliches Äquivalent im altindischen *Yama* (und im lat. *geminus* und nordgerm. *Ymir*[9]). Der indische Yama, obwohl das Reich der Toten hütend, ist voller freundlicher Züge: Im *Götterpalast* seiner Höhle *unter einem schönbelaubten Baume zecht er mit den Göttern. Seine Flöte wird geblasen*, wenn er, der *Sammler der Menschen*, die Verstorbenen, die nun *den von Yama aufgespannten Rahmen* durchmessen haben, mit *gutem Blick* und *freundlich in seinem Haus* empfängt (Q 3). – Von ähnlichem Charakter wird auch der altiranische Yima gewesen sein; und die Menschen im Umfeld Zarathustras scheinen ihn geliebt zu haben wie die im rigvedischen Indien. Nur so ist es erklärlich, daß Zarathustra diesen Yima empört attackierte. Er nämlich sah in Yima einen *Frevler* (Y 32,8), den es dereinst zu vernichten gelte. – Auch Yama werden wir noch genauer kennenlernen.

Ein noch dramatischeres Schicksal widerfuhr dem prominentesten Gott des rigvedischen Pantheons: Indra, dem Gott, der mit dem Dreirad zur Hochzeit fuhr; einem keulenschwingenden Rabauken voller Übermut und Schöpferdrang. Wie im rigvedischen Indien war Indra auch im vorzarathustrischen Iran hochverehrt[10]; bei Zarathustra aber ward er – zum Teufel.

Zwar wird Indra selbst bei Zarathustra niemals mit Namen erwähnt. Aber aus dem Rigveda wissen wir, daß Indra ein Göttergeschlecht anführte, die *Devas*, das wir auch aus Altiran, dort als *Daevas*, kennen. Genau diese Daevas wurden nun bei Zarathustra zum Inbegriff des Bösen. Eine Passage aus den Gathas des Zarathustra lautet etwa:

> *Aber ihr Daevas alle seid Abkömmlinge des Schlechten Denkens, und wer euch gar sehr verehrt,* (ist) *der Lüge und des Hochmuts …* (Y 32,3; nach Lommel RdZ 91)

Wir können also schließen, daß dem iranischen Propheten der zuvor so hoch verehrte Indra zum Anführer der Teufel geraten war.[11] – Ein Erfolg auf allen Ebenen war Zarathustras Angriff freilich nicht; denn noch fast tausend Jahre später rühmte sich der iranische Großkönig Xerxes, er habe *ein Heiligtum zerstört, … in dem man noch kürzlich Daevas anbetete* (Kent 151).

Verdumpfung. Im Spannungsfeld zwischen der Religion des Rigveda und der Religion Zarathustras verläuft also die Achse, die die alten Religionen der Morgenröte von den späteren Erlösungsreligionen trennt. – Dieser Sachverhalt ist nicht nur von religionsgeschichtlicher, sondern auch von philosophischer Brisanz. Schon Platon[12] und andere Philosophen der Antike sahen deshalb in Zoroaster eine epochemachende Gestalt; und fast zweitausend Jahre später, in der Renaissance, setzte in der philosophischen Zunft erneut ein wahrer Boom um Zarathustra ein.[13] Aus gutem Grund:

Im Erlösungsdrama Zarathustras sind weltgeschichtlich zum ersten Mal Kategorien angelegt und formuliert, die das abendländische Denken weit über den Bereich des rein Religiösen hinaus maßgeblich, ja grundlegend prägten. Um nur das eine Beispiel herauszugreifen: Die Überzeugung, daß der Mensch (zumindest der europäische Mann von Stand) in seinem Inneren ein Erlösungsorgan = Subjekt oder Seele trage, das nach Höherem, nach Überirdischem strebe und zur Erreichung dieses Ziels mit dem transzendent inspirierten Licht des Rationalen und überdies mit einem freien Willen ausgestattet sei – diese Überzeugung ist, obwohl religiösen Ursprungs, längst auch in der Welt des Profanen eine tragende Säule abendländischen Denkens.

Noch Hegel war dieses mythische Subjektivitäts-Konstrukt so selbstverständlich, daß er es in seiner Philosophie zum „absoluten Wissen" erhob. Es nimmt deshalb nicht wunder, daß Hegel in Zarathustra nicht einfach nur einen bedeutenden Religionsstifter sah, sondern den Urheber jener menschheitsgeschichtlichen Epoche, die allein verdiene, „die" Geschichte genannt zu werden. Erst mit Zarathustra, so Hegel, sei die Menschheit gleichsam aus ihrem Schlaf magisch-mythischer Naturverfangenheit erwacht; erst damals habe sie begonnen, sich ihrer selbst und ihrer Geschichtlichkeit bewußt zu werden. *In Persien*, dem Kernland der iranischen Kultur, so Hegel in seinen *Vorlesungen über die Philosophie der Geschichte*,

> *... in Persien ... geht zuerst das Licht auf, welches scheint und anderes beleuchtet, denn erst Zoroasters Licht gehört der Welt des Bewußtseins an, dem Geist ...* (Die) *Geschichte Persiens ... macht den eigentlichen Anfang der Weltgeschichte ...* (234)

Im nachbarlichen Indien dagegen, so Hegel weiter, sei, ähnlich wie im damaligen Ägypten und China, nichts von dieser lichthaften Bewußtwerdung zu vernehmen. Es bleibe dabei:

> *Die Hauptsache ... ist die Lehre des Zoroaster. Gegen die unglückselige Verdumpfung des Geistes der Inder kommt uns in der persischen Vorstellung ein reiner Atem entgegen, ein Hauch des Geistes.* (239)

Zu einer völlig anderen Bewertung kam Hegels großer Gegenspieler Schopenhauer; ohne deswegen die weltgeschichtliche Rolle Zarathustras in Zweifel zu ziehen. Im Jahre 1826 schrieb er einmal:

> *Überhaupt glaube ich, daß folgende Hypothese vieles für sich hat. – In der alten Welt hat es von jeher nur 2 Ur-Religionen gegeben, die jede Abkömmlinge haben. – Die eine ist die Zend-Religion* (Zarathustras), *von ihr stammt das erst während der Babylonischen Gefangenschaft entstandene Judentum, und der Islam ... Sie sind monotheistisch, ... nehmen Anfang und Ende der Welt an. – Diese Religion ... muß ich nach meiner Ansicht die Religion des Irrtums nennen ...* (HN III 306 ff.)

Und tatsächlich sah sich Schopenhauer berufen, jene von Zarathustra einst aufgestellten Säulen auch des abendländischen Denkens wieder umzustoßen: Der Monotheismus und der Glaube an einen eschatologischen Sinn der Geschichte waren ihm ebenso falsche, ja verruchte Annahmen wie der Glaube an eine unsterbliche Seele und einen freien Willen. – In den Religionen des alten Indien dagegen sah Schopenhauer, ganz anders als Hegel, keine *unglückselige Verdumpfung des Geistes*, sondern die *Ausgeburt der höchsten menschlichen Weisheit* (PII 424); ja über die spätvedischen Upanischaden (5. Jh. v. Chr.) schrieb er:

> *Es ist die belohnendste und erhebendste Lektüre, die … auf der Welt möglich ist: sie ist der Trost meines Lebens gewesen und wird der meines Sterbens sein.* (PII 422)

Den Rigveda selbst kannte Schopenhauer freilich nur oberflächlich.[14] Zwischen diesem ältesten Teil des Veda und den Upanischaden, seinem jüngsten, liegen rund tausend Jahre und beträchtliche Verschiebungen.

KOMÖDIE. Noch radikaler urteilte jener Mann, der Schopenhauer in jungen Jahren als *Erzieher* gewürdigt hatte: Friedrich Nietzsche. Auch Nietzsche erkannte die weltgeschichtliche Bedeutung Zarathustras, und auch er hielt den Erlösungsmythos des altiranischen Propheten für einen *Irrtum*; ja, er hielt ihn für so fatal und verhängnisvoll, daß er die Kritik an Zarathustra ins Zentrum seiner Philosophie stellte. Rückblickend und schon kurz vor seinem endgültigen psychotischen Zusammenbruch schrieb Nietzsche einmal, schon erkennbar pathologisch vermessen:

> *Innerhalb meiner Schriften steht für sich mein* (Also sprach) *Zarathustra. Ich habe mit ihm der Menschheit das größte Geschenk gemacht, das ihr bisher gemacht worden ist …* (EH II 1152 f.)

Um seine Zarathustra-Philosophie zu verstehen, muß man wissen, daß Nietzsche sich als Arzt[15], gewissermaßen als einen Psychotherapeuten der abendländischen Kultur verstand. Deshalb gedachte er, gegen den Mythos des iranischen Propheten nicht nur mit den Mitteln rationaler Kritik vorzugehen, sondern auch – hochmodern – mit dem Mittel der Komik, genauer: der Parodie.

In seiner Schrift *Also sprach Zarathustra* (1881–1885) schuf Nietzsche deshalb die fiktive Gestalt eines neuen „Zarathustra“ – einen „Zarathustra“, der im Aufzug eines Komödianten und Possenreißers „seine“ dreitausendjährige Lehre widerrief, ja in einem komischen Schauspiel zum besten gab. Einer der Monologe dieses „sich selbst“ reflektierenden „Zarathustra“ lautet:

> *Ach, ihr Brüder, dieser Gott, den ich schuf, war Menschen-Werk und -Wahnsinn, gleich allen Göttern!*
> *Mensch war er, und nur ein armes Stück Mensch und Ich: aus der eigenen Asche und Glut kam es mir, dieses Gespenst, und wahrlich! Nicht kam es mir von Jenseits! …*

Leiden war's und Unvermögen – das schuf alle Hinterwelten …
Also sprach Zarathustra … (Za II 297 ff.)

Kaum jemand las Nietzsches Text[16], und niemand wußte etwas damit anzufangen. In den Jahren nach seinem Erscheinen versuchte Nietzsche deshalb mehrmals, das Projekt seiner Zarathustra-Komödie zu erläutern; z. B. mit folgender Stelle aus dem Jahre 1886:

> *An dem Tage aber, wo wir aus vollem Herzen sagen: „vorwärts! auch unsre alte Moral* (d. i. insbesondere der iranische Gut-Böse-Dualismus des historischen Zarathustra) *gehört in die Komödie!" haben wir … eine neue Verwicklung und Möglichkeit entdeckt* … (GM II 769)

Nachdem Nietzsche sich auch nach solchen Klarstellungen noch immer mißverstanden fand, versuchte er kurz vor seinem Ende ein letztes Mal, das Verhältnis von seiner Kunstfigur „Zarathustra" zu dem historischen Zoroaster ins rechte Licht zu rücken – wiederum ohne Erfolg:

> *Man hat mich nicht gefragt, man hätte mich fragen sollen, was gerade in meinem Munde, im Munde des ersten Immoralisten der Name* ***Zarathustra*** *bedeutet: denn was die ungeheure Einzigkeit jenes Persers in der Geschichte ausmacht, ist gerade dazu das Gegenteil … Zarathustra* ***schuf*** *diesen verhängnisvollsten Irrtum, die Moral: folglich muß er* (in Gestalt meines, Nietzsches, „Zarathustra") *auch der erste sein, der ihn* ***erkennt*** … (EH II 1153)

Meines Wissens ist Nietzsches Zarathustra-Parodie von dem hier skizzierten Ansatz her bis heute nicht gebührend gewürdigt worden. Zwar haben Autoren wie sein Biograph Curt Paul Janz ausdrücklich darauf verwiesen, daß

> … *der ganze Zarathustra* (bei Nietzsche) *eine Gegenposition gegen den Perser Zoroaster ist.* (II 233)

Ja, der Bamberger Altorientalist Walter Hinz bezeichnete Nietzsches Zarathustra als

> … Höhepunkt der Entstellung – diesmal aber gewollt und bewußt …

Allein, so Hinz weiter,

> … *bei aller bewußten und gewollten Verkehrung ins Gegenteil dessen, was der geschichtliche Zarathustra anstrebte, hat Nietzsche doch mit genialem Scharfsinn dessen Größe erspürt … Nietzsche hat hier tiefer geblickt, als die meisten Fachgelehrten seiner und unserer Zeit.* (10 f.)

Nichtsdestoweniger vertrat aber z. B. der Herausgeber der Goldmann-Ausgabe von *Also sprach Zarathustra*, Peter Pütz, noch in den neunziger Jahren des 20. Jahrhunderts:

> *Warum Nietzsche den Namen des persischen Religionsstifters für seine Titelfigur wählte, ist nicht bekannt.* (291)

WILDFANG. Daß Nietzsches Zarathustra-Philosophie – nach meiner Kenntnis – bis auf den heutigen Tag nicht vor dem Hintergrund der achsenzeitlichen Wende gelesen wird, ist um so bedauerlicher, als Nietzsche darin nicht nur den iranischen Propheten Zarathustra parodierte, sondern auch und zumal ein Plädoyer für den vorausliegenden, „heidnischen" Religionstyp hielt. – Ich kenne keine philosophische Schrift der abendländischen Geistesgeschichte, die in Ton und Inhalt der Poesie des Rigveda so nahe steht wie Nietzsches Dichtungen in *Also sprach Zarathustra.* Gewiß, Nietzsche stellte seine Lieder in die Tradition griechischer Dithyramben an Dionysos. Aber dieser Dionysos war nicht nur ein „heidnischer" Gott vom Schlag rigvedischer Götter, vor allem Indras. Nein, Nietzsche kannte auch nachweislich den Rigveda selbst; wenigstens auszugsweise.[17] Schon seiner Schrift *Morgenröte*, 1881 erschienen, stellte Nietzsche ein Motto voran, das ausdrücklich der altindischen Quelle (II 28,9) entnommen ist:

> *„Es gibt so viele Morgenröten, die noch nicht geleuchtet haben." Rigveda.* (Mo I 1009)

Mag es bloße Intuition gewesen sein oder reflektierte Absicht: Nietzsches Utopie eines neuen, nachchristlichen Gottes oder richtiger: einer neuen, nachchristlichen Göttervielfalt ist von rigvedischen Motiven durchtränkt und in rigvedischen Farben ausgeführt. Ich werde, wo es sich fügt, einige Belege einflechten.

Zumal auch Nietzsches komödiantische „Zarathustra"-Figur ist, nicht anders als sein berüchtigter „Übermensch", vom Kolorit Indras: In seinem Erscheinungsbild ein tanzender Rabauk und Wildfang; in seiner religiösen Funktion ein Freudenspender, feindlich gesonnen einzig – dem Geist der Schwermut. Nur drei kurze Textproben aus dem Munde des Nietzscheschen „Zarathustra" dazu:

> *Wo ich auch meinen alten Teufel und Erzfeind wieder fand, den Geist der Schwere, und alles, was er schuf: Zwang, Satzung, Not und Folge und Zweck und Wille und Gut und Böse: …*
> *Dort war's auch, wo ich das Wort „Übermensch" vom Wege auflas, und daß der* („christlich" geprägte) *Mensch etwas sei, das überwunden werden müsse, – daß der Mensch eine Brücke sei und kein Zweck: … als Weg zu neuen Morgenröten. – … und über Wolken und Tag und Nacht spannte ich noch das Lachen aus wie ein buntes Gezelt.* (Za II 445)

Deshalb „Zarathustras" Hoffnung:

> *Es muß erst einer kommen, – einer, der euch wieder lachen macht, ein guter fröhlicher Hanswurst, ein Tänzer und Wind und Wildfang, irgendein alter Narr: …* (Za II 516)

Und deshalb auch „Zarathustras" Appell:

> *Ihr ... Menschen, euer Schlimmstes ist: ihr lerntet alle nicht tanzen, wie man tanzen muß – über euch hinweg tanzen! Was liegt daran, daß ihr mißrietet!*
> *... Erhebt eure Herzen, ihr guten Tänzer, hoch! höher! Und vergeßt mir auch das gute Lachen nicht! ... Das Lachen sprach ich heilig; ... lernt mir – lachen!* (Za II 531)

Lachender und mit Lachen ansteckender Tänzer, Wildfang, Narr und morgenroter „Übermensch" ...: Treffender hätte sich Indra, der größte Gott des Rigveda, schwerlich skizzieren lassen ...

SKLAVENAUFSTAND. Was Philosophen wie Hegel, Schopenhauer und Nietzsche umtrieb, war die Frage: Warum und auf welchen Bahnen vollzog sich die achsenzeitliche Wende? Hegel (und viele nach ihm) setzte als Erklärung ein Erwachen oder Bewußtwerden der damaligen Menschen an; Schopenhauer, wir lasen es, einen *Irrtum*. Beide Antworten vermögen uns Heutige nicht mehr zufriedenzustellen. Differenzierter und moderner war wiederum die Antwort Nietzsches. Mit einer Vielzahl psychologisch scharfsinniger Analysen versuchte er seine These zu befestigen, daß das große achsenzeitliche Beben Ausdruck eines *Sklavenaufstands in der Moral* gewesen sei (JGB II 653; Gen II 780): Jahrhundertelange Not und soziale Ausgrenzung, so Nietzsches These, hätten in der antiken Welt bei der Masse der Sklaven und Zukurzgekommenen zuletzt die religiöse Vision hervorgären lassen, daß sich die Welt der hiesigen Ungerechtigkeit bald schon in einem apokalyptischen Weltenbrand auflösen und einem kommenden Reich der Gerechtigkeit weichen würde ...

Vieles spricht für die Richtigkeit von Nietzsches These; allerdings mit einer Einschränkung. Ein *Sklavenaufstand in der Moral* kommt erst für die Zeit des iranischen Großreiches unter den Achämeniden, also ab dem 6. Jahrhundert v. Chr., in Betracht. In diesem Großreich, zumal in seinen schnell wachsenden Städten, herrschten allerdings verheerende soziale Verhältnisse; und tatsächlich scheint der Zarathustrismus auch erst damals, jetzt aber wie ein Lauffeuer, die Massen ergriffen zu haben. Zarathustras Mythos dagegen entstand bereits Jahrhunderte früher und eindeutig in einem bäuerlichen Umfeld, das sich nicht wesentlich von jenem der rigvedischen Menschen unterschied. Hier, „auf dem Land" und unter der Obhut eines regionalen Königs, so bezeugen die Quellen, zog Zarathustra als Zaotar, das ist als Opferpriester, durch die Gegend und verkündigte mit mäßigem Erfolg, bisweilen auch abgewiesen, seine neue Lehre; ganz ähnlich wie im nachbarlichen Indien die konventionellen (auch etymologisch verwandten) Hotrs.

Nietzsches soziologische These vom *Sklavenaufstand in der Moral* vermag deshalb zwar die spätere Ausbreitung des neuen Mythos zu erklären, nicht aber seine Entstehung. Hierzu bedarf es einer weiteren, einer psychologischen Erklärung; genauer: Es bedarf einer Antwort auf die dezidierte Frage: Wie konnte aus Mythen rigvedischen Typs der Mythos Zarathustras hervorgehen?

Eine bündige Antwort auf diese Frage steht zwar (meines Wissens) noch aus. Aber die moderne Indoiranistik, seit ihrer Entstehung vor etwa hundertfünfzig Jahren um eine solche Antwort bemüht, brachte Ergebnisse an den Tag, die den Weg der Lösung vorzeichnen. Das wichtigste Beispiel:

Es kann inzwischen als gesichert gelten, daß bei der Entstehung des zarathustrischen Erlösungsdramas der rigvedisch bezeugte Gott *Asura Varuna*, wörtlich: *„Herr wahre Rede"*, eine Schlüsselrolle spielte. Denn sehr wahrscheinlich war es dieser Asura Varuna, der bei Zarathustra zu *Ahura Mazda* (wörtlich: *„Herr Weisheit"*) wurde.[18] Ahura Mazda aber ist der Monotheos der neuen Religion und damit der Prototyp des göttlichen Vaters aller späteren monotheistischen Religionen.

Dies ist eine höchst bemerkenswerte Erkenntnis. Denn im Rigveda begegnet Varuna als ein zwar hochverehrter, aber unheimlicher Gott. Gefürchtet ob seines Grolls, seiner Eifersucht, seiner List; gefürchtet auch ob seiner ansteckenden Krankheiten und seiner fesselnden Schlingen, wurde Varuna devot um Gnade gebeten wie kein anderer. Vor allem des Nachts trieb und stiftete er, in schwarzem Mantel und mit einer goldenen Schale aus Gewässern steigend, sein Unwesen. Tagsüber dagegen hütete er untrügbar und mit strengem, nie die Lider schlagendem Auge das Recht; fernab im Himmel, am Rande der Welt saß er dann auf seinem goldenen Hochstuhl oder schaukelte, alles überblickend, einsam in seinem Sonnenschiff … – Wie, so die große, ja bange Frage; wie konnte ein solcher Gott die Welt der Menschen so nachhaltig verändern?

Die Frage ist offen. – Auch die vorliegende Studie ist nicht mehr als Vorarbeit zu ihrer Lösung. In ihrem Mittelpunkt steht die Religion des Rigveda, also die letzte Etappe noch vor der großen achsenzeitlichen Wende. – Varuna werden wir dabei nur sporadisch begegnen. Denn im Vordergrund der rigvedischen Religion stand ein Gott von ganz anderem Naturell: Indra, der Gott, der mit dem Dreirad zur Hochzeit fuhr. Sein „Wesen" zu ergründen, seine Heiligkeit zu erspüren, ist das gesteckte Ziel.

Dazu gilt es einen neuen, bislang noch nicht begangenen Weg einzuschlagen. Von ihm aus zeigt sich Indra in ganz unerwarteter Pose. – Diese Pose aber wirft ihrerseits auch ein Licht voraus auf Varuna. Denn nicht zufällig waren beide, Indra und Varuna, bei aller Verschiedenheit doch „Brüder": Beide galten gleichermaßen als göttliche Söhne; genauer: als *Adityas, „Söhne der Aditi"*, das heißt als Söhne der altindischen Göttermutter.

3. Die These

Kompetent. Zentrales Thema des Rigveda und anderer früher Religionen waren die Ereignisse am Anfang der Welt: Schöpfung, nicht Erlösung, war ihr Schwerpunkt und hauptsächlicher Stoff. Für den rigvedischen Dichter, so Thieme deshalb, war

> *... der Mythos ... nicht ausschmückende, unterhaltende Legende, sondern Urgeschehen, das am Anfang der Welt steht: ... die Großtaten Indras, der ... „die Sonne, den Himmel und die Morgenröte zur Entstehung bringt“ ...* (Rig 8)

Doch inwiefern ist hier von Schöpfung, von *Urgeschehen*, von göttlichen *Großtaten am Anfang der Welt* die Rede?

Schöpfung, so meine These, wird in den frühen Mythen nicht etwa als physikalisches Phänomen verstanden, sondern als psychologisches, als intim menschliches. Die Schöpfungsmythen des Rigveda blenden nicht zurück in jene Vergangenheit, die nach Jahrmillionen rechnet, sondern in jene, die eine knappe Lebensspanne zurückliegt: an den Anfang des menschlichen Erlebens, in die frühe Kindheit.

Gewiß, gänzlich neu ist diese These nicht. Schon Freud und seine Schule erkannten in den frühen Mythen Inszenierungen kindlicher Dramen. Doch soweit ich überblicke, datierten Freud und seine Schüler, zuletzt Norbert Bischof, die mythischen Ereignisse fast durchweg auf relativ späte Phasen der Kindheit. Ich dagegen behaupte: Diese Mythen handeln von der Lebensspanne zwischen Geburt und – vorläufig gesprochen – ungefähr dem Ende des zweiten Lebensjahres, der Zeit des (aktiven) Spracherwerbs.

Obwohl von fürwahr fundamentaler Bedeutung für das gesamte weitere Leben, unterliegt die früheste Phase der Kindheit der sogenannten frühkindlichen Amnesie, das heißt, sie ist jeder Erinnerung im gewöhnlichen Sinn verschlossen.[19] Die frühe Kindheit ist insofern in der Tat ein „Jenseits“, eine Welt der „Transzendenz“ – in deren geheimnisvolles Inneres aber gleichwohl Wege führen ...

Bis vor kurzem noch war diese Lebensphase Brachland der Wissenschaft. Der Säugling galt hier allzulange, so Lotte Köhler jüngst (ein wenig übertreibend), als *polymorph-perverses Triebbündel*[20]; jedenfalls wurde vom Säugling *überwiegend das Bild eines passiven, undifferenzierten und seinen Trieben ausgelieferten Wesens gezeichnet* (Dornes KS 21). In den zurückliegenden dreißig Jahren aber haben sich die Dinge gründlich gewandelt. Raffinierte experimentelle Verfahren und neue theoretische Entwürfe zeigen den Säugling inzwischen als differenziertes, aktives und kommunikatives Wesen. Der Topos vom *kompetenten Säugling*, Müttern schon immer selbstverständlich, hielt Einzug in die Wissenschaft.

Daß gerade diese, die früheste (nachgeburtliche) Phase des menschlichen Lebens vorrangiges Thema auch der früheren Religionen gewesen sei, fand, soweit ich sehe, im Diskurs der modernen Säuglings- und Kleinkindforschung bislang keine Stimme. – An intuitiven Anspielungen fehlte es dennoch nicht. René Spitz, einer der Pioniere der modernen Säuglingsforschung, schrieb schon in den fünfziger Jahren des 20. Jahrhunderts in denkwürdiger Metaphorik:

> *Uns fehlen die Begriffe, sogar die Worte, in welchen das Niemandsland menschlichen Beginnens beschrieben werden könnte. Wir wissen noch nicht, wie ... von den ersten*

> *Regungen des Geistes im Dämmern vor Sonnenaufgang zu sprechen ist. Der Leser möge mir verzeihen, wenn ich bei dem Versuch, mich zu orientieren, über meine eigenen unbeholfenen Metaphern stolpere* ... (Brü 1017)

Daniel N. Stern, einer der Exponenten in der gegenwärtigen Diskussion, beantwortete seine ersten, hinführenden Fragen nach der *Lebenserfahrung des Säuglings* mit folgendem Bild:

> *Solche Fragen klingen ein wenig so, als ob man wissen wolle, wie das Universum in den ersten Stunden nach dem Urknall ausgesehen hat* ...

Beide Ereignisse, frühkindliche Welteröffnung und kosmischer Urknall, so Stern weiter,

> ... *bleiben, an beinahe entgegengesetzten Polen, unserer unmittelbaren Erfahrung fern und verschlossen.* (LS 15)

Das amerikanische Autorenteam um Alison Gopnik, dessen Buch *The Scientist in the Crib (How Babies Think)* auch in Europa Aufsehen erregte, bezeichnete Einjährige gar mehrmals als *adorable one-year-old rogues*, *„anbetungswürdige einjährige Strolche"* und deren „Probleme" beim Erkunden der Welt als *gefährliche, im kindlichen Eden lauernde Schlange* (37, 35).

Und Martin Dornes beschrieb in seinem Standardwerk *Der kompetente Säugling* die Situation des Stillens einmal mit:

> *Dieses Paradies ist kein Ort, wo Milch und Honig in den Säugling fließen,* ... *sondern einer, an dem zwei Subjekte Milch und Honig austauschen* ... (KS 78)

LAHM, BLIND, AUSSÄTZIG. Die Dichter des Rigveda wußten um die Prozesse der Schöpfung natürlich aus anderen Quellen als die modernen Säuglingsforscher. Doch einen ersten Eindruck, wie differenziert dieses Wissen auch bei ihnen war, vermittelt bereits folgender Lobpreis an Indra:

> (Es) *erhob sich der Aussetzling. Der Lahme stand fest, der Blinde wurde sehend.* (Q 4)

In dieser Formulierung sind die drei größten „Heldentaten" Indras abstrakt zusammengefaßt.

- (1) Das „Abenteuer" des Gehenlernens und überhaupt das Erlernen motorischer Behendigkeit. Dieser Themenkomplex ist, verglichen mit den beiden anderen, psychologisch weniger spektakulär und weitgehend ohne wissenschaftliche Fachkenntnisse nachvollziehbar. Ihm gilt das folgende Kapitel; überschrieben: *Der Lahme stand fest.*
- (2) Das „Abenteuer" des Sehenlernens. – Erst die letzten Jahre und Jahrzehnte der modernen Säuglings- und Kleinkindforschung brachten zutage, wie genau sich unsere sensorischen Fähigkeiten entwickeln und wie sich zumal die optische Welt des Menschen eröffnet. Dabei wurde auch deutlich, daß die frühkindliche „Konstruktion" der Welt das spätere Leben

nachhaltig beeinflußt. Es hängt fürwahr manches davon ab, wie man einst *die Sonne, den Himmel und die Morgenröte zur Entstehung* brachte. – Die Ergebnisse der modernen Säuglingspsychologie und psychotherapeutischer Forschung werden helfen, die „Geheimnisse“ des Rigveda, die sich um diesen Themenkomplex ranken, zu entziffern. Von ihm handelt das Kapitel: *Der Blinde wurde sehend.*

– (3) Das „Abenteuer“ von Bindung und Lösung. – Zumal die psychologische Schule in der Tradition John Bowlbys machte deutlich, wie prägend für das gesamte Leben die Qualitäten der ersten Bindungen und der ersten Abschiede des Menschen sind. – Der Rigveda schildert die „Abenteuer“ von Bindung und Lösung freilich in anderen, in heiligen Worten. Aber ich bin der Überzeugung, daß dessen Pollen, sobald mit den Stempeln moderner Bindungstheorie vereinigt, neue, noch besser reifende Früchte hervorbringen könnte. Dazu das Kapitel: *Es erhob sich der Aussetzling.*

Indras „Abenteuer“ beim Erwerb seiner (1) motorischen und (2) sensorischen Fertigkeiten sowie bei seinen ersten Erfahrungen mit (3) Bindung und Lösung geben die Gliederung für den Haupttext vor.

Soweit zum Programm. – Zuletzt noch einige methodische Beschränkungen:

PARADOX. Obwohl sein zentrales Thema die Erschaffung der Welt ist, sind dem Rigveda doch auch darüber hinaus vielerlei Details zu entnehmen; Details nicht nur über die soziale Struktur, die politische Organisation, ... die technischen Fertigkeiten der damaligen Menschen, sondern auch Details aus dem Umkreis des Religiösen. Manche dieser Details werden im Folgenden durch die zitierten Textpassagen zwar angeschnitten. Sie werden ansonsten aber nicht weiter aufgegriffen. Dies gilt insbesondere für die Todesvorstellungen und für die „Techniken“ des Heils und des Heiligen. – Anstelle genauer Ausarbeitungen hier deshalb nur wenige Worte dazu:

Der Tod spielt im Rigveda (und insgesamt in den „heidnischen“ Religionen) eine untergeordnete Rolle. Insbesondere war den damaligen Menschen das Versprechen von Unsterblichkeit im Sinn der späteren Religionen fremd. Von den Göttern erbat man ein langes und gesundes, kein ewiges Leben. Mit Paul Thieme zu reden:

> *Das im wesentlichen diesseitig gerichtete Trachten der vedischen Dichter beschäftigt sich nicht mit Wunschträumen von der Aufhebung des Todesschicksals. Man begnügt sich mit einem Wunsche ...: man möchte hundert Herbste, das Alter, das Leben überqueren, d. h. über alle Schwierigkeiten und Gefahren, die das volle Auskosten der dem Menschen beschiedenen Lebenszeit bedrohen, glücklich hinwegkommen.* (Nek 15)

Entsprechend galt auch der oft aufwendige Totenkult primär nicht den Verstorbenen, sondern den Hinterbliebenen.

Einer eigenständigen Erörterung bedürften des weiteren die „Techniken“ des Heiligen. – Die Heiligkeit der rigvedischen Schöpfungsmythen bestand nicht nur in ihrer bloßen Kenntnis – als „Glaube“ oder „Wissen“ –, sondern wesentlich in der Form ihrer Darstellung und Inszenierung. Die Einbindung dieser Mythen in komplexe Kulte und Rituale war ebenso unerläßlich wie kunstvolle poetische Einkleidung und langwierig geschulte Vortragstechnik. Zumal die Kunst der Formulierung hatte dabei einen so hohen Stellenwert, daß das Wort dafür, *brahman, „die Formulierung"*, im späteren Hinduismus dem Stand der *Brahmanen* und dem kosmischen *Brahman*, dem *„All-Einen"*, den Namen verlieh.[21]

Wesentliches Element der Formulierungskunst war dabei das (oft paradoxe) Chiffrieren. Mit Heinrich von Stietencron zu reden:

> *Die Götter lieben die dichterisch gestaltete Rede, sie lieben die geheimnisvolle Anspielung und das vieldeutige, raffiniert gesetzte Wort – die plumpe, offene Rede hingegen ist ihnen verhaßt.* (Rel 177)

Deshalb aber gilt es in der Tat, Wendy Donigers Rat zu befolgen:

> *Wer sich auf die rigvedischen Götter einlassen will, muß lernen, mit Paradoxem und Rätselhaftem zu leben und es zur vollen Entfaltung zu bringen.* (16)

Ob dieser Kunst des paradoxen Chiffrierens ist nicht zu erwarten, daß die rigvedischen Götter jemals abstrakt und unmittelbar als Kleinkinder angesprochen wurden. Nein, wo immer sie begegnen, sind sie halb hinter Rätseln versteckt; hinter Rätseln freilich, die aus dem von mir vorgeschlagenen Blickwinkel stets leicht zu lösen sind: Wer sich die Augen erst einmal gerieben hat, wird die süße Bande aus dem Dickicht der geheimnisvollen Anspielungen nur um so plastischer hervorspitzen sehen …

Unter „Techniken" des Heiligen wäre auch die Frage aufzugreifen, woher die damaligen Menschen oft so überraschend genaue Kenntnisse über die ersten Lebensjahre hatten; denn die Methoden der modernen Säuglingsforschung waren sicher nicht ihr Genre. – Um hier Antworten geben zu können, gälte es von „Meditation", von Ekstase (Yoga), Rausch, Traum, … Psychose zu handeln. Aber auch hier gebietet der gesteckte Rahmen, es bei diesen Andeutungen zu belassen.

II. Der Lahme stand fest

1. Indras Alter

Lachender Held. Indra ist der am meisten gepriesene und zugleich der vielfarbigste Gott des rigvedischen Pantheons, fürwahr: ein *Champion*, ein *Gott des Glanz und Gloria* (Gonda IH 5; Mit 35). Über keinen anderen wissen wir vergleichbar viele Details, sowohl was seine äußere Erscheinung als auch was seine Schöpfungsabenteuer anbelangt. – Um so erstaunlicher ist es deshalb auf den ersten Blick, daß, mit Herman Lommel zu reden, *Indra die neuzeitlichen, westlichen Vedaleser wenig für sich* (hat) *einnehmen können* (AK 5). Genauer besehen war die schlechte Aufnahme Indras aber nur natürlich:

Zum einen sperren sich die meisten Züge des großen Gottes gegen die abendländischen Erwartungen von Göttlichkeit. Indra ist kein Gott der Transzendenz, kein Gott väterlicher Macht, kein Gott der Erlösung, kein Gott imperativer Moral. Zum anderen sind die westlichen Darstellungen Indras ohne Würze und wirkliches Verständnis geblieben. – Lommel selbst war einer der wenigen Autoren, die Indra eine eigene Monographie widmeten; unter dem mißverständlichen Titel: *Der arische*[1] *Kriegsgott* (Erscheinungsjahr 1939). Gottlob frei von nationalsozialistischen Avancen stellt dieses Buch eine Reihe interessanter Züge Indras zusammen. Das wirklich Charakteristische ist darin aber meines Erachtens so wenig getroffen wie in den mir bekannten anderen Studien zum Rigveda.

Zwar stimmt es, daß, so Lommel, *Indra ein gewaltiger Kämpfer von Riesenkraft* und *unbedachtem Mut* ist; *ein Bullenkerl und ein Raufbold nach Art eines frischen, starken Burschen* (AK 8, 11, 17). Ein „Kriegsgott" kann Indra gleichwohl nur in einem sehr relativen Sinn sein. Denn er hat, so Lommel selbst, *keinerlei Beziehung zum Blut*, und schon erst recht *keine wollüstige Wonne daran, Blut zu vergießen und sich damit zu besudeln* (12).

Auch die anderen von Lommel herausgearbeiteten Züge haben ihr gutes Recht, fügen sich aber nicht zu einem stimmigen Gesamtbild:

Es ist richtig, daß Indra regelmäßig *in herzlicher Zutraulichkeit angerufen und mit freudiger Erwartung begrüßt* wird (15). Es stimmt, Indra ist von *vertrauter und herzlicher Nähe*, *spendet mannigfachen Segen* und *ist dabei ein freundlicher Gott: gutartig und unbekümmert*, von *strahlender Fröhlichkeit* und *fröhlicher Schlichtheit*, *ein lachender Held* (16 f.). Dabei hat Indra *die Unschuld der elementaren und animalischen Natur*, er *fragt nicht nach Recht und Unrecht* und ist *zu natürlich, zu echt und unreflektiert, um bescheiden zu sein* (10, 17 f.). Und zuletzt, Indra ist auch *ein wackerer*

Zechkumpan; denn in der Tat: *frohgemut wie er ist, will er Fröhlichkeit sehen ringsum* (18).

All diese und die weiteren für gewöhnlich aufgezählten Attribute geben einen prächtigen Romanhelden ab. Aber die herzliche Ehrfurcht vor Indra im täglichen Gebet, das Werben um seine Zuneigung, das einfordernde Bitten um seine Gunst: um Kindersegen, Wohlstand, langes Leben, Frieden ...; mit einem Wort: Indras göttliche Macht und lebendige Heiligkeit bedarf weiterer, bedarf psychologischer Bestimmungen.

Lommels methodische Vorgabe war, man müsse *die gewohnte Art des Bewertens ganz von sich abtun, wenn man Indra betrachtet* (9). Ich finde: Allerdings. Erst dann nämlich verliert Indra jenes *rätselhafte Wesen* (12), an dem auch Lommel letztlich resignierte.

Sehen wir zu, ob sich das Rätsel um Indra vielleicht mit Hilfe meiner These besser lösen läßt; der These, daß Indra als kleines Kind verstanden werden will!

(Ich bitte, bei den nun folgenden ersten Einblendungen aus den dreieinhalbtausend Jahre alten Texten des Rigveda hinzunehmen, daß einzelne Motive noch unklar bleiben müssen. Warum Indra ein „Bulle" war, was es mit dem Rauschtrank Soma auf sich hat – dies und anderes wird sich erst Zug um Zug entschlüsseln.)

GOLDIG. Indra wird Mal um Mal als ‚goldig' bezeichnet. – ‚Goldig' aber ist bis auf den heutigen Tag, wenn ich so sagen darf, ein „frühkindlicher Diminutiv"; fast ausschließlich verwendet als: *goldiges Kind*; übertragen auch als: *goldiges Kätzchen, Blümchen, Häuschen* ... Unverkennbar dem Gold der Morgenröte entlehnt, ist das Wort ‚goldig' ohne herzlich-grüßende Geste auch heute noch schwer über die Lippen zu bringen. Aus rigvedischen Gedichten an Indra:

> (Der) *Himmel* (= Vater)*, der den Goldigen nährt, die Erde* (= Mutter) *von goldigem Aussehen, ... zwischen denen (wandelt) der Goldige. – Dir, dem Goldgestaltigen, sollen die Lobesworte zu Herzen gehen. – An Indra haften die goldgelben Farben, ... goldhaariger Indra ... mit goldgelbem Haupthaar, ... du goldig Geborener ... – Indra, der Keulenträger, der goldige, – ... mit goldigem Arme! – Der Goldrossige nimmt die goldige Waffe in die Arme, die goldige Keule* ... – (Indra) *du Goldfarbiger, – ... besteige den goldigen Wagen!* (Q 1)

Die von Lommel aufgezählten Attribute: *gewaltiger Kämpfer von Riesenkraft, Bullenkerl, Raufbold, starker Bursche* und *Zechkumpan* gehen mit ‚goldig' nur in einer einzig möglichen Konstellation zusammen: beim Anhimmeln eines kleinen Kindes. – Ähnliche Wendungen sind bis heute üblich: ein goldiger Feger, goldiger Wildfang, goldiger Teufel, Brocken, Rabauke, Kerl, Räuber ... – Daß Indra als „Kriegsgott" solcher und nur solcher Art erlebt wurde, geht aus weiteren Zuschreibungen hervor:

Wie alt mag er sein, dieser goldige Indra? – Die untere Altersgrenze liegt auf der Hand: Indras „Geburt". Nur einige der ungezählten Belege:

Ein Kämpfer ohne Nebenbuhler, ... schon von Geburt unbezwingbar ... – Von Geburt an berühmt ... – Schon bei der Geburt an Heldentaten unerreicht ... – Sobald du geboren wurdest, hast du deinen Sinn gestählt, o Indra.

An dem Tage, da du geboren warst, trankst du ... den Rahm des (Soma-)*Stengels ... Du trankst sogleich den Soma, ... als du in beide Welten* (= Himmel und Erde) *eingezogen warst ... – Ihn schenkte dir die Mutter, die junge Frau, deine Erzeugerin, zum ersten Male im Hause des großen Vaters ein ... – Die Mutter sagte deine Größe voraus.* (Q 2)

Von Indras „Geburt" sprechen auch die Szenen mit seinen Schwestern. Man muß dazu wissen, daß bei „Naturvölkern" Geburtshilfe und die Pflege der Kleinen noch heute meist reine Frauensache ist. Ammen sind in der Regel die Großmütter, Tanten und zumal die noch unverheirateten Mädchen des Clans oder der Familie. So war es offenbar auch bei den Menschen Altindiens. An Indra:

Wiegend warten die geschäftigen Frauen den neugeborenen Indra, da sie die Pflege seiner Heldenkraft übernommen haben ... – Die unbefleckten Schwestern, die bei der Mutter wohnen, treiben kräftig zur Eile und stärken ihn an Kraft. – Sie umarmen ihn wie Frauen den Gemahl, wie einen schmucken jungen Mann ... – Viele tausend Schwestern beeifern sich (um ihn) wie vermählte Frauen um den nicht Schüchternen.

(Indra ist der) *Finder des Himmelslichtes, ... er ist unter Räubern ein Räuber, ... am Euter ein Schlund ...* (Q 3)

Dennoch, die Passagen von Indras „Geburt" müssen mit Bedacht beurteilt werden. Das Wort ‚Geburt' wird noch heute als Metapher verwendet, die auch für spätere Lebensphasen stehen kann: Auch als 40jähriger kann man sich noch oder wieder ‚wie neugeboren' fühlen; Pubertierende ‚nabeln sich ab'; das Abitur kann zur schweren Geburt werden; ja selbst ein Stern kann geboren werden und die Wiege der Menschheit in Afrika liegen. Auch moderne Entwicklungspsychologen verwendeten ‚Geburt' in solch übertragenem Sinn. Margret Mahler veröffentlichte eine Schrift mit dem Titel: *Die psychische Geburt des Menschen*; und Martin Dornes schrieb einmal:

Das Alter von zwei Monaten ist ein Einschnitt ..., fast wie eine Geburt. (KS 81)

Tatsächlich werden wir im einzelnen noch sehen, daß auch Indras „Geburt" in solch übertragenem Sinn verstanden wurde. Sie war auf die Zeit um den fünften, sechsten Lebensmonat angesetzt; eine Phase, die aus Indras eigener Perspektive allerdings eine Art zweite „Geburt" ist. – Und ist nicht auch noch das in Holz oder Ton nachgebildete Christkind in unseren Weihnachtskrippen – *holder Knabe im lockigen Haar* –regelmäßig von etwa diesem Alter? Neugeborene jedenfalls haben weder solch wallende Locken noch derart klar-wache Augen und sehen überhaupt sehr anders aus. Ja, selbst noch über Mohammed ist überliefert, *daß er bei der Geburt die Hände auf den Boden und den Kopf gen Himmel gerichtet habe*; ein Verhalten, das Neugeborenen unmöglich, für Fünf-, Sechsmonatige aber charakteristisch ist (Ibn Ishaq 33).

Indra freilich war, obzwar damals „geboren", bei den meisten seiner Abenteuer bereits deutlich älter: Einen Fünfmonatigen kann man zwar *goldig* nennen, man kann ihn, wie es hieß, *umarmen, wiegen, beeifern* und ihm zu trinken geben; aber ihn als *schmucken jungen Mann* bezeichnen, ihn *zur Eile treiben* und ihn ob *seiner Heldenkraft* loben wäre eher ungewöhnlich. Gänzlich unmöglich ist es aber, bei einem Fünfmonatigen vorauszusetzen, er könne *zwischen seinen Eltern* wandeln, *mit goldigem Arme eine goldige Keule* führen oder gar einen *goldrossigen, goldigen Wagen* besteigen. – Sehr wohl möglich ist all dies aber bei einem etwa Einjährigen. – Indras „Geburt", auch wenn auf den fünften Monat angesetzt, muß also für ein Gutteil seiner „Abenteuer" schon einige Zeit zurückliegen.

Dafür, daß Indra in vielen Posen schon mindestens ein Jahr alt war, spricht auch ein weiteres Indiz:

ZAHNREIHEN. Indra hat schon Zähne; natürlich Milchzähne. Und zwar nicht nur einen oder zwei, sondern bereits ein ganzes Gebiß. Dadurch unterscheidet er sich klar von offenbar jünger angesetzten Göttern des Rigveda, z. B. von Pusan, der ausdrücklich der *zahnlückige Gott* hieß; desgleichen von Agni, der in stehender Wendung als Gott *ohne Zahn* oder als *Doppelzahniger* galt (Q 4).

Indra muß schon etwas älter gewesen sein:

> *Er ist glänzend, mit schönen Zahnreihen ..., der goldzahnige ... Dessen goldgelbe (Zahnreihen) sich wie zwei Löffel auftun, während er die beiden goldgelben Zahnreihen für den Siegestrunk hin und her bewegt, ... nachdem er vom Rauschtrank, dem lieben Tranke, getrunken hat ... (Dich) Indra mit den goldenen Zähnen* (laden wir ein), *auf daß du von dem angebotenen Süßtrank trinkest ... – Berausche dich ..., Indra! Schließe das Gebiß auf, öffne die Lippen! Dich, du Schönzahniger, sollen die Falben herfahren. Nimm gern unsere Opfergaben an! – ...* (du) *Krieger mit goldenem Gebiß.* (Q 5)

Niemand, außer Kleinkindern, wird für seine Zähne in solcher Art angehimmelt und bejubelt. – *Goldgelbe Zahnreihen* haben Kinder in der Regel nicht vor dem Ende des ersten Lebensjahres; meist sogar erst einige Monate später.

Indra scheint in den eingeblendeten Szenen also mindestens zwölf Monate alt gewesen zu sein. – Wesentlich älter dürfen wir ihn aber auch nicht ansetzen. Denn ein weiterer Zug Indras legt die obere Altersgrenze fest: Indra kann schon gehen! – aber nur auf reichlich wackligen Beinen:

> *Diese Lobrede ... geleitet dich ... wie eine Schwester deine Schritte geleitet ... – Der Stier* (Indra)*, der Sohn der jungen Kuh, (hat) sich mit kräftigem Brüllen aufgerichtet.* – (Er ist der) *breitspurige Brüller, – ... der erstarkte, aufrecht stehende Träger des Himmels, ... der Erzeuger der Sonne, – ... der standfeste.* (Q 6)

Neben seinen Schwestern assistierten dem *kräftigen, breitspurigen Brüller* bei seinen ersten Schritten natürlich die Mutter – aber auch seine Freunde. Zu diesen Freunden gehörten die *Marut*, eigentlich *„die Sturmböen"*; eine wilde Schar göttlicher Rabauken, die, zu einem Umzug formiert, lärmend und musizierend durch die Gegend zogen. In einem Lied zu ihren Ehren heißt es:

Die Marut sogar stärkten dabei den Indra, als die Mutter den Helden laufen lehrte als die beste Lehrmeisterin … Jene (Marut) stärkten Indra mit reichlich Zuspruch. Diese (Welten) waren von seiner (Indras) *Fußstapfe gleichsam bedeckt … Hoch sind deine Füße, wenn du ausschreitest … Somaberauscht ging Indra … auf sein Ziel los mit den eifrigen Freunden.* (Q 7)

Von den stürmischen Marut werden wir noch Genaueres lesen. – Neben ihnen assistierten dem goldigen Indra auch noch andere Freunde bei seinen ersten Schritten; vor allem die *Rbhus* und *Visnu*. – Vor ihren Auftritten eine Zwischenbemerkung:

Indras „Gehbehinderung" ist ein elementares Merkmal des großen Gottes. Wir werden gleich sehen: Die rigvedischen Texte bringen es in unterschiedlichsten Facetten zur Geltung. Und vor allem: Sie bringen es in Verbindung mit Indras übrigen Schöpfungsabenteuern, z. B. mit der Eröffnung der optischen Welt. Nicht zufällig hieß es deshalb gerade oben, daß *der erstarkte, aufrecht stehende* zugleich auch der *Träger des Himmels* und *der Erzeuger der Sonne* sei. (Q 8).

Gleich im Anschluß an den Vers *„als die Mutter den Helden laufen lehrte …"* heißt es:

Diese (Welten) waren von seiner (Indras) *Fußstapfe bedeckt. Aus der angeschwollenen Finsternis kamen die Leibesfrüchte hervor.* (Q 9)

Was es mit dieser *angeschwollenen Finsternis* und diesen *Leibesfrüchten* im einzelnen auf sich hat, muß hier noch der Intuition des Lesers überlassen bleiben. Doch daß aus der *Finsternis* etwas *hervorkam*, verweist wiederum klar auf ein optisches Ereignis; ein Ereignis aus der Kategorie: *Der Blinde wurde sehend.*

Aus diesem Grund war es ein Fehler, Indras „Gehbehinderung" als mythisches Element nur seiner Kindheitsgeschichte aufzufassen. K. F. Geldner z. B. merkte zu der zitierten Stelle *„als die Mutter den Helden laufen lehrte …"* an:

… bezieht sich auf die Kindheit Indras (III 252).

Dies suggeriert, daß andere Abenteuer Indras eben gerade keine Kindheitsgeschichten seien. Und genau diese Unterstellung war meines Erachtens bislang der Anfang aller Mißverständnisse.

Nein, alle Abenteuer Indras sind Kindheitsgeschichten. Und gerade die Abenteuer des Gehenlernens legen die obere Grenze von Indras Alter fest: mindestens ein Jahr, schwerlich aber älter als vierzehn Monate.

Beobachten wir an weiteren rigvedischen Mythen, was Indra bei seinen ersten Schritten ins Leben widerfuhr:

2. Indras Freunde

RBHUS. Freunde Indras waren nicht nur die stürmischen Marut, Freunde waren auch die *Rbhus*, wörtlich: *„die Werkmeister"* oder *„Handwerker"*; drei süße Gesellen mit Namen *Vaja*, *Vibhvan* und *Rbhuksan.*

Nachempfunden waren die Rbhus (sprich: Rubus) wirklichen Wanderhandwerkern, wie es sie noch im 20. Jahrhundert und auch schon in rigvedischer Zeit gegeben hat. *Unterhalt suchend*, so lesen wir, zogen sie als *fahrende Sänger ... westwärts* (und) *ostwärts* und arbeiteten, wo immer sie ankamen, *mit rechtem Fleiß und Pünktlichkeit* (Q 10).

Im Mythos aber waren die Rbhus Ebenbilder unserer Heinzelmännchen, und nicht viel älter als Indra selbst. Meist ungesehen packten diese *Kinder der Stärke* allerorts kräftig mit an und gingen vor allem ihren *Eltern* mit *Aufwartung, Besorgung und Kunstfertigkeiten* zur Hand (Q 11):

> *Einer treibt die lahme Kuh zum Wasser hinab; einer zerlegt das Fleisch, das im Korb gebracht wird. Bis Sonnenuntergang trug einer den Dung fort. Haben wohl die beiden Eltern ihren Söhnen* (den Rbhus) *dabei geholfen?* (Q 12)

Auch Wunder waren den göttlichen Handwerkern mit ihren *schönen Händen* natürlich ein leichtes. So brachten sie z. B. *die Felder in guten Stand, leiteten die Flüsse ab*, so daß *die Pflanzen in die Wüstenei ..., in die Niederung die Gewässer* einziehen konnten. Ja, so groß war ihr welterschaffender Fleiß, daß sie *Himmel und Erde* insgesamt *zur Blüte* brachten (Q 13).

Berühmt waren die Rbhus aber vor allem durch vier handwerkliche Kunststücke von fürwahr göttlicher Schöpfermacht. Sie bastelten nämlich (1) aus einem abgezogenen Fell wieder eine lebendige Kuh. – Real werden sie wohl einmal beim Zerlegen einer geschlachteten Kuh zugeschaut und dann, wie bei Kindern solchen Alters nicht anders zu erwarten, geglaubt haben, der Prozeß sei reversibel. Jedenfalls lesen wir:

> *Aus dem Fell formtet ihr Rbhus eine Kuh und ließet die Mutter wieder mit dem Kalb zusammen.* (Q 14)

Ebenso wundersam und Zeugnis göttlicher Könnerschaft: Die Rbhus schnitzten (2) aus einem Becher vier. Man höre selbst:

> *Wie ein Grundstück maßen die Rbhus mit dem Rohrstab den einen gähnenden Becher aus ... – Agni* (rief ihnen zu): *„Aus dem einen Becher machet vier!" – Der Älteste sprach: „Ich will zwei Becher machen", der Jüngere sprach: „Wir wollen drei machen", der Jüngste sprach: „Ich will vier machen."* (Q 15)

Man sieht im Vorbeigehen, daß die Macht zum Zauber mit zunehmendem Alter kleiner wird. – Nach dem Geheiß des Jüngsten jedenfalls geschah dann das Unglaubliche – und die rigvedischen Priester lobten die Rbhus herzlich dafür:

Nunmehr ist die Belohnung der Rbhus an der Reihe, ... da ihr mit Geschicklichkeit den einen Becher vervierfacht habt. Ihr habt den Becher vervierfacht. – Wahre Reden führend, schnitztet ihr die Becher ... (Q 16)

Man errät leicht, warum behende Kinder vom Alter der Rbhus ein drittes Wunder vollbrachten: Sie verjüngten nämlich (3) auch ihre Eltern. – Wenn die Kleinen im Alter der Rbhus aus dem „Gröbsten bereits heraus" sind, wenn sie schon im Begriff sind, „sauber" zu werden und im Haushalt schon ganz „fleißig" mit Hand anlegen ...; – da können die Eltern in der Tat etwas durchatmen. Rigvedisch gesprochen:

Mit redlichem Streben haben die Rbhus ihre Eltern durch Dienstleistung wieder jung gemacht. – Durch eure Kunstfertigkeit machtet ihr die greisen Eltern jung, – ... die alt wie zerfallene Pfosten dalagen, (ihr,) *Vaja, Vibhvan, Rbhu(ksan), die Honiggenießer ...* (Q 17)

Holzgestell. Diese köstlichen Rbhus nun waren, wie gesagt, auch Freunde des goldigen Indra. Auch sie halfen ihm beim Gehenlernen wie die Marut; jedoch nur indirekt. Anders als die stürmischen Marut spornten sie den großen Gott nämlich nicht zum Gehen an, sondern bastelten ihm (4), was man braucht, wenn man eben gerade noch nicht so recht gehen kann: Einen *preiswürdigen, ... leicht rollenden, nicht umkippenden Wagen* (Q 18) und vor allem – Zugpferde, Indras Falben.

Indras Wagen gilt es gleich noch vorzufahren; vorab das Wichtigste zu seinen Rossen. – An die Rbhus:

Mit Kunst zimmertet ihr die beiden Falben, die besten Läufer, die Zugtiere des Indra, ihr reichbelohnten Rbhus. – Loblieder jubelnd, (machten sie) *mit Erfindungsgabe die Falben für Indra ...* – (Sie, die Rbhus, waren es,) *die für Indra das aufs Wort sich schirrende Falbenpaar mit Verstand zimmerten.* (Q 19)

Daß die Rbhus Indras Falben *zimmerten,* ist nicht nur übertragen zu verstehen. Denn allem Anschein nach waren sie tatsächlich aus Holz. Es heißt jedenfalls ausdrücklich:

Wie zwei unbekleidete neue kleine Puppen auf dem Holzgestell sehen die beiden Braunen auf der Ausfahrt schön aus. – (Indra „antwortet":) *Bereit sind sie beide für mich, wenn ich früh ausfahre, bereit, wenn ich spät ausfahre, die beiden Braunen, die auf den Ausfahrten keinen Unfall erleiden.* (Q 20)

Danach waren die Falben Indras also unverkennbar Spielzeug von jener Art, wie es vielerorts in den archäologischen Schichten „heidnischer" Kulturen gefunden wurde.[2] Möglich und gut damit vereinbar ist freilich auch, daß Indras Falben nicht nur *small puppets* (Gonda IH 69) waren, sondern, ebenso von den Rbhus gezimmert, eine Art Schaukelpferdchen. Denn immer wieder werden sie auch vorgestellt als *riesige Falben ... mit riesigen Zügeln, die riesigen, die deine Keule fahren* (Q 21). – Aus der Perspektive eines gut Einjährigen muß ein Schaukelpferdchen ja tatsächlich solche Dimensionen haben.

Wie auch immer, Indras Falben machen es nicht schwer, sich das Brrr! und Hüh! und Hott! und Hoppe-Hoppe-Reiter! seiner Ausritte und Wagenfahrten auszumalen. – Dem entspricht genau der Ton, mit dem die Priester die Falben des goldigen Gottes bejubelten:

> (Wir, die Priester) *schirren seine beiden geliebten Falben an den Wagen, ... die rötlichen, mutigen, die den Herrn fahren. – Schirr also* (auch du) *deine mähnigen Falben, die Hengste, ... du Somatrinker Indra. – Schirre deine übermütigen Falben an! – ... deine Zechgenossen, die schöngestriegelten, – ... deine beiden Kumpane, die goldmähnigen Falben. – Komm, du Hochherziger, dich mit den fleckfarbenen Rossen sputend, mit den schnellen zum Opfer, – ... komme ... mit den angeschirrten Falben, den lieben, zu der lieben Speise! – Halte die Falben an, spanne die beiden Kameraden aus und stimme den Gesang an,* (bei uns) *in der Sängerschar Platz nehmend ...* (Q 22)

Die Rosse ausgespannt, ergibt sich nun endlich ein erstes Mal Gelegenheit, jenes abenteuerliche Kärrelchen vorzustellen, das diesem Buch den Titel verlieh: Indras goldiges Dreirad.

Dreirad. Wir werden uns dieses dreirädrige, von den Rbhus gezimmerte Gefährt später noch genauer ansehen. Denn detailliert wird es vor allem dort beschrieben, wo Indra seine erste Liebesaffäre (mit seiner Mutter) besteht: Sein Dreirad fungiert dort nämlich auch als „Hochzeits"-Kutsche, die von Indras „Hochzeits-Paten" (den beiden Asvin) gedeichselt wird. Dort werden wir Passagen lesen wie:

> *Diesen ... Wagen, den vielgerufenen, preislichen, dreirädrigen, ... weiser Rede würdigen, wollen wir mit Lobliedern ... anrufen. – Ihr Asvin gingt ... mit dem Dreirad zur Hochzeit ... – Mit dem fahre* (Indra) *von Soma berauscht zu deiner lieben Frau! ... Fahr los; du hast (die Zügel) in die Hände genommen.* (Q 23)

Doch auch schon hier macht es Sinn, erste genauere Blicke auf Indras Dreirad zu werfen. – Wie es im einzelnen aussah, müssen wir freilich aus Indizien erschließen:

Nach ihnen war Indras Dreirad nicht von der Bauart heutiger Dreiräder, hatte also keine Tretkurbel und Lenkstange. Vielmehr muß es jenen neuerdings wieder in Mode gekommenen dreirädrigen Kinder- und „Sport"-Wägen mit Hinterachse und einzelnem Bugrad geglichen haben; allerdings nicht mit einem Bügel zum Schieben, sondern mit einer Deichsel zum Ziehen versehen. Denn Indra hatte darauf nicht nur *die Zügel in die Hände genommen*, sondern auch, die Peitsche schwingend, seine Falben angetrieben. All dies spricht für eine kutschenartige Konstruktion.

Einen weiteren Wink verdanken wir der Archäologie. – Zwar kennen wir keinen entsprechenden archäologischen Befund aus dem Gebiet der rigvedischen Kultur. Im Westen dagegen wurde in der fraglichen historischen Schicht (1500–1200 v. Chr.) eine beträchtliche Anzahl von Kultwägen ausgegraben, die mit den rigvedischen Angaben gut übereinstimmen. Da in Europa

Abb. 1: Kultwägen der späten Bronzezeit. Links aus Dupljaja; rechts aus Pitigliano, darunter aus Salerno (Woytowitsch WS Abb. 698 und WI Nr. 139, 164)

die religiösen Vorstellungen damals in vielem ähnlich gewesen sein müssen, ist die Hypothese nicht allzu gewagt, daß Indras Wagen den hier gefundenen Kultwägen glich. Dies gilt zumal für jenes aus Ton modellierte kultische Dreirad aus Dupljaja bei Belgrad (Abb. 1 links[3]).

Mit seinen etwa 20 cm Länge hat das Dreirad von Dupljaja wiederum klar den Charakter eines Spielzeugs. Es wäre also von seiner Größe her zum Einspannen von Indras hölzernen Falben prächtig geeignet. Und auch die Galionsfiguren aus Schwänen oder, wack-wack, Enten oder Gänsen passen ins Bild. Denn Vögel, und solche musizierenden Schnatterer obenan, hatten auch in Indras Gefolge ihren festen Platz.[4] Entsprechend heißt es z. B. in Liedern an seine kutschenlenkenden Hochzeitspaten, die beiden Asvin:

> *Näher soll der dreirädrige Wagen der Asvin ... schönbesungen kommen ... – Flieget herwärts mit den Vogel(rossen) wie zwei Falken ... – Die wunschgeschirrten, fleckfarbigen Rosse, die Vögel sollen euch, ihr Herren Asvin, herfahren ... – Gleich Gänsen flieget ...* (Q 24)

Und hat auf dem Wägelchen von Dupljaja nicht auch der Kutscher selbst – ein süßer Spatz vielleicht oder selbst ein Erpel – das Köpfchen eines Vogels? Auch Indra wurde bisweilen als *rötlicher Vogel* und prompt auch als *Schwan* angesprochen ... (Q 25)

Nur zwei weitere von vielen möglichen archäologischen Funden[5] seien zur freien Assoziation noch eingeblendet; beide aus dem bronzezeitlichen Italien, und beide im Original von etwa der gleichen Größe wie der Kultwagen aus Dupljaja: Ein tönernes Gespann aus Pitigliano (Abb. 1 rechts), und der bronzene „Vogelpferdwagen" aus Salerno (darunter).

Hurra. Wozu, wenn nicht als kultisches Medium zur „Erinnerung“ an die früheste Kindheit, hätten solche Wagen-Modelle hergestellt werden sollen?

Indras höchsteigenes Dreirad freilich wird, anders als die Kultobjekte zu seinen Ehren, kein bloßes Modell in Spielzeugformat gewesen sein. Denn wenn vielleicht in der Spielzeugkiste Indras auch ein zu seinen hölzernen Rossen passendes Wagenmodell gelegen haben mag: Sein wirkliches Dreirad diente tatsächlichen Ausfahrten und muß in seiner Größe jenen „Buggies“, Leiterwägelchen oder Plastiktraktoren geglichen haben, auf denen auch heute noch die Welt entdeckt, oder richtiger: erfahren wird. Mit Sicherheit war Indras Dreirad auch nicht aus zerbrechlichem Ton oder (polierter) Bronze angefertigt wie die kultischen Wägen seiner Gemeinden. Nein, es war – von gar kundigen Wagnern oder Stellmachern, nämlich den Rbhus – aus Holz gezimmert, und seine Räder waren allem Anschein nach mit Eisenreifen beschlagen. Immerhin ein knapper Hinweis erhielt sich dazu: *die Rbhus (biegen) den Radkranz* (Q 26).

Daß sich die Rbhus auf Dreirad-Bau verstanden, steht außer Zweifel. Ja, ihr Wagen muß ein wahres Meisterstück gewesen sein; stabil genug, um schwerste Proben und Hoppelfahrten zu bestehen. Denn Indra, *nach seiner Bestimmung ungestüm* (und) *gewaltig* und berühmt ob *seiner grenzenlosen großen Bullenkraft* (Q 27), mutete sich und seinem Dreirad einiges zu:

> *Immer wieder hat Indra mit den prustenden, wiehernden, schnaubenden (Rossen) Reichtümer erobert. – (Es gehört) der Wagenlenker (Indra) auf den goldenen Wagen, die Zügel in seine derben Hände … – Bullenhaft sind deine Zügel, bullenhaft die goldene Peitsche, bullenhaft der Wagen, bring (Schätze) her!* (Q 28)

Ja, für so kraftstrotzend hielt man den *Räuber unter Räubern*, daß man ihm in stehender (und noch heute gebräuchlicher) Wendung nachsagte, ihm sei nach Bäumeausreißen:

> *Mit vorstrebendem, eifrigem Sinn strecktest du die Bäume brüllend nieder … (Du knacktest) laut brüllend die Bäume. – Du hast die Bäume mit den Wurzeln nach oben gekehrt. – Wenn Indra seinen Eifer wahr macht, fürchtet sich vor ihm das Feste (und) Bewegliche.* (Q 29)

Und bei allem muß *der Lärmende … mit der lauten Stimme* (Q 30) so draufgängerisch gewesen sein, daß er kurzum als Wirbelwind und Staubaufwirbler galt:

> *Er … treibt den Staub in dichten Haufen auf. – Wie ein zorniger Bulle stürmt er unter Staubwolken dahin. – Mit Hurrageschrei treibt er den Staub hoch empor, er, der mit kühner Stärke die Finsternis verscheucht.* (Q 31)

Bei solchem Tollen konnte es nicht ausbleiben, daß dem *Gewaltigen, Beliebten von reichlichem Selbstgefühl* ab und an auch „Katastrophen“ widerfuhren. Eines Tages z. B. muß Indras Wagen, obwohl andernorts als der *nicht umkippende* gepriesen (Q 32), steckengeblieben sein. Indras rotbackige Reaktion darauf scheint in der Andacht solch göttlichen Pechs geradezu sprichwörtlich geworden zu sein:

Wenn sein Rad im Wasser festsitzt, auch das würde ihm Honig dünken. (Q 33)

Kein leichtes Los war Indras Rabaukentum freilich für seine Eltern. Und Wagenunfälle waren nur das eine. Aus Sicht der Eltern bedrohlich war z. B. auch, was Indra bei seinen tollkühnen Abenteuern so alles in den Mund steckte. Die Metapher der *tausend Wölfe* ist, obwohl bei uns nicht üblich, unschwer zu entziffern:

Du Indra hast tausend Wölfe in den Mund gesteckt. (Q 34)

Gewiß, wenn sein Wagen kippte und wenn er Wölfe im Mund hatte, zuckten seine Eltern zusammen. Immer wieder lesen wir: *Beide Welten* (= Himmel und Erde = Vater und Mutter) *riefen erschrocken* ... (Q 35). Von puritanischer Strenge waren Indras Eltern dennoch weit entfernt:

Diesen, seinen Ungestüm, ließen einmütig Himmel und Erde mit allen Göttern gewähren. – Dir gestanden Erde und Himmel bereitwillig die Herrschaft zu. (Q 36)

Schließlich werden Indras Eltern auch gewußt haben, was sie gerade an diesem goldigen Dreikäsehoch hatten; nicht alle göttlichen „Brüder" Indras waren so wohlgeraten. Gleich seinen Freunden, den Rbhus, pflegte Indra seine Eltern nämlich nicht nur aufzurichten, wenn sie *dalagen ... wie zerfallene Pfosten*; nein, er wußte – auf seine Art – auch eheliche Zwiste recht eigentlich zu versöhnen:

Du (Indra) *hast Himmel und Erde* (= Vater und Mutter) *im Aneinanderprall aufgerichtet ... – Du gebotest den beiden flüchtigen Eltern Halt.* (Q 37)

Damit zurück zur Ausgangsfrage. – Indra, so belegen auch seine süßen Episoden mit den Rbhus und bei seinen ersten Ausfahrten, kann nicht viel älter, aber auch nicht viel jünger als ein Jahr gewesen sein: Bereits erste, *breitspurige* Schritte versuchend und doch noch auf einen Wagen angewiesen; motorisch schon recht behende und doch noch nicht so kunstfertig wie seine Assistenten, die Rbhus, mag er in diesen Szenen vielleicht fünfzehn Monate alt gewesen sein.

VISNU. Und auch noch ein dritter Freundesbund lohnt hier der Einblendung und läßt auf Indras Alter schließen: der mit Visnu (sprich: Wischnu). Visnu sollte im späteren Hinduismus dem goldigen Indra bekanntlich den Rang ablaufen und zusammen mit Siva und Brahma die Führung des Pantheons übernehmen. Im Rigveda aber war Visnu noch ganz Indras Sekundant.

Visnus größte Heldentat: Er durchmaß und durchschritt die ganze weite Welt mit – drei Schritten. Rigvedische Dichter an Visnu:

Des Visnu Heldentaten will ich nun verkünden, der die irdischen Räume durchmessen hat, ... nachdem er dreimal ausgeschritten war, der Weitschreiter, ... in dessen drei weiten Schritten alle Geschöpfe Wohnung fanden, ... der diese lang ausgedehnte Strekke allein mit nur drei Schritten durchmessen hat, ... der allen Geschöpfen ... Halt gegeben hat. – Furchtgebietend ist sein, des Standfesten, Name. (Q 38)

Wer, wenn kein Kleinkind, würde für die Heldentat, mit drei Schritten die irdischen Räume durchmessen zu haben, in solchen Tönen gepriesen; wer sonst auch könnte die irdischen Räume „tatsächlich" mit drei Schritten durchmessen?

Visnu, *der Weitschreitende*, war nun, ähnlich den Marut und den Rbhus, nicht nur *des Indra treuer Freund* (Q 39). Er war vor allem auch Indras Vorbild und Vorkämpfer; denn er war schon ein wenig größer, etwa achtzehn Monate alt. – Erkennbar ist dies nicht nur an seinen schon relativ sicheren Schritten; erkennbar ist dies vor allem an Visnus Interesse für die Sprache und deren weltordnende Kategorien. Ganz anders nämlich als Indra, nimmt Visnu zum einen bereits Anteil an der Welt des erstens Benennens, das heißt der Namen, und andererseits an den sprachlichen Ordnungsprinzipien des *rta*, wörtlich: der *„Wahrheit"*. – Aus Liedern an Visnu:

> *Der Sohn* (Visnu) *setzt den diesseitigen, den jenseitigen (Namen) des Vaters fest. – Drei Schritte schritt er aus, der untrügliche Wächter Visnu, von dort die Gesetze* (= das rta) *festsetzend … Schaut die Werke des Visnu,* (der) … *auf seine Gebote acht gibt, des Indra treuer Freund! –* (Visnu,) … *der, wie ihr wisset, der Geburt nach der allererste Sproß des Gesetzes* (rta-sya) *ist! Sprechet kundig seine Namen aus! … Er besitzt höchsten Verstand,* (er,) *der den richtigen Tag ausfindig macht …* (Q 40)

Zwar ist die Anteilnahme am rta und der ersten Sprache für Visnu bei weitem nicht so typisch und charakteristisch wie für Mitra und Varuna; jene noch einmal deutlich älteren Götter, die ihre Sprachkompetenz schon durch ihre Namen anzeigen: *Varuna* bedeutet nämlich *„Gott wahre Rede"* und *Mitra „Gott Vertrag"*. Mitra und Varuna sind beide schon mindestens zwei Jahre alt. – Visnu dagegen ist allenfalls achtzehn Monate und im Reigen der rigvedischen Götter allerdings *der allererste Sproß des Gesetzes* (= rta). Dem goldigen Indra ist Visnu in diesem Punkt aber dennoch um einige Monate voraus. Für Indra nämlich gilt, was schon Bergaigne feststellte und Lüders untermauerte; nämlich,

> *… daß … der mächtigste Gott des Veda, Indra, zum Rta fast gar keine Beziehung hat. – Der populärste Gott des RV* (wird) … *nur ein einziges Mal rtavan* („mit dem rta versehen") *genannt, und auch dies offensichtlich nur einer Art Wortspiel zuliebe …* (Lüders 403, 547)

Gewiß, Indra war auf seine Weise auch schon *redekundig*. „Er redete", wie mir dieser Tage eine Mutter über ihren allerdings erst knapp Einjährigen sagte, sicherlich „schon viel": nämlich baba, mama, hmm … Und die Erwachsenen verhielten sich bei dieser Art zu sprechen gegenüber Indra offenbar genauso wie noch heute: *An seinen Mund rückten sie dicht heran, um (seinen Worten) zu lauschen* (Q 41). – Ja, allem Anschein nach wußten die rigvedischen Menschen über ihren Indra sogar, was uns erst wieder die moderne Kleinkindforschung aufschlüsseln mußte; nämlich daß Indra in seinem passiven Sprachvermögen dem aktiven voraus war. Wir wissen nämlich heute, daß Säuglinge bereits wenige Tage nach der Geburt den Klang und Rhythmus ihrer Muttersprache von fremden Sprachen unterscheiden können und daß sie schon sehr früh ungewohnte lautliche Manipulationen, ja selbst grammatische Fehler bemerken.[6] Dem ganz entsprechend galt Indra als *Scharfhöriger*, der *alles hört*, der *nicht hereinzulegen* ist und *fehlerlose Gesänge bevorzugt* (Q 42). – Aber gerade weil solche Zuschreibungen für ein schon sprachbegabtes Kind banal wären, sind sie ein weiteres Indiz dafür, daß Indra zu bedeutungsartikulierten Worten eben noch nicht für fähig galt.

Mit einem Wort also: Visnu war Indras „großer" Freund. Wir lesen deshalb:

> *Dich* (Indra) *rufen wir, ... für den Visnu die drei Schritte ausschritt nach den Pflichten des Freundes. – Visnu* (war es)*, der dem Wohltäter Indra als größerer Wohltäter zur Gefolgschaft sich anschloß, der Meister ... – Als Visnu für dich mit Kraft seine drei Schritte ausgeschritten hatte, da erst sind deine geliebten Falben groß geworden.* (Q 43)

BUNDA. Was aber waren Visnus Freundespflichten? – Nach dem rigvedischen Mythos waren es vor allem drei:

(1) Harmlos, aber keck: Wie viele alte Götter, z. B. der griechische Hermes und der ägyptische Thot[7], so war auch Visnu ein edelmütiger Dieb. Er stahl nämlich für Indra etwas Reisbrei:

> *Visnu, der Stärkere, stahl den gekochten (Reisbrei). – Er schritt weit aus nach dem Reisbrei, für diesen Bullen* (Indra) *zum Leben.* (Q 44)

Zu Recht hieß es ob solcher Gesellschaft auch über Indra selbst:

> *Er ist unter Räubern ein Räuber ... – Indra ... raubte den Soma und trank ihn aus den Gefäßen.* (Q 45)

Spannender schon das nächste Abenteuer der beiden; leider ebenfalls nur fragmentarisch überliefert:

(2) Visnu war auch Sekundant bei Indras größter Leidenschaft, der Jagd. (Zur Veranschaulichung vergegenwärtige man sich einen jener altersgleichen Tauben- und Dackeljäger unserer Fußgängerzonen.) – Wenn Indra zur Jagd auszog, dann meist mit seiner Keule. Vater *Tvastr* hatte sie, *die sausende, tausendzackige*, die *immer treffende, goldene, dem goldigen Keulenträger* eigens geschnitzt. Und da der *Vater ... sie für seine Arme passend gefertigt hatte*, trug Indra *die kühne Keule* im Arm *wie der Vater seinen lieben Sohn* (Q 46).

Jetzt aber, als Indra mit Freund Visnu auf Beute ausging, mußte er seine Keule beiseite legen – und griff deshalb sogleich zu seiner zweiten „gefährlichen" Waffe: zu Pfeil und Bogen. Zumal sein Bogen, *Bunda* genannt, stand deshalb in hohen Ehren. – Und, sappralot, was für ein Bogenschütze Indra doch war:

Von den Bergen aus – während er den gekochten Reisbrei festhielt – schoß Indra den gutgespannten Bunda(bogen) ab … Dein Pfeil mit hundert Spitzen, mit tausend Federn war der einzige, den du, Indra, zu deinem Verbündeten gemacht hast. (Q 47)

Im Visier hatte Indra den legendären Eber *Emusa* und ein *Büffeltier* – oder waren es hundert oder dreihundert? Wir werden gleich sehen. – Indra legte jedenfalls an, und …

Der Schütze, obwohl er ohne festen Halt war, hat die dreimal sieben festgefügten Rükken der Berge durch und durch geschossen. Das würde kein Gott oder Sterblicher überbieten, was alles der ausgewachsene Bulle (Indra) *getan hat.* (Q 48)

Daß er nur die Berge traf, war für einen Gott vom Format Indras natürlich kein Handikap; denn …

(Indra) *traf den Eber durch den Fels hindurch schießend.* (Q 49)

Auf Indras Geheiß machte sich Freund Visnu deshalb sofort auf, die Beute zu holen; denn Visnu war, anders als der *breitspurige Brüller* Indra, mit seinen drei Schritten für eben solche Aufgaben prädestiniert:

All das brachte der weitschreitende Visnu her, von dir (Indra) *ausgesandt: Hundert Büffel, den in Milch gekochten Reisbrei, den Eber Emusa zu Indra. Viele verwundend, wohlgemacht, aus gutem Stoff ist dein Bogen, der treffliche, goldene Bunda. Deine beiden Arme sind kampflustig, wohlgeformt, die verwundbaren Stellen treffend auch bei dem, der sich schützt.* (Q 50)

Seen. Ein Gott, so prächtig und lieb wie Indra, lud nach solchem Jagdglück natürlich auch erlesene Gäste zur Tafel:

Der mächtige Indra fühlt sich allen Feinden überlegen. Der Jüngling … holte den Reisbrei, der jenseits im Berge gekocht wurde. Wie ein kleines Bübchen bestieg er den neuen Wagen. Er kochte das Büffeltier für Vater und Mutter … (Q 51)

Wer sieht hier nicht, wie der goldige Held der Morgenröte, nachdem Büffel und Eber erlegt waren, mit den Ärmchen trommelnd beim Kochen „half"; schon fast wie ein richtiger Rbhu? O, und welch rotbackigen Appetit muß dieser Bogenschütze und Bullentöter doch gehabt haben!

Auch für göttliches Getränk war bei dem Festmahl mit Vater und Mutter gesorgt:

(3) Die Geschichte von den drei welterobernden Schritten Visnus muß zu Zeiten des beginnenden Monsuns gespielt haben. Denn die *staubige Fußspur* (Q 52), die der kleine Visnu hinterlassen hatte, füllte sich alsbald mit Wasser, und aus den Stapfen wurden, dimensioniert wie sie aus der Perspektive solcher Götter waren, ganze Teiche, ja Seen. Wie schon Bergaigne und Lüders[8] erkannten, sind diese Seen identisch mit jenen, die Indra bei dem großen Festgelage austrank. Wir lesen nämlich:

Drei Seen voll des Süßen haben die Prisnis (= die Wolken) *für den Keulenträger* (Indra) *aus sich melken lassen.* – (Visnus) *drei Fußspuren sind … voll von Honig … In der … Fußspur des Visnu ist der Quell des Honigs. – Mit einem einzigen Ansatz trank Indra auf einmal dreißig* (= übertrieben für drei[9]) *Seen aus, voll des Soma …*

Der Freund Agni (das ist das Feuer) *kochte dem Freund* (Indra) *sogleich … dreihundert Büffel … Als er das Fleisch von dreihundert Büffeln gegessen, als der Gabenreiche drei Seen voll Soma getrunken hatte, da riefen die Götter dem Indra ‚Sieg' zu …*

(Agni) kochte dir, Indra, hundert Büffel … Visnu (ließ) *… den … Somastengel, drei Seen voll, strömen.* (Q 53)[10]

In die Augen springt hier ein weiteres Mal, wie alt Indra bei dem großen Gelage gewesen sein muß: Er trank aus des „weitschreitenden" Visnu Fußstapfen, ging dabei also offenkundig noch auf allen vieren. Prompt wurde er deshalb in einem Kultlied ermuntert:

… trink wie ein Büffel den See aus! (Q 54)

Ob ihrer heiteren Streiche und ersten Schritte ins Leben wurden die beiden Freunde Visnu und Indra in kunstvoll gereimten Liedern überschwenglich gelobt und zum rituellen Gastmahl herbeigebeten:

Euch sollen … die Rosse herfahren, eure Zechgenossen, Indra und Visnu! Nehmet alle Ladungen der Lieder gut auf, erhöret meine erbaulichen Reden, meine Lobesworte! … Indra und Visnu! Das ist euch hoch anzurechnen: Im Rausche des Soma seid ihr weit ausgeschritten. Ihr machtet das Luftreich weiter, ihr habt die Welten ausgebreitet, uns zum Leben. (Q 55)

Soweit einstweilen zu Indras Abenteuern mit seinen – etwas älteren – Freunden. Lesen wir nun noch einige Strophen zu Indras gewaltigem Durst und Appetit!

3. Milch und Honig

MADHU. Befremdet haben wird bisher, daß von Indra so oft gesagt wird, er trinke Soma. Soma war ein berauschendes und überdies bitteres Getränk, also gewiß nichts für Säuglinge und Kleinkinder.

Indra selbst trank Milch. Den heiligen Soma dagegen tranken einzig die Opferpriester. Ihnen aber galt er gewissermaßen als kultische Milch. – Aus einem Wortstamm mit den Bedeutungen „Stillen, Säugen, Saugen" gebildet[11], war Soma in der Tat vielfältig mit Milch assoziiert: Bei seiner Kelterung wurde er mit Milch (und Honig) vermischt und deshalb regelmäßig auch als *Milch* oder *Rahm des* (Soma-)*Stengels* angesprochen. Entsprechend galten die bei der Pressung triefenden Stengel des Soma als *Euter* und seine Kelterung insgesamt als *Melkung*:

Wenn (die Sänger) bei seiner (Indras) *lieben Erscheinung gemeinsam den Gesang angestimmt haben, dann (geht) im Nabel des Opfers die Melkung* (des Soma) *vor sich. – An dem Tage, da du geboren warst, trankst du im Verlangen danach den … Rahm des* (Soma-)*Stengels. Ihn schenkte dir die Mutter, die junge Frau … zum ersten Mal im Hause des großen Vaters ein …* (Indra) *schaute nach dem scharfen Soma als dem Euter …* (Q 56)

Ein wenig esoterisch (und ganz und gar unrigvedisch) formuliert: Die Priester tranken den Rauschtrank zu Ehren ihres „inneren Kindes" Indra. Sie regredierten mit Hilfe des Rauschtranks in die von Indra repräsentierten Schichten der frühen Kindheit. – Kurz: Soma war den Opferpriestern symbolische Milch. Und vice versa wollten die ungezählten Stellen, nach denen Indra Soma trank, metaphorisch verstanden werden; denn Indra besoff und berauschte sich an wirklicher Milch.

Metaphorisch ist es selbstverständlich auch, daß Indras Mutter oft als Kuh und ihre Brust als Euter bezeichnet wird, Indra selbst deshalb als *am Euter ein Schlund.* – Der Sinn dieser Metapher ist aber ebenso klar: Denn tatsächlich werden wir davon ausgehen müssen, daß Indra, der Bogenschütze, Dreiradfahrer und Zähnepranger, allenfalls noch hie und da an Mutters Brust gestillt wurde. Sein hauptsächliches Getränk war sicherlich bereits Kuhmilch – wie ungezählte Stellen der folgenden Art bezeugen:

Aller Wohlgeschmack ward in der Kuh vereinigt, als Indra sie zur Nahrung bestimmte. (Q 57)

Und weil Indra eben schon nicht mehr so ganz klein war und bereits über goldgelbe Zahnreihen verfügte, ernährte er sich, wir lasen es, auch schon von Reisbrei, bisweilen auch vom Fleisch seiner „selbsterlegten" Büffel und Eber; des weiteren von *gerösteten Gerstenkörnern* und (Reis-)*Kuchen* (Q 58). In früheren Lebensmonaten freilich wird, neben Brei, Milch Indras hauptsächliches Nahrungsmittel gewesen sein.

Daneben aber liebte er über alles Süßigkeiten. Von getrockneten Früchten abgesehen, war die einzige Süßigkeit der damaligen Menschen der *madhu, „Honig"*, etymologisch mit unserem Wort Met verwandt.[12] – Ohne Übertreibung kann man sagen, daß Honig, neben Milch, den rigvedischen Priestern geradezu als Ferment der Schöpfung galt. In einem Gedicht an Himmel und Erde sangen sie etwa:

Himmel und Erde, die honigtriefenden, honigmilchenden, honigwirkenden sollen uns Honig bereiten, den Göttern … Wohlstand einbringend … (Q 59)

Und allerdings: Ohne reichlich Honig hätte Indra seine Schöpfungsabenteuer niemals so bravourös bestehen können, wie er es tatsächlich tat. Wir werden sehen …

Pur scheint Indra den Madhu allerdings nicht allzu oft bekommen zu haben. In der Regel wird er mit Milch zu Honigmilch vermischt gewesen sein. Immer wieder lesen wir deshalb Stellen wie die folgende:

Die breitäugige, häusliche Kuh, die für ihn die schmalzige (Milch) trägt, hat ihren lekkeren Honig aus sich melken lassen. (Q 60)

Im übrigen sind berauschende Getränke auch heute noch vielfältig mit Milch und Honig assoziiert: Bier, Wein, Whiskey, Cognac sind nicht nur honig- und goldfarben, sondern werden auch häufig unter Namen wie „goldener Oktober“, „Honigsack“, „Weiß-Gold“, „Liebfrauenmilch“ ... feilgeboten. Auch daß manche Trinkgefäße heißen wie Kinderfläschchen, nämlich Schoppen, ist bemerkenswert. Und zuletzt: Führen die modernen Surrogate für Soma und Milch und Honig, sobald in ozeanischen Dosen wie aus Brüsten genukkelt, nicht auch in die Lallsprache, den Torkelgang und schließlich Tiefschlaf Einjähriger zurück; und überdies in seelische Zustände, in denen Lachen und Weinen, Himmel-Fliegen und Zusammensacken so eng aneinander rücken wie damals?

Bauch. Wenn wir der rigvedischen Psychologie glauben dürfen, dann muß der Genuß von Milch und Honig für Indra ähnlich berauschend gewesen sein wie der kultische Soma für Indras Priester. Von der *Woge der Süßigkeit zum Trank für den Bullen* ist z. B. die Rede, desgleichen *von der weißen, begehrten Milch ..., die süßer als süß ist* (Q 61). Mal um Mal wurde Indra im Kult deshalb zum Rausch von Milch und Honig eingeladen; zumeist in sich schier überschlagenden Formulierungen des Typs:

Trink, Indra von dem angebotenen Süßtrank, berausche dich mit an dem blumigen Saft! – Gieß dir das Gewoge des Metes (madhu) *in den Bauch! – Dein wohlbeschaffener, geräumigster Schlund, mit dem du immer wieder die Welle des Mets* (madhu) *trinkst, mit dem trinke! – (Der Trank) rinnt wie (Wasser) in die Tiefe, – ... wie die Bäche in den See ... – Trink, trink doch, tapferer Indra! – ... wie der Stier am Brunnen ... – Schütte ihn in dich! – Er ist voll des Süßen ...* (Q 62)

Ähnliche Metaphern für großen Durst sind auch heute noch üblich; und selbstverständlich war Indras göttlich-gewaltiger Durst nur Ausdruck übertreibenden Kinderlobs – dem die häufigen Verkleinerungsformen genau entsprechen: Denn all den Maßlosigkeiten steht des öfteren gegenüber, daß Indra nur *viele Tränklein bekommt* (Q 63).

Beim Trinken seiner *Tränklein* hatte Indra übrigens allem Anschein nach seinen strengen Rhythmus; wie Säuglinge und Kleinkinder noch heute. Er war nämlich *bekannt als der zu seinen Zeiten Trinkende* (Q 64); ja, Indra scheint seinem Anspruch auf Regelmäßigkeit, wo nötig, auch energischen Nachdruck verliehen zu haben:

Wie der wilde Wolf, der das Schaf würgt, wartet er auf seine Zeiten. (Q 65)

Kein Zweifel, Indras Durst war legendär und von Legenden umrankt. Berühmt war zumal auch Indras Zechgelage mit seinen Falben. Die reale, hinter dem Mythos stehende Szene ist dabei unschwer auszumalen: Indra hatte die

Gewohnheit, seine Mahlzeiten gemeinsam mit seinen hölzernen Hengsten einzunehmen. Zu Kultliedern verdichtet, liest sich dies wie folgt:

Halte die Falben an, spanne die beiden Kameraden aus, – … deine Zechgenossen, die schöngestriegelten … – Die beiden Rosse sollen fressen … Mit kräftigem Zuspruch schirre ich dir die beiden …, deine Kameraden bei dem Somagelage … (Q 66)

Zu solcher Tischgesellschaft und solchen Tischgewohnheiten paßt auch unseres Gottes Aussehen:

Zumal Indras (milchverschmierter) Mund wurde plastisch ausgemalt. Denn der (auch im Freudschen Sinn) orale Held war berühmt für seine Lippen, und – seinen Bart, natürlich ein Milchbart:

Deine Backen, … deine geöffneten Lippen soll der Somatrunk besteigen wie die Soma (-pflanze) den Rücken des Berges. – Berausche dich, du Schönlippiger … – Schütte dir vom gepreßten Trank ein, … du Lippenspitzer …! – Mit deiner Kraft aufstehend hast du, Indra, die Lippen geschüttelt, nachdem du den … Soma getrunken hast. Seinen Bart schüttelnd richtet er sich auf … – Indra begießt seinen goldgelben Bart. Er verlangt nach dem … Honig; er schüttelt den Bart wie der Wind den Baum. – Mit goldgelbem Barte, mit goldgelbem Haupthaar, … der Trinker des Goldgelben, – … der Schönbärtige. (Q 67)

Man sieht: Die rigvedischen Dichter unterließen keine Gelegenheit, dem süßen Gott Honig ums Maul und um den Bart zu schmieren; ebensowenig wie ihm – den Bauch zu pinseln: Und allerdings verwundert es bei solch gewaltigem Durst und bei solcher Lust auf Schleckereien nicht, daß unser Held auch ein süßes und kugel-fettes Bäuchlein hatte – wie es wonnig-gesunde Kinder dieses Alters eben haben:

Komm her, Indra, … wie einen See fülle … deinen breiten, dicken Bauch! – … trink dir den Bauch recht voll. – Fettbauchig … erschlägt Indra … die Feinde. (Q 68)

Und natürlich gedieh der goldige Gott bei solchem Appetit auch sonst. Berühmt wie sein Bauch waren seine (natürlich paus-dicken) *Backen* (Q 69). Und beim Wachsen konnte man ihm regelrecht zuschauen. – Ganz im übertreibenden Ton heutiger Eltern wird uns jedenfalls das schnelle Wachsen Indras geschildert:

Dich, o Held, machen die feierlichen Reden noch größer …, obwohl du Tag für Tag (schon) *größer geworden bist … – In jedem Rausche bist du gewachsen … – Du, Indra, wardst groß durch die erbauliche Rede … Du wirst … noch wachsen. – Verlangend trinkend, an dem Trank Gefallen findend, ist er übergroß herangewachsen … – Für dich, den Riesen, o Bulle, fließt der Trank, der schmackhafte Saft, süß zu trinken … (Durch ihn bist du) wie ein Erwachsener an Kraft …, wie ein Mächtiger durch eigene Hilfe … – Wachse baß, du Vielgepriesener …* (Q 70)

4. Globalität

AUF HÄNDEN UND FÜSSEN. Ich ziehe einen Strich zur ersten Zwischensumme.

Der meistverehrte Gott Altindiens, der goldige Indra, zeigte sich uns bisher in einer Reihe von Episoden als kleiner Rabauke. Nach seiner „Geburt" um den fünften/sechsten Lebensmonat von der Mutter und seinen Schwestern mit viel Zuwendung aufgezogen, inzwischen schon prangend mit seinen goldgelben Zahnreihen, aber als breitspuriger Brüller noch sehr unsicher zu Fuß, riß er Bäume aus und wirbelte allerorts Staub auf: mit seinem Dreirad und den hölzernen Falben, beide von den Rbhus geschnitzt; auf der Eber- und Büffeljagd mit Visnu; und auch auf dem anschließenden Gelage mit Mutter und Vater, bei dem Indra auf allen vieren, man weiß nicht, drei oder dreißig honigvolle Seen des Soma auf einen Satz austrank und wohl an die hundert Büffel verschlang. Tausend Wölfe im Mund, vorsprachlich lallend, aber schon alles hörend und auf fehlerlose Gesänge bedacht; von sagenhaftem Appetit auf Milch, Süßes, aber auch schon auf Fleisch und geröstete Körner, deshalb pausbackig und fettbauchig ... – war er der Liebling aller. Im Kult der Liebling der rigvedischen Priester; im Mythos der Liebling seiner Eltern.

Bei mehreren der geschilderten Abenteuer mußte Indra bereits mindestens ein Jahr, konnte andererseits aber nicht älter als etwa fünfzehn Monate alt sein. – Psychologisch formuliert: Indra repräsentiert die Frühgeschichte der menschlichen Entwicklung in der Zeit zwischen dem fünften/sechsten und etwa dem fünfzehnten Lebensmonat.

Was aus den bisher eingeblendeten Szenen mit „naivem" Verständnis zu durchschauen war, bedarf ab dem nächsten Kapitel der Hilfe von seiten der modernen Entwicklungspsychologie. Dort werden die Abenteuer des Sehenlernens und die Dramen um Bindung und Lösung unser Thema. – Zuvor aber gilt es, das Fundament zu sichern und zu erweitern:

„Kindergeschichten" wie die geschilderten waren nämlich den Menschen der „heidnischen" Religionen auch außerhalb des alten Indien heilig.[13] – Zwei erste Beispiele:

In altbabylonischen Schöpfungsmythen z. B. lesen wir:

> *Die Menschen der Urzeit wußten nicht, Brot zu essen, wußten nicht, sich mit Kleidern zu bekleiden, die Menschen gingen ‚auf Händen und Füßen', fraßen wie Schafe Gras, tranken Wasser aus den Gräben* ... (Pettinato 88)

Wer sonst, wenn nicht, sagen wir: etwa einjährige „Indras", sollen diese *Menschen der Urzeit* gewesen sein?[14] Und erinnert diese Szene nicht überdies an Indras Gelage mit seinen Eltern, insbesondere an sein krabbelndes Trinken aus Visnus Pfützen? – Auch mit seinem gigantischen und rauschsüchtigen Durst glich Indra den göttlichen Helden Altbabyloniens. Im Gilgameschepos heißt es einmal über Gilgameschs Freund Engidu:

> *Engidu ... fraß mit den Gazellen das Gras* ... (Da sagte eine Göttin zu ihm:)

Trink den Rauschtrank, wie's Brauch im Lande … (Da) *trank er den Rauschtrank – der Krüge sieben!* (Pettinato 36)

Ob „Gastmähler" und „Trinkgelage" solcher Art tatsächlich globalen Charakter hatten, sei dahingestellt. Für die beiden herausragenden Motive in den geschilderten Episoden des goldigen Indra gilt es, den globalen Charakter aber genauer aufzeigen: für Indras Schwierigkeiten mit dem Gehen, und für seine Liebe zu Milch und Honig. Zuerst zu „Gehbehinderungen":

GÖTTLICHE HINKER. Zumal Lévi-Strauss und Carlo Ginzburg haben eine geradezu überwältigende Menge an Material zusammengetragen, das belegt, daß frühere Götter und Helden archaischer Kulturen allerorts zu lahmen und hinken pflegen: daß sie verkrüppelte oder schmerzende Füße haben; daß ihre Füße gefesselt, ja durchbohrt oder angepflockt … sind.[15] Deshalb genüge es, hier an einige berühmte Beispiele zu erinnern und einige außergewöhnliche nachzutragen.

Die berühmten sind die griechischen: *Hephaistos* galt bekanntlich als *der göttliche Hinker* (z. B. Hesiod, Theo 580); *Philoktetes* wird von Sophokles als *fußkrank* und *im Gehen gehemmt* beschrieben (43, 691); *Prometheus* von Aischylos als von *durchbohrendem Fußband* gefesselt (76). *Achilles'* Ferse ist bis zum heutigen Tag geflügeltes Wort.

Zu den berühmten Beispielen gehört auch der alttestamentliche Jakob, dem Gott Vater höchstpersönlich in einem Ringkampf die Hüftpfanne ausgerenkt hatte. Daraufhin Jakob: *„Las mich los, denn die Morgenröte bricht an."* Und so geschah es: *Die Sonne ging vor ihm auf … Er aber hinkte wegen seiner Hüfte.* (1 Mos 32,27 ff.) – Gewiß, diese Beispiele sind relativ jung. Daß die „Helden" hier Kleinkindern nachempfunden sind, ist nicht mehr so offenkundig wie bei Indra. Dennoch verweist bei Jakob das Motiv der *Morgenröte* auf den alten Zusammenhang, bei Hephaistos, Philoktetes und Prometheus das Motiv der Höhle (wozu später).

Und hier die Nachträge: Auf Gehbehinderung spielen, so scheint mir, auch schon die entsprechenden Götter- und Menschendarstellungen des eiszeitlichen Jungpaläolithikums an; allesamt älter als 11 000 Jahre. – Menschendarstellungen sind unter den jungpaläolithischen Skulpturen, Gravuren und Höhlenmalereien zwar durchaus selten. Die häufigsten Motive sind Tiere, obenan Boviden (Stiere und Kühe) sowie Pferde. Der im vorliegenden Zusammenhang einzig interessante Typ von Menschendarstellungen ist zudem zu unterscheiden von eindeutigen Mutterdarstellungen: den üppigen Frauengestalten des Typs Venus von Willendorf und den schlank-eleganten vom Typ der Gönnersdorfer Tänzerinnen.[16]

Alle übrigen Menschendarstellungen des Jungpaläolithikums aber verbindet, soweit ich überblicke, ein Detail: die verkrüppelten oder verstümmelten Füße. Dies ist bei den „Zauberern" in den Höhlen Saint-Cirq, Trois Frères, Sous-Grand-Lac, Altamira und Hornes de la Peña nicht anders als auf den

Gravuren von Mas-d'Azil, Gourdan, La Marche; nicht anders auch als auf den Darstellungen der sogenannten „verletzten Menschen" in Cougnac (zwei Darstellungen), Pech Merle, Lascaux und Cosquer.[17] Und auch der berühmte, aus Mammutelfenbein geschnitzte Löwenmensch vom Hohlenstein-Stadel (Lonetal bei Ulm, rund 30 000 Jahre alt) hat, in den Worten Kurt Wehrbergers, *schräg gestellte Fußsohlen*, die es unmöglich machen, *die Figur aufzustellen, ohne sie anzulehnen oder in einer anderen Weise zu fixieren.* Ihr *Schweben in der Luft*, so Wehrberger weiter, scheint einen *unbekannten Bezug … zu einer mythischen Welt* anzudeuten (35, 40). – Ob nicht doch auch hier das weltweite Motiv gehbehinderter Götter zum Ausdruck kommt?

In diese Reihe jungpaläolithischer Darstellungen gehört auch der *Sorcier („Zauberer") de Gabillou* (Abb. 2). Tief im Inneren der Höhle von Gabillou (Dordogne) ist er an markanter Stelle eingraviert.[18] Auch seine Füße wirken lahm, seine gewinkelten Beine wie die eines Kindes.

Abb. 2: Der „Zauberer" von Gabillou, spätes Jungpaläolithikum (Gaussen Pl. 36)

TÄNZER. Doch auch noch andere Details des „Zauberers“ von Gabillou erinnern an Indra – und geben Gelegenheit, den altindischen Gott an einigen Stellen noch etwas genauer zu schraffieren:

(2) Der Sorcier von Gabillou ist, gleich anderen jungpaläolithischen Figuren, offenbar mit einem Fell bekleidet. Ich vermute, daß es das Fell eines gepunkteten Hirschkalbs oder einer jungen, gefleckten Antilope, vielleicht auch eines Leoparden oder Jaguars war. Denn gepunktete Felle waren vielerorts die typische Götter- und Heldentracht; auch noch Jahrtausende später. Wir kennen sie schon aus dem rund 8000 Jahre alten Çatal Hüyük und dem etwas jüngeren Hacilar; später auch aus Babylonien, Anatolien, Altarabien, Ägypten, auch vom griechischen Dionysos und von den Maya[19]; und natürlich auch aus dem alten Indien. Dort, so Jan Gonda, war das *Fell eines gefleckten Tieres … über die Zeiten hinweg Symbol für Heiligkeit und vedische Kultur* (Mit 79). – Die Priester trugen solche Felle in der Realität, die Götter im Mythos. Vor allem Indras Freunde, die wilden Marut, waren für ihre Tracht aus Fellen von *Antilopen* und *Schecken* berühmt:

> *Wie die gefleckten Hirsche sind sie schön gezeichnet, die Allwissenden. – Auf den Schultern Antilopenfelle* (tragend sind die Marut) … *wohlklingende, zungenfertige Töner …, dem Indra* (zu-)*gesellt als seine Umjauchzer.* (Q 71)

Was es mit diesen gefleckten Fellen auf sich hat, werden wir noch sehen.

Sodann (3): Der Sorcier von Gabillou hat, obwohl eindeutig menschliche, auch tierische Züge: er ist als Stier „maskiert“. Auch Indra, wir lasen es schon, galt wie so viele alte Götter als Bulle. – Andere jungpaläolithische Gravuren dieses Typs sind Mischwesen aus Mensch und Vogel, Mensch und Löwe, Mensch und Bock. Alle sind mit wenigen Strichen skizziert und ins Groteske verzerrt; alle sind, so Michel Lorblanchet, *eine Art von Karikaturen* (62), heutigen Comic- und Bilderbuch-Gestalten nicht unähnlich. Auch Indras Abenteuer wirken wie Karikaturen des Menschlichen; und auch Indra galt nicht nur als Stier, sondern auch als *Widder* und als *Ameise* (Q 72). – Wie sich diese sonderbaren Mensch-Tier-Gestalten im Rahmen meiner These verstehen lassen, gilt es im nächsten Kapitel ausführen. Ich bitte aber meine Leser schon vorab, den einen oder anderen Blick in heutige Kinderzimmer und Kinderbücher zu werfen, und auch der Sprache, mit der Eltern ihre Kinder, zumal die Kleinsten, liebkosen und herzen, ein Ohr zu leihen.

(4) Der Sorcier von Gabillou sieht aus, als würde er tanzen; in Anbetracht seiner krummen Beinchen und behinderten Füße freilich nur in karikiertem und parodiertem Sinn. Ein solcher *Tänzer* war auch Indra (Q 73); und vielleicht sollte die merkwürdige „Kniebeuge“ der folgenden Szene zum Ausdruck bringen, wie wacklig auf den Beinen der Tänzer Indra noch war:

> *Indra, der Vortänzer, ist uns ein Geber großer Belohnungen; der Große möge sie reichen, indem er sich in die Knie läßt.* (Q 74)

(5) Daß das vermummte Männchen von Gabillou ein Sorcier, eben ein Zauberer sei, ist freilich nur eine Vermutung der Urgeschichtler. Für Indra dagegen ist dieser Zug belegt: Er konnte zaubern wie die Rbhus und die meisten Götter. Seine Feinde besiegte Indra deshalb *mit Zaubergesängen*; er galt als *vieler Verwandlungen kundig* und war überhaupt für seine *Zauberkünste* berühmt (Q 75). Eine dieser Zauberkünste lernten wir ja schon kennen: Indra schoß auf den Eber Emusa, traf „nur“ die sieben Rücken der Berge, und streckte den Eber dennoch nieder. Eine andere war: Der große Gott verstand sich auf das Kunststück, die rohe Milch schon im Euter der Kühe abzukochen![20] – Welcher Welt die Fähigkeit des Zauberns angehört, liegt auf der Hand: Bis die menschliche Welt nach verläßlichen Regeln und Naturgesetzen strukturiert ist, zieht manches Jahr ins Land. Bis dorthin aber müssen sich viele Ereignisse wie „Wunder“ und viele Bewerkstelligungen wie „Zauber“ ausnehmen. Näheres dazu später.

(6) Gehbehindert, tierhaft, tanzend und zauberkundig – legt diese Reihe von Attributen nicht für beide, für Indra und den Sorcier von Gabillou, auch noch eine weitere Assoziation nahe? Die eines Teufelchens. – Der Teufel ist bezeichnenderweise der einzige „Gott“, der in urwüchsiger Gestalt die achsenzeitliche Wende bis in die jüngere Vergangenheit überlebte:

Wie in der *Hinführung* gezeigt, war der Daeva Indra in Zarathustras Religion zur Verkörperung des – jetzt bösen – Teufels geworden. – Wie damals schon in Iran, so wurde der Teufel in Mitteleuropa während der schrecklichen Jahrhunderte zwischen etwa 1450 und 1750 neuerdings zum Inbegriff des Bösen, der „Pakt“ mit ihm zum *Superverbrechen der Hexerei*.[21] – Wie wir aus vielen Akten der Hexenprozesse wissen, galt der Teufel dabei als tanzender, hinkender, goldener ... Jäger im Habitus eines Stiers, Bocks oder Hahns, der sich obenhin auf Zaubereien verstand, unter anderem auf Euter- und Milchzauber. Warum sollten wir die Spuren dieses Teufels, wie Carlo Ginzburg tat, in den Steppen Sibiriens und in Praktiken des Schamanismus suchen? Er war ein typischer morgenroter Gott, wie wir ihn keineswegs nur aus dem rigvedischen Indien kennen[22], sondern z. B. auch aus Griechenland:

Dem Dionysos und seiner Schar der Satyrn war bekanntlich die griechische Tragödie geweiht. Tragödie bedeutet wörtlich: Bocks-Gesang (von griechisch *tragos, „Bock“*); denn entwickelt hat sich die Tragödie aus dem dionysischen Chor der Satyrn, jener mit Bockshörnern, Fellen, Masken und Schwänzen verkleideten Gestalten, die dem Teufelchen von Gabillou so auffallend gleichen. Dionysos selbst galt als *bougenes*, das heißt als *„der Kuhgeborene“*, und deshalb als *junger Stier* und *stierhörniger Gott*, nichtsdestoweniger aber auch als *neugeborenes Knäblein*, ja als *liknites*, das heißt als *„der* (Gott) *in der Wiege“*. Darüber hinaus war Dionysos natürlich auch ein in *scheckigem Hirschkalbfell* vermummter *Tänzer*, desgleichen, wie Indra, ein *Jäger*.[23] Mit einem Wort: Auch Dionysos war ein rechtes Teufelchen.

Und auch noch ein letztes (7) Motiv verbindet den Sorcier von Gabillou mit Indra – und dem Teufel und Dionysos und anderen morgenroten Göttern: Sie alle waren Höhlengötter. – Warum das so war, ist Thema des nächsten Kapitels.

Doch nun zur Globalität des Motivs Milch und Honig. Auch dazu nur einige Hauptlinien:

BIENE. Zu Recht schrieb Porphyrios (4. Jahrhundert n. Chr.) in seiner Schrift *Die Höhle der Nymphen* ..., daß *Nektar und Ambrosia*[24], die beiden Götterspeisen der westlichen Antike, *als Honig* aufgefaßt werden müßten; *denn*, so Porphyrios: *Honig ist die Nahrung der Götter* (17 f.). Zu ergänzen ist nur: Honig – und Milch. – Schon Porphyrios' Schrift ist eine so umfangreiche Materialsammlung zu dem alten Motiv, daß es keinen Sinn macht, alles dort Zusammengetragene hier zu wiederholen. Mehr noch gilt dies für die modernen Studien zu Milch und Honig, die deshalb nur in der Fußnote aufgelistet[25], mit wenigen Strichen nachskizziert und an einigen Punkten ergänzt seien:

Die Biene, und mit ihr gewiß der Honig, genoß schon im alten Çatal Hüyük kultische Würdigung. In den späteren Hochkulturen ist der sakrale Rang von Milch und Honig auch inschriftlich bezeugt; in Ägypten nicht anders als bei den Hethitern und in Babylonien[26] – aber auch in den Hochkulturen Altamerikas. Die Ähnlichkeit der erzählten Szenen ist dabei oft frappierend:

Als z. B. Babyloniens Ur-König und „Nationalheld" Gilgamesch zusammen mit Freund Enkidu herbe Höhlenabenteuer durchfochten hatte, heißt es über ihn weiter:

> *Kaum daß ein Schimmer des Morgens graute, ... füllt' er von Karneol eine Schale mit Honig, von Lasurstein eine Schale mit Butter an* ... (Schott 74)

Im Popol Vuh der Maya lesen wir über die Ankunft der göttlichen Helden im „Paradies" der Morgenröte:

> *Sie hatten ein wunderschönes Land voller Annehmlichkeiten gefunden, mit einem Überfluß an gelbem und weißem Mais, mit einem Überfluß auch von ... Kakao, voller unzähliger Früchte und voller Honig.* (Cordan 102 f.)

Ganz ähnliche Szenen finden wir im Rigveda – und auch noch 1500 Jahre später bei Ovid, diesem neben Vergil letzten großen Restaurator „heidnisch"-morgenroter Mythen:

> *Hier gab's Ströme von Milch, dort ergossen sich Ströme von Nektar, und es troff von der grünenden Eiche der gelbliche Honig.* (Met I 111 ff.)

Ja selbst im Alten Testament fehlt das Motiv nicht; hier begegnet es freilich schon in anderer Zeitform, nämlich nicht mehr im Perfekt des „Es war einmal ...", sondern im Futur der Hoffnung. Schon Moses verhieß das Gelobte Land als ein *Land, das von Milch und Honig fließt* (2 Mos 3,8)[27]; und der Prophet Joel weissagte über die Wiederkehr Jahwes:

> *An jenem Tage werden triefen die Berge von Most und die Hügel überfließen von Milch* ... (4,18)

So tief hatten sich die mythischen Metaphern Milch und Honig im menschlichen Gemüt einst verankert, daß sie auch in christlicher Zeit fortlebten. Im 1. Petrusbrief heißt es daher:

> *Wie neugeborene Kinder verlanget nach der … Milch, damit ihr durch sie heranwachst zum Heil.* (2,2)

Hermann Usener zitiert neben anderen Beispielen aus dem *Sacramentarium Leoninum* des 6. Jahrhunderts *den*, so Usener, *erwarteten Segen auf Milch und Honig*:

> … *„Segne, Herr, auch diese deine Geschöpfe der Quelle, des Honigs und der Milch …, nähre sie von dieser Milch und dem Honig …"* (MuH 409)

Der Heilige Ambrosius bekam deshalb einen Bienenkorb zur Requisite, Bernhard von Clervaux ward zum Patron der Bienenzüchter, und die Hl. Brigitta von Schweden hörte in einer Offenbarung die Mutter Gottes sagen:

> *Ich war in Wahrheit ein Bienenkorb, als die hochgelobte Biene, der Sohn Gottes, … in meinen Schoß Einkehr nahm.*[28]

Ja, wer im Petersdom und im Vatikanischen Museum darauf achtet, kann noch heute päpstliche Wappen mit Bienen bewundern. Und auch in der Provinz fehlt es nicht an Beispielen: In der Klosterkirche Birnau am Bodensee z. B. schleckt ein Putto kaum älter als Indra mit keckem Finger aus dem von den Honigsammlerinnen umschwirrten Bienenkorb unter seinem Arm.[29] – Wie nah die christliche Welt hier dem alten „Heidentum" geblieben ist, verdeutlicht folgende, zusammenfassende Stelle aus Bächtold-Stäublis *Handwörterbuch des deutschen Aberglaubens*:

> *Milch und Honig … sind die Attribute des paradiesischen Götterdaseins und des Märchenlandes (auch für die deutsche Märchenauffassung)* (VI 250; Klammer von Bächtold-Stäubli)

KÖNIG. Ein letzter Faden zur alten Götterspeise sei noch eingewoben, da er einen wichtigen, bisher ausgeklammerten Zug Indras zur Geltung bringt. Indra nämlich galt auch als – König. Wir lesen z. B.:

> *Du Indra, bist der wahre König über alle Götter, – … der König der Völker, – … der König der Geschöpfe, – … der alleinige König der ganzen Welt.* (Q 76)

Und nicht nur Indra, auch seine rigvedischen Kollegen Soma, Mitra, Varuna, Yama, Agni … waren Könige; desgleichen die morgenroten Helden anderer früher Kulturen, z. B. Gilgamesch und Dionysos.

Ihr irdisches Spiegelbild hatten diese göttlichen Könige in den wirklichen Königen. Oder anders gewendet: Die Welt der Götter war Vorbild und Urbild des sogenannten sakralen Königtums. Den realen Königen nämlich oblagen neben administrativen Aufgaben vor allem auch sakrale; insbesondere das kultische und rituelle Nachahmen, Nach-Spielen der kleinen Helden der

Morgenröte und ihrer Schöpfungsabenteuer. In dieser sakralen Funktion galten die realen Könige selbst als göttlich, und deshalb war *der irdische König*, so Bernfried Schlerath,

> *... schon im RV in seiner Herrschereigenschaft den Göttern, die Könige sind, völlig gleichgeordnet.* (50)

Und dies war keineswegs nur in Indien so. – Was Jan Assmann über die ägyptischen Pharaonen schrieb, gilt auch für das sakrale Königtum anderer vorachsenzeitlicher Kulturen:

> *Für den Ägypter ist die legitimste Form der Herrschaft die des Schöpfers über seine Geschöpfe; sie übt der ägyptische König aus, indem er ... die Rolle des Schöpfergottes spielt. – Das politische Handeln des Königs wird als Wiederholung und Fortsetzung der Schöpfung interpretiert.* (StuZ 248, Maat 167)

Daß *Schöpfung* dabei in dem hier vertretenen Sinn verstanden werden muß, tritt gerade auch am ägyptischen Königskult ans Licht: Jeder ägyptische König galt als eine Art „Reinkarnation" des Gottes Horus; und Horus, der Sohn der Isis, war, so Emma Brunner-Traut, *ein Bübchen, ... das noch Milch trinkt* (Mär 129 und Anm.). Auch daß Horus im altägyptischen Mythos zeitweise blind ist, in Gold schwimmt und seine Herrschaft von der *„Insel der Mitte"* aus antritt[30], erweist ihn unmißverständlich als welteröffnendes Kind.

Die genauere Ausarbeitung der mythischen Parallelität von sakralem Königtum und früher Kindheit würde ein eigenes Buch erfordern. Sie kann im Verlauf der vorliegenden Untersuchung nur punktuell und en passant erfolgen. Immerhin im Vorbeigehen werden wir aber verstehen lernen, warum ein König eine Krone und ein Szepter brauchte; warum viel Gold und Juwelen; warum ein Theater, einen Harem und einen Tierpark; und warum eine Armee zum Schutz und zumal zur Erweiterung seines Territoriums ... – Einige Privilegien des sakralen Königtums lassen sich auch schon hier, auf dem Boden des bisher Erörterten nachvollziehen:

Weil Götter vom Schlag Indras Vorbilder der realen Könige waren,

- deshalb hatten die realen Könige, wie Indra mit seinem Bunda-Bogen, das Privileg der Jagd.
- Deshalb auch hatte ein realer König eine ordentliche Blaskapelle nach Art der Marut und einen *riesigen, weiser Rede würdigen Wagen* zu unterhalten (Q 77).
- Deshalb auch hatte ein König Rituale und Feste auszurichten; darunter kultische Umzüge, bei denen er selbst oder ein Repräsentant die Heldentaten der großen Götter nachzuspielen hatte. Zum Lob und Dank des in Szene gesetzten Geh- und Sehbehinderten wird das Publikum dann nach Art des *„Hoch soll er leben, drei-mal hoch!"* gejubelt haben. – Daß sich die Könige bei entsprechenden Festivitäten als besonders trinkfest zu bewähren hatten wie Indra, spricht noch heute aus der engen Assoziation von Königtum und berauschenden Getränken; z. B. in der Werbung: *„Heute ein*

König, Königspilsener". Man denke auch an „Fürstenberg", „Königssteiner", „Löwenbräu" und viele andere.

- Deshalb auch mußte (zumindest im indogermanischen Raum) ein König in der Volksversammlung gewählt oder bestätigt werden; wie Indra von „seinem" Volk, den Priestern:

  Den Indra haben (die) Stimmen (der Priester) *insgesamt zum König eingesetzt* … (Q 78)

- Und zuletzt: Deshalb durfte es einem realen König an nichts fehlen; ja, er mußte verwöhnt und bedient werden und in Milch und Honig schwimmen … Mit einem Wort: ein guter König wurde von seinem Volk geehrt und geliebt – wie Indra, der Honigschlecker:

KENEKO. Die enge Verbindung zwischen sakralem Königtum und der Götterspeise des Honigs spricht bis heute, so scheint mir, aus unserem Wort – König.

Woraus hat sich ‚König' entwickelt? – Versucht wurden Herleitungen aus altnordisch *konr, „edler Mann, Geschlechtsgenosse"*, desgleichen aus *kunne „können"*.[31] Beides ist unsicher und morphologisch problematisch. Deshalb schlage ich hiermit eine ganz andere Etymologie vor: die Gleichstellung von König und Honig:

Unwidersprochen ist die konventionelle Herleitung von „Honig", wie sie bei Kluge dargestellt ist: mittelhochdeutsch honec, honic, althochdeutsch honag, altsächsisch honeg; aus germanisch *hunanga; dieses aus indogermanisch *keneko – „honiggelb, goldgelb"; verwandt mit altindisch kanaka „Gold" und griechisch knekos „gelb, rot".

Anders sehe ich es bei „König". Hier stimme ich der Herleitung bei Kluge nur bis zum Westgermanischen zu: mhd künec, ahd. kuni(n)g, as. kuning; aus westg. *kuninga. – Dieses *kuninga nun aber geht, so scheint mir, genau wie *hunanga „Honig", auf idg. *keneko – „honiggelb, goldgelb" zurück.[32]

Beide Wörter, Honig und König, hätten sich danach aus der ursprünglichen Bedeutung „goldfarben" entwickelt. – Das Argument bedarf selbstverständlich der Überprüfung von seiten der Sprachwissenschaftler.

Doch wie auch immer: Fest steht, daß König, Gold und Honig in den frühen Religionen aufs engste zusammengehören; und keineswegs nur im rigvedischen Indien.[33] Schon Julius Wellhausen stellte fest, daß *die Hieroglyphe für König … bei Ägyptern und Babyloniern die Bienenmutter ist.* (209, Anm. 1) Entsprechend scheinen die dortigen Könige als kultische Imker gegolten zu haben; jedenfalls hießen die unterägyptischen Könige ausdrücklich *biti „Imker"*. (Vennemann 478) – Ein kretischer König trug den Namen *Melisseus „Honigmann, Imker"*.[34]

Auch daß die sakralen Könige der „heidnischen" Kulturen zumeist geliebt und geehrt wurden wie die von ihnen repräsentierten kleinen Honigkönige selbst, ist durch viele Zeugnisse belegt. Die Könige scheinen wahre Sweethearts und Honeys gewesen zu sein – ganz in dem Sinne, wie es noch heute aus dem englischen ‚Honey' klingt. – Ein Nachglanz dieser Liebe zu den einstigen Königen schillert nicht nur durch die heutige Regenbogenpresse. Er schimmert auch durch unsere Märchen – und Comics:

Die altindische Wurzel des Wortes für König war *raj-*. Sie leitet sich aus einer indogermanischen Wurzel *reg- her, aus der sich ihrerseits nicht nur das lat. *rex, „König"* (fr. *roi*, span. *rej* usw.), und, über ahd. *rik*, unser *reich, Reich* entwickelten, sondern auch das keltische *rix, „König"*.[35] Caesar-Übersetzer kennen den keltischen Wortstamm rix von Caesars großem Kontrahenten Vercingeto-rix; Comicleser natürlich von Aster-rix, dem „Sternen-König". Wie Indra, wie Pharaonen auf den Reliefs altägyptischer Tempelpylone erschlägt auch Asterix, gestärkt von einem Schluck Zaubertrank, Feinde und böse Wichte in Legion. – Aus was Miracolix, der Comic-Druide, den Zaubertrank mischte? Aus was, wenn nicht – Milch und Honig?

5. Diskussion

Ödipus. Zu den sinnvollen Ritualen der Wissenschaften gehört es, die eigene Theorie der Konkurrenz mit anderen auszusetzen. – Zur Erklärung der globalen Kongruenz früher Mythen stehen mehrere theoretische Modelle zur Diskussion:

(1) Denkbar wäre, daß die Übereinstimmung der uns überlieferten frühen Mythen in einer gemeinsamen, uralten und uns nicht mehr zugänglichen Quelle gründet. Da die amerikanischen Kulturen aber seit der letzten Eiszeit keine Verbindung mehr mit der Alten Welt hatten, müßte diese Quelle mindestens bis ins Jungpaläolithikum zurückdatiert werden. – Wahrscheinlich ist diese Möglichkeit nicht: Dazu sind die dazwischenliegenden geographischen und zeitlichen Distanzen zu groß; dazu auch die konkreten Ausgestaltungen der entsprechenden Mythen zu verschieden. Insbesondere die unterschiedlichen und sprachlich auseinander nicht ableitbaren Götternamen verbieten eine genealogische Erklärung. – Aber selbst wenn das Unwahrscheinliche der Fall sein sollte und eine Schar urzeitlicher „Missionare" diese Schöpfungsmythen einst über den gesamten Globus verbreitet hätte, würde dies seinerseits einer psychologischen Erklärung bedürfen. Denn eine derart auffällige Kongruenz ist ohne die Voraussetzung einer kulturumspannenden Hellhörigkeit für solche Mythen, ohne einen gemeinsamen psychologischen Resonanzkörper gleichsam, nicht denkbar. – Zu Recht vermerkte Lévi-Strauss, daß, wenn z. B. der Mythos des hinkenden Helden auf das eiszeitliche Paläolithikum zurückginge, dies *zwar die Frage seines Ursprungs lösen würde, aber die seines Überlebens offen ließe*. (HzA 512)

(2) Die geläufigste und, wie ich finde, auch schlüssigste Erklärung für die globale Kongruenz entsprechender Mythen ergibt sich aus Freuds Theorie des Unbewußten. In diesem „Unbewußten" seien, so lehrte Freud, (verdräng-

te) Dramen der Kindheit abgelegt; und diese seien in ihren Grundstrukturen überindividuell, weil die Kindheit bei allen Menschen stereotype Züge hat. – Die vorliegende Studie schließt sich der Freudschen Position im Grundsatz an; allerdings mit einer Korrektur:

Dominantes Ereignis der Kindheit war für Freud der Ödipuskomplex, den er ins vierte, fünfte Lebensjahr datierte. In ihm spiegle sich das von Tötungsphantasien begleitete Eifersuchtsdrama des (männlichen) Kindes zwischen ihm und seinem Vater um die Gunst der Mutter. Die griechische Tragödie des Sophokles, *König Ödipus*, galt Freud als herausragendes Beispiel für die mythische Reinszenierung eben dieses universellen Kindheitsdramas. – Spätere Autoren – Melanie Klein, Bruno Bettelheim, Norbert Bischof und andere – variierten und ergänzten die Freudsche Position.

Die Crux daran: In den frühen Religionen spielt das ödipale Drama eine völlig untergeordnete Rolle. In den 1028 vielstrophigen Liedern des Rigveda z. B. ist der Vatermord (Indras) in genau zwei Strophen Thema.[36] – Darüber hinaus sind die „großen Götter" vom Schlag Indras keinesfalls vier oder fünf Jahre alt. Und auch in Sophokles' Ödipus-Tragödie selbst wollte der „Ödipuskomplex" erkennbar primär als das Drama eines Säuglings verstanden werden:

König Laios ahnt dort, daß Ödipus, sein neugeborener Sohn, ihn umbringen werde – und welcher frischgebackene Vater poltert nicht ab und an: „das Geplärre bringt mich noch um"? Vater Laios jedenfalls setzte Ödipus deshalb aus:

> *Doch nicht drei Tage gingen hin nach der Geburt des Kinds, da schnürt' er ihm die Fußgelenke ein, warf es durch fremde Hand in wegloses Gebirg.* (717 ff.)

Dort, im Kithairon-Gebirge, ward der ausgesetzte und fußlahme Ödipus von einem Ziehvater gefunden und aufgezogen. Dieser eröffnet später dem erwachsenen Ödipus:

> *In des Kithairons Waldesschluchten fand ich dich … Für dich, mein Kind, der Retter doch zu jener Zeit! … Bezeugen könnten's deine Fußgelenke wohl … Ich machte der durchbohrten Füße Spitzen frei.*

Darauf Ödipus:

> *Welch schönen Schandfleck bracht' ich aus den Windeln* (!) *mit!*

Und der Ziehvater:

> *Nach diesem Umstand hieß man dich den – der du bist.* (1026 ff.)

Und in der Tat: Ödipus trug seinen Namen ob seiner behinderten Füße. *Sämtliche alten Schriftsteller*, so Otto Höfer in *Roschers Ausführlichem Lexikon der griechischen und römischen Mythologie*, deuteten deshalb *den Namen Oidipous als „Schwellfuß"* (740); und sicherlich zu Recht, denn der griechische Stamm oid- bedeutet „Schwellung" (woraus unser Ödem) und pous „Fuß, Bein". – Gehbehinderungen, wir sahen es, sind weltweit verbreitete Motive morgenroter Dramen. Für vier-, fünfjährige Freudsche Ödipusse sind sie aber so wenig charakteristisch wie Windeln. Schwierigkeiten mit dem Gehen haben Einjährige. – Und einzig in die Welt Einjähriger paßt auch das Drama von Ödipus' Aussetzung und die Atmosphäre, in der sie geschah: In Gebirgen, von Höhlen und Waldesschluchten durchzogen, bestanden auch andere Helden der Morgenröte den Kummer des Ausgesetztwerdens. – Mit einem Wort: Auch Ödipus selbst war (in Freudscher Sprache) kein ödipaler, sondern ein oraler Held – und eben König.

ARCHETYPEN. (3) Eine dritte Erklärungsmöglichkeit für die globale Kongruenz der frühen Mythen entwarf Freuds abtrünniger Schüler C. G. Jung. Jung sah, daß Freuds Konzept die Vielfalt in der Welt des Mythischen nicht hinreichend zu erklären vermag. Und tatsächlich ist nicht einzusehen, inwiefern das ödipale Drama des Vatermords z. B. den göttlichen Gehbehinderungen oder der mythischen Trennung von Himmel und Erde zugrunde liegen soll. Jung nahm deshalb Freuds These, daß die Inhalte des „Unbewußten" aus Kindheitsdramen herrührten, zurück, und setzte statt dessen ein *kollektives*, das heißt überindividuelles, gemeinmenschliches *Unbewußtes* an, dessen Inhalte angeboren seien. Diese angeborenen Inhalte nannte er *Archetypen*. Archetypen seien z. B. das Bild der Großen Mutter, des Helden, des Kindes ... – Jungs Archetypenlehre fand (vorübergehend) auch unter Religionswissenschaftlern (vor allem bei Karl Kerenyi) Anklang.

Schuldig blieb Jung freilich die Antwort, durch welche biologischen Gesetzmäßigkeiten diese Archetypen ins menschliche Erbgut gelangt sein sollen. Als angeboren gelten den Evolutionsbiologen einzig einfache Schemen, z. B. die Kopplung von Angst an das Muster eines sich über den Boden schlängelnden Objekts (= „Schlange")[37], nicht aber derart komplexe Inhalte, wie sie aus Mythen sprechen. – Und weshalb auch sollten „archetypische" Bilder wie z. B. das von der Großen Mutter vererbt werden, wo doch jedem Kind bald nach der Geburt eine „Große Mutter" leibhaftig erscheint? Und weshalb sollte ein Archetyp „Kind" auf Vererbung zurückgehen, wo sich doch die Dramen, von denen dieser vorgebliche Archetyp handelt, am Anfang jeder menschlichen Biographie real ereignen?-

Jung war ein originärer Praktiker der Psychotherapie. In religionsgeschichtlichen Fragen aber war er von den Mythen spätantiker, mittelalterlicher und frühneuzeitlicher Gnosis zu sehr fasziniert und befangen, als daß er „heidnische" Mythen nüchtern genug hätte beurteilen können. Regelmäßige Denunzierung früherer Menschen als Primitive und peinliche Fehlgriffe im Jargon des Nationalsozialismus belegen dies in oft bedrückender Weise.[38]

(4) Als vierte Möglichkeit wird neuerdings wieder eine (neben der Jungschen) zweite Seitenlinie der psychoanalytischen Tradition diskutiert; insbesondere von Ludwig Janus und, oft bis ins Unverständliche verklausuliert und barockisiert, auch von Peter Sloterdijk:

Könnte die globale Kongruenz der frühen Mythen nicht auch auf der Gleichartigkeit des Geburtserlebnisses und des vorgeburtlichen Erlebens im Uterus der Mutter beruhen? Dafür scheinen unter anderem Schilderungen von Geburtserlebnissen in Zuständen der Meditation oder der therapeutischen Behandlung zu sprechen; desgleichen das zentrale und in der Tat weltweite mythische Motiv der Öffnung einer Höhle.

Das mir bekannte Quellenmaterial ist mit diesem Erklärungsversuch allenfalls in kleinen Teilbereichen vereinbar. Als wahrscheinlich gilt es inzwischen, daß die Stimme der Mutter schon pränatal identifiziert wird.[39] Möglich scheint mir auch, daß die Musik etwa der rigvedischen Marut, insbesondere ihre Paukenschläge, etwas mit dem intrauterin gehörten Herzschlag der Mutter zu tun hat.

Insgesamt jedoch geben sich zumindest die rigvedischen Götter in allen ihren Zügen eindeutig als bereits geborene Kinder zu erkennen; auch dort, wo sie Höhlenabenteuer bestreiten. Indras Leidenschaft für Milch und Honig und seine goldgelben Zahnreihen passen ebensowenig in eine prä- oder perinatale Welt wie seine Abenteuer mit den Marut, den Rbhus und Visnu. Regelmäßig werden die indischen Götter auch ausdrücklich als bereits geboren bezeichnet. Und ich sagte es schon: Selbst dort, wo von der Geburt z. B. Indras die Rede ist, handelt es sich keinesfalls notwendig um Ereignisse im Rahmen der physischen Entbindung; denn, so auch Jan Gonda:

> *Die religiöse Bedeutung von Geburt erstreckt sich weit über die physiologische Kindsgeburt hinaus.* (IH 18)

Doch genug nun der Kritik an anderen. – Mögen sich ihrerseits Kritiker finden, die auch meine Theorie in Zweifel ziehen: Mir nämlich erscheinen alle diskutierten Schwierigkeiten der bisherigen Erklärungsversuche für die weltweite Kongruenz archaischer Mythen durch die hier vertretene Theorie aus dem Weg geräumt. In kompakter, schon vorsichtig vorausgreifender Formulierung lautet sie:

LIMBISCH. Angeborene neurophysiologische Strukturen bilden in Wechselwirkung mit den Stereotypien frühkindlicher Erfahrung jene „unbewußten" Inhalte, die später – z. B. in psychischen Extremsituationen (Psychose, Traum, religiöse Ekstase ...) – wieder durch die (poröse) Membran der frühkindlichen Amnesie brechen und ins Tagbewußtsein aufsteigen. Sie werden dann in Gestalt solcher Bilder repräsentiert, wie wir sie auch in den frühen Schöpfungsmythen weltweit auffinden. – Der therapeutischen Zuwendung jener „vergessenen" Schichten des menschlichen Seelenlebens galt das Engagement der „heidnischen" Religionen. Darin, nicht im Versprechen ewigen Lebens, bestand das Heil und die Heiligkeit ihrer Mythen.

Unterfangen wird diese Theorie auch von den Befunden der modernen Neurobiologie. Gerhard Roth, einer ihrer Exponenten, entwarf dazu auf den Lindauer Psychotherapie-Wochen 2000 und 2001 folgendes Szenario:

Im Gegensatz zu den Inhalten unseres Tagbewußtseins, die im *assoziativen Kortex*, der Großhirnrinde, repräsentiert sind, so Roth, *inkorporiert und steuert das* (darunterliegende) *limbische System die vielen Aspekte des Unbewußten.* Das limbische System aber, so Roth weiter, wird während der *ersten zweieinhalb bis drei, vielleicht sogar dreieinhalb Jahre* programmiert; im wesentlichen jedenfalls *präverbal.* Dadurch werden *Charakter und Persönlichkeit* weitgehend geformt, aber auch Traumata eingeprägt.

Die Inhalte des limbischen Systems sind, anders als die der Großhirnrinde, zäh. Roth: *Was wir limbisch, was wir unbewußt lernen, was sich charaktermäßig und traumaartig erhärtet, ist schwer, wenn überhaupt veränderbar.* – Insbesondere bleiben die Inhalte des limbischen Systems gegenüber späteren rationalen Zugriffen von seiten des assoziativen Kortex weitgehend resistent: *Die Großhirnrinde, unser Bewußtsein, kann diese Inhalte mehr oder weniger übertünchen, überlagern, ohne sie wirklich im Kern zu ändern.*

Für therapeutische Interventionsversuche gilt daher, so Roth: *Das, was am wenigsten hilft, ist die Selbstreflexion … Die von anderen vermittelte Einsicht hilft auch nichts* … Denn die in der Großhirnrinde repräsentierte rationale Reflexion vermag die limbisch verankerten Schichten nicht zu erreichen. – Deshalb Roth weiter: *Was hilft, rein biochemisch, aber auch psychoanalytisch* (verstanden), *sind dramatische, emotionale Zustände, wie auch immer sie herbeigeführt werden … Die große Therapie müßte sein, gezielt in diese nichtverbalen Strukturen* (des limbischen Systems) *einzugreifen.*[40]

Exakt dies machten die rigvedischen Priester: Mit aufwendig komponierter Dichtung und komplexen Ritualen re-inszenierten sie die Dramen der präverbalen Welt – und überschütteten die dann freigelegte Schicht, übertragen gesprochen, mit Milch und Honig, das heißt mit überbordendem Lob, herzender Liebe, … Witz:

> *Singet ihm dieses neue Lied …, daß sich wie vormals seine Kräfte regen … – Den Indra wollen wir durch seine wahrhaften Taten herbringen, denn der Held ist als lobsüchtig bekannt. – Der an Lobliedern nicht genug bekommt, … den Indra lade ein … – Erhöre den Ruf, o Indra, … denn diese Stärkungen richten dich auf … – Unter Spielen und Frohsinn wollen wir dich pflegen … – Ich will mich dir neigen wie die milchgeschwellte Frau (zu ihrem Kinde)* (Q 79)

Die Botschaft an die frühesten und ältesten Schichten der menschlichen Welt lautete dabei stets von neuem: So schwierig damals, in ferner Urzeit, auch manches war – es ist gut gegangen: die Schöpfung ist geglückt, die Fundamente der Welt sind tragfähig. – Dem Lob an die Götter korrespondierte deshalb das Erwarten ihres Wohlwollens:

> (Indra,) … *befestige uns in deiner Gnade! – Seine Gnadengaben kommen angetänzelt wie Gewässer …* – (Indra ist) *der allumfassende Brunnen der Gedanken … – Richtet uns zum Leben auf* (ihr Marut)*!* (Q 80)

Und offenbar wurde diese Strategie auch bei akuter Verstimmung eingesetzt:

Dies sind deine alten (Taten), Indra. Neue (Wolken) sind gekommen. Überwinde die vielen Wolken, damit die Unfreude aufhöre. (Q 81)

Betonenswert ist eine weitere Parallele zu den neurophysiologischen Strukturen: So wie in unserem Gehirn das limbische vom kortikalen System abgegrenzt ist, so ist es im subjektiven Erleben die Welt des „Unbewußten" von der des Tagbewußtseins. Seit jeher galt den Menschen deshalb die Welt der Götter als „transzendent"; wenn auch nicht in dem strengen und extremen Sinn der modernen, monotheistischen Religionen:

Die Dramen der Götter nämlich spielten nach den frühen Mythen irgendwo am Rand der Welt, jedenfalls regelmäßig abseits des Alltäglichen. In Betracht kamen zumal ferne Inseln, verborgene Höhlen oder unerreichbare Berggipfel; vor allem aber natürlich der blaue oder wolkenverhangene Himmel. Den Hethitern galten daher die Wolken kurzerhand als Fußspuren der Götter.[41] – Ins Tagbewußtsein, das heißt in die Welt der Irdischen traten die Götter dagegen nur in Ausnahmesituationen: bei „auserwählten" Einzelnen, in der Psychose, im Rausch, beim Fest, ... im Traum, insbesondere aber in jenen Trancen, die religiöse „Meditation" und Ekstase, das heißt Gebet und Kult induzierten. Wir werden später noch am Leitfaden einiger Verse in die rigvedischen Opferkulte hineinhorchen und dabei immerhin eine Ahnung bekommen, wie dort die Kanäle ins limbische System freigespült und damit die „tieferen" Schichten des Seelenlebens eröffnet wurden.

Nach diesen „abstrakteren" Exkursen nun aber wieder zurück zu den mythischen Schauplätzen der Schöpfung. – Bevor wir uns von weiteren rigvedischen Texten in Indras Höhle und damit in die frühkindliche Phase der optischen Welteröffnung geleiten lassen, gilt es, noch eine Brücke zu schlagen; eine Brücke aus der fernen Welt Altindiens zu erhaltenen Resten des westlichen „Heidentums":

6. Zwerge

ENTENFÜSSE. Die in diesem Buch gewählte Darstellungsform des wissenschaftlichen Essays hat Vor- und Nachteile. Zu den Nachteilen gehört, daß nur vereinzelt Abbildungen einmontiert werden können; Abbildungen z. B. aus Kinderbüchern. Denn die Abenteuer des Salamanders Lurchi, des Maulwurfs Grabowski, des Igels Mecki, des Papageis Globi, des Königs der Löwen und vieler anderer dieser grotesk-infantilen Gestalten halb Tier, halb Mensch sind oft geradezu heidnisch-restaurativ und voll von indrischer Witzigkeit ... – Es gibt aber Ersatz: Unsere Mythen von – Zwergen.

Die seit dem Mittelalter überlieferten, aber zum großen Teil auf vorchristliche Zeit zurückgehenden Zwergenmythen leben nicht nur in einer Vielzahl von Märchen bis hin zu den Tolkienschen fort, sondern eben auch in der Welt der Comics. Seit Jakob Grimms *Deutscher Mythologie* und zumal seit

Bächtold-Stäublis *Handwörterbuch des deutschen Aberglaubens* sind diese Zwergenmythen auch für den wissenschaftlichen Zugriff erschlossen.[42] Sobald wir die dort angelegten Motivsammlungen und die Mythen des Rigveda übereinanderhalten, zeichnen sich auffällige Kongruenzen und ergänzende Konturen ab. Einige Beispiele:

Schon die „Äußerlichkeiten" der westlichen Zwerge erinnern an den goldigen Indra: ihr *goldener Bart* (Bächtold-Stäubli I 930), ihre Figur – *dick und untersetzt* – (IX 1025), ihre Liebe für Musik und ihre sonderbaren Tanzkünste[43]; desgleichen ihr Sprachvermögen:

> *Sie können nicht deutsch, überhaupt nur schwer reden, rölpsen nur mit grober Stimme, sprechen nie ein Wort, nur „husch, husch", ein datterndes, leises Gesumm.* (1049)

Wie die Rbhus, und wie Indra ja auch schon ein wenig, legten die Zwerge auch bei der Hausarbeit ordentlich mit Hand an:

> *So helfen sie seit alter Zeit bei allen Hausarbeiten, abspülen, die Stuben fegen, … Fleisch einsalzen, backen, … Kindlein wiegen …* – (Sie) *helfen waschen, … hängen Wäsche auf. – Finden die Zwerge keine Arbeit im Hause vor, weinen sie. Alle Arbeiten verrichten sie ohne Lohn.* (1083 f., 1054)

Und wie Indra waren auch die westlichen Zwerge Mischwesen aus Mensch und Tier. Als ob in Felle verkleidet galten sie als *zottig und behaart* (1028). Vor allem aber ihre sonderbaren Füßchen hatten sie oft von Tieren; und entsprechend Schwierigkeiten mit dem menschlichen Aufrechtgehen: Als wäre Donald Duck vorbeigezogen, hinterließen sie Abdrücke von *Gänse-* oder *Entenfüßen*; oder (wie gewiß auch die Böcke Indra und Dionysos) Abdrücke von *Geißfüßen*; aber natürlich auch von *verkrüppelten Menschenfüßen, kleinen Plattfüßchen, Kinderfüßen, denen je eine Zehe fehlt* (1090; vgl. 1026). Insgesamt galten ihre Füße jedenfalls als *tierisch*, *verkrüppelt*, *krumm*, *eingebogen* und *kleinwüchsig* (IX 1029), weshalb sie ähnlich dahergekommen sein werden wie der *breitspurige Brüller* Indra:

> *Da die Zwerge Fehler an den Füßen haben, gehen sie hart, wackeln auf ihren zarten Füßlein …* (1026)

Auch unserer Zwerge Appetit glich dem des goldigen Indra. Ab und an standen auch bei ihnen schon ein wenig *Fleisch aus dem Kochtopf* sowie am liebsten *frisches Brot und Semmeln* auf dem Speiseplan (1065 f.). Hauptsächlich aber naschten sie

> *… Milchspeisen, Brei mit einem guten Stück Butter drin, … kuhwarme Milch und Mehlspeisen, Roggenmehlbrei und Erbsen … – Die Zwerge sind Honigmäuler, wohnen hinterm Bienenhäuschen …; in einem Bienenkorb liegt verzaubertes Gold der Zwerge, in der Zwergenhöhle steht eine Honigtonne.* (1067 vgl. 1070)

Was wir schon bei Visnu beobachteten, galt auch für die kleinen Helden des Westens: *Die Zwerge sind diebisch* (1064). Hier stahlen sie ein bißchen Brot, dort naschten sie vom Hirsebrei. Besonders interessant ist aber, wie sie Milch stibitzten:

Die Alpenzwerge sind scharf auf die Milch der weidenden Kühe und Ziegen, auch anderswo sahen schon Hirten Zwerge von Kühen trinken, sie reichten gerade zum Euter hinauf. (1065)

In derselben Pose trafen wir, *am Euter ein Schlund* (Q 82), auch schon unseren Indra an. Einen weiteren berühmten (Himmels- und) Euterstemmer werden wir noch kennenlernen: den altägyptischen Gott Schu; auch er zweifelsfrei als Zwerg ausgewiesen.[44] Jedermann bekannt sind natürlich auch die legendären Gründer Roms, Romulus und Remus, wie sie, gut einjährig, an den Zitzen der Kapitolinischen Wölfin trinken.

Muß ich hinzufügen, daß Kinder im Alter von Indra, Visnu oder Romulus und Remus auch heute noch den Ehrentitel „Zwerg" gerne leiden? – Oft schon kniete ich vor Sport- und Kinderwägen nieder und pries die kleinen Kutscher als goldige Zwerge, ohne der Mütter oder Väter Anstoß zu erregen.[45]

MADAME D'OR. Ob Indra den rigvedischen Menschen wirklich als Zwerg galt, ist nicht mit letzter Sicherheit zu erweisen. Bei ihm bleiben wir auf Indizien wie die aufgezählten verwiesen. Immerhin beobachteten wir ihn darüber hinaus auch schon, als er *wie ein kleines Bübchen ... den neuen Wagen ... bestieg* (Q 83). In einem weiteren rigvedischen Lied wird er ausdrücklich als *Männlein* angesprochen:

Du Männlein, ... trink diesen ... ausgepreßten (Soma), *zu dem es Körner, Brei, Kuchen und ein Loblied gibt!* (Q 84)

Außer Zweifel steht die Zwergenhaftigkeit dagegen bei Visnu. – Wahrscheinlich ist schon sein rigvedisches Attribut *Sipivista* als *„Kahlkopf"* zu deuten.[46] Kahlköpfig und überdies so groß- und kugelköpfig, daß sie deswegen leicht stolperten, waren auch die westlichen Zwerge[47] – und sind es reale Kinder solchen Alters noch immer. – Nach der späteren Literatur Altindiens jedenfalls inkarnierte sich Visnu eindeutig als *Vamana, „Zwerg"*, und, so Jan Gonda, *seine Zwergengestalt war ohne Zweifel populär* (Rel 251). Der Zwerg Visnu nämlich, so hieß es jetzt, ließ sich von dem Dämonenkönig Bali so viel Land versprechen, als er mit drei Schritten durchmessen könne. Daraufhin wuchs der Zwerg, wie Zwerge so oft[48], sogleich zum Riesen heran – und überschritt *mit drei Schritten ... die Erde, den Luftraum und den Himmel* (Stietencron GuY 60 f.).

Wie Visnu und Indra in Indien, so galten auch die Zwerge des Westens häufig als Könige.[49] Prominent waren und sind bei uns zumal die Zwergenkönige Alberich und Laurin. Und weil – wie in Indien, so auch hier – die realen Könige als Repräsentanten der göttlichen Honigkönige galten, spielten auch reale Zwerge, das heißt kleinwüchsige oder verkrüppelte Menschen („Liliputaner"), im Gefolge der wirklichen Könige eine große Rolle.[50] – Noch im 15. Jahrhundert waren Zwerge bei uns, so Johan Huizinga,

> ... *begehrter Zeitvertreib an den Fürstenhöfen ... und stellten ihre Künste und ihre Mißgestalt zur Schau. Madame d'Or, die goldblonde Zwergin Philips von Burgund, war allgemein bekannt ... Bei den Hochzeitsfeierlichkeiten für Karl den Kühnen kommt ... die Zwergin des Fräuleins von Burgund, als Hirtin geschmückt, auf einem goldenen Löwen hereingeritten, der größer ist als ein Pferd.* (HM 27)

Aus der Literatur der Neuzeit sind solche Hofzwerge z. B. von Shakespeare, aus der Malerei von Velázquez bekannt.[51] – Allem Anschein nach haben wir es auch hier wieder – zumindest in frühen Hochkulturen – mit einem globalen Phänomen zu tun. Denn Hofzwerge kennen wir z. B. auch aus dem alten Ägypten. Dort waren Kleinwüchsige und Pygmäen nicht nur als königliche Kammerdiener privilegiert, sondern prompt auch als königliche Juweliere[52], Tänzer, Akrobaten, Humoristen und Dompteure. *Der Zwerg*, so Alfred Rupp, war auch hier

> ... *Ausdrucksmittel des gottangenehmen und gottnahen Zustandes* (293)

Und ganz analog war es auch in der Neuen Welt. Ähnlich wie bei den Azteken, so Stephen D. Houston und David Stuart in ihrer Studie *Der Hofstaat der Maya*, gebe es auch bei den Maya

> ... *deutliche Belege dafür, daß Könige sich mit deformierten Individuen wie Buckligen und Zwergen umgaben ... Wahrscheinlich waren sie mehr als reine Spaßmacher. Besonders die Zwerge werden in der Kunst der Maya beinahe als zugehörig zur Königsfamilie oder als Symbole der Macht dargestellt. Menschen mit ungewöhnlichen oder verformten physischen Eigenschaften mögen als heilige Wesen betrachtet worden sein, die der König in seiner Rolle als göttlicher Herrscher um sich scharte.* (153)

Erhaltene Malereien der Maya zeigen tanzende und akrobatisch-komödiantische Zwerge in höfischen Inszenierungen.[53]

Ja, schon jungpaläolithische Gravuren und Malereien stellen – ich finde offenkundig – typische „Liliputaner" dar: jene zwergwüchsigen Menschen mit „Stupsnasen" und überdimensionierten Köpfen, die auch noch in griechischen Komödien und bis vor kurzem (und wohl noch immer) als Clowns in Zirkusarenen auftraten.[54]

Ausgelohnt. Behinderungen (und nicht nur körperliche) hatten im Rahmen der morgenroten Religionen auch sakralen Charakter. – In den nachachsenzeitlichen Religionen dagegen ging dieser Status – allmählich – verloren. Zumal im Christentum wurde Behinderung statt dessen zum Objekt des neuen Mitleids ...

Man mag fragen: Welcher Umgang war „humaner"? – Verstanden als ethische Frage, wüßte ich nicht, wie eine Antwort begründen. Verstanden als psychologische Frage, ist die Antwort aber bereits formuliert; wenn auch in mythisch chiffrierter Sprache:

Die Zwerge nämlich, so die mythische Überlieferung zumindest des Westens, seien *ausgestorben, ja von den Menschen getötet worden* ... (Bächtold-Stäubli

IX 1106). Medium der Tötung sei dabei zum einen die *Neugierde der Menschen* und die *Aufdeckung des* (Zwergen-)*Geheimnisses* gewesen: *die Leute sind zu klug geworden* (1090 f., 1100). – Zum anderen aber sei es das Christentum gewesen, das den Tod der Zwerge bewirkt habe:

> *So vertrieb sie der Bau einer Kirche, Kirchengesang und Glocken,* (sowie) ... *die bannende und vertreibende Kraft des Kreuzes, vor allem durch die Aufstellung von Wegkreuzen, das Kreuzschlagen, das Bekreuzen des Brotes, Teiges, Getreides* ... (1099)

Mehr noch als die christlichen Symbole muß aber die neue Moral den Zwergen zugesetzt zu haben. Denn:

> *Als häufigster Grund des Verschwindens erscheint allgemein eine unbedachte Handlung aus Mitleid oder Dankbarkeit* ... (Der Zwerg) *fühlt sich dadurch „ausgelohnt", „abgelohnt" oder „ausgezahlt" und kehrt nicht wieder. Zuweilen wird hervorgehoben, daß es traurig, gar weinend geschieht mit Worten wie: „wenn man jemand auszahlt, so muß er gehen* ... " (1096 f.)

Die Botschaft ist psychologisch unschwer zu entziffern: Die neuen Religionen heiligten das mythische „Licht" des väterlich-rationalen und „Moralischen"; beides ist aber der „finster"-vorsprachlichen Welt Indras und der Zwerge noch nicht zugänglich. Für jene seelische Schichten dagegen, die dem „Heidentum" so wichtig waren, ließen die neuen Religionen keine oder nur abgelegene Räume ...

Erstaunlich ist freilich, daß die Zwerge an der Person Jesu keinen Gefallen fanden. Denn Jesu Auftreten stand verschiedenenorts erkennbar in der alten Tradition des sakralen Königtums:

Obwohl ohne alle Ambitionen auf politische Herrschaft, ward Jesus bereits als (sakraler) „König" geboren; und als „König" wurde er auch angeklagt und verurteilt ... Wie Jesu „Königtum" dabei zu verstehen ist, geht besonders erhellend aus der Schilderung seines Einzugs nach Jerusalem hervor:

Von Osten, wahrscheinlich die morgenrote Sonne im Rücken, ritt er auf einem *Eselsfohlen, auf dem noch kein Mensch gesessen hat* (Mk 11,2 und ||), den Hügel von Bethanien hinunter in die Heilige Stadt und zum Tempel; von Volksmassen umjubelt, den Weg von deren Kleidern und von Zweigen geschmückt. – Daß diese sonderbare Prozession als Königskult verstanden wurde, ist eigens vermerkt. Denn nicht nur das Volk rief dabei *voll Freude: Gepriesen sei der, der da kommt, der König* ... (Lk 19,37 f.), sondern zumal auch *die Kinder schrieen: Hosianna dem Sohne Davids!* (Mt 21,15). Mit seinem *Eselsfohlen* verlieh Jesus der Szene dabei einen durchaus grotesken Anstrich – der nichtsdestoweniger gerade eines (Honig-)Königs würdig war.[55] Wie gewohnt, kamen auch hier *Blinde und Lahme zu ihm, und er heilte sie* – ganz wie Könige seit jeher (Mt 21,14).[56] Und zumal als die Hohen Priester gegen ihn aufmurrten, gab Jesus dem Ganzen eine unmißverständliche Wendung. Er sagte nämlich:

> *Ja, habt ihr nie gelesen: „Aus dem Munde der Unmündigen und Säuglinge hast du dir Lob bereitet"?* (Mt 21,16)

Deutlicher ging es nicht; und dies um so weniger, als jedermann verstanden haben wird, daß dies ein Zitat aus Psalm 8 war. Psalm 8 ist aber einer der schönsten Schöpfungsmythen des Alten Testaments; zwar schon monotheistisch transformiert, ansonsten aber noch ganz vom Geist des alten „Heidentums“:

> *Jahwe, unser Herr! … Dein Glanz über den Himmel hin wird besungen aus dem Munde der Kinder und Kleinen … Ich schaue den Himmel, das Werk deiner Finger, den Mond und die Sterne, die du geschaffen … All die Schafe und Rinder und die Tiere des Feldes, die Vögel des Himmels und die Fische im Meer …*

Paulus. Prompt fehlt im Umfeld der Szene von Jesu Einzug in Jerusalem auch der „Hofzwerg“ nicht: Auf seinem Weg nach Jerusalem, in Jericho, so Lukas, war nämlich

> *… ein Mann namens Zachäus … Und er suchte Jesus zu sehen … und er vermochte es nicht wegen der Volksmenge, weil er von Gestalt klein (mikron) war. Da lief er voraus und stieg auf einen Maulbeerfeigenbaum … Und als Jesus an den Ort kam, blickte er zu ihm auf und sprach: Zachäus, steige eilends herab! denn heute muß ich in deinem Hause bleiben …*

Zachäus, bislang Zöllner, zeigte sich großmütig – und Jesus erwies ihm, ganz nach Art eines Königs, gebührende Ehre:

> *Da sprach Jesus zu ihm: Heute ist diesem Hause Heil widerfahren …* (Lk 19,2 ff.)

Die Episode blieb nicht unverstanden. Zachäus wurde zum Stammvater einer ganzen Zwergendynastie: Ein *Zwerg* mit Namen *Zacheo*, so spätere Volkssagen, soll das Christentum ins Wallis gebracht haben (Bächtold-Stäubli IX 877). Im Rheinland kam *Zacheies* als ausgestopfter Seiltänzer und komische Symbolfigur der ausgelassenen Kirchweih-Feste zu Ruhm (IV 1309, 1424 f.; vgl. I 260). Sakrale Malereien zeigen Zachäus als kletternden Zwerg.[57] Und noch E. T. A. Hoffmann setzte dem biblischen Zwerg mit seinem *Klein Zaches genannt Zinnober* ein Denkmal.

Zum prominentesten „Zwerg“ des frühen Christentums sollte freilich Paulus avancieren. – *Paulus* war ein geläufiger römischer Adelsname und bedeutete: *„Der Kleine“*[58]; und in 1 Kor 15,8 f. nannte sich Paulus ausdrücklich *den Kleinsten (elachistos)* unter den Aposteln, ja, er brachte sich mit einer *Fehlgeburt*, also doch wohl mit irgendeiner „Behinderung“ in Verbindung. – Der damalige römische Kaiser, *Claudius*, wörtlich *„der Lahme“*[59], wurde mit ähnlichen Attributen bedacht. Eines mächtigen Königs keineswegs unwürdig, galt er als *Mißgeburt*; überdies soll er *das rechte Bein nachgezogen* und *gestottert* haben, sowie ein *moros, „Narr“*, gewesen sein.[60] *Moria, „Narrheit“*, nahm (worüber später) auch Paulus für sich in Anspruch.

Ich werde einige der Szenen, in denen Paulus erkennbar in die Fährten des alten sakralen König- und Zwergentums trat, später noch einblenden. Hier nur noch einige weitere, damals noch gebräuchliche römische Adelsnamen: fürwahr eine Fundgrube für unser Thema – und günstige Gelegenheit, zusammenzufassen:

KADENZ. Die römischen Adelsnamen gehen fast durchweg auf die Zeit des frühen römischen Königtums zurück und spiegeln annähernd die gesamte Palette der im vorliegenden Kapitel besprochenen Motive:

Neben *Paul(l)us, Paulla, Paullulus und Pollio, „der/die Kleine, Jüngere“* (47, 69, 82) springen zuerst jene Namen in die Augen, über die Johann Reichmuth, als er die entsprechenden Konsul-Listen zusammenstellte, vermerkte:

Als Benennung für neugeborene Kinder werden zu verstehen sein …

Im einzelnen: *Optatus „erwünscht“*, *Carus „teuer, lieb“*, *Faustus „begünstigt“* und *Felix „gesegnet, beglückend“* (48).

Aber auch fast alle anderen römischen Adelsnamen gehören in diese Kategorie. Als ob den Prädikaten Indras nachempfunden, lauteten sie: *Dentatus „mit Zähnen versehen“*, oder *Crassus, Crassinus „dick“*, desgleichen *Pulcher „fett, dick“*. Ja, ob ihrer Dickbäuchigkeit konnten die Königsanwärter auch kurzerhand *Arvina „Speck, Fett“* oder *Pera „Ranzen“* oder gar *Lucanicus „Bratwurst“* getauft werden (42 f., 48, 62, 66, 75).

Des weiteren gehörten zu dieser illustren Königsgesellschaft auch Kleine Prinzen mit Namen *Barbatus „bärtig“, Barba „Bart“, Barbula „Bärtchen“* oder, der Milchbärtigkeit entsprechend, *Glabrio „der Bartlose, das Milchgesicht“*. Auch *Bucco „einer mit Pausbacken“* fehlt nicht, ebenso wenig wie *Capito „einer mit großem Kopf“* oder *Calvus, Calvinus „kahl“* (43, 48, 61, 69 f., 82).

Verwundert es bei so viel Ähnlichkeit mit den altindischen Königsgöttern, daß römische Adlige auch *Bibulus „gern trinkend, Trinker“* heißen konnten; oder, an Indras Rabauken- und Haudegentum erinnernd, *Dolabella „kleine Haue, Hauchen“*, *Falcula „Sichelchen“* oder *Malleolus „Hämmerchen“* (65, 82)?

Echte (Honig-)Könige haben, wir sahen es, auch ihre Probleme mit dem Sprechen. Offenbar deshalb wurden ihre Anwärter in Rom *Balbus*, oder *Balbinus „stotternd, stammelnd“* getauft; auch *Blaesus „lispelnd, lallend“*, ja *Brutus „schwerfällig, dumm“*; nichtsdestoweniger aber auch *Catus „scharfsinnig“*, *Cato „Schlaukopf“* oder *Celer „schnell, gewandt“* (44 ff., 69, 75).

Vom Goldstaub der Morgenröte gefärbt, das heißt als rotgolden und goldig wie Indra müssen auch die römischen Adligen gegolten haben; denn ganze Geschlechter hießen: *Flavus* (oder Flavius) *„blond, rötlich“*, *Rufus, Rufinus „fuchsrot“*, *Rufo „Rotschopf“*, *Rutilus „rötlich, goldrot“*, *Rubrius* und *Purpureo „rot“*, *Helva „mit honiggelbem Haar“* (45 (vgl. 57), 69, 75, 121).

Auch die witzige Tierarena am königlichen Hof (und später im Senat) fügt sich hier ein. Man traf dort auf *Hircellus*, das *„Böcklein“*, *Asellus*, das *„Eselchen“*, *Catulus*, das *„Jungtier“, der „Junghund“*, auch auf *Stellio*, die *„Eidechse“*, *Mus*, die *„Maus“*, *Passer*, den *„Sperling“*, … *Mergus*, den *„Taucher“*, *Pavo*, den *„Pfau“* (63 f., 82, 121).

Und natürlich stand auch unser Leitmotiv, die Lahmheit, in Ehren. Der römische Kaiser *Claudius* und sein Geschlecht der Claudier waren beileibe nicht die einzigen, die dies göttliche Attribut im Namen trugen. Neben ihnen gab es den *Plancus „breitfüßig"*, den *Plautus „plattfüßig"*, den *Scaurus „mit vorstehenden Knöcheln, klumpfüßig"*, den *Valgus „krummbeinig, mit O-Beinen"*, ... den *Varus „mit auswärts gebogenen Füßen, krummbeinig, mit X-Beinen"*; auch *Pansa „breitfüßig"*, *Pedo „einer mit großen* (wohl Clowns-)*Füßen"* und *Mancinus, „der Verkrüppelte" (von mancus „verkrüppelt, gebrechlich")* (43 f., 68, 70, 76).

Doch genug! – Nach dieser Kadenz zum zurückliegenden, nur noch kurz ein Ausblick zum folgenden Kapitel. Sein Thema ist die „Blindheit" der goldigen Zwerge:

Neben *Caecus „blind"* (woraus wahrscheinlich *Caesar*), stehen die römischen Adelsnamen *Luscus, Luscinus „einäugig, halbblind"* und *Paetus, Paetinus „schielend"*, sowie, aus dem Griechischen entlehnt, *Strabon*, der *„Schieler"* (44, 69, 75).

VIERFINGRIG. Zum Abschluß und als Überleitung einige religionsgeschichtliche Beobachtungen zu jenen Organen der Schöpfung, deren motorische Entwicklung aufs engste mit der der optischen Wahrnehmungsfähigkeit verkoppelt ist: die kindlichen Hände, diese Urmeter der menschlichen Welt. – Aus gutem Grund ist im Deutschen das Vor-Handen-sein ein Synonym für optische Realität.

Wie nicht anders zu erwarten, wurden die Händchen des goldige Indra mit viel Liebe und Lob besungen:

Indra, ... der starkarmige, – ... mit geschickter Hand, – ... der eine gute Linke, eine gute Rechte hat ... – Glückbringend sind deine Fäuste und wohlgebildet deine Hände ... o Indra. – Bring uns mit der Rechten (Glück), *greif mit der Linken zu! –*

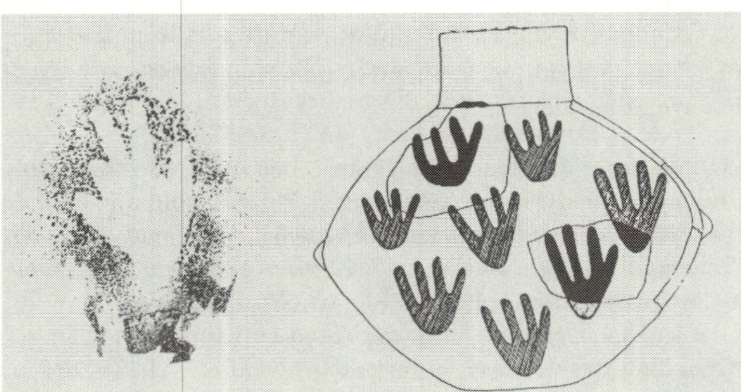

Abb. 3: „Verstümmelte" und vierfingrige Hände. Links aus der Höhle Cosquer, ca. 28 000 Jahre alt (nach Clottes Cos 74); rechts aus Hacilar, 6. Jt. v. Chr. (Mellaart Hac 416)

Indra, der Keulenträger mit goldigem Arme! – Deine beiden Arme sind kampflustig, wohlgeformt, – … bullenhaft. – Bring, Indra, mit der Rechten Schätze … (Q 85)

Bei einem Kind wie Indra, das mit etwas Hilfe schon aufrecht stehen konnte, mußten die kleinen Händchen, obwohl in ihrer Kunstfertigkeit noch nicht voll entwickelt, bereits recht geschickt sein. – Über die Monate vor diesem Stadium hinterließen uns die rigvedischen Dichter, wir werden es bald lesen, zwar reichlich Nachricht; aber keine über noch unausgereifte göttliche Hände. Deshalb gleich noch einmal einige kurze Blicke über den Rigveda hinaus:

Die stimmigsten Würdigungen solch früher Schöpfungshände sind uns zumal in den Höhlen des eiszeitlichen Jungpaläolithikums und in den frühneolithischen Kulturen Anatoliens überliefert.[61] – In rund zwanzig jungpaläolithischen Höhlen fand man mehr als fünfhundert kultische Abbilder von Händen; meist in Gestalt von Handnegativen[62]: Die „Künstler“ hatten dazu ihre Hände an die Wand gelegt und mit hingepustetem rotem oder schwarzem Pigment übersprüht. – Häufig sehen die so abgebildeten Hände verstümmelt aus; bei einem, zwei oder allen Fingern „fehlt“ ein Glied: offenkundig waren sie beim Besprühen absichtlich umgeknickt worden.[63] – Wie hätte die motorische Eingeschränktheit der Hände während der frühen Schöpfungsgeschichte angemessener dargestellt werden können? Wir werden gleich im nächsten Kapitel sehen: am Anfang der Schöpfung steht in der Tat eine Höhlenwelt, von „behinderten“ Händen geschmückt und begrenzt.

Doch wir kennen „behinderte“ Schöpfungshände auch aus anderer Darstellung. Bei den Füßen der Zwerge lernten wir schon das Pendant solcher „verstümmelten“ Hände kennen; nämlich die von Zwergen zurückgelassenen Abdrücke von *verkrüppelten Menschenfüßen, … Kinderfüßen, denen je eine Zehe fehlt* (Bächtold-Stäubli IX 1090). Ganz analog finden wir auch schon im Jungpaläolithikum nicht nur solche „verstümmelten“, sondern explizit vierfingrige Hände; nämlich bei den sonderbaren „Kritzel-Männchen“ der Höhlen Cosquer[64] und Lascaux (vgl. Abb. 12 links oben). Beide Figürchen dort sind Karikaturen nach Art heutiger Comics – und heutige Comicgestalten gleichen ihren eiszeitlichen Vorbildern auch im hier fraglichen Punkt: denn auch die Micky Maus und Donald Duck, auch Fix und Foxi und Janoschs Bär und Tiger sind vierfingrige Wesen.

TRÖSTUNG. Vierfingrige Hände begegnen ebenso in den frühneolithischen Fundstätten von Çatal Hüyük und Hacilar.[65] Dort sind sie auch mehrmals deutlich als Kinderhände auszumachen; einmal, so James Mellaart, als *der Handabdruck eines kleinen Kindes … auf der Brust* (einer Frau) (Hüy 101, 135). Auch in der jungpaläolithischen Höhle von Gargas (Ariége) stieß man, so Michel Lorblanchet, *auf ein Handnegativ von einem Säugling* (219).

Den Charakter des Heiligen behielten menschliche Hände bis in die Gegenwart. Gefaltet oder geöffnet, göttliche Gaben opfernd oder empfangend, sind sie seit jeher die Medien des Dankens und Bittens. Man denke an die Hände Dürers oder an jene auf ägyptischen Fresken …

Ob dieser Heiligkeit galten die Hände zu allen Zeiten auch als Werkzeuge des Heilens. Flach auf Stirn, Brust oder Schultern gelegt, lindern und linderten sie seelischen oder physischen Schmerz: Schon bei den Heilungswundern des göttlichen Arztes Asklepios und seinem antiken Berufsstand der Ärzte[66]; und auch noch in heutigen Psychotherapien. Hände werden natürlich auch bei Firmungen und Konfirmationen aufgelegt: Die neuen Erlösungsreligionen beanspruchen seit Anbeginn ganz selbstverständlich die magische Kraft der aufgelegten Schöpfungsorgane: Schon Jesus (ebenso als *Arzt*[67] tituliert) und seine Apostel heilten und erlösten mit Handauflegung.[68] Nicht anders die späteren Ketzer: Das einzig verbliebenes Sakrament der Katharer etwa, eine rituelle Handauflegung mit Namen *Consolamentum, „Tröstung"*, befreite angeblich mit einem Schlag von allen Sünden und Erdenbanden und sicherte deshalb die endgültige Erlösung.[69]

Auch die Heilungen durch Handauflegung haben eine uralte Vorgeschichte. Im Rigveda galt *Rudra*, der Anführer von Indras wilder Marutschar[70], als göttlicher Arzt mit heilender Hand:

> *Ich höre, daß du der beste Arzt der Ärzte bist … Wo ist, Rudra, … deine mildtätige Hand, die heilend, kühlend ist …* (Q 86)

Und auch reale Heilungen wurden mit beschwörenden Formeln (wohl in Rudras Namen) beansprucht:

> *Diese meine Hand ist glücklich, … ist allheilend, diese ist von heilsamer Berührung … – Mit den beiden Gesundmachenden, … mit diesen beiden berühren wir dich.* (Q 87)

Doch genug nun der alten Belege. – Möge das folgende Bild erste Assoziationen wecken zum Wunder der optischen Welteröffnung, dem wir uns jetzt zuwenden. Wir werden sehen, Indra, und nicht nur er, galt tatsächlich als Höhlengräber und – Maulwurf.

Abb. 4: Vierfingriger Maulwurf aus einem Kinderbuch (Petiska 40 f.)

III. Der Blinde wurde sehend

(Höhlenabenteuer)

Teil 1: Die Weitung der Sehschärfe

1. Chaos und Ordnung

Blindgeborene. Die bisher besprochenen Züge und Abenteuer Indras ließen sich noch „naiv“ durchschauen. Anders ist dies bei den folgenden. Sie handeln von Indras „Abenteuern“ beim Eröffnen und Erschließen der optischen Welt. Zu ihrem Verständnis sind Kenntnisse über die Entwicklung des frühkindlichen Wahrnehmungsvermögens vonnöten; Kenntnisse, wie sie erst wieder die moderne Säuglings- und Kleinkindforschung ans Licht brachte. – Auch die moderne Entwicklungspsychologie freilich fing nicht bei Null an, sondern erhielt ihre ersten Impulse von seiten der Philosophie:

Schon die Philosophen des 17. und 18. Jahrhunderts, allen voran Locke, Berkeley, Hume und Kant, gründeten ihre Systeme auf die Einsicht, daß die uns Erwachsenen so selbstverständliche Art, die Welt zu sehen, auf hochkomplexer Informationsverarbeitung beruht; mithin, daß die von uns wahrgenommene Welt auch im psychologischen Sinn Produkt einer Schöpfung ist: „subjektive“ Konstruktion unserer Wahrnehmungsorgane, insbesondere unseres Gehirns.

Angestoßen worden war diese „idealistische“ Philosophie durch die Meditationen Descartes’. Auftrieb erhielt sie aber vor allem durch die fortschreitenden Erkenntnisse der Medizin, obenan die chirurgische Kunst eines Mannes namens William Cheselden. Cheselden nämlich, Leibarzt der englischen Königin, führte 1728 erstmals eine Operation zur künstlichen Pupillenbildung durch: Sie schenkte Blindgeborenen das Augenlicht. Und was diese Blindgeborenen nun über die sich ihnen neu eröffnete Welt berichteten, übertraf alle bislang nur im Gedankenexperiment[1] vorweggenommenen Erwartungen. – Hundertzwanzig Jahre später, 1847, blickte Schopenhauer, die Tradition der großen Erkenntnistheoretiker des 17. und 18. Jahrhunderts fortführend, noch einmal auf diesen Anfangsgrund der modernen Erkenntnistheorie zurück:

Seit Cheseldens berühmt gewordenen Blinden hat der Fall sich oft wiederholt ..., daß diese ... Leute zwar gleich nach der Operation Licht, Farben und Umrisse sehen, aber noch keine objektive Anschauung der Gegenstände haben ... Als Cheseldens Blinder

> *zum ersten Mal sein Zimmer mit den verschiedenen Gegenständen darin erblickte, unterschied er nichts daran, sondern hatte nur einen Totaleindruck, wie von einem, aus einem einzigen Stücke bestehenden Ganzen: er hielt es für eine glatte, verschieden gefärbte Oberfläche. Es fiel ihm nicht ein, gesonderte, verschieden entfernte, hintereinander geschobene Dinge zu erkennen ... Einer konnte, als er sein Haus von außen sah, nicht glauben, daß alle die großen Zimmer in dem kleinen Dinge da sein sollten ...* (Ein anderer) *erkannte keinen ihm vorher durch das Getast erkannten Gegenstand sehend wieder, hielt daher Ziegen für Menschen usw. ...*

Wie, durch welche Konstruktionsmechanismen, so die jetzt unausweichliche Frage, wird ein solches Chaos von Eindrücken zu menschlicher Welt, wie zu einer *objektiven Anschauung der Gegenstände*?

Ähnlich seinen Vorgängern schloß auch Schopenhauer, daß, was für die operierten Blindgeborenen gelte, auch für Neugeborene gelten müsse. Schopenhauer deshalb weiter:

> *Daher kommt es, daß neugeborene Kinder zwar den Licht- und Farbeneindruck empfangen, allein noch nicht die Objekte apprehendieren und eigentlich sehen; sondern sie sind, die ersten Wochen hindurch, in einem Stupor* (das heißt in einer Starrheit der Augen) *befangen, der sich alsdann verliert ...* (Dies ist) *am Intelligentwerden ihres Blicks ... deutlich zu erkennen, besonders wenn sie zum ersten Mal durch freundliches Anlächeln an den Tag legen, daß sie ihre Pfleger erkennen ...* (beides G 72 f.)

Was geschieht in diesen frühen Lebensmonaten? Wie vollzieht sich der Prozeß, in dem aus bloßen Licht- und Farbeindrücken Objekte werden? Nach welchen „Prinzipien" synthetisiert unser Gehirn die anfangs so unstrukturierte „Ursuppe" zu der uns gewohnten, räumlich, zeitlich und von vorhersagbaren Regelmäßigkeiten geordneten Realität? – Die Antworten, die die Philosophen von Locke über Kant bis Schopenhauer gegeben hatten, waren zukunftsweisend und prägen den Gang der Forschung bis heute. – Die Mittel der Philosophie sollten sich aber als begrenzt erweisen:

TOHUWABOHU. Mitte des 20. Jahrhunderts, in den Gründerjahren der modernen Säuglingsforschung, war die Ausgangssituation noch weitgehend dieselbe wie zu Zeiten Schopenhauers. René Spitz, einer ihrer Pioniere, zitierte damals erneut die Berichte von Augenärzten nach ihren Operationen von angeborenem grauen Star:

> *Als der Patient am dritten Tage nach der Operation zum ersten Male die Augen öffnete, fragte ich ihn, was er sähe; er antwortete, daß er ein ausgedehntes Feld von Licht sähe, in dem alles verdreht, durcheinander und in Bewegung erscheine, Gegenstände konnte er nicht erkennen. – Sie sehen Farben etwa so, wie wir den Geruch von Torf oder Lack riechen, der uns erfüllt und auf uns eindringt, ohne jedoch genauer bestimmbar irgendeine Form von bestimmter Ausdehnung auszufüllen ... – lediglich eine Masse von verschiedenen Helligkeiten* (SzK 73 f.).

Wie schon Schopenhauer ging auch Spitz davon aus, daß Neugeborene sich in ähnlicher Situation befänden. Wie also, so lautete die Frage neuerlich, wird aus solchem Chaos menschliche Welt? – Diesmal freilich hatte die Frage eine neue Stoßrichtung. Denn Medium der Untersuchung wurde nun die moderne Naturwissenschaft: Sie nahm die philosophische Reflexion fortan an die Kandare des Experiments; bald schon mit beträchtlichen Konsequenzen:

Schopenhauers Folgerung z. B., nach der das erste Lächeln der Kleinen bezeuge, daß sie *ihre Pfleger erkennen*, erwies sich jetzt als voreilig und ergänzungsbedürftig. Experimentelle Überprüfungen nämlich ergaben, daß Säuglinge ihre Pfleger, vor allem natürlich ihre Mutter, bereits wenige Stunden oder Tage nach der Geburt erkennen und von anderen Menschen sicher zu unterscheiden wissen; allerdings nur an deren Geruch und Stimme.[2] Auch Lächeln kann der Säugling schon seit der Geburt; und bereits mit etwa der sechsten Lebenswoche tritt es als reflexartige Reaktion auf freudige Stimulationen auf. Mit knapp drei Monaten wird das Lächeln dann zwar in der Tat als *ein Zeichen des Wiedererkennens einer spezifischen Person* eingesetzt (Dornes KS 56); allerdings nur, wenn das grüßende oder anlächelnde Gesicht in stereotyper und frontaler Mimik präsentiert wird. Ein wirkliches und differenziertes optisches Erkennen der mitmenschlichen Gesichter aber setzt derart komplexe „Verrechnungen" voraus, daß das Kleinkind mit drei Monaten noch nicht verläßlich dazu in der Lage ist. Ein einmal frontal und danach von der Seite gezeigtes Gesicht wird erst im Alter von fünf bis sieben Monaten tatsächlich als ein und dasselbe erkannt.[3]

Es ist nicht Aufgabe des vorliegenden Buches, auf die Vielzahl von Experimenten näher einzugehen, die seit Spitz und Piaget in den Laboratorien der modernen Säuglingsforschung durchgeführt wurden. Ihr wichtigstes methodisches Prinzip ist aber mit einem einzigen Satz zu beschreiben:

Man setzt einen Säugling spezifischen Reizen aus und beobachtet die Nuancen seiner Reaktion. – Beispiel: Ein Lautsprecher tönt von rechts mit der mütterlichen Stimme, ein zweiter von links mit der einer anderen Frau. Drehen Säuglinge Köpfchen oder Augen signifikant häufiger nach rechts, erkennen sie die mütterliche Stimme …[4]

Viele, oft überraschende Ergebnisse kamen so im Lauf der zurückliegenden Jahrzehnte ans Licht. – Daß sich diese Ergebnisse mit den Inhalten der frühen Schöpfungsmythen überlappen und eine gemeinsame Schnittmenge bilden, zeigt schon der Vergleich jener oben eingeblendeten Aussagen der Augenchirurgen mit allseits bekannten Mythen um die allerersten Anfänge der menschlichen Welt: Diese Welt ist zwar *am Anfang* nicht gerade *wüst und leer* und von abgründiger *Finsternis*, wie der erste Schöpfungsbericht des Alten Testaments bei wortwörtlichem Lesen suggeriert. Aber im übertragenen Sinn ist sie es sehr wohl: unstrukturiert und undifferenziert; ein wirres Neben- und Nacheinander – ein Chaos von Vorfällen; im „Originalton" des Alten Testaments: ein rechtes *Tohuwabohu* (hebr. für „wüst und leer"). – Analog, doch präziser ist die Schilderung des Ur-Anfangs z. B. in Ovids *Metamorphosen*:

(Am Beginn der Welt,) … *da besaß die Natur im All nur ein einziges Antlitz, Chaos genannt, eine rohe und ungegliederte Masse … Nichts als träges Gewicht … Disharmonierende Samen nur lose vereinigter Dinge …*
Es schwankten die Formen der Dinge, eines hemmte das andere, in ein und dem nämlichen Körper kämpften das Kalte und Warme, es rangen das Trockne und Feuchte, Weiches stritt mit dem Harten, was ohne Gewicht, mit dem Schweren … (Met I 6 ff.)

INSELN. Bezeichnenderweise behielten moderne Säuglingspsychologen den von Ovid (und nicht nur von ihm) verwendeten griechischen Ausdruck *Chaos* zur Beschreibung der optischen Welt während der ersten Lebenswochen bei. Das Autorenteam um Alison Gopnik formulierte die Ausgangsfrage der modernen Säuglingsforschung einmal wie folgt:

Babys nehmen Daten aus der Welt, diesem flimmernden Chaos aus Sinneneindrükken, in sich auf, und sie (und deshalb wir) verwandeln sie irgendwie in Witze, Entschuldigungen, Tische und Löffel. – Wie werden die chaotischen, sich ständig verschiebenden Muster aus Licht, Hautreizen, Tönen und Gerüchen decodiert …? (6, 63)

Der Säugling, so auch Daniel N. Stern, sei in dieser Lebensphase noch nicht in der Lage, den Raum zu strukturieren wie wir. Für ihn, so Stern,

… ist die Welt deshalb relativ chaotisch. (Tag 80)

Unbenommen ist dabei natürlich, daß, mit Martin Dornes zu reden, der Säugling seinerseits wahrscheinlich *die Welt und sich selbst von Anfang an eher als geordnet denn als Chaos empfindet* (PuK 38). Ja, seine *einzelnen Erfahrungen sind für ihn vielleicht von herrlicher Klarheit und Lebendigkeit.* (Stern LS 73). Der Säugling selbst kennt jetzt noch nichts anderes. Chaotisch ist seine Welt nur nach unseren, nach Maßstäben der Erwachsenen.

Wir wissen heute recht genau, wie sich dieses Chaos der frühkindlichen Welt allmählich ausdifferenziert und zu geordneten Strukturen organisiert. Abstrakt formuliert: Das Kind ist von Geburt an mit Ordnungs-, mit Erwartungsschemen („Steigbügeln“) ausgestattet, die bestimmte Phänomene aus dem chaotischen „Rauschen“ der Sinneseindrücke gleichsam herausfiltern und mit besonderer Aufmerksamkeit belegen: z. B. menschliche Stimmen und menschliche Gesichter. – Wie Kristalle um einen Keim, wie aus einem Urmeer auftauchende Inseln bilden sich im Chaos der anfänglichen Welt Zug um Zug punktuelle und sich gleichsam konzentrisch ausbreitende Konturen und Ordnungen: *Inseln der Konsistenz*, wie Daniel N. Stern dies nannte (LS 71). – René Spitz beschrieb diesen Sachverhalt bereits in den fünfziger Jahren in einem ganz ähnlichen Gleichnis: als eine Insel, um die sich, wie Wellen, konzentrische Kreise der Konsistenz bilden. Spitz:

Die seelische Entwicklung des Kindes geht so vor sich, als ob sich um einen ursprünglichen, ziemlich kleinen Kern eine Anzahl konzentrischer Ringe anfügte. Der ursprüngliche Kern ist die angeborene Anlage. Die erste Ergänzung besteht aus der Rei-

fung des Wahrnehmungsapparates ... Dadurch wird das Kind instand gesetzt, wahrzunehmen, Beziehungen mit der Umwelt aufzunehmen und das Ur-Selbst vom „Nicht-Selbst" zu scheiden. Der zweite Ring ist die Scheidung des Belebten vom Unbelebten ... Der dritte Ring ... usw. (NuJ 122 f.)

Es soll hier natürlich nicht unterstellt werden, die Dichter der frühen Schöpfungsmythen hätten in derselben Schärfe wie heutige Säuglingspsychologen gewußt, durch welche Mechanismen und in welchen Phasen der frühkindlichen Entwicklung sich das anfängliche Chaos zu solchen *Inseln der Konsistenz* synthetisiert. Gleichwohl springt in die Augen, daß sie sich hier der gleichen Metaphorik bedienten. Nach dem jüdischen Schöpfungsbericht z. B. erhob sich – *es ward Abend, und es ward Morgen: dritter Tag* – aus dem *Tohuwabohu* des Urozeans (gleich einer Insel) *das trockene Land*, das Gott Vater sogleich mit dem Grün der Pflanzen überzog (1 Mos 1,9).

Tatsächlich sind „Urhügel" und „Inseln", die aus dem anfänglichen Chaos oder Urmeer auftauchen, archetypische und, soweit ich überblicke, weltweit verwendete Metaphern der frühen Mythen; und dabei ist unschwer zu erkennen, welcher Welt diese mythischen Urhügel zuzuordnen sind. Wir hörten schon beim Propheten Joel, wie diese *Hügel von Milch ... überfließen* (Joel 4,18). Auf einer jener Tontafeln, aus denen wir die altbabylonischen Schöpfungsmythen kennen, steht:

> *... das gute Getränk (= Milch) ... tranken die Anunna-Götter des Heiligen Hügels* ... (Pettinato 88; Klammer von P.)

Im Kult wurden auch reale Berge – z. B. der Berg Meru in Indien und der Nemrud Dagi in Kommagene[5] – zu solchen Schöpfungszentren und „Urhügeln" erklärt; und auch die monumentalen Pyramiden Ägyptens, Mesopotamiens und Mittelamerikas sind als heilige Berge dieses Typs anzusehen.[6] Nicht minder eindrücklich sind aber wieder die literarischen Zeugnisse Altindiens:

Dort nämlich galt das Chaos und die mythische Urflut des Weltanfangs geradezu als ein *Milch-Ozean*: als ein tosendes Meer des süßen Göttertranks, durch dessen Turbulenzen während der frühesten Phasen der Schöpfung der heilige Urhügel in Gestalt eines Butterbergs ausflockte und gerann. *Visnu*, so Heinrich v. Stietencron, *inkarnierte sich* deshalb *als Schildkröte*,

> *... um bei der Quirlung des Milchmeeres den Berg Mandara zu tragen ... Die Schildkröte ... trug nicht nur den von Göttern und Dämonen als Quirl benutzten gewaltigen Berg ..., sie ist es auch, welche die* (jetzige) *Erde trägt* ... (GuY 74)

Und allerdings: Entwicklungspsychologisch verstanden sind die ersten *Inseln der Konsistenz* tatsächlich aus einer solchen Verdichtung und Synthese der ersten Nahrung entstanden; und dieser „Butterberg" bleibt, wenn auch im Verborgenen, zeitlebens das Fundament der menschlichen Welt. – Aus dem Rigveda selbst kennen wir den Mythos des gebutterten Urberges zwar nicht.

Aber Berge und Hügel galten auch dort als frühe *Inseln der Konsistenz*, als Keime unseres jetzigen Kosmos. Immerhin heißt es in rigvedischen Liedern:

> *Die Kuh hat … dieses All als Milch von sich gegeben. – Indra hat den in der Kuh aufgespeicherten Honig, (alles) was Füße und Klauen hat, in … der Kuh gefunden.* (Q 1)

ZUGÄNGE. Auch wenn moderne Säuglingspsychologie und frühe Schöpfungsmythen vereinzelt ähnliche Metaphern verwenden: Ihre konkrete Darstellung der menschlichen Frühgeschichte unterscheidet sich erheblich. Denn ihre Methoden, ihre Zugänge in die ferne Welt sind von Grund auf verschieden:

Die moderne Säuglingsforschung betrachtet ihr „Objekt" von außen: analysiert seine Reaktionen und Verhaltensweisen. Der Vorzug dabei ist, daß sich dadurch präzise bestimmen läßt, was der Säugling in welchem Lebensabschnitt *kann*. Was aber der Säugling tatsächlich *erlebt*, bleibt hier stets hypothetisch und unsichere Rekonstruktion.

Die frühen Mythen dagegen zeigen die Anfänge der menschlichen Welt aus „subjektiver" Perspektive, gleichsam von „innen": in lebhaften, blumigen, oft in grotesken, ja ver-rückten Bildern. – Wie eingangs vermerkt, würde es den gesteckten Rahmen sprengen, die Methoden und Techniken, mit denen sich die rigvedischen Dichter Zugang in die Welt der frühen Kindheit verschafften, hier näher auseinanderzusetzen. Um zumindest einen Eindruck zu vermitteln, genüge deshalb eine Stelle aus der Feder Platons (4. Jahrhundert v. Chr.). Platon schildert dort den seelischen Zustand „heidnischer" Dichter – ausdrücklich nach deren eigenem Zeugnis:

> *Die lyrischen Dichter schaffen ihre schönen Lieder nicht bei klarer Besinnung, sondern … geraten in einer Art dionysischen Schwärmerei und Verzückung. Und ähnlich wie mit den Bacchantinnen* (= den ausgelassenen Tänzerinnen des Dionysos), *die nur in diesem Zustand der Verzückung aus den Strömen Milch und Honig schöpfen, … steht es mit der Seele der Liederdichter, wie sie selbst versichern; denn bekanntlich sagen uns ja die Dichter, daß sie von honigströmenden Quellen aus wundersamen Gärten und Tälern ihre Lieder einsaugen und sie zu uns bringen wie die Biene* (den Honig), *fliegend so gut wie sie* (Ion 534 St.).[7]

Gewiß, auch das durch solche Ekstasen oder Entrückungen eröffnete Milch-und-Honig-Land ist strenggenommen ebenfalls nur „Rekonstruktion" und kann keine unmittelbaren Nachrichten aus den Monaten der Schöpfung geben: Wie alle „Erinnerungen", so sind auch diese Re-präsentationen; und wir wissen nur zu gut, wie oft und wie sehr gerade alte, frühkindliche, „verdrängte" „Erinnerungen" der Überformung und Umgestaltung unterliegen. – Die unmittelbare, die Welt „an sich" des Säuglings bleibt auf immer verschlossen, sei es für Zugriffe von „außen" oder von „innen". – Dennoch gibt uns die globale Kongruenz und „Intersubjektivität" vieler früher Mythen die Sicherheit, daß sie hinreichend „objektiven" Charakter haben.

Dies ist der eine Grund, warum ich dafür werbe, die Stempel der modernen Säuglings- und Entwicklungspsychologie mit den Pollen der alten Schöpfungsmythen zu bestäuben. Neben ihm steht ein zweiter, pragmatischer: Beider Interesse an der frühkindlichen Welt hat ein gemeinsames Ziel. Denn auch die moderne Säuglingspsychologie sucht nach Strategien zu – diesseitigem – menschlichem Heil: Das Interesse eines Daniel N. Stern an der „Urgeschichte" der menschlichen Entwicklung etwa ist klar therapeutisch motiviert. – Von dieser Zielsetzung her gesehen, ist es aber alles andere als sicher, daß die moderne Säuglingspsychologie hier „mehr" und „besseres" wüßte als die alten Schöpfungsmythen. Im Gegenteil, der Witz, die kunstvolle Poesie, die Inbrunst und die liebevolle Herzlichkeit etwa der rigvedischen Mythen sind so sichere Indizien für Heil und gelingendes Leben, daß es (zumindest mir) nicht leicht fällt, die moderne und oft doch auch etwas kühle Präzision der heutigen Psychologie als gleichwertiges Gegengewicht anzuerkennen.

Und von hier, aus therapeutischer und pragmatischer Perspektive, erweist sich auch der Umstand, daß das „intuitive" Wissen der alten Mythen „nur" in Repräsentationen Erwachsener besteht, eher als Vorteil: Denn es liegt nahe, daß sich gerade solche ekstatisch-bildhaften und emotionsgefärbten Repräsentationen als Medium des Heils besonders eignen. Der Brunnenschacht nämlich, aus dem diese Repräsentationen ins Tagbewußtsein quollen, ist sehr wahrscheinlich derselbe wie jener, durch den auch wieder Honig und therapeutischer Trost hinabgeträufelt werden kann in jene fernen Höhlen der frühen Kindheit und des „Unbewußten".

Schlüssel. Daß ich für eine Bestäubung der modernen Säuglings- und Entwicklungspsychologie mit den Pollen der alten Schöpfungsmythen werbe, will nicht besagen, daß ich vorhätte, das aus solcher Kreuzung möglicherweise hervorkeimende Pflänzchen schon in der vorliegenden Studie aufzuziehen oder gar zur Blüte zu bringen. Mein hier gestecktes Ziel ist primär die Entzifferung der einstigen Schöpfungsreligionen. Die moderne Säuglings- und Entwicklungspsychologie nutze ich dabei als bloßes Vehikel und Mittel zum Zweck: als Schlüssel zur Decodierung; als sondierenden Lichtkegel in jene „finstere", weil dem Gedächtnis verschollene Zeit, die der modernen Psychologie als Phase der frühkindlichen Amnesie gilt und über die altindische Mythen wußten,

> ... *daß die Götter es lieben, sich der direkten Wahrnehmung zu entziehen* (nach Stietencron, GuY 46).

Zu diesem Zweck ist es aber nicht vonnöten, die Ergebnisse der modernen Entwicklungspsychologie in extenso aufzurollen. Es genügt, aus der inzwischen doch schon recht fein schraffierten wissenschaftlichen Skizze einige Hauptlinien und einige Details herauszuzeichnen: Sobald auf die Mythen unserer Ahnen übertragen, heben sich dann die gemeinsamen Konturen in hinreichender Schärfe ab.

Thema des vorliegenden Kapitels sind die frühen Mythen über die Erschaffung der optischen Welt. Um sicheren Schritts in das Höhlenlabyrinth gerade dieser Mythen absteigen zu können, bleiben wir insbesondere in zwei Teilgebieten auf Hilfe von seiten der modernen Psychologie verwiesen:

(1) Man muß dazu wissen, daß sich die optische Wahrnehmung der Kleinen von jener der Erwachsenen allein schon aus physiologischen Gründen unterscheidet: Der optische Wahrnehmungsapparat ist während der ersten Lebensmonate noch nicht voll entwickelt. – Die daraus resultierenden „Handikaps", so meine These, sind Thema auch der frühen Schöpfungsmythen. Dazu *Teil 1: Die Weitung der Sehschärfe.*

(2) Unerläßlich beim Abstieg zu den Anfangsgründen des menschlichen Sehens ist darüber hinaus ein zumindest punktuelles Verständnis der „Konstruktionsprinzipien", nach denen sich das ursprüngliche Chaos Zug um Zug strukturiert. Wichtige Etappen sind dabei die Unterscheidungen zwischen „Dingen" und Lebendigem sowie zwischen Menschen und Tieren; sie setzen in der Mitte des ersten Lebensjahres ein. – Auch auf diesem Themenfeld geben die frühen Mythen bemerkenswerte Auskünfte. Dazu *Teil 2: Die Konstruktion konkreter Objekte.*

Die zu den jeweiligen Schöpfungsszenen zitierten Beispiele sind naturgemäß selektiv; ich denke aber doch aussagekräftig genug, um die Leser zu eigenen Recherchen zu inspirieren. Denn einmal in die Augen gefallen, begegnen die wundersamen Hügel der ersten Landschaft und ihrer Bewohner auf Schritt und Tritt. Nicht nur in den Ruinen der alten Religionen; will sagen: in Märchen, christlichen Einschlüssen, Rudimenten alter Königsrituale, Etymologien, … archäologischen Befunden und religionswissenschaftlichen Studien. Nein, uralt und doch immer wieder kindlich frisch sprudeln und schillern diese Perlen der Schöpfung auch aus neugebohrten Quellen: In der Welt der Poesie, aber auch der Comics, der „Phantasy-Welten", der Werbung, des Kitsches … und nicht zuletzt der Psychoanalyse und Tiefenpsychologie.

KUHVERSTECKSPALTER. Kehren wir nach diesen einleitenden Überlegungen wieder in die Welt unseres goldigen Indra zurück! – Auch Indra klärte und ordnete ein anfängliches Chaos und schuf optische Inseln der Konsistenz … Wie seine Götterkollegen weltweit tat er dies aber auf sonderbare, auf sehr spezifische Art:

Indra, so der rigvedische Mythos, mußte, um die Welt zu erschaffen, eine finstere, aber doch merkwürdig lichtschillernde Höhle im Inneren eines Berges aufbrechen. Mit Keule und Zauberkünsten dafür zwar bestens gerüstet, war das Öffnen dieser Höhle aber doch eine wahre Heldentat. Denn an ihrem Ausgang kauerte träge, aber doch tückisch und schier unbezwingbar ein kolossales Ungeheuer: Vrtra, die große Schlange: ein Drache. Erste Textproben:

Er spaltete den Berg, mit Kraft die Keule entsendend … Er erschlug berauscht den Vrtra (= den Drachen) *mit der Keule … – Den im Versteck befindlichen, sich ver-*

> *steckenden, in den Gewässern versteckten, verborgen hausenden, zauberischen, ... den Drachen erschlugst du Held mit Manneskraft ...* (Ihn,) *der im sonnenlosen Dunkel groß geworden war ... – Sogar der gewaltige Himmel wich aus Furcht ... aus, o Indra, als du im Rausche des Soma mit Macht den Kopf des Vrtra spaltetest, der die beiden Welthäften bedrängte* (Q 2).

Erst nachdem Indra den Schädel des Vrtra gespalten und das Scheusal zerstückelt hatte, ward der Ausgang der Höhle frei – und Indra damit in die Lage versetzt, die Welt in ihrem jetzigen Zustand erstehen zu lassen. Jetzt erst fand er am Ausgang des aufgebrochenen Berges die ersten Strahlen der Sonne. Jetzt erst weitete er das Land vor den Toren seiner aufgebrochenen Höhle Stück für Stück aus, ja rollte es auseinander wie ein Fell. Jetzt erst konnte er auch darangehen, die beiden Welthälften, Himmel und Erde, zu teilen, den abgetrennten Himmel nach oben zu stemmen und zuletzt mit Pfosten vor dem Herunterstürzen zu sichern. Und jetzt erst konnte er auch die Sonne am Himmel fixieren und auf ihre Bahn schicken – um damit den Jüngsten Tag[8] aus den Nebelbänken der Morgenröte hervorbrechen zu lassen. Wir lesen:

> (Indra,) ... *fand das Licht zu großer Freude ... Er spaltete den Vala* (die Höhle). *Indra zeigte alle seine Indrakräfte ... Die zusammengerollte Finsternis deckte er mit dem Licht auf. – Da sprengte deine Gewalt durch ihre Größe die beiden Welthälften auseinander. – Du hast den Rücken der Erde ausgebreitet ...*
> *Mit kräftigem Brüllen hat er sich aufgerichtet ... Er hat die Räume ... befestigt ... Den so großen Himmel hat er mit der Sonne durchzogen und ihn mit der Stütze gestützt, der beste Stützer.*
> *Als du, Indra, den Drachen mit aller Kraft erschlagen hattest, da ließest du am Himmel die Sonne zum Schauen aufsteigen.*
> *Des Indra viele Werke sind wohlgetan, ... der die Erde und diesen Himmel gefestigt hat; der Guteswirkende hat die Sonne, die Morgenröte erzeugt. – Gepriesen hast du Meister das Dunkel* (der Höhle) *aufgedeckt samt der Morgenröte* (und) *der Sonne* (Q 3).

Das in den jetzt *befestigten Räumen* aufgespannte Land vor Indras Höhle galt es nun des weiteren zu begrünen und fruchtbar zu machen. Dazu mußte Indra zumal die Betten der Flüsse furchen. Denn auch deren Fluten aus Wasser, Milch und Honig waren bislang, vom Drachen Vrtra eingeschlossen, in der Höhle aufgestaut. – Zu befreien galt es aber vor allem auch noch zwei weitere lebensstiftende Schätze: Erstens die Tiere; allen voran eine Herde (roter) Kühe. Indra galt ob dieser Heldentat geradezu als *Kuhversteckspalter* (Thieme Ari 108). Und wichtiger noch, aber aufs engste damit assoziiert: Indra mußte zweitens eine fürwahr göttliche „Jungfrau" aus der Höhle erretten, seine morgenrote Mutter. Auch sie war bis dorthin in der Finsternis des Felsens eingeschlossen und konnte erst nach Indras Sieg über den Drachen „erlöst" werden: *Er kannte das Versteck der Jungfrau* (Q 4). – Indras Mutter ist für unseren Helden freilich von so weltfundierender Bedeutung, daß ich ihren Auftritten ein separates Kapitel widme und sie deshalb im vorliegenden ausklammere. – Die Schilderungen der übrigen Schöpfungsabenteuer lesen sich wie folgt:

> *Die Wasser versperrend lag er* (Vrtra, der Drache) *auf dem Grunde des irdischen Raumes, als du, Indra, deinen Donner dem Vrtra in die Fresse schlugst. – Damals … o Drachentöter,* (als du) *die Bahnen der Flüsse freimachtest … – Du erschlugst den Drachen …; du hast die alltränkenden Flußläufe gefurcht …*
> *Er spaltete den Vala* (= die Höhle) … (und) *gewann die Pflanzen, die Tage; die Bäume gewann er, die Luft. – Er erbrach gepriesen den Fels …* (und) *machte begierig die Fessel der Kühe los. – Du befreitest die trächtigen (Tiere) …*
> *Machtvoller, tatenreicher Indra! Dein ist dies Gut, das ringsum in die Augen fällt. – (Du hast) Rinder, Gold, Roßherden zusammenerobert … – Der du die blühenden und fruchttragenden (Pflanzen) nach der Ordnung (und) die Flüsse über das Feld verteilt hast … – Ich will nun deine früheren großen Taten preisen, Indra, und wir wollen deine neueren Taten preisen* (Q 5).

Was also hat es mit dieser sonderbaren Höhle, mit diesem Drachen, mit diesem Furchen der Flußbetten … im einzelnen auf sich? Zuerst zum Motiv der Höhle.

Es mag sein, daß bei diesem Motiv eine ferne „Erinnerung“ an die mütterliche Leibeshöhle und den Geburtsvorgang mitschwingt. Die überlieferten Details dieser Höhle sprechen aber für die Verortung in einer anderen, späteren Erlebnisschicht:

2. Yamas Palast

21 CM. Wie jede Mutter intuitiv aus den Blickreaktionen ihres Neugeborenen „weiß“, ist seine Sehschärfe während der ersten Lebenswochen eng begrenzt. Experimentelle Studien bestätigten dies. Mechthild Papousek:

> *Neugeborene … sehen nur in einer Entfernung von gut 20 cm einigermaßen scharf und dies nur im Zentrum des Blickfeldes … Eltern präsentieren ihr Gesicht* (deshalb) *immer wieder … zentral im Blickfeld des Kindes in einem Abstand von durchschnittlich 21 cm* (8).

Zwar weiten sich Blickfeld und Blicktiefe in den folgenden Wochen mit erstaunlicher Geschwindigkeit. Die volle Sehschärfe ist aber nicht vor dem Ende des ersten Lebensjahres ausgebildet. Und zumal während der ersten fünf Lebensmonate befindet sich der optische Wahrnehmungs-„Apparat“ des Kindes gleichsam noch im Rohzustand und in der Reifung, seine Wahrnehmung bleibt deshalb schon aus rein physiologischen Gründen in ihrer Tiefe und Schärfe begrenzt. *Bis zum dritten Monat ist*, mit Richard N. Aslin zu sprechen,

> ... *das Akkomodationssystem* (der Augenlinse) *im Festhalten eines klar fixierten Retina-Bildes noch recht ungenau* ... – (Und) *jene Systeme, die die Augen bewegen und die beiden Foveas* (= Netzhautgruben) *ausrichten, um verschiedene Regionen des visuellen Angebots zu fixieren, sind* ... *bis mindestens zum fünften Monat nach der Geburt ineffizient* (106 f.).

Nach Auskunft der frühen Schöpfungsmythen ereignen sich zumal um den fünften/sechsten Monat in dieser anfangs noch so eingeschränkten optischen Welt des Kindes in der Tat dramatische Dinge ...

Wie mag das Kleinkind diese so eng begrenzte Tiefenschärfe erleben? – Gerade den amerikanischen Säuglingsforschern mit ihrem oft eher „saloppen" Stil verdanken wir hier erhellende Formulierungen. Daniel N. Stern beschrieb in seinem *Tagebuch eines Babys* die Welt der ersten Lebenswochen einmal mit folgenden Worten:

> *Es ist, als bilde der Raum eine Kugel um ihn* (den Säugling), *deren Radius der Länge seiner Arme entspricht* (Tag 26).

Und in der Tat, die optische Welt des Neugeborenen muß einer solchen von innen gesehenen *Kugel*, einer kleinen und doch dimensionslosen Höhle gleichen; einer Höhle, die von „Wänden" undurchdringlicher Verschwommenheit begrenzt ist. Diese Höhle und ihre „Wände" sind aber keineswegs im wörtlichen Sinne dunkel. Durchzogen von nur vereinzelt scharf gezeichneten Konturen, muß diese Höhle insgesamt und müssen zumal ihre „Wände" vielmehr von einem funkelnden und oft blendenden Licht- und Farbenspiel erfüllt sein. – Wirklich „scharf" zeigen sich nur vereinzelte „Gegenstände", zumal die Händchen und natürlich die „vielen" Gesichter, die das neue Familienmitglied mit so typischer Mimik und mit intuitiver Sicherheit aus diesen rund 20 cm Abstand begrüßen. – Das Autorenteam um Alison Gopnik schilderte die „Innenperspektive" der, wenn ich so sagen darf: Sternschen *Kugel* mit folgenden, wiederum literarisch-emphatischen Worten:

> *Die Welt des Neugeborenen scheint ein bißchen wie der Raum voller Rembrandt-Portraits in der National Gallery of Art in Washington zu sein. Hell leuchtende Gesichter ... springen aus einem Hintergrund trüber Verschwommenheit (gloomy obscurity) hervor; wie in einem erstaunlichen psychologischen Chiaroscuro* (29).

Das italienische Wort *Chiaroscuro* bedeutet eigentlich *„Hell-Dunkel"*, auch *„(Abend- oder Morgen-)Dämmerung"*, und dient als terminus technicus für die *„Hell-Dunkel-Malerei"* des 17. Jahrhunderts, die ihre Kontrastwirkung aus *dunklem, diffusem Hintergrund* bezieht (Brockhaus).

Blenden wir die Gesichter, die teils so sanft, teils so lebhaft und mit hochgezogenen Augenbrauen in die Höhle des kleinen Weltenschöpfers spitzen, einstweilen noch aus! Konzentrieren wir uns statt dessen nur auf die Topographie und Phänomenologie dieser sonderbaren Höhle und ihrer „Wände":

Diese in opaken Farben schillernden und hell-dunkel flackernden „Wände" der kleinen Rembrandt-Galerie weiten sich zwar bald schon deutlich über die besagten 21 cm und die Reichweite der Händchen hinaus. Dennoch bleibt der „Gesichtskreis" über Monate hin eingeschränkt und wie durch glitzernde Mauern umgrenzt. Erst ab etwa dem sechsten Monat sind die Kleinen in der Lage, auch weiter entfernte Gegenstände genauer zu fixieren und in ihren Entfernungen sowie in ihren Dimensionen und Proportionen einzuschätzen und zu ermessen. – Im Zuge dieser Erweiterung der Tiefenschärfe muß es sich ausnehmen, als würden sich die dabei Schritt für Schritt abzeichnenden Strukturen und „Gegenstände" aus der schillernden Trübe dieser „Mauern" gleichsam nach innen hin abschälen und in den Fluchtlinien der Perspektive anordnen; ähnlich dem Farbspiel auf einer Leinwand während dem Scharfstellen eines projizierten Diapositivs.

Je weiter sich das Gesichtsfeld öffnet, desto mehr wird das trüb-leuchtende Höhlengemäuer dann zum Hintergrund und entschwindet allmählich in der Ferne. – Im zweiten Lebensjahr hat sich die schillernde Höhle dann endgültig zu „Welt" verwandelt und auch das freigegeben, was wir „Landschaft" nennen: Ein fürwahr zauberhafter Anblick …

In den Mythen unserer Ahnen wurde die „Topographie" und „Phänomenologie" dieser sonderbaren Chiaroscuro-Höhle der ersten Lebensmonate in erstaunlichen Metaphern gezeichnet:

YAMA. Indra selbst, wir sahen es, war bei mehreren seiner Abenteuer schon deutlich älter als ein Jahr. Seine ersten Schritte, seine staubwirbelnden Wagenfahrten, seine Jagd mit Visnu, …: all dies setzt voraus, daß die optische Wahrnehmungsfähigkeit des großen Gottes schon weitgehend ausgereift war. Und tatsächlich hatte Indra im rigvedischen Mythos das Aufbrechen der Ur-Höhle offenbar schon „vor langer Zeit" mit Bravour hinter sich gebracht. Über die allerersten Anfänge seiner Welt, das heißt über die Beschaffenheit seiner Höhle, zumal ihre Innenansicht, erfahren wir nur aus Andeutungen. Es hat den Anschein, daß nach Auffassung der rigvedischen Dichter die „Erinnerung" daran auch für Indra schon im Rauschen der Vergangenheit verblaßt war. Um genauere Einblicke in diese Höhle zu erhalten, bleiben wir deshalb auf jünger angesetzte rigvedische Götter verwiesen.

Von besonderer Bedeutung ist hier jener nicht nur indoiranische, sondern gemein-indogermanische Gott, der schon in der Einleitung zur Sprache kam: *Yama.*[9]

Aus Gründen, die hier ausgeklammert bleiben müssen, galt Yama im rigvedischen Indien zwar zumeist als Hüter des Totenreichs. Nichtsdestoweniger war er zugleich – und ursprünglich wohl primär – ein morgenroter Gott wie Indra; nur eben deutlich jünger:

Yama war deshalb, wie Indra, ein *Aditya*, das heißt ein *Sohn der Aditi* (Q 6); er war, wie Indra, ein *König* (Q 7); und er war, wie jener, gehbehindert: ob seiner *Fußfessel* (Q 8) vom sicheren Stehen und Gehen offenbar noch weiter entfernt als Indra, der *breitspurige Brüller*. Ja, ein Fuß Yamas galt in drastischer Metaphorik gar als *von Würmern zerfressen*, was aber nichts anderes heißen wird als: durch und durch „faul“. Denn obgleich derart madig (von Made) gemacht, blieb Yamas „Faulheit“ ohne Folgeschäden.[10]

Darüber hinaus galt Yama als *der erste Mensch* und *Herrscher im goldenen Zeitalter*[11]; und er war es im übertragenen Sinn tatsächlich. Yama nämlich muß auch bei seinen „reifsten“ Abenteuern noch sehr klein gewesen sein; etwa drei Monate alt:

Ganz anders als Indra war Yama deshalb nicht von draufgängerischem, sondern von behäbigem Naturell. Keulenschwünge, Wagenfahrten, Büffeljagden gehörten nicht zu seiner Welt. Statt dessen ließ es sich Yama, von Soma (Milch und Honig) bezecht und von Flötenklängen berauscht[12], in seiner Höhle wohlergehen: *König Yama*, heißt es in einer der altiranischen Quellen, war *der Glücklichste unter den Geborenen … Während der Herrschaft des gewaltigen Yama gab es nicht Kälte noch Hitze, Alter und Tod …* Gewiß, das pure Honiglecken war auch Yamas Dasein nicht. Vereinzelt lesen wir, daß er schon einmal *friedlos umherirrte*; und zumal mit dem bösen Drachen, den Indra längst totgeschlagen, lag Yama noch im Gehege; ja der Unhold scheint ordentlich an Yamas Nerven gesägt zu haben, denn er galt kurzerhand als der *Zersäger des Yama.*[13] Eines Tages, so lesen wir auch, *ging der Glücksglanz von Yama.* Insgesamt aber blieb Yama doch *der Glücklichste unter den Geborenen* (alles Lommel Yt 188 und 179 f.).

Auch indrische Raffinessen und visnusche Tücken waren noch nicht die Sache des kleinen Yama: Ohne Falsch und Tadel und meist freundlich gesonnen fristete er sein Höhlendasein; rigvedisch gesprochen: *Guter Blick ist bei dem Vivasvatsohne* (= Yama) (Q 9). – Ein wenig „Arbeit“ hatte freilich auch Yama schon zu verrichten: In rustikaler Idylle, nämlich auf einer kleinen Wiesenaue inmitten seiner Höhle, hütete Yama, der *herdenreiche König* (Lommel Yt 34 und oft), ein paar Rinder, wohl auch einige Stuten und Fohlen.[14] Mag dies zahme Vieh nun aus Fleisch und Blut oder, mir wahrscheinlicher, ebenso aus Holz gewesen sein wie Indras Falben; außer Zweifel steht, daß hier von eben jenen Herden die Rede ist, die Indra längst ins Freie getrieben hatte. Denn Indra, *der Kuhversteckspalter*, hatte die Höhle, in der Yama noch immer befangen war, schon vor Monaten aufgebrochen. Yama dagegen wohnte noch immer im Inneren seines Erdhügels; wie die Toten in ihren Gräbern, ja gemeinsam mit ihnen. Dort drunten, *unter einem schönbelaubten Baume* (Q 10), so der uralte Mythos, war König Yamas Residenz; dort *der Sitz des Yama, der der Götterpalast heißt* (Q 11). – Wie, so war unsere Frage, mag dieser Götterpalast, wie mag Yamas Höhle von innen, aus Yamas Perspektive ausgesehen haben?

WECHSELGESPRÄCH. Im Rigveda selbst erhielten sich nur fragmentarische Beschreibungen von Yamas Höhle. Besser informiert sind wir aus dem alten Iran; insbesondere aus dem zweiten Vendidad, einem Buch des Awesta. – Gewiß, diese Texte sind Jahrhunderte jünger und stehen durchweg im Zeichen der neuen Religion Zarathustras. Zarathustra selbst aber, ich vermerkte es schon in der Einleitung, hatte Yama/Yima als einen *Frevler* bezeichnet und auszumerzen gedacht (Y 32,8). Daß die Mythen um Yama diese Attacke überstanden, ja, daß eine ganze Reihe von Details nur hier, in Iran, überlebte, belegt um so nachdrücklicher, welche Verehrung Yama auch hier einst genossen haben muß. – Obwohl vom Geist Zarathustras überrankt, lassen sich die ursprünglichen Attribute von Yamas Höhle aus den iranischen Texten ohne großen philologischen Aufwand herauspräparieren.

Im zweiten Vendidad tritt Yama im Rahmen eines inszenierten Wechselgesprächs auf; eines Wechselgesprächs ausgerechnet zwischen Yama, Zarathustra und dem neuen zarathustrischen Monotheos *Ahura Mazda*, dem *„Weisen Herrn"*. – Ich gebe den offenkundig von späteren Redakteuren überarbeiteten und dabei deformierten Text etwas gekürzt und umgestellt, ansonsten aber wortwörtlich nach Lommels Übersetzung wieder:

Eingangs fordert dort Ahura Mazda den Yama auf, er möge sich zur neuen Erlösungsreligion Irans bekennen.

> (Auch) *ihm* (Yama) *habe ich die Religion des Herrn und des Zarathustra gelehrt ... Und zu ihm ... sprach ich, der Weise Herr: Sei mir bereit, schöner Yama, ... die* (zarathustrische) *Religion zu lernen und zu bewahren.*

Der „heidnische" Yama indes lehnte ab. Nicht Erlösung, allein Schöpfung sei seine Zuständigkeit: Der *Weise Herr* weiter:

> *Und mir antwortete jener, der schöne Yama ...: Ich bin nicht geschaffen und nicht gelehrt, die Religion zu lernen und zu bewahren. – Und zu ihm ... sprach ich, der Weise Herr: Wenn du nicht bereit bist, o Yama, die Religion zu lernen und zu bewahren, dann laß meine Welt gedeihen, dann laß meine Welt zunehmen ... – Und mir antwortete jener, der schöne Yama ...: Ich will die Welt gedeihen lassen, ich will die Welt wachsen lassen ...*

Und allerdings: Die Welt gedeihen und wachsen zu lassen war Yamas eigentliche Kompetenz. Sehen wir im einzelnen zu, wie er dies göttliche Wunder bewerkstelligte:

Zuerst einmal oblag es Yama, seine Höhle anzulegen:

> *Da sprach der Weise Herr zu Yama: ... mache eine Höhle von eines Roßlaufs (= 2000 Schritt) Länge an jeder der vier Seiten. – Da dachte Yama: Wie soll ich denn eine Höhle machen, wie mir der Weise Herr gesagt hat? Da sprach der Weise Herr: Schöner Yama ..., stampfe die Erde mit den Fersen auseinander, grabe sie mit den Händen auseinander ähnlich wie jetzt die Menschen aufgeweichte Erde auseinandergehen lassen. – Da tat Yama so, wie der Weise Herr ihn geheißen hatte ... – Da machte Yama die Höhle von eines Roßlaufs Länge ...* usw.

Wie ein Maulwurf, und sicherlich mit einem solchen assoziiert (worüber später), grub sich also Yama zu Anfang seine dimensionslos-„riesige"[15] Höhle ... Und just aus dieser Höhle – sollte die ganze Welt entstehen. – Yama brachte dies fürwahr weltbewegende Schöpfungsabenteuer zuwege, indem er seine Höhle nun, zweite Etappe, mit Keimen bestückte und auskleidete; wörtlich: mit den *Samen* der Dinge und dem jeweiligen *Stamm* der Lebewesen.

Da sprach der Weise Herr zu Yama: … Dahin bringe einen Stamm von Klein- und Großvieh, von Menschen, von Hunden und Vögeln und rot leuchtenden Feuern … Dorthin bringe einen Stamm von allen Männern und Frauen …, dorthin bringe einen Stamm von allen Tiergattungen … – Dorthin bringe den Samen aller Gewächse … Dorthin bringe den Samen von allen Speisen …
Dann mache die Höhle … als Wohnung für die Menschen, … als Stall für die Tiere. – Dorthin leite Wasser … Dort errichte Häuser …

Nach dem ersten Eindruck mag Yamas Höhle hier ein wenig wie Noahs Arche anmuten. Doch dieser Vergleich wäre völlig deplaziert. Denn die Keime in Yamas Höhle waren keine biologischen Eltern. Diese Keime waren Lichtkeime.[16] Sie gehören ins Assoziationsfeld von Funke, Zünden (Zunder), Blitz, Morgenröte: Wie das erste Licht des Morgens die Konturen der Dinge zeichnet; wie ein Funke, der Licht ins Dunkel bringt; wie ein Gedankenblitz oder eine zündende Idee einen Einfall gebiert: eben so entfachte Yama die optische Welt. Ihm gingen recht eigentlich Lichter auf; und in der Tat waren Yamas *Stämme* und *Samen* nichts anderes als – funkelnde Juwelen.

TREIBSTACHEL. Yamas Höhle war ringsum von Lichtkeimen erfüllt, ja, alles in ihr war wie von blinkendem Gold und funkelnden Edelsteinen überzogen. Dort, in seiner sonderbaren Höhle, saß er, so heißt es deshalb einmal,

… auf dem allstrahlenden, goldnen, auf goldenem Thron, auf goldenem Kissen, auf goldenem Teppich … (Lommel Yt 150 f.).

Aus diesem Gefunkel und Geklitzer „schuf" Yama die optische Welt.

Von ganz besonderer Bedeutung für diese, für Yamas größte Heldentat waren dabei zwei Juwelen, die er beide in seinen Händchen hielt: ein *goldener Ring*[17] und ein *Treibstachel:*

Nachdem Yama seinen „Plan" *Ich will die Welt gedeihen lassen, ich will die Welt wachsen lassen* „ausgesprochen" hatte, so unser Text weiter:

Da gab … der Weise Herr ihm Geräte: einen goldenen Ring und einen goldgeschmückten Treibstachel … – (Und der Weise Herr sagte:) *Mit dem goldenen Ring streiche über die Höhle hin, über das Tor, die von innen her selbstleuchtende Lichtöffnung.*

Vom *goldgeschmückten Treibstachel* angespornt und mit dem leuchtenden Ring die Höhlenwände absuchend, galt es also für Yama, *von innen* die *selbstleuchtende Lichtöffnung* am Ausgang der Höhle zu finden … – Von außen gesehen ist klar, wohin diese *selbstleuchtende Lichtöffnung* führte: Bald schon würde Yama den schillernden Raum seiner engen Höhle so weit aufgedehnt und mit Konturen durchzogen haben, daß er zuletzt auch die Quelle allen irdischen Lichts, die Sonne, entdecken würde. Deshalb heißt es weiter:

Da zog Yama aus zum Licht, gegen Mittag, dem Pfad der Sonne entgegen …

Von innen gesehen, aus Yamas eigener Perspektive aber, war dieses Ziel noch fern. Er mußte noch graben, die ummantelnde Erde seines Lochs dehnen; so lange, bis seine Höhle sich in langsamen, in schier unendlichen Schritten auszuweiten und aufzubrechen und sich in das irdische Land vor seinen Augen zu verwandeln begann. – Und natürlich war Yama dabei nicht nur auf die Hilfe seiner Lichtkeime und Juwelen angewiesen, sondern zumal auch auf die – seiner Mutter; und diese war, leicht verständlich und wie so oft in den Mythen unserer frühen Ahnen, mit der Erde assoziiert:

> *Er trieb die Erde an mit dem goldenen Ring, er schlug sie mit dem Treibstachel, indem er also sprach: Liebe, heilige Aramati* (= *Erde* = Yamas Mutter), *rege dich und breite dich aus, o Mutterschoß des Klein- und Großviehs und der Menschen.*
> *Da trieb Yama die Erde vorwärts um ein Drittel größer als sie vordem war. Auf ihr bewegten sich da Klein- und Großvieh und Menschen nach ihrem Wunsch und Willen, wie es ihnen beliebte. –*
> *Da vergingen sechshundert Jahre der Herrschaft … – Da trieb Yama die Erde auseinander um zwei Drittel größer … – Da vergingen neunhundert Jahre … – Da trieb Yama die Erde auseinander um drei Drittel …* (Vendidad 2; nach Lommel Yt 203 ff.)

Damit war Yamas Werk vollbracht. Mit Juwelen hatte er den Ausgang seines Kristallpalasts gefunden und Drittel für Drittel ausgeweitet. Aus der selbstleuchtenden Höhle, aus dem chaotischen Chiaroscuro war in der Tat eine kleine, von ersten Strukturen durchzeichnete Rembrandt-Galerie geworden.

Wie gesagt: Diese erstaunlichen Textfragmente des zweiten Vendidad stehen in einem von der neuen, monotheistischen Erlösungsreligion Zarathustras überformten Kontext. Wovon der Mythos des kleinen Yama handelte, wurde offenbar schon bei seiner Niederschrift nicht mehr verstanden. Diesem Umstand aber verdanken wir eine zweite und sogar präzisierende Schilderung von Yamas ursprünglicher Höhle. Zum Schluß unseres Wechselgesprächs nämlich erhebt der neben Yama und Ahura Mazda dritte Gesprächsteilnehmer, „Zarathustra", noch einmal das Wort. Erstaunt fragt er den Weisen Herrn:

> *Was waren das für Lichter, … welche dort hinleuchten in diese Höhlen, welche Yama gemacht hat? – Da sprach der Weise Herr: Leuchten, die aus (sich) selbst geschaffen und solche, die aus dem Bestehendenden erschaffen sind …*

Aus Lichtkeimen wurde Bestehendes, und dies wurde wiederum Lichtkeim für weiteres Bestehendes: In einem solchen iterativen Prozeß des immer neuen und aufeinander aufbauenden „Zündens" und sich gegenseitig Erhellens muß sich das Ausweiten, Konturieren und Konkretisieren der menschlichen Welt während der ersten Lebensmonate tatsächlich vollziehen … – Wie, im einzelnen, die jeweiligen Objekte dabei Gestalt annehmen, werden wir im *Teil 2* dieses Kapitels studieren.

LAURIN. „Zarathustras" Staunen über Yamas Höhle war nur zu verständlich: In der neuen Erlösungsreligion waren die alten Geheimnisse der Schöpfung verdrängt und vergessen worden. Gänzlich auszurotten waren sie aber nicht. – Dies vor allem auch deshalb, weil ähnliche Mythen auch außerhalb Irans, z. B. im Westen, fortlebten. Unser Textstück selbst schlägt die Brücke:

Auf den ersten Blick ohne erkennbare Anknüpfungspunkte befindet sich mitten in dem zitierten „Bericht" des zweiten Vendidad über Yamas Höhle ein sonderbares und überdies erheblich deformiertes Fragment. Ich gebe es mit Punkt und Komma nach Lommels Übersetzung wieder:

> *Dort* (in Yamas Höhle) *soll es weder … (?) noch Bucklige noch … (?) Verrückte noch … (?) noch … (?) noch Zwerge noch Zahnlose (?) noch Aussätzige* (geben).[18]

Deformiert ist dieses Textstück nicht nur wegen seiner Lücken, sondern auch und vor allem, weil es in die Verneinung setzte, was offenbar bejaht gehört: Denn in Yamas Höhle wird es allerdings *Bucklige, Verrückte, Zahnlose, Aussätzige* gegeben haben: All dies sind Attribute, mit denen die kleinen Helden der Morgenröte geschlagen sind. Und vor allem muß es in Yamas Höhle – *Zwerge* gegeben haben. Und Yama war einer von ihnen.

In Zwergenmythen, z. B. den europäischen, erhielt sich das Gedächtnis an selbstleuchtende Höhlen bis heute:

Bei Bächtold-Stäubli wird das Innere westlicher Zwergenhöhlen mit knappen Worten zusammengefaßt:

> *Die Zwerge aller Art wohnen allgemein vorzüglich in Bergen, in stets genau und namentlich angegebenen Felshöhlen der Berge und Hügel … – Im Innern dieser Höhlen … erblickt man oft „schön gemauerte" Stuben … Oft werden die unterirdischen Säle als märchenhaft prachtvolle Paläste geschildert mit goldenen Leuchten und Glas-(Kristall-)Wänden, aus Gold, Silber und Edelsteinen … – Noch allgemeiner begegnen Zwerge … als Schatzhüter, meist in Berghöhlen …* (IX 1040 f., 1055)[19]

Häufig wurden die Höhlen dieser Zwerge als *Löcher* bezeichnet. Keine 500 m von meiner Haustür befindet sich ein solches Loch, das Eremännleloch. Wir selbst glaubten als Kinder noch, daß dort ein Zwerg, eben das Eremännle, einen Schatz hüte.[20]

Auch in der Literatur, z. B. in Hauffs *Lichtenstein*, Jean Pauls *Unsichtbarer Loge* und Mörikes *Historie von der schönen Lau*[21], findet sich das Motiv der selbstleuchtenden und von Juwelen und Kristallen ausgekleideten Zwergenhöhle; ja noch in heutigen Kinderbüchern: In meinen eigenen Regalen stehen Bände z. B. über den Igel Mecki und den Salamander Lurchi, beide mit Szenen aus mit Zwergen bevölkerten und vor Juwelen funkelnden Höhlen bebildert. – Bis vor kurzem noch war auch der Mythos um den im Kyffhäuser hausenden und von Juwelen umfunkelten König Barbarossa Gemeingut; ja Herman Lommel konnte im Jahre 1927 noch ganz selbstverständlich schreiben:

Jedes deutsche Kind weiß z. B. daß Barbarossa im Berge schläft ... Die meisten glauben, daß er im Kyffhäuser sitzt; für uns in Bayern aber wohnt er im Untersberg (Yt 201).

Noch größerer Beliebtheit freilich erfreute sich Laurin zu Tirol. Auch auf dessen Verwandtschaft zu Yama verwies bereits Lommel:

Dietrich von Bern, so der mittelalterliche Text, trat eines Tages nach langem Ritt durch finstere Wälder zusammen mit seinem Ritter Witege vor Laurins Berghöhle, und

... der Zwerg Laurin führte die Fürsten in den Berg. Dort kamen sie an ein Türlein, ... und als alle eingetreten waren, verschloß man das Türlein. – Mit allem, was man sich auf der Welt auch nur wünschen könnte, war der Berg voll ... Kein König war je so reich wie Laurin ... Die Bänke (und natürlich die Wände) *waren aus Gold, mit Edelsteinen besetzt, und leuchteten hell. Darauf setzte man die Gäste und tat ihnen das Beste: man schenkte Met und vom allerbesten Wein ein. Man unterhielt sie mit Kurzweil ... Man hörte Geigen-, Harfen- und Flötenspiel und auch zwei kleine Fidler mit einzigartigen Violinen, rotgold und Juwelen-verziert, von wundersam süßem Klang* (Jänicke 987 ff.).

Auch in Yamas Höhle gab es eine solche Tür; auch bei ihm wurde eine *Flöte geblasen* (Q 12) und auch bei ihm *gezecht*; natürlich gleichermaßen *Madhu/Met* oder *Soma*: jedenfalls Milch und Honig (Q 13).

Für weitere Beispiele zu „bergentrückten" Zwergen und ihren vor Juwelen funkelnden unterirdischen Palästen verweise ich auf die Quellenangaben in der Fußnote.[22] Nur Indra höchstselbst sei noch in einigen hierher gehörigen Szenen vorgestellt; zuerst in einer analogisierenden Abbildung, dann im Wortlaut der alten Textüberlieferung.

Abb. 5: Mäuschen in einer Höhle mit Juwelen-Lichtkeim
(aus einem Kalender zum Jahr 2002; Pfister 1)

Pickeln. Indra ist deutlich älter als Yama. Dennoch werden wir auch in anderen Zusammenhängen noch beobachten, daß das Repertoire seiner Abenteuer bis etwa zum fünften Lebensmonat hinunterreicht: Die Mythen um Indra schließen, einige Monate überlappend, an die um Yama an.

Ein fernes Echo von Yamas Juwelenland ist deshalb auch noch in Indras Mythen zu vernehmen. Einzelne Szenen zeigen ihn sogar, ähnlich wie Yama, in der Pose eines die Urhöhle aufgrabenden Maulwurfs; z. B. die folgende:

> *Die Wiege der Wahrheit mit Süßigkeit besprengend, hat* (er)*, als er die Kühe aus dem Fels herausholte, die Haut der Erde … gespalten…* (Q 14)[23]

Wie Yama fand natürlich auch Indra bei seinen Wühlarbeiten außer Kühen vor allem Licht in der Finsternis; in den folgenden Textbeispielen mit Unterstützung seiner musizierenden und zu einem Umzug formierten Freunde, der Marut:

> *Dem Streiter schlossen sich die siegreichen (Scharen?,* das heißt die Marut*) an; sie fanden das große Licht aus dem Dunkel heraus. Die Morgenröten erkannten ihn und kamen ihm entgegen… – Mit seinen wahrhaften Freunden, … den Schätzegewinnern, hat er (den Vala,* das ist die Höhle*) gesprengt … – Wohlklingende Töner … sind die Marut, dem Indra gesellt als seine Umjauchzer … Die Tändelnden, Lärmenden … posaunen ihre Grüße aus …* (Q 15)

Auch das Motiv der Höhlen-Juwelen, verstanden als Keime der späteren „Dinge“, begegnet vereinzelt und verblaßt in den Indra-Mythen; hier jedoch im allgemeinen nicht als einzelne Kleinode, sondern als ganzer Schatz. Was Yama noch bevorstand, hatte Indra bereits mit Triumph vollbracht: Er hatte den in der unterirdischen Höhle versteckten Schatz nicht nur gefunden, sondern längst ausgegraben:

> *Der für den* (Opfer-)*Spender auch einen vergrabenen, von vielen angehäuften Schatz ausgräbt, der Keulenträger mit schönen Lippen … – Er fand den im Versteck verborgenen Schatz des Himmels, der im Fels verschlossen war wie die Brut des Vogels (im Ei), im endlosen Fels … – Du, der Kluge, (entdecktest) ja die verschlossenen (Schätze), o Gabenreicher. Erschließe die Gabe wie etwas Verschlossenes! – Er brachte den Schatz der Kühe ans Licht. – Ein großes Licht ist in ihren Eutern verwahrt …* (Q 16)

(Das *„Licht … in ihren Eutern“* ist ein aus unserem Kontext leicht verständliches Motiv. – Bei Nietzsche kehrt es in, ich finde: auffallender Ähnlichkeit wieder.[24])

Bedenkt man sodann, daß schatzsuchende Zwerge auch noch in späteren Jahrtausenden oft geradezu als Bergarbeiter galten, die, so Bächtold-Stäubli, *nach kostbaren Steinen, Salz, Gold, Silber und Erzen graben*, ja, aus deren Höhlen man hörte, wie sie *„pickeln“* und *klopfen* (IX 1055) – dann wird man die Metapher des Herausschlagens in den folgenden Stellen wörtlich nehmen und deshalb schließen dürfen, daß auch Indra seine Schätze in bergmännischer Art eben – herausschlug:

> *Als unser Führer sollst du reiche Beute herausschlagen, die Kuhhöhlen erbrechend … – Du Indra, schlägst Roß und Rind heraus, du schlägst Korn heraus als der mächtige Gebieter des Guts …* (Q 17)

In einem Kindergarten hörte ich unlängst singen:

> *Pinkepanke, pinkepanke klopft es unterm Berge,*
> *Pinkepanke, pinkepanke hämmern dort die Zwerge,*
> *Klopfen Gold und Edelstein (für des Königs Töchterlein) …*[25]

Und zuletzt: Auch aus vielen Danksagungen an Indra klingt die unterirdische Herkunft seiner Geschenke noch heraus; denn aus dem königlichen Schatz seiner Höhle hatte er – die gesamte Welt erzeugt:

> *Trink herzhaft den Soma aus der Schale, Indra, du Feindetöter in der Anhäufung von Schätzen, o Held … Im Reichtum wohnend bring uns Reichtum! – Der Meisterkünstler hat uns einen Wagen voll Gold (geschenkt) … – Schütte dir vom gepreßten Trunk ein, schätzereicher Indra, – … bring (Schätze) her! – Er gewann ein großes Land, viel Gold … Indra, von den Männern entflammt, erzeugte miteinander Sonne, Morgenröte, den Gang (des Himmels (oder der Zeit)), das Feuer. – Machtvoller, tatenreicher Indra! Dein ist dies Gut, das ringsum in die Augen fällt.* (Q 18)

Ein Lied, das *Indras Selbstlob* genannt wird, hebt an mit:

> *Ich ward der allererste Herr des Guts; ich erobere alle Schätze zusammen. Mich rufen die Menschengeschlechter …* (Q 19)

Dennoch: Indra wurde primär nicht wegen jener Juwelen gelobt, die auch er einst in Händen gehalten und an den Wänden seiner Höhle entdeckt und herausgepickelt hatte. Denn längst schon hatte der gut Einjährige diese Juwelen zu Kühen und Rossen, … zu Korn und Weiden verwandelt, die deshalb auch nur noch im übertragenen Sinn als Gold-Schatz galten – wie er selbst.

EIN JAHR. Götter und Zwerge vom Typ Yamas, Indras und Laurins galten als mythische Könige – und deshalb als Vorbilder wirklicher:

Könige, so lesen wir schon im Rigveda, *sind Männer von funkelndem Anblick* (Q 20). Wo das Budget reichte, hatten die wirklichen Könige sich deshalb seit jeher mit viel Glitzer, morgenrotem Gold und Juwelen zu schmücken – ganz wie z. B. auch Laurin:

> *Laurin … hatte einen Speer in seiner Hand, von Gold ummantelt ganz wie ein Fürst … Sein Roß war … nur so groß wie ein Reh, aber seine goldene, mit Edelsteinen bestückte Satteldecke strahlte und leuchtete im Wald wie der lichte Tag … – Laurins Helm war rotgülden mit Rubinen und Karfunkeln verziert: Sie strahlten licht wie der Tag, und erhellten selbst die Nacht. Auf dem Helm trug er eine goldene Krone, … auf der künstliche Vögel saßen und sangen wie echte …* (151 ff.; 211 ff.)

Ermöglicht wurde solcher Prunk natürlich durch die überreichen Schätze und Goldadern in den Zwergenhöhlen sowie die unter Zwergen verbreitete

Kunst des (Gold-)Schmiedens. – Nimmt es wunder, daß man deshalb als höfische Juweliere wirkliche „Zwerge", das heißt kleinwüchsige Menschen bevorzugte[26] und daß ein römischer Adelsname *Aurifex „Goldschmied"* war (Reichmuth 58)?[27]

Kurz: Könige brauchten Schätze und edles Lametta; im Mythos nicht anders als in der Realität. Noch heutige Präsidenten, Kanzler, Militärs und Adels-Allüren pflegende „Besserverdienende" verraten in ihrer Liebe für Prunk, Glanz, Gloria und Juwelen diese Vorgeschichte … – Eine andere hier gründende Tradition freilich ging verloren:

Könige scheinen einst verschiedenenorts im Rahmen ihrer Inthronisations-Zeremonien auch das Aufbrechen der anfänglichen Urhöhle reinszeniert zu haben. Jedenfalls sind uns mehrere antike Berichte überliefert, nach denen künftige Könige sich in Höhlen zurückzogen, um dann bei den Feierlichkeiten der Inthronisation in entsprechendem Ritual an die Öffentlichkeit zu treten, oder richtiger: zu kriechen und krabbeln.[28] In einem dieser Berichte heißt es gar ausdrücklich, der König (Barhatakin von Kabul), sei beim Herauskommen aus seiner Kulthöhle (wie das Christkind[29]) von Hirten empfangen worden, *die ihn anschauten wie ein neugeborenes Kind*; und prompt soll auch die Höhlenöffnung *außer durch Kriechen auf Händen und Knien* nicht zu passieren gewesen sein. – Interessant gerade an diesem Bericht ist, daß Al Biruni, sein Verfasser, noch um 1000 n. Chr. anmerkte: *Diese Höhle ist noch heute bekannt und wird Var genannt* (alles Ind II, 10). *Var(a)* war auch schon der Name von Yamas und wahrscheinlich auch von Indras Höhle im Sprachraum Irans.[30]

Bemerkenswert ist des weiteren, daß es in den erhaltenen Berichten über diese Inthronisations-Zeremonien immer wieder heißt, die Könige hätten in diesen Höhlen – freilich nur im rituellen Sinn – ein volles Jahr verharrt.[31] Das kann Zufall sein oder mit dem Rhythmus der Jahreszeiten zu tun haben. Möglich ist aber auch, daß diese Frist zusammenhängt mit dem Umstand, daß, bis unsere Kleinen die volle Sehschärfe erreichen, tatsächlich in etwa ein Jahr verstreicht. – Auch in der rigvedischen Psychologie ist die Dauer für das Aufbrechen der Urhöhle auf ein Jahr angesetzt. *Nach X 62,2* nämlich, so Heinrich Lüders, *nimmt die Spaltung* (der Höhle) *ein volles Jahr in Anspruch* (Lüders 510). Und in der Tat: Dort heißt es, die ersten Priester, die legendären und inzwischen selbst schon vergötterten *Angiras*, hätten einst mit Indras Hilfe das Wunder des Höhlen-Aufsprengens und Kühe-Befreiens kultisch reinszeniert. Wie Indras göttliche Heldentat selbst, so lesen wir, habe nun auch die legendäre Wiederholung ein volles Jahr gedauert:

> *Sie* (die Angiras) *setzten sich nieder mit Liedern* (und) *mit rinderbegehrendem Sinne … Dieses eben war ihre lange Sitzung, durch die sie monatelang … ihr Ziel zu erlangen strebten. – Die Väter* (= die Angiras), *die den aus Kühen bestehenden Schatz heraustrieben, (spalteten) in einem Jahr … den Vala* (= die Höhle) … *– Sie warfen* (zuletzt) *den Felsen auseinander …; es brüllten die Angiras zusammen mit den Kühen. – Mit Indra als Verbündetem entleerten die Sänger den Rinderpferch* … (Q 21)

Goldstück. Zu den Kulten des sakralen Königtums muß seit Urzeiten auch das Theaterspiel gehört haben[32]; und gerade das altindische Theater ist in unserem Zusammenhang höchst instruktiv. Im altindischen *Natyasastra*, dem *„Lehrbuch der Schauspielkunst"*, nämlich ist überliefert, daß der Theaterdirektor noch vor Beginn des eigentlichen Schauspiels in Anwesenheit des Königs die Weihung des Theaters vollzog. Diese Weihung bestand in einer Art Prolog, richtiger: in einem Vorspiel, einem Drama im kleinen.

Auf der Bühne des höhlengestaltigen Theaters[33] stellte der Theaterdirektor dazu einen irdenen Topf mit einem Goldstück darin auf. Diesen Topf mußte der Schauspieldirektor sodann unter gebührendem Zeremoniell zerbrechen, wobei, so F. B. J. Kuiper,

> ... *das Ritual des Zerbrechens mit großer Sorgfalt vorgeführt werden muß, da viel davon abhängt* ... (VaV 163)

Denn dieser irdene Topf symbolisierte, wie Kuiper zeigte, Indras Höhle; genauer: den Berg, den Urhügel, in dem der goldige Zwerg (wie Yama) während der ersten Lebensmonate, noch vor seinen welterschaffenden Großtaten, gefangen war. Und in der Tat heißt es auch im Rigveda einmal:

> (Indra) *zerbrach den Berg wie einen neuen Krug* ... (Q 22)

Das Goldstück im Inneren des Kruges aber symbolisierte, gleich Yamas Juwelen, das erste, noch konturenlos einfallende Licht, mithin den Keim der sich entfaltenden Welt: Gerade das honigfarbene Gold gilt seit Urzeiten als das Metall der Morgenröte.[34]

Der Sinn des rituellen Krug-Zerbrechens in Kuipers Worten:

> *Indras welterschaffende Tat bestand darin, daß er ein Loch in seinen Hügel machte ...; den Urhügel ... aufbrach ... – Indras Tat wurde auf der Bühne rituell nachgespielt, indem ein irdener Topf zerbrochen wurde, in den ein kleines Stück Gold gelegt worden war* (VaV 146).

Man ahnt den weiteren Hergang des Rituals: Nachdem nun der irdene Topf zerbrochen und der in dem Goldstück symbolisierte Licht-Keim zutage gekommen war, nahm der Theaterdirektor, zweiter Akt,

> ... *mutig eine brennende Lampe, um die Bühne zu beleuchten. Unter lautem* (einen Drachenkampf symbolisierenden) *Geräusch und mit schnalzenden Fingern* ... *stellt er die Lampe in die Mitte der Bühne.*

Der Grund ist klar: Sobald Indra das Verlies seiner Höhle aufgebrochen hat, weitet sich der (Juwelen-)Keim des ersten Lichts zur optisch konturierten Welt: Es beginnt, licht zu werden auf der Bühne des Lebens. In Kuipers Worten:

> *Dieses Ritual muß offenkundig interpretiert werden als eine Nachahmung des ersten Sonnenaufgangs (der im Mythos als ein tumultartiges Ereignis dargestellt wurde)* (beides VaV 165).

Den Ritualen des Krugzerschlagens und Bühnenerleuchtens folgten weitere, zu denen es später noch einige Worte anzumerken gilt: rituelle Wiederholungen von Indras Drachenkampf sowie seiner Trennung von Himmel und Erde mit Hilfe eines – in einem Szepter symbolisierten – Weltenbaumes. – *Zusammengefaßt*, so Kuiper, war die Weihung des Theaters, das heißt dies gesamte vom Theaterdirektor aufgeführte Vorspiel,

> ... *ein ‚Drama in der Nuß-Schale' über die legendären dramatischen Ereignisse am Anfang (der Welt) ... – Die Einzelheiten der gesamten Weihungszeremonie lassen keinen Zweifel, daß die Bühne als ein heiliger Bereich aufgefaßt wurde, der symbolisch den Kosmos repräsentierte* (VaV 166, 157).

Den dramatischen Ereignissen en detail galt die nach der Weihung freigegebene Bühne. – Auch bei der Ausgestaltung des eigentlichen Stücks, so Kuiper,

> ... *wußten die Autoren des ältesten Handbuchs indischer Dramaturgie, daß das Drama ursprünglich ein rituelles Nachspielen der Schöpfung war* ... (VaV 142)

Der Plot immerhin eines solchen Hauptstücks, nämlich der *Sakontala* des Kalidasa, wird später noch eingeflochten.

Das Goldstück im Inneren eines irdenen Kruges war in Indien auch noch in späterer Zeit in rituellem Gebrauch und dann, so Kuiper, in Gestalt eines *goldenen Bechers weit verbreitet* (VaV 147). – Für den sakralen Rang, die Popularität und das hohe Alter dieses theatralischen Höhlenkultes scheinen mir analoge „Erinnerungen" des Westens zu sprechen; z. B. Plautus' *Aulularia*, die *„Goldtopf-Komödie"*, ja vielleicht sogar noch Kleists *Der zerbrochne Krug.*

CAN EK. Yamas und Indras Juwelenhöhlen haben Parallelen auch außerhalb des indogermanischen Sprachraums.

Im alten Kanaan, auf dem Gebiet des heutigen Syrien, hieß der mythische König der Morgenröte: Baal. Schon etwas älter als Yama, hatte er den Drachen-Ungeheuern an den Toren seiner Höhle bereits schwere Niederlagen zugefügt. Endgültig besiegt wie Indra hatte er sie jedoch noch nicht und hauste deshalb noch immer im Inneren seines Berges. Dort „sang" Baal nach Auskunft der in Ugarit gefundenen Keilschrift-Texte mit göttlichem Stolz:

> *Ich will bauen einen Götterpalast ... inmitten meines Berges ... am Hügel der Machtentfaltung. – Ich habe die gewundene Schlange zerschmettert, die mächtige mit den sieben Köpfen. – Ich werde kämpfen und werde mich bemächtigen der Waffe dessen, der Baal vertreiben will von den Höhen des Zaphon* (des heiligen Berges), ... *der ihn verdrängen will vom Thron seines Königtums* ... (Beyerlin 216 f.)

Baal, von Milch und Honig gestärkt, überwand zuletzt natürlich alle Hindernisse, zog aus zum Licht wie Yama und errichtete seinen Juwelenpalast:

> *Aber Baal zog zu den Höhen des Zaphon* ... – *Ja, das Haus aus Zedern, ... aus Ziegeln* (das heißt seinen Götterpalast, den Tempel), *er soll es errichten ... Es*

werden dir bringen die Berge viel Silber, die Hügel begehrenswertes Gold. Bringen werden dir Kamele Edelsteine … baue einen Palast aus Silber und Gold, einen Palast aus reinem Lapislazuli. – Die Wadis führen Honig (226 f., 237).

Die wirklichen Könige folgten auch hier, im Vorderen Orient, Baals Vorbild und bauten Paläste dieses Typs. Selbst der berühmte Tempel Salomos zu Jerusalem war dem Baalschen Palast nachempfunden.[35] Und auch noch Jahrhunderte nach dem Untergang Kanaans war der Tempel-Palast des Königs von Tyros (auf dem Gebiet des einstigen Kanaan) ob dieser Bauart berühmt; so berühmt, daß der jüdische Prophet Ezechiel ihm die Herrschaft nachträglich im Ton priesterlicher Moral vergällen wollte:

Du warst ein Muster der Vollkommenheit … In Eden, dem Gottesgarten, warst du, Edelsteine aller Art bedeckten dich, Karneol, Topas, Jaspis, Chrysolith, Onyx, Beryll, Saphir, Karfunkel, Smaragd. Von Gold waren gearbeitet deine Tamburine und deine Flöten, am Tage deiner Erschaffung wurden sie bereitet, … auf dem heiligen Gottesberge warst du, inmitten feuriger Steine gingst du einher. Vollkommen warst du, … bis das Unrecht in dir erfunden ward … (Du) fülltest dein Inneres mit Bosheit, und du tatest Sünde. Da vertrieb ich (Jahwe) *dich vom Gottesberg … heraus aus der Mitte der feurigen Steine …* (28, 12 ff.)[36]

Ich belasse es bei diesen Beispielen aus dem altsemitischen Kulturraum und werfe nur noch einen kurzen Blick über die Alte Welt hinaus. – Allem Anschein nach verhielten sich Könige auch im alten Amerika so, als wäre Yama, Indra, Laurin oder Baal ihr Vorbild gewesen. – Bei den Maya umfaßte das königliche Areal Paläste, Pyramiden und Tempel, deren Funktionen mehr oder weniger verschmolzen. *Pyramiden und Tempel* jedenfalls, so Linda Schele,

… dekorierte man häufig mit Darstellungen des (drachengestaltigen) *Witz-Monsters, um sie als heilige Berge zu kennzeichnen (witz ist das Maya-Wort für „Berg" oder „Anhöhe") … Der Berg des Königs umschloß also die Höhle …* (Schele, May 59)[37]

Solche sakralen Höhlen im Inneren der Pyramiden, Tempel oder Paläste waren, je nachdem, Ausgangs- oder Anlaufpunkte für kultische Prozessionen des Königs und seines Gefolges; ganz ähnlich wie z. B. in Ägypten. Und auch der symbolisierte Sinn, das rituell wiederholte Ziel dieser Umzüge war dabei offenbar von derselben Art wie bei Yama, der, als er seine Höhle aufgrub, *zum Licht, gegen Mittag, dem Pfad der Sonne entgegen* auszog. – Über eine solche Prozession eines Mayakönigs erhielt sich der Bericht eines Augenzeugen. Das darin geschilderte Ritual führt zwar in diesem Fall nicht aus einer künstlich angelegten Höhle hinaus ans Licht, sondern, gleichsam open-air, aus der Finsternis der Nacht ins Zwielicht der Morgenröte. Doch den Auszug Yamas im Hintergrund, springt die Parallelität der Motive in die Augen:

König Can Ek's goldener Kopf war sehr schön geschmückt, mit einer großen Krone aus purem Gold auf einer Haube aus Gold, und er trug seine Ohren bedeckt mit Goldscheiben … (An) *seinen Armen trägt er Ringe aus purem Gold. Und an den Fingern*

> ... *ebenfalls Ringe aus reinem Gold* ... (Selbst) *die Sandalen sind aus blauem Garn mit vielen Goldglöckchen gemacht.*

In diesem Aufzug kam Can Ek, so der Bericht weiter,

> ... *aus der Richtung der aufgehenden Sonne* (in einer) *großen keilförmigen Formation von Kanus* (daher). *Alle waren geschmückt mit zahlreichen Blumen, und sie spielten viel Musik mit Schlegeln und mit Trommeln und mit hölzernen Flöten* (Houston/Stuart 142).

Schweine und Hunde. Auch nachdem die neuen Erlösungsreligionen die alten Schöpfungsreligionen Zug um Zug verdrängt hatten, behielten Höhlenjuwelen als Lichtkeime der sich eröffnenden Welt ihre Faszination. Mit nur einem „kleinen" Unterschied: Die alten Juwelen galten fortan als Lichtkeime des – Kommenden Reichs.

Diese „kleine" Akzentverschiebung war allerdings Ausdruck einer Revolution. Denn jetzt war die Welt vor unseren Augen, die der kleine Yama und der goldige Indra einst so tapfer und zauberkundig aus ihrer anfänglichen Höhle herausgeschlagen und zu ihrem jetzigen Zustand entfaltet hatten; diese unsere Welt war jetzt ihrerseits zur Höhle, wo nicht zur Hölle umgedeutet worden. Wir alle, so das neue Credo, würden hienieden noch immer in einer zwielichtigen, von sündhafter Finsternis umschatteten Höhle leben; einer Höhle, in der freilich ein geheimnisvolles, „inneres" Licht den Pfad schon wieder heraus weise: zur Erlösung ins lichtgleißende Kommende Reich des transzendent-fernen Vaters. Und tatsächlich wurde dieses „innere" Licht nun allenthalben wiederum als schillernder Lichtkeim, als Juwel ausgelegt: als Perle, Fünkchen, Edelstein, Goldstück, Gral. – Gewiß, in Zeiten der Säkularisation sprangen für diese mythischen Juwelen nüchternere Bezeichnungen ein: Seele, Geist, Subjekt, Ich, Selbst, Bewußtsein ... Aber alle diese „geistigen" Instanzen geben ihre mythische Herkunft durch die an sie gekoppelten Licht-Assoziationen noch klar genug zu erkennen.[38]

Mit einem Wort: Juwelensuche, einst das Werk weltschöpfender Zwerge, ward nun die neue Losung der Erlösungshungrigen ...[39]

Die Frage, wie es zu dieser Transformation der alten Höhlen- und Juwelenmythen gekommen war, muß hier offenbleiben. Nur eine eigenständige Studie kann den komplexen Problemen, die dabei aufbrechen, gerecht werden. – Hier deshalb nur einige ausgewählte Belege, die zeigen, wie in der Tat „gering", und wie doch alles alte zerstörend die mythische Verschiebung an diesem Punkt war. Zuerst die christlichen[40]:

Nach Mt 13,45 f. verglich Jesus selbst das *Reich der Himmel* mit einer *kostbaren Perle*, die wert sei, alles Irdische zu verkaufen; ja, so heißt es im selben Kontext, ...

> *Das Reich der Himmel ist gleich einem im Acker verborgenen Schatz, den ein Mensch fand und (wieder) verbarg. Und in seiner Freude geht er hin und verkauft alles, was er hat, und kauft jenen Acker* (Mt 13,44).

Man vergleiche diese Worte mit den folgenden, tausendfünfhundert Jahre älteren über Indra:

> *Der für den* (Opfer-)*Spender auch einen vergrabenen … Schatz ausgräbt, der Keulenträger … – Er fand den im Versteck verborgenen Schatz des Himmels, der im Fels verschlossen war …* (Q 23).

Die Metaphorik war noch immer die alte; der Sinn aber radikal neu. Jetzt, im Neuen Testament, war der *Schatz im Acker* kein Baustein mehr in der göttlichen Komödie kleiner Maulwürfe und in Höhlen pickelnder Weltenschöpfer; jetzt war er mythischer Katalysator der Erlösung und Hoffnungsträger in der visionierten apokalyptischen Tragödie des Weltuntergangs geworden. – Aber obwohl nun so gänzlich aufs Jenseits verweisend, warf dieser „innere" Schatz doch auch hienieden Schatten. Nicht nur das Lachen war durch den neuen Ernst[41] vergangen; auch eine eigentümliche Arroganz und Lieblosigkeit begann jetzt eigendynamisch um sich zu greifen – wie folgender Spruch so bitter entlarvt:

> *Gebet das Heilige nicht den Hunden und werfet eure Perlen nicht vor die Schweine* (Mt 7,6).

Alle, die keine solche Juwelen der Erlösung „in sich" trügen, so die Botschaft, seien den Auserwählten bedrohlich und insgesamt – nichtswürdig: die Tiere mit ihrer animalischen Weltverfallenheit an vorderster Stelle, gefolgt von Menschen – wie die Tiere.

Die abendländische Entwürdigung des Animalischen (auch in sich selbst!) wurzelt zumal in diesem erst seit der Achsenzeit etablierten mythischen Konstrukt der Subjektivität, das heißt des „inneren" Juwels. In den Überlieferungen der vorachsenzeitlichen Menschen jedenfalls begegnet weder ein solches „inneres" Licht noch der in unseren Kulturen noch immer so selbstverständliche Fundamentalunterschied zwischen Mensch und Tier. Die folgenden Verse des Rigveda haben ihr genaues Pendant in Ägypten[42] und anderen alten Kulturen:

> *Ihr Götter, leihet euren Schutz unserer beiderlei Art, der zweifüßigen und der vierfüßigen! – Sei … freundlich den Tieren, … unseren Zweifüßlern zum Glück und den Vierfüßlern zum Glück* (Q 24).

IRDENE GEFÄSSE. Ob Sätze wie jenes ‚Perlen vor die Schweine werfen' auf Jesus selbst zurückgehen, wird desto unsicherer, je weiter die neutestamentliche Forschung vordringt. Für Paulus dagegen liegt das neue Elitebewußtsein der Armen und Unterdrückten auf der Hand:

Als ob inspiriert von den altindischen Theaterdirektoren, die, nachdem sie den Krug mit dem Goldstück auf der Bühne zerschlagen hatten, *unter lautem Geräusch* und *mit schnalzenden Fingern* eine Lampe anzündeten, um so das siegreiche Hereinbrechen der ersten Morgenröte und des Jüngsten Tages zu symbolisieren, rief Paulus einmal aus:

Die Nacht ist vorgerückt, der Tag hat sich genaht. So laßt uns denn ablegen die Werke der Finsternis und anlegen die Waffen des Lichtes! (Röm 13,12).

Der Unterschied war wie gesagt „nur“, daß das von Indra entdeckte und in Drachenkämpfen eroberte irdische Licht jetzt seinerseits zur Nacht und zur sündendurchwucherten Finsternis geworden war, die einer neuen, einer endzeitlichen Morgenröte bedürfe. – Auserwählt zum ewigen Heil in der bevorstehenden Lichtwelt war auch und zumal für Paulus nur die Ecclesia einer Minderheit; und gerade auch Paulus bediente sich zur Abgrenzung gegenüber den Weltverfallenen und deren „verlorenen Seelen“ der alten Juwelenmythen, ja: wiederum der gleichen Symbolik wie die altindischen Theaterdirektoren. Als hätte er noch um deren bedeutungsschwangeres Ritual des Krugzerbrechens gewußt, schrieb er an die Korinther:

Denn Gott, der da sprach: „Aus Finsternis soll Licht aufleuchten“, er ist in unserem Herzen aufgeleuchtet ... Wir haben diesen Schatz in irdenen Gefäßen ... (2 Kor 4,6 f.)

Nur, noch einmal gefragt: Was mit jenen Menschen, die hiermit aus der Gemeinde der Herz-Erleuchteten ausgeschlossen wurden? – Die neu ausgerufene „Liebe“ sollte sich durch zwei Jahrtausende Mal um Mal als zu schwach erweisen, diesen mythischen Keim der Menschenverachtung in Schach zu halten.

Wie für Yama und Indra die Lichtkeime in ihren Höhlen Vorboten des diesseitigen, irdischen Lichts waren, so wurden die mythischen Juwelen nun Vorboten des jenseitigen Reichs. Und dieses Kommende Reich selbst wurde nun seinerseits, was wunder, wieder konzipiert als – juwelenfunkelndes Königreich:

Obwohl die Verkünder der neuen Religionen bei solch elitärem Selbstverständnis mit den realen Königen hienieden nicht immer auf bestem Fuß stehen konnten, liehen deren irdische Paläste (und Gärten, worüber später) doch wieder die Farben zum Ausmalen des neuen, jenseitigen Paradieses. Jesus selbst bezeichnete das Kommende Reich nach neutestamentlicher Überlieferung regelmäßig als *basileia tou theou*, als *„Königreich Gottes“*, oder als *basileia ton ouranon*, als *„Königreich der Himmel“*. – Da Jesu selbst dies himmlische Königreich aber nur in matten Farben geschildert hatte, griff die Christenheit durch die Jahrhunderte auf den „Bericht“ des Apokalyptikers Johannes zurück. Einige Jahrzehnte nachdem Jerusalem von den Römern geschleift worden war (70 n. Chr.), visionierte dieser nämlich ein Neues Jerusalem – in Gestalt eines königlichen Palasts der zu erwartenden Art:

Ich sah die Heilige Stadt, das neue Jerusalem herniedersteigen aus dem Himmel von Gott her ... Der Bau ihrer Mauer war aus Jaspis ... Die Grundsteine der Mauer der Stadt sind geschmückt mit aller Art Edelgestein, der erste Grundstein ein Jaspis, der zweite ein Saphir, der dritte ein Chalzedon ..., der zwölfte ein Amethyst. Die zwölf Tore sind zwölf Perlen ... Der Platz der Stadt ist lauteres Gold, klar und hell wie Kristall (Off 21 2,18 ff.).

Transformierte Höhlen- und Zwergenmythen beflügeln bis heute die Phantasie mancher Christen. Ich verzichte auf Beispiele aus dem Flohmarkt der (zumeist gnostisch inspirierten) Esoterik und führe statt dessen ein amtskirchlich sanktioniertes an: Der protestantische Poet Jörg Zink dichtete anno domini 1985:

> *Da leben wir eingefangen in Rätsel, in Leid und Angst und – vor allem – Schuld. Dann schließen wir die Augen, gehen durch einen schimmernden Durchgang, und am Ende erwartet uns das Licht* (32).

… wie Yama. – Aber nährt sich hier nicht der Verdacht, daß Yamas Abenteuer, sobald in dieser Form ans Ende der Welt projiziert, das Zeug haben, Menschen in die Depression zu ziehen? Im Zusammenhang der ursprünglichen Yama- und anderer Zwergenmythen jedenfalls ist nirgendwo die Rede davon, daß wir *eingefangen* würden in *Rätsel, in Leid und Angst und – vor allem – Schuld.* Im Gegenteil: Yama war, wie Indra und die meisten Götter der Morgenröte, ein Held der Komödie und des Gelächters, ja zumal Yama galt als ein *„roi de carnaval"* (Widengren Iran 49; vgl. auch IG 265).

Neuer Mensch. Kaum daß das Christentum Fuß gefaßt und sich mit den irdischen Machthabern arrangiert hatte, erstanden ihm noch gefährlichere Gegner: „Häresien", das heißt Konkurrenten mit ähnlichen Verheißungen; obenan der Manichäismus und der Islam.

Mani, einer der genialsten Religionsstifter der Weltgeschichte, begann im 3. Jahrhundert, von tiefem Welthaß erfüllt, ein weiteres Mal das bevorstehende Hereinbrechen des Kommenden Reichs zu predigen; in überbordender „Phantasie", in den Grundmotiven aber wiederum konservativ. Von *unschätzbaren Perlen und wundertätigen Juwelen* geleitet[43], so lehrte er, würden seine Bekenner bald schon erlöst: aus der irdischen Höhle der Finsternis ins lichte Königreich Gottes. Dort, so Mani in erhaltenen Fragmenten:

> *(Dort) herrscht … der Neue Mensch … – Sein König, der Licht-Nous* (= Lichtverstand)*, (ist) König über das All …* (Ibscher 97).

Einziehen würden die dann Erlösten ins Reich der Transzendenz dabei mit Pauken und Trompeten – ganz wie einst Indra und seine musizierende Marutschar in die hiesige Welt:

> *Die Trompete der Wahrheit wird blasen und die Pauke der Gerechtigkeit wird geschlagen werden. – Die Stimme der Gerechtigkeit wird erschallen. – Musikinstrumente* (und) *Lauten erklingen … und man wird sich zu Tische legen in den Palästen dieser Kronenträger.*

Und endlich angelangt, so Mani, würden die Heimgeführten dann

> *… auferstehen im Hause der Königinnen und der vornehmen Damen … – sie werden in den Palästen der Könige sitzen* (beides Polotsky 24, 26).

Manis Prophetie hatte geradezu explosionsartigen Erfolg. Sein rhetorisches und politisches Talent waren dafür aber nur die eine günstige Voraussetzung. Die andere wird gewesen sein, daß er auftrat im Habitus – eines königlichen Zwerges. – Der Überlieferung nach litt er an *einem einwärtsgedrehten Bein*, jedenfalls an einer Gehbehinderung. Seinen Verfolgern galt er dann prompt auch als *Teufel von einem Krüppel*. – Bei seinen Selbstinszenierungen trug Mani überdies einen *ziemlich dicken Stab von edlem Holz*, also eine Art Keule wie Indra; des weiteren harlekinartige Hosen, das *eine Hosenbein rot, das andere in einer Art Lauchgrün*; darüber, seiner (wirklichen) königlichen Abstammung angemessen, *einen verschiedenfarbigen Mantel von gleichsam himmelblauem Aussehen*. Berühmt war Mani, wie die mythischen Zwerge, auch ob seiner Liebe zu Musik, zu Wohlgerüchen und Parfüm.[44] – Und am Anfang von Manis Wirken stand, wie bei Zwergen gewöhnlich, eine ihn überwältigende „Erleuchtung", eine gleißende Lichtvision, derentwegen sich Mani berufen sah, auszuziehen *zum Licht, gegen Mittag, dem Pfad der Sonne entgegen* ... wie Yama. – Der „kleine" Unterschied war nur, daß Mani dabei, anders als Yama, nicht im ersten, sondern im vierundzwanzigsten Lebensjahr stand; und deshalb: daß Mani das Licht seiner „Erleuchtung", anders als Yamas Priester, nicht als Nachflimmern der dramatischen Ereignisse vom Anfang der menschlichen Welt deutete, sondern als Vorzeichen des baldigen Weltuntergangs und einer neuen, transzendenten Weltengründung.

Blutig verfolgt und in die Enge getrieben, hielt sich der Manichäismus doch für Jahrhunderte und überlebte in Nischen bis heute. – Zumal dem im 7. Jahrhundert einsetzenden Vormarsch des Islam aber war der subversive und zermürbte Manichäismus nicht mehr gewachsen; nicht zuletzt deshalb, weil der arabische Prophet der „neuen" Religion auch manichäische „Geheimnisse" integrierte:

Auch Mohammed erschienen Visionen vom Weltuntergang und vom Kommenden Reich – und wiederum in den alten, nur akzentverschobenen Motiven. Fast wie für Yama sollte sich auch nach Mohammeds Visionen die Erlösung vollziehen:

> *Gekommen ist nunmehr zu euch von Allah ein Licht ..., mit dem Allah leitet, ... und herausführt aus den Finsternissen zum Licht ... auf einen rechten Pfad* (Koran 5,18).

Und endlich angelangt in Gottvaters Reich der Transzendenz, lebten auch für Mohammed die Gläubigen – wie Könige:

> *Geschmückt werden sie darinnen mit Armspangen von Gold und gekleidet in grüne Kleider von Seide und Brokat, sich lehnend darinnen auf Diwanen. Ein herrlicher Lohn und eine schöne Ruhestätte* (18,30)[45].

Wir werden bald noch einen weiteren Blick in Mohammeds und seiner Vorgänger Jenseits werfen und auch dort wieder unschwer durchschauen, daß es in „nichts weiter" bestand als in Transformationen uralter Motive; Transformationen nach dem Schema: Yama und Indra „erlösten“ in die hiesige Welt, die neuen Propheten, Gottessöhne und „Könige“ jener anderen Welt dagegen aus ihr heraus. – Mohammed hatte seine ersten Visionen der Legende nach prompt in einer – realen – Höhle.

3. Grüne Wiesen, wankende Berge und Himmelsstützen

Schwarze Haut. Während Yama noch damit beschäftigt war, das Innere seiner Höhle auszumessen und sein dimensionsloses Erdloch Drittel für Drittel aufzudehnen, war Indra schon vor die Höhle hinausgetreten und wackeren Mutes daran gegangen, die Weiten der Welt bis zum fernen Horizont einzuschätzen und zu proportionieren. Ganz leicht war dies nicht, wie aus dem überschwenglichen Lob seiner Priester zu erschließen ist – mit einem fetten Bäuchlein voll Milch und Honig aber doch zu bewerkstelligen:

> *Im Rausche des Soma dehnte Indra den Luftraum aus, … als er den Vala* (= die Höhle) *aufgesprengt hatte. – Er drängte Himmel und Erde weiter weg … – Er füllte beide Welten, den Luftraum an, –* (er,) *der den Raum sich ausgemessen hat, immer breiter … – Gleichmäßig hat sich die Erde ausgebreitet … – Indra soll uns geräumigen Platz schaffen!* (Q 25)

Dabei lag es natürlich nahe, das legendär schnelle körperliche Heranwachsen Indras mit dem „Wachsen“ seiner Sehschärfe und daher auch der Weite seines Raumes zu vergleichen:

> *Das Opfer hat den Indra groß gemacht, als er die Erde auseinanderrollte … – Du hast mit deiner Größe, deiner Bullenkraft, du Bulle … alle (Räume) erfüllt. – Seine Abzeichen und die Keule in seinen Händen sind gewachsen, als er wie die Sonne* (bei ihrem morgendlichen Aufgehen) *beide Welten* (= Himmel und Erde) *größer machte. – Sobald die Erde ihren zehnfachen Umfang annahm …, o Indra, da kam fürwahr deine berühmte Macht … dem Himmel an Stärke … gleich. Das ganze Luftreich hast du mit deiner Größe ausgefüllt* (Q 26).

Diese schrittweise Weitung der Welt durch die Ausdehnung der optischen Tiefenschärfe ist es auch, was hinter dem rigvedischen Begriffspaar ‚Licht und Finsternis‘ steht. ‚Finster‘ meint dort zumeist nicht im strengen Sinne ‚ohne Licht‘; denn wir sahen es: auch in der anfänglichen Urhöhle war es keineswegs einfach nur dunkel. Yamas Höhle war nur insofern ‚finster‘, als ihre Wände trüb und begrenzt, ohne Konturen und Sehtiefe waren. Zu Recht vermerkte deshalb Karl Friedrich Geldner: *Licht ist nach vedischer Auffassung Weite, Finsternis ist Enge* (351 Anm.); desgleichen Jan Gonda: *In den Augen des vedischen Menschen ist Licht Weite und Finsternis Nähe* (AK 108). – Auch noch im Jahre 1999 verwendete ja das Autorenteam um Alison Gopnik das Wort ‚dunkel‘ in diesem übertragenen Sinn; denn das *Chiaro-scuro* und die *gloomy ob-scurity* ihrer kleinen Rembrandt-Galerie wollen nicht im wörtlichen Sinn von ‚dunkel‘, sondern im übertragenen Sinn von ‚begrenzt' verstanden werden. – Einzig in dieser Bedeutung werden auch die ungezählten rigvedischen Stellen des folgenden Typs verständlich:

> (Indra ist es), *der mit kühner Stärke die Finsternis verscheucht ... – Mit Licht hat er die Finsternis aus dem Luftreich getrieben, ... der Wagenlenker* (durchzog) *beide Welten mit Licht. Er packte die hartnäckige Finsternis ein, sie zunähend. – Deck die Finsternis auf, erfülle das Auge mit Licht. – Führ uns zum sonnenhaften Licht, zur Sicherheit, zur Helle* (Q 27).

In diesen Assoziationskreis gehören wohl auch jene Stellen, nach denen Indra die Welt erschuf, indem er Himmel und Erde von einer *schwarzen Haut* befreite:

> *(Die Kultlieder) blasen durch Zaubermacht die dem Indra verhaßte schwarze Haut von Erde und Himmel fort.* – (Die Höhlen-Aufbrecher sind) *ungeduldig wie Rinder ...* (aus der Höhle) *hervorgekommen ..., die schwarze Haut vertreibend ... – Indra half ... in den Kämpfen um das Sonnenlicht ...* (Er) *machte dem Manu* (= den Menschen) *die schwarze Haut untertan ...* (Q 28).

Eben weil Indra *die schwarze Haut* vertrieben, die *Finsternis verscheucht* und dadurch insgesamt die optische Welt so heldenhaft und wundersam eröffnet hatte, führte er auch den Ehrentitel eines *rajan*:

KAISERWETTER. Die indogermanische Wurzel von *rajan*, *reg-, bedeutete *„gerade richten, lenken"*; im rigvedischen Indien noch klar erkennbar mit der Konnotation: *„ausdehnen, ausstrecken"*.[46] – Die Menschen damals werden die Bedeutung *„Ausdehner"* aus Indras Titel gewiß noch herausgehört haben – obwohl *rajan* in der alltäglichen Rede eine scheinbar ganz andere Bedeutung hatte, nämlich *„König"*. – Man sieht im vorliegenden Zusammenhang aber, daß beides sehr wohl zusammengeht: Indra, der große, das heißt der Maha-raja schlechthin, war beides in einem und beides par excellence: König und Ausdehner. – Auch bei den etymologischen Verwandten des altindischen *raj-*, z. B. bei unseren Wörtern ‚reich' und ‚Reich', schwingt ja neben ‚königlichem Besitz' die Bedeutung ‚ausdehnen, erstrecken' noch mit. Man denke an Reichweite, erreichen, Bereich, ... reichen.

Es ist auf die heutigen politischen Verhältnisse nicht übertragbar; im Rahmen des alten sakralen Königtums aber war es heiliges Gebot und Ehrgeiz der realen Regenten, auch in diesem Punkt den Göttern der Morgenröte nachzueifern. Und keineswegs nur in Indien.[47] In Ägypten z. B. galt das *„Erweitern der Grenzen"* als stehende Wendung, denn, so Hellmut Brunner, *die Ausdehnung des Bereichs der geschaffenen Welt gehört zu den Rechten und Pflichten des Königs* (68).

Die königliche Pflicht beinhaltete aber nicht nur die Ausdehnung der Landesgrenzen mit militärischen Mitteln, sondern z. B. auch die Urbarmachung des Bodens, das „Schenken" von Regen oder schönem Wetter ... Das sakrale

Königtum war Instanz nicht nur der staatlichen und sozialen, sondern auch der kosmischen Ordnung. – Nur ein Beispiel für dies allem Anschein nach wieder globale Phänomen[48] der früheren Religionen: Homer beschreibt einmal die kosmische Wirkmacht *eines untadeligen Königs*, der *Gerechtigkeit übt*, mit den Worten:

> … *und es trägt die Erde, die schwarze, Weizen und Gerste, von Frucht sind schwer belastet die Bäume, ständig gebären die Schafe, das Meer gibt Fische in Fülle bei so trefflicher Herrschaft.* (Ody XIX 107 ff.)

Noch in der Neuzeit wurde dergleichen von Königen erwartet; und selbst noch im 20. Jahrhundert rechnete man Kaiser Franz Joseph I. strahlendes Wetter an – und spricht deshalb noch heute vom *„Kaiserwetter"*.[49] Jetzt freilich, im christlichen Abendland, wurden den Regenten solche Zumutungen oft zuviel. Aus dem Jahre 1527 ist uns z. B. die bittere Klage des schwedischen Königs Gustaf Wasa überliefert, die er auf dem Reichstag von Västeras vorbrachte:

> *Haben sie keinen Regen, so geben sie mir die Schuld, haben sie keinen Sonnenschein, so machen sie es ebenso, haben sie ein hartes Jahr, Hunger und Pestilenz oder was es sonst ist, muß ich die Schuld tragen, als ob sie nicht wüßten, daß ich ein Mensch bin und nicht Gott* (nach Höfler SK 88).

Doch solches Mißverständnis ist eine typische Erscheinung der Neuzeit, und Ausdruck davon, daß der religiöse Sinn des sakralen Königtums in Vergessenheit geraten war. Jetzt wurde Kult mit physikalischer Möglichkeit verwechselt. Ursprünglich dagegen galt der König nur insofern z. B. als Wettermacher, als er einen kleinen Gott vom Schlag Indras *repräsentierte*: Dem König oblag einzig, die Schöpfung *rituell* zu wiederholen, das heißt zu re-inszenieren; mit Jan Assmann gesprochen (und auf Ägypten bezogen):

> … *Herrschaft … übt der ägyptische König aus, indem er … die Rolle des Schöpfergottes spielt* (StuZ 248).

Spielt! Außer in Phasen schwerer Verstörung scheinen die Menschen der „heidnischen" Religionen zumeist sehr wohl zwischen solchem „Spiel" und physikalischer Unabänderlichkeit, zwischen übertragener und wörtlicher Bedeutung, zwischen Gott und königlicher Repräsentation, kurz: zwischen symbolischem Kult und Realität unterschieden zu haben. – Die rigvedischen Lieder jedenfalls lassen keinen Zweifel daran, wer der wirkliche Urheber all dieser Schöpfungswunder war – der kleine König Indra:

> *Der du Nahrung und Gedeihen austeilst, aus dem Feuchten das Trockene und Süße gemolken hast … Du allein gebietest über alles. Der du die blühenden und fruchttragenden Pflanzen nach der Ordnung … verteilt hast … – Es ordneten sich die Tage, die Monate, es ordneten sich die Bäume, die Pflanzen, die Berge und willig beide Welthälften, die Gewässer dem Indra unter … – Du (hast) alles Gewordene und Werdende erzeugt* (Q 29).

Wie, so lautet unsere leitende Frage, die es nun wieder aufzugreifen gilt, wie genau verfuhr der kleine Gott bei seinen Schöpfungsabenteuern, als sich der Kosmos nun weitete; wie, im einzelnen, eröffnete sich die optische Welt des Menschen?

a. Grüne Wiesen

Paradies. Obwohl die Tiefenschärfe seiner Wahrnehmung noch immer begrenzt ist, beginnt der Säugling keimhaft schon ab etwa dem dritten Lebensmonat, dann ab etwa dem sechsten aber immer häufiger und mit wachsendem Interesse recht eigentlich seinen Horizont zu erweitern: Er erforscht jetzt die Weiten der Welt. Mit René Spitz gesprochen:

> *Im Alter von drei bis sechs Monaten ist der Säugling bereits fähig, den Kopf aufrecht zu halten und ihn mit der Nackenmuskulatur zu bewegen. Überdies beginnt der Säugling in diesem Alter, sich visuell zu orientieren ...* (EO 79).

Wie mag sich dieses visuelle Orientieren vollziehen? Was mag der göttliche Feger bei seinen ersten umherblickenden Streifzügen sehen?

Eine besonders nachhaltige „Erinnerung“ aus den Zeiten der optischen Schöpfung hinterläßt offenbar das Grün der sich öffnenden ersten Landschaft: Mit auffälliger Regelmäßigkeit und in archetypischer Kongruenz begegnet in den Mythen der einstigen Schöpfungsreligionen eine üppig-grüne und blumen-, oft rosendurchpunktete Wiese, noch immer in juwelengleißendes Licht gehüllt; eine fürwahr paradiesische Augenweide.

Alle uns näher bekannten Götter vom Schlag Indras waren in bäuerlichem Umfeld beheimatet. Gleichwohl scheint sich der erste Frühling in kühleren Regionen nachhaltiger eingeprägt zu haben als z. B. im subtropischen Indien. Im Rigveda jedenfalls ist, was andernorts als üppige Aue begegnet, meist eher schmucklos als einfache Rinderweide dargestellt; ja, wie an den folgenden Stellen, nur zu erschließen:

> *Er sprengte den Fels mit den Rindern auf. – Durch Licht hat er die Kühe aus dem Dunkel gezogen ... – (Er,) der die Rinder heraustrieb ...* (Q 30)

Vereinzelt schimmert aber auch im Rigveda etwas von dem Blüten- und Juwelenglanz durch, der uns andernorts so duftend geschildert wird:

Die Rbhus, so lasen wir schon, hätten einst *Himmel und Erde zur Blüte* gebracht (Q 31). Einmal heißt es: *Die Erde von goldigem Aussehen hat Indra gefestigt* (Q 32). Und immer wieder wird die Erde, ja werden beide, Himmel und Erde, als schön *geschmückt* bezeichnet:

> *Himmel und Erde, ... die weiten, breiten, Honig spendenden, schöngeschmückten, ... sie, die Vater und Mutter sind* (Q 33).

Repräsentativer für die frühkindliche Schöpfung der ersten Landschaft scheinen mir die berühmten Beschreibungen im Alten Testament zu sein – entkleidet natürlich von der späteren Unterstellung, daß sie ein Werk nur des Himmelsvaters sei. Das *Es lasse grünen die Erde Grünes … Die Erde brachte Grünes hervor …* (1 Mos 1,11 f.) des ersten Schöpfungsberichts wird im zweiten ausgeführt:

> *Gott Jahwe pflanzte einen Garten in Eden, im Osten, und setzte dahinein den Menschen … Und Jahwe ließ aus dem Erdboden allerlei Bäume hervorwachsen, lieblich anzusehen und gut zu essen, den Baum des Lebens mitten im Garten … Ein Strom ging von Eden aus, um den Garten zu bewässern …* (Er entsprang einem Land,) *wo Gold vorkommt …, dort gibt es auch Bdelliumharz und den Schoham Edelstein … Aus dem Erdboden* (bildete er) *alle Tiere des Feldes und alle Vögel des Himmels* … (1 Mos 2,8 ff.).

Das mythische Motiv der *grünen, saftigen Wiese und Viehweide*, so Thieme zu Recht, begegnet *allenthalben, in den verschiedensten Gegenden der Welt …* (Had 47); schon in Çatal Hüyük und noch in Nietzsches *Also sprach Zarathustra.*[50] Und soweit ich sehe, wurden die Auen und Gärten vor den Höhlen der kleinen Könige dabei nicht nur in Israel, sondern weltweit als Paradies, als heile Welt schlechthin beschrieben. Schon unser Wort Paradies, über das Griechische aus dem Persischen entlehnt, spiegelt diese alte Vorstellung: griechisch *paradeisos, „Garten“*, aus persisch *paridaeza, „Ummauerung“* (des königlichen Gartens) oder *„umzäuntes Gehege“*.[51] – Die Fußnote verweist auf zusätzliche[52]; hier mag eine Handvoll weiterer Beispiele genügen. Ich wähle je eines zu den einzelnen Themen unseres Kreises.

Wirtshaus. Zuerst der Park eines realen Königs! – Im Zuge der Eroberung Mexikos zeichnete ein Mann im Gefolge von Hernán Cortéz, Bernal Díaz del Castillo, den Garten des berühmten Aztekenkönigs Montezuma mit folgenden Worten nach:

> *Wir dürfen nicht die Gärten mit Blumen und süß duftenden Bäumen vergessen, und die vielen Arten, die es von ihnen gab, und ihre Anordnung und die Spazierwege und die Quellen und Becken, … die er dort hatte, und die Vielzahl von kleinen Vögeln, die in den Zweigen nisteten, und die medizinischen und nützlichen Kräuter, die in den Gärten wuchsen. Es war wie ein Wunder anzusehen, und es gab viele Gärtner, die sich darum kümmerten. Alles war aus Mauerwerk gemacht und gut verputzt. Bäder und Promenaden und kleine Kabinette und Wohnungen gleich Sommerhäusern, wo sie tanzten und sangen …* (Houston/Stuart 144).

In jeder größeren deutschen Stadt findet sich ein Hofgarten dieses Typs; oft zusätzlich mit einem Buchslabyrinth und Wasserspielen. – Ob Montezumas Hofgarten die Nachbildung eines mythischen Vorbilds war, läßt sich nicht mehr rekonstruieren. Für unsere Hofgärten (die alle dem orientalischen Vorbild des königlichen *paradeisos* nachempfunden zu sein scheinen) steht der mythische Ursprung aber außer Zweifel. Sie repräsentieren Königs- und Zwergengärten vom Typ des Laurinschen:

> *Vor dem hohlen Berg … lag eine herrliche Aue unter einer grünen Linde. Alles war bunt und duftete … Die Vögel sangen wundersam, jeder sein eigenes Lied … – Laurin, der Kleine, hatte die Rosen mit güldenen Bändern, mit Gold und Juwelen behängt, … und sie dufteten süß und schimmerten hell …– Überall auf der Aue waren vielerlei Tiere, die miteinander spielten, zahm und abgerichtet und an die künstliche Umgebung gewöhnt … Dietrich sprach: „All meine Schwermut ist dahin, alle meine Sinne entrücken mich, wir sind mitten im Paradies* (mhd.: *paradise*)*!"* … (95 ff., 889 ff.)

Die Erinnerung an Laurins Juwelenwiese lebt bekanntlich auch im Namen jener prächtigsten und im Morgenlicht fürwahr königlich und goldfunkelnden Gebirgslandschaft der Tiroler Dolomiten fort – dem Rosengarten.

Laurins Garten ist erkennbar eine frühkindliche Landschaft, Laurin selbst, der Reiter auf dem Reh[53], in etwa von Indras Alter. Dennoch wird an Laurins Garten klar, warum eine solche Juwelen-Aue auch im Totenreich begegnet: Laurins Wiese lag *vor dem hohlen Berg*. Wie Indra hatte Laurin die Höhle zwar bereits aufgebrochen und damit die Landschaft bis zum Horizont eröffnet. Der kleinere Yama dagegen, wir sahen es, befand sich noch *in* der Höhle – und teilte deshalb sein mythisches Reich mit dem der Beerdigten. Ebendeshalb war er auch König der Toten, galt als *Sammler der Menschen* und als der Gott, der

> … *zuerst den Weg aufgefunden hat, … auf welchem unsere Vorväter abgeschieden sind* … (Q 34).

Doch obwohl Yama noch in seinem unterirdischen Höhlenpalast residierte, das heißt die volle Sehschärfe noch nicht erreicht hatte, war seine Höhle schon weit genug aufgedehnt, um Platz für eine kleine, von Rindern beweidete Wiese zu bieten. Deshalb galt Yama in stehender Wendung eben auch als der *herdenreiche König* und seine Aue als *gavyuti, „Rinderweide"*.[54]

Und so war es keineswegs nur in Indien. Auch aus Ägypten kennen wir jenes *grüne, üppige Gefilde* (Hornung Unt 31) im Reich der Verstorbenen; desgleichen von den Hethitern, die ihren Toten *ein Stück Wiese* mit ins Grab legten und nachriefen *„Wenn du zur Wiese gehst …"* (Haas GhR 217, 228). Auch noch Jahrtausende später kennen wir diese Vorstellung; z. B. von Platon[55] und von Vergil.

Auf ihrer Reise durchs Totenland kamen Vergils Held, Aeneas, und seine Gefährten zuletzt

> … *zu den Orten der Freude, in glücklicher Wälder lieblich grünende Fluren. Reichlicher hüllt der Äther in Purpurlicht die Gefilde, … geschirrlose Rosse weiden zerstreut auf der Flur. Die Lust an Wagen und Waffen, die sie im Leben gesehn, … sie folgt dem Bestatteten* (auch) *unter die Erde … Keinem ist eigen ein Haus … auf den Wiesen von Bächen erfrischt* (VI 638 ff.).

Auch im germanischen Sprachraum fand sich im unterirdischen Reich der Toten eine grüne Aue dieses Typs. Den Verstorbenen, so Bächtold-Stäubli,

> *... führt ein schöner, üppiger, schattiger Weg abwärts ... Das Ziel ... ist zunächst eine grüne Wiese, ... eine Viehweide ...* (IV 194 f.; vgl. 202).

Jedermann kennt diese unterirdische Wiese mit ihrem Apfelbaum auch aus dem Märchen von der Frau Holle, der einstigen Hel (erst später zur Hölle umgemünzt). Neben dem Brunnen oder dem schattigen Weg abwärts führte auch aus dieser Unterwelt, *Kikeriki*, ein goldenes Tor nach oben ins Land der Morgenröte wie bei Yama. Und wie bei Yama wurde dort unten auch hier, im Westen, ordentlich gezecht; ob der kühleren Witterung freilich in einem *Wirtshaus*, in dem darüber hinaus *Karten gespielt* wurde (Bächtold-Stäubli IV 196).[56] Noch im Hochmittelalter wußte Walther von der Vogelweide von dieser unterirdischen Kneipe. *Frau Welt*, sang er, des Lebens schon müde, ...

> *Fro Welt, ir sult dem wirte sagen, ... ich han ze vil gesogen: ich wil entwonen, des ist zit ... (... sagt dem Wirt, ich hab' zu viel gesaugt, jetzt möchte ich mich entwöhnen, es ist Zeit ...)* (100,24 und 101,5 f. Lachmann)

Hasen. Die Frage, warum es den früheren Religionen so selbstverständlich war, das Reich der Toten mit dem Reich kindlicher Götter von Yamas Alter gleichzusetzen, muß hier wie gesagt ausgeklammert bleiben. Klar ist aber dennoch, daß diese Parallelisierung den späteren Erlösungsreligionen vorgefertigte Brücke werden konnte. Und tatsächlich ward das von ihnen neu verheißene Paradies der Transzendenz, in dem die Auserwählten bald schon, nach dem Einsturz der irdischen Welt, auferstünden – wieder nur Kopie des Paradeisos, das heißt des alten Königs- und Göttergartens. Schon für Zarathustra war das „neue" Paradies deshalb kurzerhand eine *Weide des Wahrseins* (Lommel, Gath 75); und auch noch für Mohammed bestand es in monotoner Wiederholung aus

> *... Gärten, durcheilt von Bächen, darinnen zu verweilen ewig und immerdar.*

An einigen Stellen des Koran wird dieser verblaßte Königspark immerhin ein wenig koloriert, gibt dann aber um so klarer die mythische Vorgeschichte zu erkennen; z. B.:

> *In ihm sind Bäche von Wasser, das nicht verdirbt, und Bäche von Milch ... und Bäche von geklärtem Honig ...* (4,121 und 47,16).

Anders im Neuen Testament. Dort fehlt die Paradieses-Wiese; von Andeutungen abgesehen.[57] – Dies könnte einer der Gründe für eine der größten Katastrophen des christlichen Abendlandes gewesen sein: den Hexenwahn. Denn in der frühen Neuzeit brach der Mythos um die Paradieses-Wiese „im Volk" wieder mächtig durch, bot aber keine Möglichkeit zur Umdeutung als christlich. Zentraler Vorwurf in den Prozessen des „Superverbrechens" der Hexerei war, am sogenannten Hexensabbat teilgenommen zu haben. Die Betreffenden seien zu nächtlicher Stunde auf Böcken oder Besen zu einer wundersamen, meist auf einem Hügel gelegenen Wiese geritten, hätten dort einen goldenen Bock, den Teufel, angebetet usw. Die Keimzelle dieses Mythos verortete Carlo Ginzburg in Norditalien bei einem Zirkel von Menschen, die sich *Benandanti* nannten. Der Ketzerei und bald schon der Hexerei verdächtigt, gaben sie unter anderem folgende Berichte zu Protokoll:

> (Ich verlor mich *im Traum*, und mir dünkte, mich) *auf einer Wiese mit Blumen zu befinden, wo es selbst noch im Winter Blumen und Rosen* (gab). – *Ich bin zu der Zeit im Traum durch Wälder, Wiesen, Felder gegangen, um Tiere zu weiden … – und mich deuchte, ich ginge auf eine große, weite und schöne Wiese, … und mich deuchte, es gäbe dort ziemlich viele Blumen und Rosen …*

Hier, genau an diesem Punkt, „erkannte" der Inquisitor die Koalition mit dem Teufel. *Immer bohrender,* so Carlo Ginzburg, habe *der Inquisitor* nachgefragt:

> *„Tanzte, spielte, sang oder aß man auf jener Wiese …?"* (Be 102 f.)

… und zuletzt sein Urteil gesprochen.

Nicht nur, daß sich der Ausflug auf jene *Wiese* nur *im Traum* vollzog, wußten die Inquisitoren nicht zu deuten; selbst als so fürwahr süße und für uns doch offenkundig kinderweltliche Szenen wie die folgende „gestanden" wurden, sahen die Spitzel des Vatikan den Teufel im Spiel:

> *„Besagter Michele rief mich eines Nachts und sagte zu mir: ‚Bastiano, du mußt mit mir kommen'; … und er stieg auf einen Hahn und ließ mich auf einen Hasen*[58] *steigen, welche beiden Tiere draußen warteten … und nachdem wir auf besagte Tiere gestiegen waren, brachte er uns, als ob wir hurtig über die Erde flögen, zur Wiese von Santa Caterina …"* (Be 164)

So kindheits-, so mythenvergessen war zumindest die kirchliche und staatliche Obrigkeit dieser schrecklichen Jahrhunderte, daß offenbar nicht einmal die zauberhaften Tier- und Paradieses-Episoden des Alten Testaments als Schlüssel zum Verständnis griffen. – Denn wovon, wenn nicht von der Phase des frühen Spracherwerbs, soll der berühmte Mythos des zweiten Schöpfungsberichts handeln, in dem es heißt:

> *Jahwe Gott bildete noch aus dem Erdboden alle Tiere des Feldes …, und er führte sie zum Menschen, um zu sehen, wie er sie benennen würde: so, wie der Mensch sie benennen würde, sollte ihr Name sein …* (1 Mos 2,19)

Und obwohl die Verfasser des Jesaja-Buches schon in der Hoffnung auf ein Kommendes Reich lebten, schilderten auch sie den königlichen (Tier-)Park des Paradieses noch ganz in den alten Farben und als ob einem jener dickkartonierten Kinderbücher unserer Tage nachempfunden:

> *Dann wohnt der Wolf bei dem Lamm und lagert der Panther bei dem Böcklein. Kalb und Löwenjunges weiden gemeinsam, ein kleiner Knabe kann sie hüten. Die Kuh wird sich der Bärin zugesellen, und ihre Jungen liegen beieinander: der Löwe nährt sich wie das Rind von Stroh. Der Säugling spielt am Schlupfloch der Otter, und in die Höhle*

der Natter streckt das entwöhnte Kind seine Hand. Sie schaden nicht und richten kein Verderben an auf meinem ganzen heiligen Berg (Jes 11,6 ff.).

Gemütsruhe. Die globale Kongruenz der Königsgärten ist ein starkes Argument dafür, daß auch dieses Motiv nicht nur auf Tradition, sondern ebenso auf „Intuition" gründet: auf „Erinnerung" an die Welt jenseits der Grenzen der frühkindlichen Amnesie. Und tatsächlich scheinen grüne Wiesen und Königsgärten auch ohne jede genetische Verbindungslinie immer wieder von neuem zu erblühen – z. B. an den Brunnenrändern der Liebe. Das folgende, etwas gekürzt wiedergegebene Liebeslied scheint mir ein Beispiel (von ungezählten) für solch intuitiven Ursprung zu sein. Seine geradezu sakrale Macht gab es klar genug zu erkennen, indem es tausende junger Mädchen in die Trance, wo nicht in die Ohnmacht wog. John Lennon:

There were bells on a hill, …
And wonderful roses.
They tell me in sweet
Fragrant (= duftenden) meadows of … you.
There was love all around,
But I never heard it singing,
No, I never heard it at all
Till there was you …

Auf unmittelbare „Intuition" (und ärztliche Erfahrung) scheint mir auch das folgende, letzte Beispiel zurückzugehen. – Es vermittelt überdies einen weiteren Eindruck, warum es Sinn machte, daß die Religionen von einst, statt Erlösung aus irdischen Fesseln zu versprechen, gelungene Kindheit reinszenierten: Sie verfuhren dabei nach ähnlichen Strategien wie die moderne Psychotherapie:

Hanscarl Leuner, „Alter Herr" der heutigen Psycho-Szene, entwickelte ein therapeutisches Verfahren mit Namen *Katathymes Bilderleben (KB)*. Bei diesem Verfahren werden, so Leuner, *vom Therapeuten tagtraumartige Imaginationen angeregt*; ein imaginatives *„Symboldrama"* (2). Der Klient wird dabei aufgefordert, sich zu entspannen und sich dann als erste Szene eine – grüne Wiese vorzustellen. Denn, so Leuner:

Das Wiesenmotiv hat … als Anfangsmotiv für das KB große Bedeutung. Daran ranken sich weitere Motive, die naturgemäß mit der Wiese in Verbindung stehen. So mag der Patient beispielsweise einen Bach entdecken, der durch die Wiese fließt … Manchmal haben die Patienten den Wunsch, sich zunächst einmal in der Wiese hinzulegen, um sich im Grase auszuruhen und in den Himmel zu blicken … (29)

Zur Induktion der zweiten Szene empfiehlt Leuner die therapeutische Aufforderung:

„Schauen Sie sich doch bitte einmal um, … ob nicht irgendwo auch Tiere zu sehen sind."

Die exemplarische Antwort des Klienten:

> *„Ja, ich blicke umher. Nun sehe ich, daß sich die Wiese inzwischen geweitet hat … Eine Menge Kühe grast in aller Gemütsruhe …"* (32 f.)

Die *Schilderung der Kühe*, so Leuner, sei *sicher kein Zufall.* Denn:

> *Die Kühe geben Milch.* (Es) *wird also das orale Motiv signalisiert …* (35)

Wenn es, wie ich hoffe, dazu kommt, daß die Pollen der alten Schöpfungsmythen die Stempel der modernen Psychologie bestäuben, wird Leuners *Symboldrama* noch um einige Motive zu ergänzen sein: Im Hintergrund der grünen Wiese sollte eine drachenversperrte Höhle imaginiert werden; ihr gegenüber die aufgehende Sonne, die Kühe entsprechend rot. In die Mitte einer ordentlichen Schöpfungswiese gehört zudem ein Baum und an ihren Rand:

b. Wankende Berge

WIE FLIEGEN. Wir sahen, wie Indra seine urtümliche Höhle *aufgesprengt* und *den Raum sich ausgemessen hat, immer breiter,* so daß er die göttliche Rinderherde, einst in der Höhle eingeschlossen, auf die paradiesische Weide befreien konnte. Das Heraustreiben der Kühe erinnert dabei an vielen rigvedischen Stellen ein wenig an die Almauftriebe, wie sie im Frühjahr, z. B. in den Alpen, noch heute üblich sind. Alle, Tiere wie Menschen, formieren sich dann bunt geschmückt und im Lärm der (Blas-)Musik, der Pauken und des Glockengeläuts zu einem Festzug … – Das rigvedische Festgefolge waren die wilden Marut, von Indra dirigiert und ihm bei seinen Schöpfungsabenteuern unter die Arme greifend:

> (Die Höhle) *Vala, der Rinderpferch, … hat sich … furchtsam aufgetan.* (Indra) *machte die Wege frei, um die Rinder herauszutreiben. Die blasenden Chöre (der Marut) ermutigten dich, den Vielgerufenen. – Dich* (Indra) *umgibt als Begleiter der von den Marut gebildete Chor … – Die indrische Kraft weckend, haben* (sie) *ihre Prunkstücke angelegt; … ihre Musik blasend … – Die Marut, … die Jünglinge, die sich aufputzen …, sind schmuck wie die Kinder in einem vornehmen Hause, wie Kälber spielend, die Milch saugen … – Wie die Morgenröte mit ihren rötlichen (Farben) die Nächte aufdeckt, (so decken sie die Kuhhöhle auf) mit dem herrlichen, glühenden, rinderwogenden Lichte.* (Q 35)

Doch so frohgemut, draufgängerisch und erfolgreich der kleine Honigkönig dank seiner Assistenten auch war – ganz ohne Widerspenstigkeiten ging das Schöpfungswunder auch jetzt noch nicht von der Hand: Die Welt, schon aufgedeckt, begrünt und in ihrer Weite aufgedehnt, mußte von Indra nun auch noch – stabilisiert, fixiert und ins Lot gebracht werden.

Wem je durch pathologische Störung, durch einen Schlag auf den Kopf oder durch Drogen die Welt (wieder) ins Wanken geriet, der wird die frühkindliche Situation nachvollziehen können, die sich an den noch so trüben, orientierungslosen und immer wieder wegkippenden Augen Viermonatiger deutlich genug zu erkennen gibt. Wie klar, wie sicher, wie „festhaltend" ist dagegen der Blick schon bei Sechsmonatigen und dann gar erst bei Einjährigen.

Was wir über Yama nirgendwo lesen, wurde bei dem schon etwas älteren Indra deshalb mit um so überschwenglicheren Reimen bejubelt: Das Befestigen des wankenden Horizonts und zumal – der torkelnden Berge:

> *Du, Indra, hast die gütige, eifrige, große, unbegrenzte Erde an ihren Platz gesetzt. Auf dein Gebot standen Himmel und Erde, die Berge wie festgerammt.*
> *Gleichmäßig hat sich die Erde ausgebreitet; selbst der Berg, der davonlaufen wollte, ist zur Ruhe gekommen. Der Berg hat sich achtsam gesetzt … – Er befestigte mit Kraft die vorwärts gehenden* (Lüders: *die vorwärtsgeneigten*) *Berge …*
> *Die Berge setzten sich nieder wie Fliegen … – Er schnitt die Flügel der Berge ab … – Die bebenden Berge und Ebenen befestigte er … – Von dir, du Wohlverständiger, sind die Räume gefestigt.*
> (Indra war es,) *der die schwankende Erde befestigte, der die tobenden Berge zur Ruhe brachte, der den Raum sich ausgemessen hat, immer breiter …* (Q 36)

Es hat den Anschein, als sei soviel Lob für den goldigen Gott gerade auch hier angezeigt gewesen. Denn durchaus dramatisch wird der Zustand vor dieser Phase der Beruhigung des Horizonts und der Berge geschildert. – Daß bei den entsprechenden Passagen von Indras „Geburt" die Rede ist, darf nicht irritieren: Gemeint sein kann einzig die „Geburt" in die Morgenröte, mithin eine frühe Etappe nach dem Öffnen der Urhöhle, etwa um den fünften Lebensmonat:

> *Der Himmel zitterte bei deiner Geburt …, es zitterte die Erde aus Furcht vor deinem Grimm. Die festen Berge drohten, es senkten sich die Ebenen …* (Q 37)

Freilich wurden bei einem Gott von Indras Rotbackigkeit auch diese Bedrohlichkeiten letztlich wieder als Verdienste und Heldentaten ausgelegt:

> *Der allein die Erde ins Wanken bringt, der König der Völker, der vielgerufene Indra. Dem Wahrhaften jubeln alle zu …*
> *Du, Indra, bist der Große, der du, (eben) geboren, durch dein Ungestüm Himmel und Erde in Panik versetztest, als alle Ungeheuer, selbst die festen Berge, aus Furcht vor dir wie Stäubchen sich hin und her bewegten.*
> *Es bebten beide Welten aus Furcht vor seiner, des Bullen, brüllender Keule … Trink dich satt, (trink) tüchtig Soma, Indra!* (Q 38)

Kurz und gut: Indra schnitt den Bergen die Flügel ab und brachte alles ins Lot. – Und wie die ganze weite Welt, so stand danach, was Wunder, auch unser Gott selbst da: gefestigt und fürwahr – felsenfest wie ein Berg:

> *(Indra) mit der lauten Stimme und der schönen Keule, der wie die Erde nicht vom Platz weicht. – Unerschütterlich wie ein Berg in seinen Grundfesten ist Indra* (Q 39).

Und natürlich gehört zum Lobpreis an einen solchen Gott die devote Anmerkung, daß die vollbrachte Leistung, obwohl schier übermenschlich, für ihn nur eine Kleinigkeit war:

> *Selbst diese beiden unbegrenzten Welthälften sind, wenn du sie zusammenfassest, für dich nur eine Handvoll, du gabenreicher Indra* (Q 40)[59].

GLAUBEN. Es wird nach den schon aufgezählten Beispielen nicht mehr überraschen: Auch an diesem Punkt galten die realen Könige als diesseitige Ebenbilder der göttlichen. – In der sogenannten *Königsweihe* des Rigveda, einem Lied, das zu Krönungsfeierlichkeiten rezitiert wurde, heißt es daher:

> *(O König,) steh fest ohne zu wanken! ... wie der Berg nie wankend! Wie Indra bleibe hier fest, hier behaupte deine Herrschaft! Ihn hat Indra fest eingesetzt ... Fest steht der Himmel, fest die Erde, fest diese Berge, fest diese ganze Welt, fest dieser König ...* (Q 41)

Und borgte nicht auch noch die werdende christliche Kirche bei diesem Motiv? – Der Redakteur des Matthäus-Evangeliums jedenfalls setzte schon zu Ende des ersten Jahrhunderts darauf, der zersplitterten „Urgemeinde“ eine königliche Verfassung nach altem Vorbild zu geben: Jesus nämlich, so wollte er wissen, habe den Fischer Simon, Sohn des Jonas, als *petros*, wörtlich: als *„Fels“* der just jetzt zu gründenden Kirche eingesetzt; mit den berühmten Worten:

> *Du bist Petrus (petros), und auf diesen Felsen (petra) will ich meine Kirche bauen ... Ich will dir die Schlüssel des Königreiches der Himmel geben.* (Mt 16,18 f.)

Aber nicht nur die christliche Urkirche und bald schon die Festung auf dem vatikanischen Hügel wurde mit dem alten Motiv der befestigten Berge auf den Weg gebracht. Auch glaubhaftere Jesusworte nehmen sich aus, als wären sie den Mythen des goldigen Indra nachempfunden. *Wenn ihr Glauben habt* (auch nur so groß) *wie ein Senfkorn*, soll Jesus gesagt haben,

> *... werdet ihr zu den Bergen sprechen: Hebe dich weg von hier* (nach) *dorthin! und er wird sich hinwegheben ...* (Mt 17,27)

Auch in anderen Zusammenhängen zitierte Jesus turbulente Berglandschaften.[60] Desgleichen Paulus: In seiner berühmten Polemik gegen die Gnostiker ordnete Paulus die Fähigkeit des Bergeversetzens zwar der neuen Liebe unter:

> *... wenn ich allen Glauben habe, daß ich Berge versetze, doch Liebe nicht, so bin ich nichts.* (1 Kor 13,2)

Nichtsdestoweniger hielt sich Paulus hier die Fähigkeit des Bergerückens zugute. Und wohl zu Recht; denn in Damaskus war ihm die Welt und der Horizont tatsächlich ins Wanken geraten. Dort nämlich habe ihn, fast wie Yama, *zur Mittagsstunde plötzlich vom Himmel her ein helles Licht umstrahlt*; ja, gegenüber dem jüdischen König Agrippa rief Paulus später aus: *Ich sah ..., o König, vom*

Himmel her ein Licht, heller als der Sonne Glanz ... (Apg 22,6; 26,13). Darob sei er vorübergehend – man beachte es: – erblindet; des weiteren zu Boden gestürzt und danach bei der Hand genommen und geführt worden (Apg 9,22.11). – All diese „Regressionen" zurück in die frühkindliche Welt stehen gerade auch bei Paulus durchaus in stimmigem Rahmen. Denn *Paulus, „der Kleine"*, zog auch sonst Assoziationen der Zwergenhaftigkeit auf sich – und begab sich damit in beste Gesellschaft: Römischer Kaiser war damals *Claudius, „der Lahme"*; und der Name des von Paulus angesprochenen jüdischen Königs *Agrippa* bedeutete wörtlich: *„Mit den Füßen voraus geboren"* (Reichmuth 20).

Auch der Verfasser der Johannes-Apokalypse wußte um das Wunder des Bergeversetzens. Ja, der von ihm in so verrückten Bildern visionierte Weltuntergang scheint Punkt für Punkt aus Schöpfungsmythen vom Typ der rigvedischen abkopiert, ins Gegenteil verkehrt und ans Weltende projiziert worden zu sein. – Hier nur die Beispiele aus dem 6. Kapitel (Off 6,13 ff.):

Hatte Indra *die zusammengerollte Finsternis mit dem Licht aufgedeckt* und *die Erde auseinandergerollt* wie ein Fell; wurde dem Apokalyptiker *der Himmel ... weggezogen wie ein Buch* (das heißt wie eine Pergamentrolle), *das sich zusammenrollt.* – Hatte Indra *mit Zaubermacht den Himmel (gestützt), daß er nicht herabfalle*; widerfuhr dem Apokalyptiker das Gegenteil: *Die Sterne des Himmels fielen auf die Erde ...* – War für Indra *der Berg, der davonlaufen wollte, ... zur Ruhe gekommen*; wurden dem Apokalyptiker *alle Berge und Inseln ... von ihrer Stelle gerückt.* – Waren die göttlichen Könige Indra und Yama im Begriff, ihre Höhlen aufzusprengen und zu verlassen; „sah" der Apokalyptiker: *Die Könige der Erde ... verbargen sich in den Höhlen und Klüften der Berge ...* (Q 42)

CABRACAN. Das Motiv der bebenden und sich beruhigenden Berge scheint wiederum globalen Charakter zu haben. Nur zwei weitere Beispiele:[61]

Zu den Höhlenabenteuern Gilgameschs und seines Freundes Enkidu gehörte im altbabylonischen Schöpfungsepos, daß sie ein den Ausgang zur Welt belagerndes (Drachen-)Ungeheuer, *den Wächter Chumbaba* (53), töten mußten. Als König Gilgamesch *den Schurken des Waldes* endlich erschlagen hatte, heißt es:

> *In Furcht gerieten ... die Berge, ... erzitterten alle Gebirge.* (Schott 53)

Schon zuvor hatte Gilgamesch seinem Freund einen Traum erzählt:

> *In tiefen Gebirgsgründen standen wir, da stürzte der Berg ...*

... und Enkidu legte sogleich kundig aus:

> *Der Traum ist überaus kostbar ... Freund, der Berg, den du sahst, ist Chumbaba!*
> *Wir werden Chumbaba packen, ihn töten ...* (41)

Am beeindruckendsten, weil sicher ohne genetischen Zusammenhang, sind aber wieder die Parallelen zu den altamerikanischen Maya. Man muß, um die psychologische Kongruenz in ihrer ganzen Breite zu sehen, wissen, daß auch Indras Ruhigstellen der Berge als Resultat seines siegreichen Drachenkampfes galt wie bei Gilgameschs Kampf gegen Chumbaba; z. B. an folgender Stelle:

> *Der Berg setzte sich fest, nicht von der Seite gehend … Indra stieß den zauberischen Vrtra* (das heißt den Drachen) *weg* … (Q 43)

Im Popol Vuh der Maya hießen die göttlichen Helden, die in ihrem Alter in etwa dem goldigen Indra entsprechen: *Ixbalanque* und *Hunahpu.* Ebenfalls dabei, ihre Urhöhle zu verlassen, zogen sie, beide auch Jäger (allerdings mit Blasrohren), hinaus, die Welt zu erobern. Auf ihrem Weg durch die Morgenröte kamen ihnen aber allerlei gefährliche Widersacher in die Quere; obenan die Söhne des heimtückischen *Siebenpapagei*: *Zipacna* und *Cabracan.* Und diese Unholde ließen sich nichts Geringeres zuschulden kommen als das – Schütteln der Berge:

> *Zipacna spielte Ball mit den großen Bergen: dem Chikak, dem Pecul … Das sind die Namen der Berge, die es gab, als es dämmerte, in einer Nacht schuf sie Zipacna. – Cabracan bewegte die Berge, und er machte die großen und kleinen Gebirge erzittern.* (Cordan 39 f.)

Solche Frevel mußten getilgt, ihre Anstifter vernichtet werden! – Ich beschränke mich auf den Sieg über Cabracan:

Zu Hilfe kam den kleinen Helden der windfegende Gott *Huracan* (= *„Herz des Himmels“*; woraus unser Hurrikan). Er sprach zu Hunahpu und Ixbalanque:

> *„… es ist nicht gut, was er* (Cabracan) *auf der Erde macht … So soll es nicht sein. Führt ihn mit List zum Aufgang der Sonne.“ – Währenddessen war Cabracan dabei, die Berge zu erschüttern. Beim leisesten Schritt seiner Füße öffneten sich die großen und kleinen Berge …*

Mutig gingen Hunahpu und Ixbalanque daraufhin auf Cabracan zu. Der fragte sie:

> *„… Wie heißt ihr?“*

Sie, die Kinder der vorsprachlichen Welt, „antworteten“:

> *„Einen Namen tragen wir nicht“,*

… und fuhren fort:

> *„Gerade haben wir ein großes Gebirge gesehen dort, wo sich der Himmel rötet … Groß wird die Weisheit … sein, wenn es dämmert, wenn es Licht wird“, sagten die Jünglinge.*

Dann überlisteten die Helden den Unhold dazu, einen gebratenen und – mit Erde! – „vergifteten“ Vogel zu essen; mit dem Erfolg:

> *Und als er das Mahl beendet hatte, machten sie sich auf den Weg gen Osten, wo das hohe Gebirge war. Aber da waren Cabracans Beine und Arme schon schlaff, schon*

hatte er keine Kraft mehr, wegen der Erde, mit der sie den Vogel bestrichen hatten, den er gegessen. Schon konnte er den Bergen nichts mehr tun. Er konnte sie nicht umwerfen … (51 f.)

Inbrünstig wie die Dichter Altindiens lobten auch die der Maya die binnen des ersten Lebensjahres erworbene „Kunst" des Sehens. Über die ersten, siegreich in die Morgenröte hinausgeschrittenen Menschen heißt es im Popol Vuh:

Es waren gute und schöne Menschen … Sie schauten und sogleich sahen sie in die Ferne; sie erreichten, alles zu sehen, alles zu kennen, was es in der Welt gibt … – Groß war ihre Weisheit. Ihr Auge reichte bis zu den Wäldern, den Felsen, den Lagunen, den Meeren, den Bergen und den Tälern …
Und sie dankten darauf dem Schöpfer und Former: „Wahrlich, wir danken euch, zweimal, dreimal … Vorzüglich erscheint uns alles, und wir kennen alles, sei es ferne oder nah. Und was groß ist oder klein am Himmel oder auf Erden – wir sehen es …" (103 f.)

c. Himmelsstützen

Kopfputz. In die Monate, in denen Indra *den Raum sich ausgemessen hat, immer breiter*, in denen er die grüne Weide erschloß, und in denen er *die schwankende Erde befestigte* und *die tobenden Berge zur Ruhe brachte*, fällt eine weitere Heldentat des großen Gottes: Er trennte den Himmel ab und sicherte ihn mit Pfosten vor dem Herunterstürzen. Im Originalton:

Als du die Grundfeste (das ist die Erde) *ausdehntest, da hast du den unverrückten Luftraum zuversichtlich auf die Pfeiler des Himmels gestellt … – Du, Indra, … du hast das Luftreich ausgedehnt; du hast den Himmel mit Kraft emporgestemmt. – Da, wo kein Balken haftet, stützte er den hohen Himmel, – … der erstarkte, aufrecht stehende Träger des Himmels … – Er stützte mit Zaubermacht den Himmel, daß er nicht herabfalle.* (Q 44)

Und wiederum wurde Indra ob der gewaltigen Dimension dieser kindlichen Schöpfungstat überschwenglich gepriesen. Ja, er wurde darob geradewegs zum Riesen stilisiert, der, da er ihn wie Atlas und Herakles/Herkules eigenhändig hochgestemmt hatte, den weiten Himmel jetzt als – Kopfschmuck trage:

Der da in voller Kraft über alle Welten an Größe hinauswuchs, … er setzte den Himmel mit Macht sich aufs Haupt … – Das Opfer hat den Indra groß gemacht, als er die Erde auseinanderrollte und sich im Himmel einen Kopfputz machte. – Dieser Große (Indra) hat mit großer Stütze den Himmel emporgerichtet, – … er füllte beide Welten … – Du bist der Riese des Himmels … Für dich, den Riesen, … fließt der Trank, … süß zu trinken … (Q 45)

So (auf den ersten Blick) ungewöhnlich das Motivpaar von der Abtrennung

Abb. 6: Trennung von Himmel und Erde: Bild einer Fünfjährigen

und Hochstemmung des Himmels für uns Heutige ist, so selbstverständlich und weltweit verbreitet war es in den frühen Schöpfungsreligionen.[62] – Nachzuvollziehen ist es, sobald wir, statt den damaligen Menschen mangelhafte Kenntnis physikalischer Zusammenhänge zu unterstellen, Malereien von Kindern ansehen: Wenn nicht in der Großstadt aufgewachsen, pflegen noch Vier-, Fünf- und Sechsjährige Landschaften genau in diesem Sinne zu strukturieren. Basis ist regelmäßig ein grüner, oft zu einem Hügel aufgewölbter Streifen am unteren Bildrand; ihm gegenüber ein blauer am oberen. Im dadurch aufgespannten Zwischenraum ragen Häuser, Bäume, Blumen, Menschen auf: in „falschen" Proportionen, gewiß, aber stets auf dem Boden befestigt und oft so, daß sie den blauen Himmelsstreif „stützen". – Selten vergessen die kleinen Künstler dabei, sei es im linken oder im rechten oberen Eck, die gelbe Sonne einzuzeichnen: mit wärmenden Strahlen und vor allem mit lächelndem Gesicht – ganz so, wie es auch von Indra heißt:

> *Du brachtest am Himmel die Sonne zum Schauen an. – Als du jene Sonne, das helle Licht des Himmels befestigtest*[63]*, da erst haben sich dir alle Welten gefügt. – Surya* (das ist die Sonne) *entfaltete seine Pracht wie ein Bildnis … Der Himmel wurde gefestigt wie* (durch) *eine wohlaufgerichtete Säule.* (Q 46)

Jarjara. Wo nicht mit seinem Kopf oder seinen stemmenden Händen, stützte Indra den Himmel mit verschiedenen „Instrumenten". Eines war der Rauch. Indras Freund Agni, der Feuergott, ließ ihn eigens zu diesem Zweck aufsteigen:

> *Dein Rauch war das Banner, das sich gen Himmel reckt. – Seine rötlichen Rauchsäulen (berühren) den Himmel. – In vollkommenem, hohem Wachstum stützt er (den Himmel), wie ein Pfeiler …* – (Agni) *maß den Luftraum aus, … reichte mit seiner Größe bis zum Himmel. Er stemmte beiden Welthälften auseinander, … er zerteilte*

die dazwischenliegende Finsternis durch das Licht. – Als Säule des Himmels angebracht, schützt er das Firmament. (Q 47)

Allen Rauchern und Nichtrauchern ans Herz gelegt: Rauch und (man sagt noch heute so:) Rauchsäulen bewahren im Mythos allerorts und seit Urzeiten den Himmel (oder die Zimmerdecke) vor Einsturz: Man denke an Abel, Friedenspfeifen, das HB-Männchen, Weihrauch, Parfüm (von lat. *fumare, „rauchen"*) und andere himmlische Düfte; man blättere Kinderbücher oder lese Piagets Interviews mit ABC-Schützen des 20. Jahrhunderts:

> *(Wie sind sie* (die Wolken) *entstanden?) Es ist Rauch. (Woher kommt dieser Rauch …?) Vom Feuer des Herdes … Aus dem Kamin … Wenn man Suppe kocht … Es ist der Dampf der Schiffe, der zum Himmel aufsteigt, und das gibt dann ein großes blaues Beet. – (Woraus sind sie* (die Wolken)*?) Aus Stein. – (Warum fällt der Himmel nicht herunter?) … Das hält gut … Sie (die Männer) haben viele Wolken genommen und sie stark zusammengedrückt, dann haben sie gesagt: „wir werden sehen, ob das hält". – (Ist der Himmel lebendig?) Ja, denn wenn er tot wäre, dann würde er herunterfallen. – (Woraus besteht der Himmel?) Aus Stein. – Das sind große Steine. Große Steinblöcke.* (256 ff.)

Doch zurück in die religiöse Welt unserer Ahnen. – Königliches Insignum zur Stützung des Himmels war, zweitens, natürlich Indras Keule. Im kultischen Theaterspiel wurde sie in einem geschmückten Bambusstock symbolisiert und hieß Indras *Jarjara.*[64] – Im Rahmen der oben angesprochenen Weihung des Theaters nahm der Theaterdirektor deshalb, einige Zeit nachdem er den Krug mit dem Goldstück darin zerschlagen und die Bühne mit einer Lampe erhellt hatte, den Jarjara zur Hand und drehte ihn mit aufwendiger Geste in die Senkrechte. Damit symbolisierte er, so F. B. J. Kuiper, *das Aufrichten von Indras Himmelsstütze* (VaV 167). – Der Zusammenhang ist leicht zu durchschauen. Kuiper:

> *Mythologisch folgte dem Öffnen des Urhügels unmittelbar das Aufstellen des Himmelspfeilers.* (VaV 164)

Indras Jarjara ist die „Urform" des königlichen Szepters; und Szepter (von gr. *skeptron, „Stab, Stütze"*) gehören, soweit ich überblicke, weltweit zu den Insignien sakraler Könige.[65]

Neben dem königlichen Jarjara standen in der kultischen Praxis, drittens, auch reale, aus Bäumen gefertigte Pfosten oder Banner in Ehren; häufig mit Tüchern („Lametta"[66]) und Naschwerk verziert. Im Rigveda sind solchen Pfosten ganze Strophen, mit III 8 gar ein ganzes Lied geweiht:

> *Es salben dich, o Baum, die Gottergebenen … mit göttlicher Süßigkeit. Wenn du aufgerichtet stehen …, im Schoße dieser Mutter (Erde) ruhen wirst … Richte dich auf, o Baum … Jugendlich, schön gekleidet* (das heißt mit Schmucktüchern behängt), *umgürtet ist er gekommen. (Neu)geboren wird er noch schöner. Ihn richten die weisen Seher empor … – Der Pfosten (steht) aufrecht wie ein neugeborener Elefant* (das heißt wohl auch: er wankt noch ein bißchen). (Q 48)

Vorbild dieser kultischen Opferpfosten waren natürlich die wirklichen Bäume; im Mythos die Himmelsstützen par excellence. Zumal Birken, Linden und immergrüne Bäume wie Eiben, Tannen, Zedern galten dafür und waren des Schmückens wert.[67] Wir trafen solche „Lebensbäume" schon über der Höhle Yamas, vor der Laurins, im Paradies von Adam und Eva, in den Pyramiden der Maya und im Garten des Königs Montezuma an; man kennt sie auch aus der Edda: als himmelragende Weltesche Yggdrasil auf der grünen Urinsel Midgard; desgleichen als mächtige Zedern in den Schöpfungsstreichen Gilgameschs und Baals ... – Vielerorts wurden freilich nicht nur einzelne Bäume oder Pfosten verehrt, sondern ganze „Wälder"; im Westen hinlänglich bekannt als Heilige Haine.[68]

Auch darüber hinaus fehlt es im Westen nicht an „Erinnerungen" an die alten Himmelsstützen. – Unsere Mai- und Christbäume, bunt geschmückt und mit Leckereien (oder Würsten) behängt wie die altindischen, scheinen solche Übrigbleibsel der alten Opferpfosten zu sein.[69] – Und auch in unseren Kirchen stützen kultische Bäume noch immer den sakralen Himmel:

TEMPEL. Säulen, an ihren Pflanzenkapitellen oft noch leicht als archaische Bäume zu erkennen, tragen, zumal in den Kirchen des Barock, aber auch schon der Romanik, der Gotik und der Renaissance noch immer das steinerne Deckengewölbe; mit, je nachdem, Sternen, Wolken ... oder flatternden Puttos klar als symbolisches Himmelsgewölbe gekennzeichnet.

Als Himmelstützen galten steinerne Säulen auch schon in der Antike.[70] Der römische Poet Statius z. B. pries im 1. Jahrhundert n. Chr. den Palast des Kaisers Domitian mit den Worten:

> *Ein erhabener, gewaltiger Palast, nicht von hundert Säulen ..., sondern von so vielen, wie sie ... den Himmel tragen könnten ... Weit verliert sich der Blick in die Höhe. Die Augen ermüden beim Erfassen des Gewölbes, man könnte es für die vergoldete Decke des Himmels halten.* (100 f.)

Am grandiosesten aber wurden himmelstemmende „Wälder" dieses Typs natürlich in Ägypten verwirklicht. Der Boden der dortigen Tempel symbolisierte einen sanften, soeben aus dem Urozean auftauchenden Urhügel; der noch immer sumpfige und wäßrig-schillernde Untergrund wurde deshalb durch einen Belag aus Silberplatten dargestellt. Aus den Ruinen noch heute gut zu erkennen ist, daß aus diesem Urhügel symbolisierte Pflanzensäulen – Palmen, Papyrus- oder Lotosstengel – sprossen, deren Blüten die Kapitelle sind. Am höchsten Punkt des Urhügels, das heißt in der Mitte des Tempels, sind diese Blüten bereits aufgebrochen, in der Peripherie noch geschlossen ... Mächtig stemmt dieses Säulendickicht den wiederum steinernen[71] und sternengeschmückten Himmel nach oben und repräsentiert damit die *Hebung des Schu*, das heißt die Trennung von Himmel und Erde.[72] – Schu galt den Ägyptern dabei als Zwerg[73]; und aus gutem Grund: Gerade in ihren kolossalen Dimensionen spiegeln die Tempelanlagen, z. B. von Karnak, die Perspektive eines

Abb. 7: Das königliche Horuskind im Sumpfdickicht (Hornung EuV 136)

kleinen Kindes, das, zwischen Schilfrohren liegend oder in einem kleinen Hain stehend, nach oben, zum Himmel blickt. In der Tat existieren aus Ägypten Darstellungen in „Echtperspektive", die das königliche Horuskind (in Gestalt eines Falken) in einem solchen, es überragenden Sumpfdickicht zeigen (Abb. 7) – Zwerge in entsprechenden Landschaften kennt die Welt der Kinderbücher bis heute. – Ich fordere meine Leser hiermit auf, sich bei Gelegenheit in eine Wiese oder ein Wäldchen zu legen und meine Deutung mit dieser kleinen Übung zur experimentellen Archäologie zu überprüfen.

Viel Aufhebens wurde darum gemacht, daß die Menschen der rigvedischen Kultur keine Tempel gebaut hätten; im Gegensatz etwa zu den Ägyptern. Richtig ist einzig: keine steinernen Tempel. Denn auf ihren Kultplätzen errichteten auch die Menschen Altindiens ganze Dickichte aus Himmelsstützen; und damit künstliche Kulthaine wie die alten Ägypter und die christlichen und vorchristlichen Europäer. Das oben eingeblendete Lied an die Opferpfosten fährt fort:

> *Ihr* (Pfosten)*, die die gottergebenen Männer eingesenkt haben oder die die Axt behauen hat, o Baum, diese göttlichen Pfosten stehen da … Wie die Gänse in einer Reihe ziehend, weiß gekleidet* (das heißt mit Schmücktüchern umwickelt) *sind die Pfosten zu uns gekommen, von den Weisen aufgerichtet … Wie die Hörner der gehörnten (Tiere) sehen die Pfosten aus. – Zum Glück soll uns das Aufrichten der Pfosten sein.* (Q 49)

Der genaueren Überlegung und Recherche wert wäre die Frage, warum die heiligen Haine des Rigveda nach oben offen, die Tempel Ägyptens (und Babyloniens, Griechenlands, Roms) aber mit Steinquadern bedeckt waren; und befremdlicher noch: warum die christlichen Kirchen rundum geschlossen, warum die Heiligen Haine hier – in Höhlen sind.[74]

Wie auch immer: Die alten Himmelsstützen leben nicht nur im Brauchtum und in der Architektur unserer Kirchen fort, sondern auch in der Welt der Kinderbücher, der Werbung – und natürlich der Literatur. Joseph von Eichendorff hob in einem seiner Wanderlieder einmal an: *Durch Feld und Buchenhallen …;* und schloß mit: *Hoch über sich den blauen, tiefklaren Himmelsdom!* (16)

Auch Goethe sah in Bäumen *die Säulen ewig-grüner Paläste* (Faust I 3943). Und gar Jean Paul! – Nachdem er ihn mit den Leidenschaften der Liebe eingesponnen, schuf er seinem *Titan* einmal folgende Landschaft:

> *Als sie wieder durchs Morgentor hereintraten: kam die Sängerin und Karl ihnen auf grünenden Pforten entgegen … Draußen im Garten standen und glänzten, so schien es ihm, die reinen Säulen seines Himmels, die Träger seines Tempels, die Bäume …* (387)

Doch genug. Statt weiterer Beispiele einige psychologische Reflexionen:

Triangulierung. Die Trennung von Himmel und Erde und die Hochstemmung des Himmels war Indras letztes großes Schöpfungsabenteuer auf optischem Gebiet. Es muß sich schwerpunktmäßig in der zweiten Hälfte des ersten Lebensjahres vollziehen und markierte nicht nur ein kosmisches, sondern auch ein, wenn ich so sagen darf: familienpolitisches Ereignis ersten Ranges:

Die mythische Trennung von Himmel und Erde steht nämlich auch für das, was moderne Entwicklungspsychologen *Triangulierung* nennen: die Ausbildung der Dreiecks- oder Dreifaltigkeitsbeziehung zwischen Kleinkind, Mutter und Vater. Denn Himmel und Erde stehen im Mythos regelmäßig für Vater und Mutter:

Die mythische Identifikation von Himmel und Erde mit kosmischen Eltern ist weltweit zu beobachten. Für die indogermanischen Sprachen ist sie schon durch das grammatische Geschlecht belegt: Die meisten Himmelserscheinungen nämlich sind hier männlich: *Der* Himmel, *der* Tag, *der* Wind, *der* Sturm, Regen, Tau, Frost, Hagel, Blitz, Donner … Gewiß, es gibt Ausnahmen: *die* Sonne, *die* Wolke … Aber die Tendenz ist eindeutig und Ausdruck alter Identifizierungen der Himmelserscheinungen mit dem Himmelsvater.[75] Weniger eindeutig ist das grammatische Geschlecht bei den Phänomenen, die mit der Erde assoziiert sind. Gerade bei den Bäumen kann aber kein Zweifel bestehen: *Die* Buche, Eiche, Fichte, Eibe, Birke … – Auch hier gibt es Ausnahmen; aber wie wir im Lateinunterricht lernten, bestätigen sie nur die Regel: *Baum … auf -us als weiblich man sich merken muß.*[76]

Vor allem die Gesichter von Mutter und Vater waren mit Himmel und Erde assoziiert. Das Altindische bezeichnete Himmel und Erde daher in stehender (dualischer) Wendung als *rodasi, „die beiden sich anblickenden Gesichter“* (Thieme HuE 49); und entsprechend lesen wir in Gedichten an Indra z. B.:

> *... da ließest du am Himmel die Sonne zum Schauen aufsteigen. – Damals* (o Indra) *ließest du die Erde den Himmel schauen* (Q 50).

Ähnliches gilt auch für andere Kulturen. Psalm 104,29 z. B. schildert den Einbruch der Nacht als Verbergen des väterlichen Angesichts ... Und noch Eichendorff sang in seiner *Mondnacht:*

> *Es war, als hätt' der Himmel*
> *Die Erde still geküßt ...* (271)

Die psychologische Ursache für diese Personifikationen von Himmel und Erde ist meines Erachtens folgende:

Sobald wir außer Haus sind, zeigt sich uns die optische Welt als zweigeteilte. Eine, blinzelnd geschaut, waagerechte, nie streng gezogene, aber ringsum durchgängige „Linie“, der Licht- und Silberstreif des Horizonts, trennt sie in oben einen hellen, von blauen, weißen und grauen Tönen dominierten, und unten einen dunklen, schwarz, grau, braun und vor allem grün gefärbten Halbkreis. – Im Popol Vuh der Maya galten die beiden Welthälften so schlicht wie treffend als *Grüne Schale* und *Blaue Schüssel* (Cordan 25).

Diese horizontal geschiedenen Zonen – oben licht, unten finster – sind die permanente Kulisse des Lebensdramas, sind der polare Hintergrund, das zweigliedrige Urschema seiner Entfaltung, gleichsam der hell-dunkle Schirm der Weltprojektion. Ab etwa dem fünften/sechsten Monat prägen diese beiden „Substanzen“, Licht und Finsternis, das kindliche Erleben ähnlich elementar wie die beiden ihm nächstzugewandten Personen: Mutter und Vater. – Das Kleinkind kann nicht anders, als sich auf diese wie durch einen Bruchstrich polar geschiedenen Phänomen-Paare aus Mutter und Vater, Finsternis und Licht, Unten und Oben, seinen Reim zu machen ... Es scheint, daß er im allgemeinen etwa folgende Metrik hat:

VÄTER. Die untere, finstere Hälfte der Welt hat seit den Urzeiten des Milch-Ozeans etwas Vertrautes: Sie ist greifbar, widerständig, fest und weich. Sie gibt nicht nur verschiedenen Gegenständen die Sicherheit des Bleibens und Tragens, sondern lädt auch nach allen abenteuerlichen Erkundigungen im Bereich des Lichts Mal um Mal geduldig zu Rast und Ruhe ein; fängt, auch wo dies und das stolpernd und stürzend mißlang, bergend, bisweilen zwar schmerzhaft, doch stets Halt und sicheren Boden bietend, auf. – Nicht nur des nächtlichen Schlafs und der Erinnerung an die erste Zeit wegen; auch aufgrund dieser wiegenden und tragenden Sicherheit ist diese Welt der „Finsternis“ – wie eine Mutter; ist Materia. Und das Naheliegende und Selbstverständliche dieses ersten, Mutter und untere Finsternis gleichsetzenden Reims oder „Schlusses“, erfährt in den darauf folgenden Jahren des kindlichen Erlebens vielfache poetische Bestätigung. Denn die finstere Erde zeigt sich auch dann in Gestalt einer menschenähnlichen Mutter: als Partnerin des himmlischen Vaters, als Empfängerin seiner stürmisch-befeuchtenden Fruchtbarkeit; und als Ernährerin, Gebärerin neuen, unverbrauchten Lebens …

Wie anders, wie von Gefahren aus heiterem Himmel, wie von fluchenden Blitzen, Donnerkeilen und Wolkenbrüchen durchzuckt, und wie dennoch reizvoll, spannend und lockend ist dagegen die zweite Hälfte der Welt: das grenzenlose, das ungreifbare, unbegreifbare Reich des väterlichen Lichts.

Primär ist zweifelsfrei die Welt der Mutter; der wirklichen wie der kosmischen. Durchgehend stemmte Indra den Himmel deshalb erst nach oben, nachdem er sein Erdloch aufgebrochen und die Weiten der Erde ausgedehnt und befestigt hatte …

Die anfängliche „Symbiose“ oder „Dyade“ = Zweierbeziehung zwischen Mutter und Kind beginnt sich aber Zug um Zug, in Keimen schon früher, nachhaltig dann aber ab etwa dem achten Lebensmonat zur doppelten Dyade, das heißt zur „Triade“ = Dreierbeziehung zu erweitern.[77] Ab da tritt der Vater vermehrt ins Leben des Kleinkindes und zieht jetzt Monat für Monat größere Aufmerksamkeit auf sich. Er, dieser tiefstimmige, wangenborstige und hausflüchtige Weltenvagabund, beginnt jetzt auf seine Art zu verführen; mit, brumm-brumm, dem ersten Dreirad oder, hopp-hopp, Schaukelpferd; mit geheimnisumwitterten Werkzeugen und donnerwetterumlagerten Tabuzonen.

Auch moderne EntwicklungspsychologInnen beschreiben die Rolle des Vaters neuerdings wieder so wie schon die Dichter des Rigveda. Lotte Köhler:

> *Um etwa den 8. Lebensmonat … beginnt das Kind zu krabbeln. Es beginnt, sich aus der Symbiose zu lösen und die Welt auszukundschaften. Die Mutter erlebt das möglicherweise ambivalent als einen Treuebruch. Sie findet ihr Kind aggressiv, nicht mehr lieb und folgsam und meint, das Kind lehne sie ab …*
> *Wenn meiner Auffassung nach das Kind im 1. Lebensjahr vornehmlich Erfahrungen in der Dyade macht, so besagt das überhaupt nicht, daß der Vater … nicht auch zu seiner gesunden psychischen Entwicklung nötig wäre. Es ist wichtig, daß das Kind Erfahrungen mit zwei Dyaden macht, einer mit der Mutter und einer mit dem Vater …*
> *Der Vater oder Partner der Mutter … führt einen anderen Spielstil, unter Umständen auch Bindungsstil ein. Er erleichtert durch diese anderen Erfahrungen dem Kind eine bessere Entwicklung von elastischen Beziehungen. Er erleichtert dem Kind die Lösung aus der Symbiose, besonders wenn die Mütter stark dominierend sind …* (99 ff.)

Desgleichen Barbara Diepold:

> *… die Bedeutung des Vaters ist viel umfassender* (als bislang angenommen)*: Er setzt u. a. durch seine körperlich ausgelassenen und wilderen Spiele unterschiedliche Akzente zur Mutter, deren Beziehung zum Säugling eher durch Pflegeleistungen charakterisiert ist. Die Bedeutung des Vaters liegt in seiner Andersartigkeit.* (106)

SCHNITZER. Im Rigveda begegnet eine ganze Reihe von Vaterfiguren. Einen, *Tvastr*, lernten wir schon kennen: Er schnitzte Indras Keule – und nicht nur sie: *Tvastr ist Meister der Formen*, heißt es einmal (Q 51); und tatsächlich war er, wie Väter in der Regel, ein Handwerker und Meister des do-it-yourself. Jedenfalls besang man ihn – wohl nicht ohne Ironie – als

> ... *den schönhändigen, schönarmigen, geschickten, ... den Angebeteten der Häuser, den leicht zu errufenden Tvastr. – Tvastr, ... der Werkkundigen Kundigster, ... schärft das Beil aus gutem Erze ...* – (Er ist der) *Schöpfer aller guten Dinge.* (Q 52)

Vor allem aufs Schnitzen hatte sich Tvastr spezialisiert[78]; und aus der Perspektive seines Sohnes Indra nimmt es nicht wunder, daß ihm dabei die erstaunlichsten Dinge gelangen. So soll er (wohl mit Leim und Nägeln) *alle Tiere ... zusammengefügt* haben (Q 53) und zuletzt gar die ganze Welt; wie es scheint – aus einer überquellenden Rumpelkammer:

> *Er* (Tvastr) *hat die beiden gepaarten Gefäße (Himmel und Erde) zustande gebracht. Beide sind mit seinem Gute vollgestopft ...* (Q 54)

Daß Himmel und Erde hier als die *gepaarten Gefäße* bezeichnet werden, ist, wenn auch nicht wörtlich, so doch ernst zu nehmen. Denn ganz ähnlich wie bei den Maya galten die beiden Welthälften auch in Indien als *Schalen,* hier freilich als *Schalen, aus denen die Götter trinken* (Q 55)[79]; gerade groß genug also, um „Riesen" wie Indra satt zu bekommen.

Macher und Former vom Schlag Tvastrs kennt die Kinderwelt bis heute. – Als Piaget seine ABC-Schützen interviewte, wurden sie nicht müde, Antworten des folgenden Typs zu geben:

> *(Woher kommen die Steine ...?) Männer müssen sie pflanzen ... Die Männer haben Kies, Sand, Kieselsteine genommen und Steine daraus gemacht. (Die Steine auf den Äckern?) Männer streuen sie aus. – (Wie sind die Berge entstanden?) Es hat viele Männer, um Berge zu machen ... Sie geben ihnen Erde, dann entstehen sie ganz allein. – (Die Bäume auf den Bergen ...?) ... sind von Männern gemacht worden. (Wie?) Mit Holz. Sie haben Holz gefunden. Sie haben Blumen gefunden, dann haben sie sie auf die Bäume getan. (Warum sind die Blätter der Bäume grün?) Um die Bäume schön zu machen ... Sie haben sie lackiert.* (295, 298, 304)

Für meinen Garten kaufte ich (zur Verwunderung meiner Nachbarn) zwei Gartenzwerge: Der eine trägt eine Laterne zum Beleuchten, der andere eine Farbpalette zum Bemalen der Welt; beide offenbar „Lehrlinge" oder Rbhus eines väterlichen Tvastrs und Bastlers.

Vatergestalten von der Art Tvastrs sollten, so scheint mir, die abendländische Geistesgeschichte nachhaltig beeinflussen. Denn *als Bestimmer, der alle Formen bildet* (Q 56), stand auch Tvastr der kosmischen Erde und Mutter polar gegenüber. Der Tendenz nach repräsentierte dabei die Mutter die primäre Basis aller späteren Dinge: Sie gab den „Stoff" und die (untere!) „Sub-stanz", sie die „Mater-ia" und das „Mater-ial" der kindlichen Schöpfung; Tvastr und seinesgleichen dagegen schufen die Form und die konkrete, die „geschnitzte" Gestalt. – Die (nicht erst griechischen) Dichotomien vom Typ Substanz/Akzidenz, Stoff/Form, Materie/„Geist" geben vor diesem Hintergrund nicht nur die Ursache ihrer Hartnäckigkeit, sondern auch ihre einzig legitimen Orte zu erkennen: den Mythos und die frühe Kindheit. – Daß diese mythischen Dichotomien später (seit der Achsenzeit) als ontologische Kategorien in die Erwachsenenwelt und gar in die Physik übertragen wurden, war meines Erachtens Grund und Ausdruck von weitreichenden Verwirrungen und zumal – von Kindheitsvergessenheit.

Tiefe Kluft. Mehr noch als ihr handwerkliches Geschick flankiert eine andere „Kunst" der Väter die Gestaltung und Formung der kindlichen Welt: Die Sprache. – Sprache, Väter, Himmel und Pfosten (Säulen, (Gesetzes-)Stelen, Menhire) gehörten in den frühen Schöpfungsmythen aufs engste zusammen.[80]

An diesem Punkt allerdings gelangen wir an die Grenze unseres Themas. Denn Indra war ein vorsprachliches Kind. – Deshalb nur einige mehr thetische als argumentative Bemerkungen zu den Mythen und der Psychologie des Spracherwerbs:

Obwohl sich semantische Konturen schon im ersten Lebensjahr ausbilden[81], explodiert das Sprachverständnis durch die Rückkopplung mit der eigenen, aktiven Sprachfähigkeit. Sie beginnt in der Mitte des zweiten Lebensjahrs, der Zeit, in der für gewöhnlich die Väter bereits auf dem Podium vermehrter Aufmerksamkeit stehen. Zumal deren tiefere Stimme und Sprache scheint für das Kleinkind markantes Kriterium zur Abgrenzung der mütterlichen von der väterlichen Welt, das heißt zur Triangulierung im weiteren Sinn zu sein.

Mehr noch: Die Sprache, so hat es den Anschein, verändert die kindliche Realität nun radikal. Sie scheint die Achse zu sein, an der die frühkindlich-morgenrote Welt Indras zur Welt des uns gewohnten Alltags umschlägt: Mit dem Erwerb der Sprache beginnt Indras Welt Zug um Zug im Brunnen des „Unbewußten" und unter die schützende Schicht der frühkindlichen Amnesie zu versinken. In wenigen Jahren schon wird Indras Welt deshalb fast gänzlich in Vergessenheit geraten sein und nur noch in Ausnahmesituationen ins Bewußtsein dämmern. – Als „unbewußtes" Fundament, als „Primärprozeß" wird sie dennoch alles, was darauf errichtet, tragen und prägen.

Worin diese transformierende „Macht" der Sprache im einzelnen besteht, ist meines Wissens wissenschaftlich noch nicht befriedigend geklärt. Autoren wie Daniel N. Stern jedenfalls umschreiben die Achse des Spracherwerbs mit dramatischen Worten: als *eine tiefe Kluft,* die *die schlichte Ganzheitlichkeit des Erlebens … für immer zerstört.* (Tag 120)

Ich halte solche Formulierungen durchaus für angemessen; denn soviel scheint immerhin klar zu sein: Eine *tiefe Kluft* reißt die Sprache allein schon durch ihr Kategorisieren und damit Reduzieren der unmittelbaren Wahrnehmung. Vereinfacht gesprochen: Im Schubladensystem der Sprache werden verschiedene Phänomene als je gleiche abgelegt, das heißt in Gruppen zusammengefaßt und Oberbegriffen untergeordnet. Dadurch wird die Einzigartigkeit der jeweiligen Phänomene aber zurückgedrängt und abgeblendet. Aus Quadern, Kuben, Zylindern unterschiedlicher Farbe und Wärme und unterschiedlichen Geschmacks und Geruchs ... werden vergleichsweise fade „Klötzchen" oder gar „Spiel-Sachen" ... – Indem sich die Aufmerksamkeit auf Gattungen verschiebt, verblaßt die primäre sinnliche Anschauung: *Die schlichte Ganzheitlichkeit des Erlebens* wird insofern *für immer zerstört.*

Ein wenig muß sich die kindliche Welt im Zuge des Spracherwerbs wie die Welt Platons ausnehmen: Die bunten Einzelphänomene scheinen sich jetzt plötzlich in schemen- und schattenhafte Abbilder höherer, väterlicher, himmlischer „Ideen" zu verwandeln. Jeder einzelne Baum wird jetzt gleichsam zu einem fahlen Abglanz eines ätherisch-reinen, eines geistigen Urbilds: dem nur vom Vater gewußten „Wesen des Baumes" ...[82] – Die Faszination, die Platons Ideenlehre verschiedentlich noch heute ausübt, gründet meines Erachtens tatsächlich in dieser frühkindlichen Erfahrung. Sie ist Element eines Schöpfungsmythos. – Problematisch und letztendlich gefährlich wird die platonische Ideenlehre genau dann, wenn sie diesem Kontext entrissen und zur „höheren" Wahrheit mit ontologischem Anspruch gepuscht wird; wie bei Platon selbst und seitdem Jahrhundert für Jahrhundert geschehen ist.

Meister der Rede. Kein Zweifel, der Preis, den das Kleinkind im Zuge des Spracherwerbs zu entrichten hat, ist hoch. Der Lohn aber überwiegt. Denn die dadurch verarmende sinnliche Wirklichkeit wird nur so kommunizierbar und bleibt in ihrer wachsenden Komplexität auch nur so überschaubar: Die Flut der Neuigkeiten wird durch die begriffliche Zuordnung unter die Gruppen jeweiliger „Sachen" und „Dinge" eingedämmt. Einer der kleinen Interview-Partner Piagets formulierte diesen Zusammenhang einmal so naiv wie treffend:

> *Wenn es keine Wörter gäbe, wäre es schön langweilig. Man könnte nichts fabrizieren. Wie hätte man die Dinge dann gemacht?* (67)

Hier, in dieser weltgestaltenden Macht der Sprache, liegt auch der Grund, weswegen nach so vielen alten Mythen die Schöpfung durch das gesprochene Wort des Himmelsvaters auf den Weg gebracht wurde. Nicht nur das biblische ...

> *Da sprach Gott: „Es werde Licht!" Und es ward Licht.* (1 Mos 1,3)

... spiegelt diese Phase der kindlichen Entwicklung. Auch altägyptische, altbabylonische und altamerikanische Mythen kennen die Schöpfermacht des väterlichen Worts[83]; und auf ihre Art auch die rigvedischen:

Im Rigveda war die wohl wichtigste mit Spracherwerb assoziierte Vaterfigur ein Gott mit Namen *Visvakarman*. Auch er galt, wie Tvastr, als Former und Handwerker; allerdings nicht als Schnitzer, sondern, wie Jahwe, als Töpfer. Seine wichtigste Kompetenz aber war, wie bei Jahwe, die Schöpfungsassistenz durch Sprache. – Ominös, aber dem darauf vorbereiteten Auge doch nachvollziehbar heißt es in den beiden einzig erhaltenen Liedern an Visvakarman:

> *Den Meister der Rede, den gedankenerweckenden Visvakarman wollen wir heute … zum Beistand rufen. – Der unser Vater, der Erzeuger ist, der der Ordner* (ist), *der alle Arten der Geschöpfe kennt, der der alleinige Namengeber der Götter ist, zu ihm kommen die anderen Geschöpfe, um ihn zu befragen … Sobald die östlichen Grenzen befestigt waren, breiteten sich Himmel und Erde aus … Visvakarman ist von besonderem Verstand und auch von besonderer Kraft; er ist der Schöpfer und Ordner …* (Q 57)

Ganz im Sinne Daniel N. Sterns war dieser *Meister der Rede* aber zugleich dafür verantwortlich, daß unter dem neuen Ordnungssystem der Sprache die „alte", morgenrote Welt der „Primärprozesse" Zug um Zug im Brunnen der frühkindlichen Amnesie versank. Rigvedisch gesprochen:

> *Er* (Visvakarman) *ist … in die späteren (Geschöpfe) eingegangen, während er die ersten verhüllt* (Q 58).

MITRAS TAT. Die Vatergottheiten Visvakarman und Tvastr sollten die weitere Religionsgeschichte Indiens maßgeblich beeinflussen.[84]

Berühmter und farbiger als diese Vatergottheiten waren im Rigveda aber ihre kindlichen Pendants, vor allem Mitra und Varuna; wörtlich: (die Götter) „Vertrag" und „Wahre Rede". – Mitra und Varuna repräsentierten primär diese, die letzte Phase der frühen Kindheit. Beide waren in ihren ausgereiftesten Zügen wohl schon an die drei Jahre alt. Beide waren Rechtsgötter, das heißt bereits in die Welt der Verbote und des kindlichen „Nein, nein!" getreten.[85] – Entsprechend wurde zumal Mitra/Mithra für seine Sprachbegabung gepriesen. In einer iranischen Quelle (Yäst 10) heißt es:

> *Den Mithra … verehren wir, des Worte wahr sind, den beredten, tausendohrigen … – der von keinem betrogen wird … – der untrügliche, der alles weiß …* (Lommel Yt 67 ff.)

Ob seines höheren Alters war Mithra auch nicht mehr gehbehindert wie Indra, sondern schon so wacker auf den Beinen, daß er, als einmal von einer zurückgebliebenen Kuh darum gebeten, helfen konnte, sie zur Herde zurückzuführen.[86] – Ja, Mitra fügt sich daher gar in Freudsche Schemen; galt nämlich als Kind der Analphase, das heißt der Phase des Sauberwerdens. Bezeugt ist nämlich nicht nur, daß auch er noch Windeln trug.[87] Darüber hinaus und insbesonders, so Kuiper, wurde

> … *Mitra mit dem anus (payu-) und mit Defäkation verbunden. Defäkieren gilt als „Mitras Tat vollbringen“* (Mi 51)[88].

Indra dagegen, wir erinnern uns, galt als typisches Kind der Oralphase: als der *Schönlippige, der … Lippenspitzer*, der *die Lippen schüttelt.* (Q 59)

Und zuletzt: Beide, Mitra und Varuna, waren Grenzgänger, überschritten mit dem Erwerb der aktiven Sprachfähigkeit die Schranken der frühkindlichen Amnesie und verließen damit zugleich das morgenrote Feld des Religiösen. Wohl deshalb galt zumindest wiederum Mitra nach späteren Quellen als *mesites, „Vermittler“* und als Gott des *transitus, „Übergangs“.*[89] – Wie für Adam und Eva war der himmelstützende Baum des Lebens auch für Mitra und Varuna zum Baum der Erkenntnis geworden; und mit der Unterscheidung des Guten und des Bösen wurden auch sie aus dem morgenroten Paradies „vertrieben“.

Obwohl gleichen Alters, war das Schicksal der göttlichen „Zwillinge“ Mitra und Varuna aber doch verschieden. Mitra bewältigte *den Sprung in die Welt der Wörter* mit Bravour. Varuna dagegen erlitt gerade hier ein tragisches Schicksal – und ging neurotisch gezeichnet daraus hervor: Allzusehr auf Gerechtigkeit bedacht, autoritär, ungeduldig, listenreich und eifersüchtig grollte er fortan den Irdischen[90]. Er war deshalb gefürchtet wie kein anderer Gott des Rigveda.

Beiden, Mitra und Varuna, sollte noch eine brillante, bis in die christliche Epoche hinüberreichende Karriere bevorstehen …

Aber all dies, wie gesagt, nur am Rande und ohne genauere argumentative Aufbereitung.

Vertrauen. Für Indra mit seinen höchstens fünfzehn Monaten war die Zeit des Sprechens noch nicht gekommen. Begeistert zwar schon von den Schnitzkünsten Tvastrs, war ihm die vorrangige Methode der Schöpfung noch immer die Zauberei. Gleichwohl stand auch er bereits mitten im Prozeß der Triangulierung: Mit dem Hochstemmen des Himmels war auch für Indra die väterliche Welt eröffnet worden.

Daß Indra in der Tat nicht mehr nur in „Symbiose“ mit seiner Mutter, sondern bereits in autonomer Distanz zu ihr (und natürlich auch zum Vater) stand, geht aus einer Reihe von Stellen klar genug hervor:

> *Was kümmert sich Indra wohl viel um seine Mutter, was um den Vater, um den Erzeuger …?* (Er, Indra) *der sein Ungestüm durch die Schlachtrufe antreibt wie der jagende Wind durch die donnernden Wolken, – … er drängte Himmel und Erde weiter weg …* (Q 60)

Seine Eltern kamen dem großen Gott bei diesem Wunsch nach mehr Selbständigkeit allenthalben entgegen:

> … *dir gestanden Erde und Himmel bereitwillig die Herrschaft zu. – Sogar der gewaltige Himmel wich aus Furcht … deiner Keule aus, o Indra, als du im Rausche des Soma mit Macht den Kopf des Vrtra* (das heißt des Drachens) *spaltetest, der die*

> *beiden Welthälften bedrängte. – Indra und Soma! Ihr lasset die Morgenröte aufleuchten, ihr führet die Sonne mit ihrem Lichte herauf. Ihr habt den Himmel mit einer Stütze gestützt; ihr habt die Mutter Erde weit ausgebreitet … Der Himmel gab euch die Erlaubnis.* (Q 61)

In solch glücklichen und idealen (weil idealisierten) Familienverhältnissen wie Indra aufwuchs, nahm sich die Mutter gerade jetzt, in den Monaten des Himmelstemmens, gegenüber dem Vater ein wenig zurück. Und der dadurch dem Vater eröffnete Freiraum gab diesem natürlich die Chance, Vertrauen an Indra weiterzugeben:

> *Groß ist deine Heldenstärke, o Indra; dein sind wir, … du Gabenreicher! Der hohe Himmel traute dir die Heldenstärke zu, und diese Erde hat sich deiner Kraft gebeugt.* (Q 62)

Gewiß, das mütterliche Zurücktreten und der väterliche Vertauensvorschuß beschworen heikle Situationen wie Wagenunfälle herauf – stärkten aber zugleich den triadischen Verband:

> *Du Indra, bist der Große, der du … durch dein Ungestüm Himmel und Erde in Panik versetztest …* – (Aber) *als dich die beiden (Welthälften) erschrocken zur Kraftspendung aufriefen, …* (da) *hast du Himmel und Erde im Aneinanderprall aufgerichtet …* (Q 63)

Insgesamt ergab sich jedenfalls das beschauliche Bild einer gelungenen Triade:

> *Den Himmel, der den Goldigen nährt, die Erde von goldigem Aussehen hat Indra gefestigt, die reiche Nahrung der beiden Goldfarbigen, zwischen denen der Goldige wandelt … Gern hast du die* (mütterliche) *Morgenröte, gern die* (väterliche) *Sonne leuchten lassen. Mit Wissen und Bedacht wächst du goldrossiger Indra über alle Herrlichkeiten hinaus. – Er erschloß beide, die Alten, dem gleichen Nest Entstammenden (Himmel und Erde), … durch preisende Lieder.* (Q 64)

Diesem Goldkind waren fürwahr alle Schätze der Welt in den Schoß gefallen … Und ich denke, man spürt gerade auch an Passagen wie den eben zitierten, wie kunstvoll und psychologisch geschickt die rigvedischen Dichter die Lieder an Indra komponierten. Bis in die einzelne Formulierung hinunter gelang es ihnen, wie durch Trance in die magisch-morgenrote Welt des goldigen Indra hinüberzuführen – ohne doch je aus den Augen zu verlieren, daß diese Welt nicht unsere, sondern die der frühen Kindheit ist.

Rechnungsprobe. Lassen wir, nachdem ihr psychologischer Sinn nun erschlossen ist, die Himmelsstützen und Opferpfosten der verschiedensten Kulturen noch einmal Revue passieren: *wie die Gänse in einer Reihe ziehend, weiß gekleidet, … von den Weisen aufgerichtet …* (Q 65) – so bleiben nur noch einige Punkte nachzutragen. Zuerst die noch offene Rechnungsprobe mit der altamerikanischen Kultur der Maya:

Bei den Maya war der Ausgangspunkt der Schöpfung ein Ort namens *Ch'a Chan, „Darniederliegender Himmel"*. Denn einst, so Linda Schele,

> … *lag der Himmel noch flach auf der Erde und* (war) *noch nicht von Licht erhellt.*

Neben anderen Göttern, so Schele, scheint es zumal *Hun Nal Yeh, „Eins-Mais-???"*, gewesen zu sein, der den Himmel bei den Maya abtrennte und stützte. *Hun Nal Yeh* nämlich begab sich damals auf den *yaxhal witznal*, den *„Ersten wahren Berg"*,

> … *um den „Aufgerichteter-Himmel-Ort" zu errichten* … (Dazu) *hob* Hunal Yeh *den Himmel empor und stützte ihn mit einem Baum,* Wakah Chan, *im Zentrum des Universums.*

Der *Erste wahre Berg* und weitere mythische Urinseln werden bei den Maya, so Schele, noch heute in Gestalt von Herdsteinen, *Throne* genannt, verehrt und sind

> … *schon seit dreitausend Jahren Mittelpunkt eines jeden Maya-Hauses … So wie die Herdsteine das Kochfeuer umgeben, so bilden die … zu Beginn der Schöpfung aufgestellten Steine das Zentrum des Kosmos, und erst die ermöglichten es, daß der Himmel aus dem Urmeer gehoben werden konnte.* (alles Rel 197 f.)

In klassischer Zeit folgte auch die Stadtarchitektur der Maya diesem Mythos vom hochgestemmten Himmel. Das Wort *nab, „Platz"*, nämlich bedeutete wörtlich *„Ozean", „See", „Sumpf"*; und, so Schele,

> … *über diesem symbolischen Meer erhoben sich die* witzob, „Berge", *von denen einige ikonographisch als* Yax-Hal-Witznal, „Erster wahrer Berg" *identifiziert werden konnten …*

Schele weiter:

> *Auf den Plätzen standen Stelen … Derartige Stelen hießen* te' tun *oder* „Baumstein", *und sie symbolisierten den Wald, der sich zwischen dem Meer und den Bergen ausbreitete.* (Schele, Rel 204)

Dieser Wald aber, so ist zu ergänzen, war nichts anderes als ein Heiliger Hain jener Art, wie wir ihn in Gestalt auch der rigvedischen Opferpfosten und der ägyptischen Säulentempel kennenlernten: entsprossen aus dem „Urhügel", der sich seinerseits aus dem „Urmeer" erhob.

Das Schema und die Elemente der Tempel-, Palast- und Kultplatz-„Architektur" sind weltweit von so auffallender Ähnlichkeit[91], daß wir meines Erachtens nicht umhin kommen, eine gemeinsame Ursache vorauszusetzen. – Sie sollen stets ein Abbild des Kosmos sein. Dieser kultische oder mythische Kosmos unterscheidet sich aber so offenkundig von dem der menschlichen Alltagserfahrung, daß es nicht angeht, unseren Ahnen zu unterstellen, sie hätten beides vermengt. Nein, gerade die Mythen des Rigveda (aber nicht nur sie) nötigen uns, anzuerkennen, daß dieser mythische und kultische Kosmos einzig die Welt der frühen Kindheit repräsentieren soll: den Kosmos im Zustand der Schöpfung.

Ich schließe diesen Abschnitt über die stereotypen Konturen der morgenroten Landschaft mit drei die besprochenen Motive gleichsam im Weitwinkelformat zusammenfassenden Einstellungen:

Erste Einstellung: Staatswappen. – Obwohl erst im Mittelalter entstanden, werden die Elemente der in der Tat: königlichen „Urlandschaft“ aus Urmeer, grünem Hügel, Weltenbaum, blauem Himmel und aufgehender Sonne selten so kompakt und doch plastisch dargestellt wie hier.[92] – Ein Motiv dieser Wappen bedarf freilich noch der Erklärung: Die Tiere – zumal die männchenmachenden Löwen, Pferde, Böcke ... Ihnen wenden wir uns jetzt gleich, im zweiten Teil des Kapitels, zu.

Sodann: Eine weitere Passage aus Jean Paul, 1795 verfaßt:

Mir träumte, ich stehe in der zweiten Welt: um mich war eine dunkelgrüne Aue, die in der Ferne in hellere Blumen überging und in hochrote Wälder und in durchsichtige Berge voll Goldadern – hinter den kristallenen Gebirgen loderte Morgenrot ... Zuweilen schwankten die Auen ... mit unsichtbaren Flügeln ... (Siebenkäs 276)

Und zuletzt: Ein – fürwahr – Kultlied des 20. Jahrhunderts von intuitiver Präzision und völkerversöhnender Dimension. Die rauchige und liebevoll-väterliche Stimme dazu wird, denke ich, beim Lesen von selbst erklingen:

I see trees of green, red roses too,
I see them bloom for me and you ...
I see skies of blue and clouds of white,
The bright blessed day, the dark sacred night ...
I hear babies cry, I watch them grow.
They 're learning much more, than I'll ever know,
And I think to myself: What a wonderful world ...

Teil 2: Die Konstruktion konkreter Objekte

1. Chimären

WELPEN. Prominente Assistentin bei Indras Schöpfungsabenteuern war eine Hündin namens Sarama. – Der Plot, aus den wenigen Fragmenten rekonstruiert, war etwa folgender:

Sich auskennend strawanzte Sarama einst *leichtfüßig* durch die Gegend und suchte Futter für ihre Jungen (Q 1). Dabei mußte sie einen Fluß überqueren und gelangte schließlich, von ihm nicht bemerkt, in Indras Höhle. Dort aber traf sie auf die bösen *Panis*[1], ein Dämonengeschlecht, das die unterirdischen Schätze bewachte und nicht freigeben wollte. Sarama wußte um ihre Mission und sagte zu ihnen:

> *„Als Indras Botin komme ich abgesandt, eure großen Schätze suchend, ihr Panis …“*

Und die Panis gaben zurück:

> *„Diese Schatzkammer auf felsigem Grund ist voll von Rindern, Rossen, Schätzen, o Sarama. Die Panis, die gute Wächter sind, behüten sie. Du bist vergebens* (hierher gekommen, bist) *die falsche Fährte gegangen …“* (Q 2)

Doch natürlich mußten die Panis Sarama gewähren lassen; denn:

> *Sarama ging den rechten Weg* (wörtlich: *auf dem Pfade des rta) und fand die Kühe. – Die wegekundige (Sarama kam) … wie nach ihrem Hause …* (Q 3)

Zuletzt entdeckte Indra die Hündin und vollbrachte mit ihrer Hilfe sein Schöpfungswunder:

> *Als Indra und die Angiras* (= die legendären urzeitlichen Priester) *auf der Suche waren, fand Sarama Nahrung für ihre Nachkommenschaft. – Als du Vielgerufener* (Indra) *den Fels aufsprengtest, da war dir zuvor die Sarama erschienen* (und sagte:) *„Als unser Führer sollst du reiche Beute herausschlagen, die Kuhhöhlen erbrechend …“* – (Er[2]) *spaltete den Fels, fand die Rinder. Die Männer stimmten in das Gebrüll der Kühe mit ein. Durch hundert (Streiche) sanken da die Panis hin … im Kampf um die Sonne … – Sarama fand die eingeschlossene Kuhherde, von der noch jetzt der menschliche Stamm zehrt.* (Q 4)

Bis hierher ist der Mythos nicht mehr als eine hübsche Episode. Personifiziert zwar und redegewandt wie Tiere in Märchen gewöhnlich, war Sarama für Indra allem Anschein nach eine weitgehend „normale“ Hündin. – Doch hinter dem unscheinbaren Mythos verbirgt sich ein weiteres Schöpfungsgeheimnis. Wesen wie Sarama halfen tatsächlich, den Schatz der anfänglichen Höhle ans Licht zu bringen. Den Weg zum psychologischen Verständnis weisen – bezeichnend – ihre Welpen:

Wir kennen Sarama nämlich auch noch aus einem anderen Kontext. Sie trieb sich auch schon in der Höhle von Indras jüngerem „Bruder“ herum: in der Höhle Yamas. Und dort, bei dem vielleicht Dreimonatigen, war Sarama, waren zumal ihre Welpen alles andere als „normale“ Hunde:

Yama, ich sagte es schon, teilte sein unterirdisches Reich mit den Verstorbenen, ja galt, obwohl urtümlicher Schöpfergott, zugleich als König im Totenreich. – Der Weg in Yamas Reich wurde nun in einem Geleitlied zu Beerdigungen einmal wie folgt beschrieben:

> *Laufe vorbei auf sicherem Pfad an den zwei Hunden, den Söhnen der Sarama, den vieräugigen, gefleckten … Deine zwei Hunde, o Yama, vieräugige Wächter, … denen vertraue ihn* (den Verstorbenen) *an, o König … Diese zwei Breitnasigen, Braunen* (Welpen laufen) … *als Yamas Boten unter den Menschen umher* … (Q 5)[3]

Was hat es mit diesen *gefleckten, vieräugigen Wächtern* auf sich?

Chimaira. Yamas Hunde müssen schon zu rigvedischer Zeit eine lange Vorgeschichte gehabt haben. Denn sie begegnen, jetzt allerdings im Singular, auch im Westen: als der Höllenhund *Kerberos*. Hier, in Griechenland, freilich war Yamas Höhle im Lauf der Jahrhunderte zur finsteren Hölle des Hades geworden[4]: einem gefürchteten und abstoßenden Reich der Unterwelt, an dessen Eingang Kerberos jetzt fletschend und knurrend herumlungerte; noch immer in der Funktion eines Wächters. Doch so beängstigend das neue Totenreich nun auch geworden war, einige Züge von Saramas Welpen hatten sich erhalten:

Bei Hesiod z. B. (7. Jahrhundert v. Chr.) heißt es zwar:

> (Dort) *wacht ein furchtbarer Hund an der Pforte, grausam und voller Tücken* …

Doch gleich danach:

> … *und jeden, der da hineingeht, wedelt er an mit dem Schweif und spitzt ihm freundlich die Ohren* (Theo 769 ff.).

Auch bei Ovid, noch einmal fast siebenhundert Jahre später, verrät der Höllenhund noch seine Herkunft aus freundlicheren Zeiten. So widerlich Kerberos dort auch geschildert wird, steht er doch noch immer, ganz wie einst Yama mit seinen Welpen, auf *grünenden Fluren*:

> *Es gibt eine finstere Höhle, … einen Weg in die Tiefe …* (Dort wacht Kerberos) *und gegen die Helle des Tages, gegen die funkelnden Strahlen verdreht' er die Augen … Rasenden Zorns … bespritzte* (er) *die grünenden Fluren mit weißlichem Geifer* … (Met VII 408 ff.).

Aber nicht nur einige freundliche Züge Saramas und ihrer Welpen überlebten die große Umwertung der Achsenzeit, sondern auch ihr merkwürdiges Erscheinungsbild. Ja, die westliche Antike gab sich nicht mehr mit bloßer Vieräugigkeit, mit Flecken und breiten Nasen zufrieden. *Entsetzt*, schrieb Ovid vielmehr, erblickten die Toten beim Abstieg zum Hades *drei Hälse des Hundes*, und: *Nur an dem mittleren trug er die Kette …* (Met X 64 f.). Bei Horaz und Seneca war Kerberos gar eine *hundertköpfige Bestie*[5], bei Hesiod hatte er immerhin noch *fünfzig Köpfe* und hauste überdies mit einer unheimlichen Brut aus ähnlich mißgestalteten Wesen zusammen. Über *Echidna*, die Mutter des Höllenhundes, heißt es z. B.:

> (Sie wohnte) *in der geräumigen Höhle: … halb ein äugelndes Mädchen im Schmukke rosiger Wangen, halb eine greuliche Schlange, entsetzenerregend und riesig, farbenbunt, gefräßig, im Schoß der heiligen Erde … Dort ist ihre Höhle in einem Felsengewölbe …*

Noch gräßlicher war Echidnas Tochter, die „Schwester" des Höllenhundes: *Chimaira* (woraus unser Chimäre):

> *Schrecklich war sie … und sie besaß drei Köpfe, zuerst eines wütenden Löwen, dann den einer Ziege und den eines mächtigen Drachen … Fürchterlich schnob sie heraus die Glut des lodernden Feuers …* (alles Theo 296 ff.).

Ganz ähnlichen Wesen, nur von Witz statt Angst umweht, werden wir auch im Rigveda begegnen: obenan Vrtra, dem Drachen. Auch er war ein schnaubendes, vieläugiges und vielköpfiges Ungeheuer … – Und natürlich gab es auch im Westen, trotz aufgezogener Wolken, ob solch verrückter Wesen noch immer genügend zu lachen. Apuleius z. B. schildert einmal, wie Gottvater *Jupiter* (Zeus) sich die *zarten Wangen* des kleinen *Cupido* (Eros) an den Mund zog, küßte und dann sprach:

> *„Du hast zwar, mein Herr Sohn, niemals die mir durch die Einwilligung der Götter übertragene Ehrenstellung geachtet, sondern … mein Ansehen geschädigt, indem du in Schlangen, in Feuer, in wilde Tiere, in Vögel und Herdenvieh mein heiteres Antlitz schmählich verwandeltest: aber dennoch will ich … alle deine Wünsche erfüllen …"* (Met VI 23,2).

Die Frage, die es jetzt aufzugreifen gilt, ist: Sind solche unheimlichen Chimären, Drachen, entstellten Gesichter und vieräugigen Welpen bloße Ausgeburt der Phantasie von Erwachsenen – oder doch wiederum frühkindliche Realität?

Um hier klarer zu sehen, müssen wir uns noch einmal in die frühesten Phasen der Schöpfung zurück begeben:

Wir beobachteten Yama und Indra bei ihren optischen Schöpfungsabenteuern bislang vor allem dabei, wie sie, Juwelen pickelnd und die Sehschärfe erweiternd, *den Raum sich ausgemessen* (haben), *immer breiter*, und dabei die Landschaft aus Wiesenhügel, Weltenbaum und sich beruhigenden Bergen vor ihrer Höhle entwarfen. – Doch die Erschaffung der menschlichen Welt, die Konstruktion dessen, was wir Tag für Tag erleben, umfaßt weitere Prozesse. Einer davon ist die Ausgrenzung und Gestaltung konkreter Objekte. – Wie, so die jetzt anstehende Frage, begannen sich einst die einzelnen Objekte aus dem Chaos der anfänglichen Sinnenflut abzuheben und Zug um Zug zu solchen „Dingen“ auszukristallisieren, wie wir sie vor uns sehen? – Oder anders gewendet: Wie, genau, „machten“ die kleinen Götter aus ihren Juwelen einst die wirklichen „Dinge“? Wie nahmen die trüb-verschwommenen Wände der kleinen Rembrandt-Galerie Struktur, wie zumal die hereinblinzelnden Gesichter konkrete und individuelle Gestalt an? – Die Frage richtet sich natürlich vor allem an Götter vom Alter Yamas, denn Indra hat auch dieses Abenteuer längst bravourös absolviert.

Werfen wir also noch einmal einen genaueren Blick in das Chiaroscuro der ersten Lebensmonate – zuerst wieder von außen, das heißt mit Hilfe der Ergebnisse der modernen Säuglingsforschung:

2. Wilde Synthesen

Streifen und Ecken. Die Säuglinge müssen, um einzelne „Dinge“ zu konstruieren, ganze Bündel von Sinneseindrücken aus dem anfänglichen Chaos ausgrenzen und zusammenfassen, die sich von anderen „Dingen“ und dem noch trüben Hintergrund unterscheiden. Wir wissen inzwischen recht genau, wie sie das tun. Das Autorenteam um Alison Gopnik schilderte diesen elementaren Prozeß optischer Wahrnehmung wie immer in gekonnter Anschaulichkeit:

> *Babys … lieben Streifen und Ecken … Schon ein paar Tage alte Babys starren mit gezielter, schielender Aufmerksamkeit auf … eine gestreifte Einkaufstasche und ignorieren all die teuren Spielsachen mit ihren leuchtenden Farben …, die Oma daherbrachte … – Warum lieben Babys Streifen? … Es zeigt sich, daß diese Frage … hilft, eine andere zu beantworten: Wie teilen wir das kontinuierliche optische Bild vor uns in separate Dinge auf? …*
> *(Streifen) geben gewöhnlich zu erkennen, wo Objekte beginnen und wo sie enden … – Wenn man jungen Babys komplizierte Bilder vorhält und ihre Augenbewegungen (mit Video) aufzeichnet, … sieht man, wie sie die äußeren Ränder des Objekts abtasten …*

Schon Neugeborene, so folgerte Gopnik zu Recht,

> *… überziehen das, was William James „das verflixte, schwirrende Wirrwarr“ nannte, mit Ordnung. Schon sie organisieren die Welt in ein Bündel unterschiedlicher Dinge. Den Ecken (und Kanten) Aufmerksamkeit zu schenken, ist der beste Weg, ein statisches Bild in separate Objekte aufzuteilen.* (64 f.)

Schwieriger freilich als bei statischen Bildern ist solches Ausgrenzen von Objekten bei dynamischen. Auch hier zeigten entsprechende Experimente, wie der Säugling verfährt. Gopnik weiter:

> *Stellen Sie sich ein Baby vor, das auf eine (Big-Bird-)Puppe schaut, die auf seiner Häschen-Steppdecke liegt … Wenn Sie jetzt die Decke unter der Puppe wegziehen, bewegen sich alle ihre Kanten gemeinsam, und sie bewegen sich in einer anderen Richtung (path) als alle Teile der Puppe. Psychologen … bezeichnen dies als Prinzip des*

> *gemeinsamen Schicksals: Wenn sich Dinge gemeinsam auf dem gleichen Pfad bewegen, müssen sie Teil des gleichen Objekts sein. – Man kann systematisch beweisen, daß Babys auf diese Art von Information besonders achten.* (Beides 64 ff.).

Es steht außer Zweifel, daß das sich so vollziehende erste optische Abtasten des kindlichen Chiaroscuro die fürwahr beste aller Möglichkeiten ist, Objekte „richtig" zu bündeln und auszugrenzen. Doch ebenso gewiß ist, daß dabei „Fehler" unterlaufen; mithin, daß dabei „Dinge" gesehen werden, die es in Wahrheit, das heißt für uns Erwachsene, so nicht gibt. – Hinreichender Beweis dafür ist, daß auch wir Erwachsenen bei gegebenem Anlaß wieder in dieses Dilemma der unsicheren Objektkonstruktion verfallen: nämlich immer dann, wenn uns, wie man richtig sagt, die Konturen verschwimmen. Ich werde gleich unten zu entsprechenden Experimenten einladen; hier genügt es fürs erste, sich kurz in die optische Welt einer Mondnacht oder frühen Morgendämmerung zu versetzen ... Denn:

> *... in der Nacht, wenn uns ein Graun befällt,*
> *Wie leicht, daß man den Busch für einen Bären hält!*
> (Shakespeare, Sommernachtstraum V 1)

Fast nebenbei wird hier auch die oben erwähnte religiöse Faszination der Leopardenfelle klar.[6] – Gopnik et al. bemerkten zu Recht, daß *Tarnung* auf dem umgekehrten Phänomen, nämlich auf dem *Verbergen der Kanten zwischen einem Objekt und seinem Hintergrund* beruht (65). Am effektivsten gelingt dies, indem die Aufmerksamkeit auf Strukturen gelenkt wird, die mit den Umrissen des Objekts nichts zu tun haben: auf kontrastreiche (gar augenförmige) Flecke oder Streifen im Inneren des Objekts. Nicht nur Militärs nutzen diese Strategie des Konturenverwischens, sondern auch die unterschiedlichsten Tiere; z. B. Damwild, junge Rehe, Frischlinge, viele Schlangen, ... Zebras; vor allem aber Leoparden.

Deshalb verbreiten gepunktete oder anderweitig konturenverwischende Objekte auch einen Hauch vom Zauber der Schöpfung und der ersten Objektkonstruktion. – Darauf beruhte die magische Wirkung der pointillistischen Malerei eines Degas, Seurat, Pissarro, ... van Gogh; und auch schon mancher Künstler des Jungpaläolithikums.[7] Und darauf beruht eben auch die regressive Zugkraft zumal der Leopardenfelle. In der Damenmode bewähren sie sich daher über alle Schnellebigkeiten hinweg als erotischer Blickfang und optisches Aphrodisiakum. Und im Kult, sei es der Priester oder Könige, sind Leopardenfelle (im Norden Hermelinpelze) seit Menschengedenken Embleme und Insignien des Heiligen. Sie reinszenierten Schöpfung – genau wie die mythischen Welpen der Sarama in Yamas Höhle mit ihren gefleckten Fellen und ihrer Vieräugigkeit.

Präferenzen. Das „Dingfest"-Machen der ersten Objekte mit Hilfe von Streifen, Kanten und deren gemeinsamem Schicksal hat bereits von Geburt an eine Tendenz, eine Richtung des Interesses. Denn besonderes Augenmerk schenkt der Säugling von Anfang an menschlichen Gesichtern, an erster Stelle natürlich dem Gesicht der Mutter. Zwar werden die Kleinen, so Daniel N. Stern,

> *... während der ersten zwei Monate ... vermutlich keinen Unterschied zwischen dem Gesicht und anderen bewegten Objekten etwa gleicher Größe und ähnlicher Konturendichte feststellen.* (LS 95)

Dennoch ist die Wahrnehmungsfähigkeit der Säuglinge so ausgelegt, daß sie von Anbeginn spezifisch das mütterliche Gesicht gegenüber allen anderen Objekten ausgrenzt. Allem Anschein nach nämlich stimulieren den Säugling vor allem solche Streifen und Kanten, die das menschliche Gesicht gegenüber anderen Strukturen abheben, insbesondere Rundungen und vertikale Symmetrien. – Die ersten Konturen der optische Welt gleichen deshalb in der Tat einer Rembrandt-Galerie: Wie dort, so treten auch hier vorrangig menschliche Gesichter in leuchtendem Kontrast zum Hintergrund hervor. Was Georg Christoph Lichtenberg einmal scharfsinnig für das gesamte menschliche Leben schrieb, gilt bereits für die ersten Lebensmonate – und hat hier seinen Grund:

> *Die unterhaltendste Fläche auf der Erde ... ist die vom menschlichen Gesicht.* (I 473)

Bemerkenswert dabei ist ein Weiteres: Der Säugling erforscht das mütterliche Gesicht von außen nach innen. Martin Dornes:

> *Bevorzugt werden Hell-Dunkel-Kontraste und die Ecken und Kanten eines Reizes ... Dieses Abtastmuster gilt auch für die Wahrnehmung des menschlichen Gesichts. In den ersten Wochen werden vor allem die kontrastreichen Übergänge zwischen Haarlinie und Stirn sowie der Übergang zwischen Kopfumriß und Hintergrund erforscht. Im zweiten und dritten Monat verlagert sich die Aufmerksamkeit sukzessive auf das Gesichtsinnere, besonders Auge, Nase und Mund. Ab zwei bis vier Monaten werden richtige Gesichter von solchen unterschieden, in denen Mund, Auge und Nase falsch angeordnet sind.* (KS 39)

Die Strategie ist auch jetzt, ab dem zweiten/dritten Monat, wieder dieselbe wie seit Anbeginn. Daniel N. Stern:

> *Wenn sich im Alter von mehr als zwei Monaten die Aufmerksamkeits-Strategie auf das Abtasten der inneren Zonen verlagert, werden die Säuglinge zunächst diejenigen Züge beobachten, die möglichst viele der von ihnen bevorzugten Stimuluseigenschaften aufweisen: Rundung, Kontrast, vertikale Symmetrie, Winkel, Komplexität usw. Aufgrund dieser Präferenzen werden sie zunächst auf die Augen achten, dann auf den Mund und zuletzt auf die Nase.* (LS 95)

Ich hatte einmal Gelegenheit, in einer Vorlesung Sterns ein Video zu sehen, das diese schrittweise Verlagerung der Aufmerksamkeit dokumentierte. Mit

Hilfe eines entsprechenden Apparates wurden in Abständen von mehreren Wochen die Blicke eines Säuglings auf ein menschliches Gesicht (aus Pappe) verfolgt. Das Ergebnis war beeindruckend: Die Aufmerksamkeit konzentrierte sich in der Tat anfangs auf die Gesichtsumrisse, dann aber, ab etwa dem zweiten, dritten Monat, sehr nachhaltig auf die Augen und erst später und weniger intensiv auf den Mund und zuletzt und am wenigsten auf die Nase.

Wie z. B. an der Werbung für Kosmetika leicht zu studieren ist, hat das Schönheitsideal des weiblichen Gesichts seine Wurzeln in dieser Wahrnehmungsstrategie: Regelmäßig werden die bezaubernden Mädchengesichter dort, im klaren Kontrast zum Haaransatz, so ausgeleuchtet und geschminkt, daß die Augenpartien extrem, die Lippen markant hervortreten, während die Nase sich in der ansonsten weitgehend konturenlosen Fläche verliert.

AUGEN. Bis die mitmenschlichen Gesichter im vollen Sinn erkannt werden, verstreichen freilich noch einige Monate. Denn wie unterschiedlich nehmen sich die individuellen Gesichter aus verschiedenen Perspektiven doch aus! Schon bei leblosen Gegenständen ist das Wiedererkennen der Gleichartigkeit eines jeweiligen Objekts eine erstaunliche Leistung: Das Fläschchen des Säuglings z. B. sieht von vorn ja gänzlich anders aus als von der Seite. – Hier, bei „einfachen" Gegenständen, muß die Fähigkeit zur Wahrnehmung solcher „Objekt-Konstanz" in Vorformen schon bald nach der Geburt ausgebildet sein. Ab etwa dem fünften Lebensmonat ist sie dann aber bereits so weit gereift, daß das Kleinkind, mit Daniel N. Stern zu reden, fast durchweg in der Lage ist,

> *... die konstante Identität eines Objekts trotz Veränderungen seiner Größe und Entfernung, seiner Ausrichtung, seiner Darbietungsposition oder seines Schattierungsgrades usw. wahrzunehmen.* (LS 130)

Bei den kompliziertesten aller „Objekte", den Gesichtern der Mitmenschen, dauert das Erkennen solcher „Konstanz" noch ein wenig länger. Irgendwann zwischen dem fünften und dem siebten Monat gelingt das Kunststück aber auch hier. Martin Dornes:

> *Zeigt man Kindern im Alter von fünf bis sieben Monaten ein Gesicht frontal und danach von der Seite, so behandeln sie beide Darbietungen richtig als Transformationen* **eines** *Gesichts und nicht als zwei verschiedene Gesichter.* (KS 40)

Ja mehr noch:

> *Fünf bis sieben Monate alte Säuglinge* (erkennen) *nach kurzer Bekanntschaft mit einem en face* (das heißt frontal) *präsentierten Gesicht ...* (auch) *das nie zuvor gesehene Profil dieses Gesichts* (wieder). (Stern, LS 130)

Mit etwa dem achten Monat ist die Fähigkeit, die „Konstanz" und zugleich die Individualität jeweiliger Gesichter zu erkennen, weitgehend ausgebildet. –

Die mitmenschlichen Augen, obenan die Augen junger Frauen, behalten aber auch jetzt noch, ja behalten zeitlebens ihre Faszination:

Diese Juwelen inmitten des mütterlichen Gesichts waren einst in der Tat zentrale, weltfundierende Keime, waren Urinseln der visuellen Welt, Anfangsbuchstaben der Schöpfungsgeschichte. – Schon wenige Wochen nach der Geburt hatten die mütterlichen Augen den zuvor noch orientierungslosen, „leeren" und als ob blinden Blick des Säuglings gelöst und mit Leben erfüllt. Und dies nicht nur ob ihres farbig-funkelnden Glanzes ... Denn diese meist liebevoll, bisweilen aber auch böse und gefährlich leuchtenden Weltmittelpunkte waren schon damals nicht einfach nur strahlende[8] „Objekte", sondern zugleich Spiegel, bedeutungsgeladene Informanten über die Stimmung des geliebten Gegenübers und über die emotionale Verfaßtheit der gesamten kindlichen Welt. Sie waren, noch einmal in Shakespeares Worten: ... *Augen, deren Strahl entzückt* (a. a. O. II,2); oder mit Daniel N. Stern gesprochen:

> *Ja, man kann sagen, daß es in dieser Lebensphase kein bedeutsameres Ereignis gibt als den Blickkontakt. Er bildet die Basis aller Lebensäußerungen ... Im Alter von sieben Wochen reagieren* (die Kleinen) *auf die Augen, als handelte es sich bei ihnen nicht nur um die „geographische" Mitte des Gesichts, sondern auch um die „psychologische" Mitte der betreffenden Person.* (Tag 53 f.)

Auch noch uns Erwachsenen ersteht aus zwei auch nur einigermaßen proportionierten Punkten im Inneren eines Kreises, Ovals, ja Dreiecks oder Quadrats sofort und unwillkürlich ein Gesicht ... ; und wenige zusätzliche Striche versetzen es sogleich in Trauer, Zorn oder Freude. Ein passender Mund unterstützt den Effekt; Nase und andere Strukturen des Gesichts sind überflüssig.

Auf die immense Bedeutung der Augen in den frühen Religionen gilt es später noch zurückzukommen. Inbesondere bei den Auftritten der Göttinnen der Morgenröte werden wir Gelegenheit finden, auch ihre strahlenden Blicke und geschminkten Augen zu bewundern. – Erwähnt werden müssen auch die bedrohlichen Blicke (von der Art z. B. der Echidna). Vielerorts galt die Abwehr des „bösen Blicks"[9] als wichtiges Element, bisweilen als herausragende Heldentat in den Drachenkämpfen der einstigen Helden und Götter. Ja, bei den Griechen muß der „böse Blick" einst als pars pro toto jenes Drachenungeheuers gegolten haben; denn gr. *drakon, „Drache"* ist stammverwandt mit *drakos, „Auge"*.[10] Im Rigveda dagegen spielt die Abwehr des „bösen Blicks" eine untergeordnete Rolle.

Ich denke, schon nach dem bislang Erörterten läßt sich erahnen, warum Yamas Höhle von solch befremdlichen Gestalten wie den vieräugigen Welpen der Sarama bevölkert war; denn es läßt sich unschwer nachvollziehen, daß bald schon nicht mehr nur die Augen der Mutter faszinieren, sondern auch die anderer Menschen – und Tiere. Bedenkt man darüber hinaus, daß die kindlichen Augen in ihrer Möglichkeit zum parallaktischen Ausgleich in

Yamas Alter noch eingeschränkt sind und deshalb oft ein wenig schielen, wird die Vieläugigkeit der saramischen Welpen nur um so verständlicher. Halluzinogene Drogen, absichtliches Schielen oder Starren, ja bloße Übermüdung führen auch im Erwachsenen-Stadium unversehens in die Welt solcher Welpen zurück.

Verständlich ist nach dem Bisherigen auch schon, warum die unheimliche *Echidna* in ihrer *geräumigen Höhle* den Griechen *halb ein äugelndes Mädchen im Schmucke rosiger Wangen* war. Offen ist aber noch, warum überdies *halb eine greuliche Schlange* ... Was verbirgt sich hinter solchen Mischwesen, halb Mensch, halb Tier? – Die moderne Säuglingsforschung gibt uns auch hier wichtige Anhaltspunkte:

INTERMODAL. Man hatte lange vermutet, daß das Neugeborene gleichsam seine fünf Sinne noch nicht beisammen hätte: Die verschiedenen Sinneskanäle (Modalitäten) würden, so dachte man, erst durch komplizierte Synthesen koordiniert; multimodale Objekte, z. B. singende Gesichter, deshalb erst allmählich komponiert. So ist es aber nicht. Vielmehr ist menschliche Wahrnehmung offenbar von Anfang an – wie das in Fachkreisen heißt: – intermodal: Auch schon das Neugeborene lebt in einer „ganzheitlichen" Welt und nicht in fünf verschiedenen Sinneswelten. – Die Experimente sind eindeutig:
Zum Beispiel verband man drei Wochen alten Säuglingen die Augen und gab einer Gruppe einen glatten, der anderen einen genoppten Schnuller in den Mund. *Dann*, so Daniel N. Stern,

> ... *entfernte man die Augenbinden. Nach kurzem visuellem Vergleich betrachteten die Säuglinge den Schnuller, an dem sie eben gelutscht hatten, intensiver.* (LS 75)

Verblüffenderweise erkannten die Kleinen also den nur mit der Zunge ertasteten Schnuller – ohne jede Erfahrung! – auch auf dem optischen Kanal wieder. Säuglinge „wissen" also – vor jeder Erfahrung! – daß die ertasteten Eigenschaften eines Gegenstandes auch im optischen Kanal erscheinen werden, und daß beide zusammengehören: gleichsam die Sinnesseiten ein und desselben Objekts sind. Für den Säugling, so Martin Dornes,

> ... *sind der gefühlte Schnuller und der gesehene Schnuller nicht zwei verschiedene Dinge, sondern zwei Ausprägungsformen ein und desselben Dinges, ähnlich wie für uns der Tisch, den wir betasten, identisch ist mit dem, den wir gleichzeitig sehen.* (WK 20)

Die Kleinen unterstellen damit a priori, das heißt vor aller Erfahrung, daß die gesehenen Eigenschaften hier und die ertasteten dort von einem nichtwahrnehmbaren Etwas, von einer Art „Substanz" getragen und zusammengehalten werden – ganz, wie Kant schon gefordert hatte.[11]

Experimente dieser Art entfachten heftige wissenschaftliche Diskussionen. In sie einzusteigen ist bei unserer Fragestellung aber nicht vonnöten. Festzuhalten ist einzig der elementare Befund: Die Kleinen sehen von Anbeginn *mehr* als die bloßen optischen Daten. Sie unterstellen a priori, das heißt angeborenermaßen, daß die optischen Daten mit weiteren, z. B. haptischen (ertasteten), „irgendwie" *zusammengehören*. Sie ***konstruieren*** von Anbeginn *Einheiten*, gruppieren die Daten der einzelnen Sinneskanäle zu ganzheitlichen, multimodalen Objekten. – Dies hat für unseren Zusammenhang eine wichtige Konsequenz:

Daß Wahrnehmung in diesem Sinne intermodal ist, besagt keineswegs, daß solche Konstruktion der jeweiligen Objekte zugleich den uns geläufigen Tatsachen entspreche. Vielmehr ist es wahrscheinlich, daß die Kleinen auch intermodale Einheiten konstruieren, die es – für uns – gar nicht gibt: genoppte Stimmen, singende Fläschchen, süß schmeckende Schnuller ... – Was an sehr kleinen Kindern meines Wissens noch nicht überprüft wurde, liegt bei schon etwas größeren auf der Hand: Sie synthetisieren tatsächlich „falsche" Intermodalitäten dieses Typs; z. B. Teddybären, die sprechen, schlafen oder „aufpassen".

Obwohl die Kleinen die Daten der einzelnen Sinneskanäle in der Regel gewiß „richtig" aufeinander beziehen (und deshalb schon früh einen angemessenen Realitätsbezug herstellen), ist die Fähigkeit zur „freien" Kombination der Sinnesmodalitäten von elementarer Bedeutung für das spätere Leben; auch wenn sie in der frühen Kindheit die Gefahr von „falschen" Intermodalitäten birgt. Nicht ohne Grund sah der schottische Philosoph David Hume in solch „freiem" Kombinieren (reproduzierter) Sinnesdaten die Basis aller menschlichen Kreativität. *Die ganze schöpferische Macht des Geistes,* schrieb er schon Mitte des 18. Jahrhunderts, bestehe

> *... nur in dem Vermögen, das uns durch die Sinne und Erfahrung gegebene Material zu verbinden, zu übertragen, zu vermehren oder zu verringern. Denken wir uns einen goldenen Berg, so verbinden wir nur zwei vereinbare Vorstellungen,* **Gold** *und* **Berg**, *die wir von früher kennen.* – (Auch kann ich mir) *eine Stadt wie das „neue Jerusalem" vorstellen, deren Pflaster aus Gold und deren Mauern aus Rubinen sind, obwohl ich nie dergleichen sah.* (En 19; Treat 3)

Interessant genug, daß Hume gerade diese Beispiele wählte! – Gepaßt hätte natürlich auch das unheimliche Porträt der Hesiodschen Echidna: *halb ein äugelndes Mädchen ..., halb eine greuliche Schlange.*

Für Yama selbst haben solche Beispiele natürlich noch keine Gültigkeit. Weder Städte noch greuliche Schlangen passen in seine Welt. Saramische Welpen dagegen sehr wohl – und überdies äugelnde Fläschchen oder Holzklötzchen mit hochgezogenen Mundwinkeln und „Augen"-Pünktchen ... und all die anderen Spielzeuge für die Kleinsten, die so oft „freie" Intermodalitäten dieser Art inszenieren.

Ein letzter Punkt ist im Rahmen unserer theoretischen Vorüberlegungen von Gewicht:

KATEGORIEN. Das Kleinkind muß die zu konkreten „Objekten" zusammengefaßten Informationsbündel nach Kategorien ordnen, das heißt in Gruppen gleicher Art einteilen; z. B. die verschiedenen Sammeltassen auf dem Tisch zur Kategorie „Tassen“. Erst solches Einordnen der Dinge nach Kategorien macht ein Wiedererkennen nicht nur der gleichen, sondern auch der nur ähnlichen Objekte möglich. Dadurch wird der chaotische Fluß des immer Neuen allmählich zu einer Kette des schon Bekannten.

Wie sich das frühkindliche Kategorisieren vollzieht, ist in vielerlei Hinsicht noch unklar. Für uns genügt es, zwei elementare Kategoriensysteme mit einigen Sätzen herauszuheben: Die Unterscheidung von Leblosem und Belebtem und die Unterscheidung von Tieren und Menschen:

Auch hier ist es wieder so, daß das Kind mit ersten (uns noch unbekannten) Kriterien schon sehr früh die werdende menschliche Welt vorstrukturiert. Zu Recht charakterisierte es Martin Dornes als *aufsehenerregenden Befund,*

> *... daß das Interaktionsverhalten von zwei bis drei Wochen alten Kindern anders ist, je nachdem, ob ein menschliches Objekt im Blickfeld des Kindes erscheint oder ein unbelebtes. Die Körperbewegungen des Säuglings sind beim Anblick eines menschlichen Objekts weicher und runder ... Daraus kann man schlußfolgern, daß es im Interaktionsbereich eine angeborene oder zumindest kurz nach der Geburt auftauchende Fähigkeit zur Unterscheidung von belebt und unbelebt gibt.* (KS 68 f.)

Die Augen der entsprechenden Objekte – aber auch die Körperwärme, die Fähigkeit zu autonomer Bewegung, zu re-agierendem Verhalten u. a. – werden dabei eine wichtige Rolle spielen; und ich halte deshalb die Experimente der beiden Tübinger Forscherinnen, die den Kleinen tierische und menschliche Plastikfigürchen zur Beurteilung hinhielten, für wenig aussagekräftig.[12]

Gleichwohl gilt es als gesichert, daß das schon so früh angelegte Vermögen zur Unterscheidung von Belebtem und Unbelebtem nur Keim dessen ist, was sich im Laufe der folgenden Monate entfaltet. – Wann genau aber bloße Sachen von Lebendigem, und wann genau Tiere von Menschen zuverlässig den jeweiligen Kategorien zugeordnet werden, ist in der wissenschaftlichen Debatte noch immer unentschieden. Wie wankend der Boden hier noch ist, verdeutlicht folgende Passage Sterns:

> *Schon einige Zeit vor Vollendung des sechsten Lebensmonats scheinen Säuglinge zwischen Belebtem und Unbelebtem unterscheiden zu können – d. h. zwischen Personen und Dingen.* (LS 176 f.)

Solche wissenschaftliche Unsicherheit muß freilich nicht nur auf Unzulänglichkeiten der Forschung beruhen. Vielmehr spricht vieles dafür, daß gerade diese Kategoriensysteme, trotz einzelner zuverlässiger Kriterien, sehr lange tatsächlich verschwommen bleiben, gleichsam verwischte Ränder haben. Und wir werden bald sehen: das ist gut so, ja lebenserhaltend. Schon größere Kinder jedenfalls, die wahrhaftig nicht mehr der Gefahr unterliegen, gefüllte Stoffsäcke mit Augenknöpfen ernsthaft mit wirklichen Tieren zu verwechseln, lassen es sich dennoch nicht nehmen, ihre Teddybären als wirkliche Familienmitglieder zu behandeln. Und auch über den kleinen Zirkus der Stoff-

und Kuscheltiere hinaus verbleibt die kindliche Welt über Jahre hinweg und in weiten Bereichen im Kategorien verwischenden und Totes belebenden Stadium des „Animismus". Jean Piaget, bei Fragen des hier anstehenden Typs ansonsten ein wenig in Verruf geraten, steht außer Verdacht, die Auffassungen seiner – wohlgemerkt: – schon drei-, vier-, fünfjährigen Kinder richtig wiedergegeben zu haben; z. B.:

> *(Bewegt sich die Sonne?) – Ja, wenn man geht, folgt sie uns. Wenn man abbiegt, biegt sie auch ab. Folgt sie Ihnen nicht? … (Und wenn du rückwärts gehst?) – Dann kehrt sie um. – (Ist sie lebendig?) – Oh! Sicher! Sonst könnte sie uns nicht folgen, sie könnte nicht scheinen …* (195 f.)

(In der Dreikönigslegende heißt es bekanntlich analog: *Und siehe, der Stern … ging vor ihnen her, bis er über dem Ort stillstand, wo das Kindlein war* (Mt 2,9); und im Mittelalter schmückte ein Johannes von Hildesheim die Legende um den Stern von Bethlehem gar noch konkreter aus: *er … wanderte mit ihnen weiter, wenn sie ritten, er stand mit ihnen still, wenn sie anhielten.* (38)) – Ganz falsch ist dies alles freilich nicht: Wer an einer Baumreihe oder Häuserkette vorbeiläuft, über der die Sonne oder der Abendstern „steht", kann genau dies beobachten: Sie „stehen" eben nicht, sondern „laufen" über deren Spitzen hinweg wie von einer Luftballonschnur gezogen. – Die angedichtete Lebendigkeit der Sonne ist nichtsdestoweniger übergequollener Schaum aus dem Sud[13] der Schöpfung.

Es stimmt also: Die Kleinen sind in Ansätzen schon sehr früh in der Lage, zwischen Leblosem und Belebtem zu unterscheiden; und die Kriterien schärfen sich Zug um Zug: Schon zwischen etwa dem siebten und dem elften Monat sind ernsthafte „Irrtümer" nicht mehr wahrscheinlich. Trotzdem lebt eine Verschwommenheit der Kategorisierung und damit eine Tendenz zum „Animismus" fort: Belebung des Leblosen durchzieht die gesamte Kindheit – und auf den Inseln z. B. des Humors, der Kunst und der Religion auch das spätere Leben.

Ähnliches wie für den kindlichen „Animismus" gilt für das kindliche Personifizieren, insbesondere das Vermenschlichen der Tiere: Zwischen dem siebten und dem elften Monat können die Kleinen hier bereits hinreichend sicher unterscheiden. Gleichwohl beharren sie mit Leidenschaft darauf, die Tiere, die Haustiere natürlich an erster Stelle, als sprachbegabt und insgesamt menschenähnlich einzustufen und deshalb in den Familienverband zu integrieren.

Die bei uns übliche schroffe kategoriale Trennung zwischen Mensch und Tier ist, nebenbei bemerkt, ein kulturgeschichtliches Novum; geprägt von den orientalischen Licht- und Vaterreligionen. Noch den Griechen galt der Mensch bekanntlich z. B. als *zoon poütikon, „politisches Tier"*; und auch andernorts[14] waren Menschen schlicht eigentümliche Tiere … – Ein weiteres Mal wird hier deutlich, wie die neuen Religionen, oft unter dem Fahneneid der „Würde des Menschen", nicht nur die Tiere, sondern auch die frühkindlichen Schichten unseres, des menschlichen Seelenlebens kränkten.

Wilde Synthesen. Das frühkindliche Kategorisieren ist ein wesentlicher Faktor bei der Gestaltung menschlicher Realität. Dabei steht außer Zweifel, daß dadurch schon früh ein weitgehend angemessener Realitätsbezug hergestellt wird. Dennoch zeigten die Überlegungen von eben, daß auch hier „Fehler“ auftreten können und werden. Eine wichtige Instanz der Kontrolle und Korrektur nämlich kann in dieser frühen Phase der Schöpfung ihre Macht noch nicht entfalten: die Sprache.

Erst die Sprache selektierte und gestaltete unsere, der Erwachsenen, Kategorien nach intersubjektiven Maßstäben und machte sie dadurch „objektiv“ und „richtig“. – Übersehen wir dabei aber nicht: Auch das sprachliche Kategoriensystem ist nicht schlechterdings „richtig“, sondern in historischem Wandel begriffen.

Der Welt der „richtigen“, weil sprachlich fixierten Kategorien muß sich das Kind irgendwann eingliedern. Es muß, um „groß“ zu werden, sein ursprüngliches Kategoriensystem zugunsten bestehender Konventionen korrigieren und erweitern. Gegenstände, die dem Kind ob ihrer Formen und handgerechten Größen bislang als gleichartig galten, müssen jetzt vielleicht nach ganz anderen Kriterien unterschieden werden; z. B. aufgrund ihrer unterschiedlichen Härten als Steine und Holz. Saramische Welpen, bislang womöglich der Kategorie „Geschwister“ zugeordnet, werden jetzt zu Wauwaus. Usw. – Passiv nimmt das Kleinkind schon in der zweiten Hälfte des ersten Lebensjahres an sprachlichen Kategorien teil, aktiv ab der Mitte des zweiten. Von da an beginnt das frühkindliche Kategoriensystem zusammen mit den anderen Konstruktionsprinzipien der Schöpfungsphase im Schlund der frühkindlichen Amnesie zu versinken. Dort, in den Höhlen des „Unbewußten“, im Traumland des „Vergessenen“ führen sie fortan ihr geheimes und als ob verrücktes Wirken fort – und steigen in entsprechenden Situationen auch wieder an die Oberfläche; z. B. in den Auen des Religiösen.

Dies Verhältnis von Bewußtem zu „Unbewußtem“, von der Welt der Sekundär- zur Welt der Primärprozesse, gibt mir Gelegenheit, einen letzten Punkt richtigzustellen:

Alle bislang besprochenen Konstruktionsmechanismen der kindlichen Welt bergen die Möglichkeit zu „falschen“ Synthesen, mithin zur Konstruktion von Objekten, die es in unserer, der Welt der Erwachsenen, so nicht gibt. – Diese Konstruktionsmechanismen als „falsch“ zu bewerten und damit negativ zu gewichten würde der Sache aber nicht gerecht:

Dies nicht nur, weil diese „falschen“ Synthesen unabänderliche Voraussetzung und unterirdisches Fundament aller „richtigen“ des späteren Lebens sind. Nein: Solche „falschen“ Konstruktionen bleiben darüber hinaus das gesamte Leben hindurch von großem Nutzen. Denn sobald sie im Erwachsenenstadium wieder einen Weg an die Oberfläche finden, können sie Sinn- und Honigspender ersten Ranges werden: Wie Sphinxe in ägyptische Tempel, wie männchenmachende Löwen in Königspaläste weisen sie dann den Weg wieder zurück in die Paradiese der Schöpfung: Die emotionale Energie, die

Heiterkeit und Lust des Humors, der Liebe, der Dichtung … und nicht zuletzt der Religion quellen zum guten Teil aus den Yamischen Höhlen solch „falscher" Synthesen. Dem nüchtern-analytischen Blick erscheinen sie zwar als „falsch" und verrückt; und sie drohen, sobald sich die Dinge unglücklich fügen, in der Tat mit dem Absturz ins Psychotische. Dem ausgewogenen und gesunden Gemüt aber triefen diese urwüchsigen Synthesen gerade ob ihrer „Falschheit" noch immer vom Tau, vom Soma der Schöpfung …

Ich spreche fortan deshalb nicht mehr von „falschen", sondern von freien oder, einprägsamer: *wilden Synthesen.* – Wilde Synthesen sind jene Prozesse, die die Objekte der menschlichen Welt in ihrem Rohzustand generieren.

Soweit einstweilen zur Theorie. Wenden wir uns nun wieder der Frage zu, wie die optische Welt der ersten Lebensmonate von innen, aus der Perspektive des Säuglings selbst aussehen mag. Begeben wir uns dazu noch einmal in jene Höhle mit ihren schillernd-trüben Wänden, die Alison Gopnik so treffend mit einer kleinen Rembrandt-Galerie und einem *Chiaroscuro* verglichen hatte: von jetzt an aber nicht mehr nur mit den theoretischen Sonden der modernen Säuglingspsychologie, sondern mit offenen Augen und mit Vertrauen in die Psychologie der alten Religionen. – Wie also kristallisierten die ersten konkreten Objekte aus „subjektiver" Perspektive?

Ich beginne mit der Schilderung eines Experiments: einem Gang in eine wirkliche Höhle; nämlich in eine jener jungpaläolithischen Kulthöhlen der letzten Eiszeit, wie sie insbesondere in Südfrankreich und Nordspanien gefunden wurden:

FELSKANTEN. Jacob Ozols, renommierter Frühgeschichtler des 20. Jahrhunderts, schildert in der folgenden Textprobe die ersten Eindrücke einer solchen Begehung.

> *Die Höhle muß … ihre natürliche Beschaffenheit behalten haben und völlig dunkel sein … Zur Beleuchtung nimmt man nur eine mit Fett oder Öl gefüllte offene Lampe oder brennende Holzscheite mit – Lichtquellen, über die auch der damalige Mensch verfügte. – In eine solche … Höhle steigt man … durch ein enges Loch. Dieses Hinabsteigen kommt einer Grenzüberschreitung gleich. Man läßt den Tag und das Licht der Sonne hinter sich und begibt sich in eine nie endende Nacht hinein. – Der nächste Eindruck ist das eigenartig geänderte Raumgefühl … Man sieht in dem schwachen Lichtkegel der Lampe nur den Boden unter den Füßen und einen kleinen Ausschnitt der nahe stehenden Wand. Alles andere ist von der undurchdringlichen Finsternis verschluckt … Ähnlich ist es mit dem Zeitsinn. Auch er ist gestört …* (17 f.)

Ich selbst setzte mich (mit Freunden) schon mehrmals dieser Situation aus; und ich konnte mich dabei des Eindrucks nicht erwehren, daß diese Höhlen, ähnlich den altindischen Theaterhöhlen, Orte zur Reinszenierung der Schöpfung waren:

Hallend und Schall verschluckend ist anfangs in der Tat jeder Schritt in diese unheimliche Welt von der Angst um Absturz bedroht. Wände, Decke und Boden sind noch weitgehend ohne Konturen; die Dimensionen und Proportionen von wankenden Schatten verzerrt ... Fürwahr ein *Tohuwabohu*, in dem *die Erde noch wüst und leer* war und *Finsternis über dem Abgrund lag.* – Dann aber, sobald sich die Augen ein wenig an die Dunkelheit gewöhnt haben, beginnen die flackernden Kerzen und das vom Höhleneingang her einfallende Streiflicht unvermittelt ein gespenstisches Schattenspiel zu entwerfen: Allerorts beginnen die Wände zu leben: Hier plötzlich ein lächelndes Gesicht, dort ein ernstes Profil, da ein mähniger Löwe, der Kopf eines Rinds, ein fratzenhaftes Ungeheuer ...

Nicht nur meine Freunde und ich machten diese Erfahrung, sondern auch z. B. Michel Lorblanchet, einer der namhaftesten Erforscher der jungpaläolithischen Höhlen – und offenbar eben auch schon jene Menschen, die diese Höhlen vor Jahrzehntausenden bemalt hatten. Denn ihre Kunst bestand vor allem darin, daß sie die obskuren Gestalten, die in der Höhle ihr unheimliches Eigenleben beginnen, oft nur mit wenigen Strichen hervorhoben und endgültig fixierten. Mit den Worten Lorblanchets:

> *Die Höhlenkünstler ... verstanden es, die Figuren genau dort anzubringen, wo sie aus dem Dunkel hervorzutreten scheinen.*
> *In dem Felsen ruhen verborgene Bilder, schlafende Geschöpfe, die der Künstler-Priester des Paläolithikums mit einer belebenden Geste zum Leben erweckt. In der Höhle, im Schoß der Erde, stand er der Geburt des Universums vor ...*
> *Die meisten Figuren ... existierten schon vorher, und der graphische Akt stellt in gewisser Weise nur ihre Befreiung und Sichtbarmachung dar.*
> *Diese Gestaltungsweisen ... erfüllen das Vordringen in der Höhle mit Dramatik und bevölkern das Dunkel mit einem Gewimmel unsichtbarer Wesen, die nur darauf warten, daß die Hand des Künstlers sie zum Leben erweckt ...*
> *Diese Ansicht ist hier und da von einigen Prähistorikern geäußert worden ... Allerdings hat man dieser Auffassung noch nicht die Aufmerksamkeit und systematische Untersuchung zuteil werden lassen, die sie verdient.* (139, 203, 207)

FISCH. Sollen wir angesichts dieses Lehrstücks der Wahrnehmungspsychologie wirklich aufrechterhalten, die Menschen des Jungpaläolithikums hätten insgesamt und permanent auf einer „magisch-mythischen Bewußtseinsstufe", mithin in religiösen Welten gelebt, die uns schlechterdings nicht mehr nachvollziehbar seien? – Am häufigsten dargestellt wurden in diesen Höhlen naturgemäß die häufigsten und zugleich imposantesten Tiere: Rosse und Rinder. Rosse und Rinder waren auch noch Indras gewöhnliche Beute beim Aufbrechen seiner Höhle; ja, noch in der Höhle des Christkinds fehlen (jetzt kastriert und träge) Ochs und Esel nicht. – Der Vergleich von Indras Höhle mit den ausgemalten Höhlen des Jungpaläolithikums (deren Einzeldarstellungen mehrheitlich in geritzten oder gemeißelten Gravuren bestehen) liegt um so näher, als Indras Herauspickeln der unterirdischen Schätze oft genug in Metaphern beschrieben wurde, die sich in die Metaphernreihe Lorblanchets unschwer einfügen lassen.

Du Indra, schlägst Roß und Rind heraus ... – Der Fels brachte ... seine Leibesfrucht zur Reife ... – Wie die Brut des Vogels, nachdem sie die Eier gespalten hat, so trieb er ... die Kühe (als die Brut) des Berges heraus. Er erspähte die mit einem Fels verschlossene Süßigkeit (das heißt die Kühe und ihre Milch) *wie einen Fisch, der im seichten Wasser wohnt* (und durch Tarnung seine Konturen verwischt) ... (Er) *holte sie heraus wie einen Becher* (durch Schnitzen) *aus dem Baum ... Er fand die Usas* (= die Morgenröte)*, er die Sonne, er das Feuer; er vertrieb durch Zauberkünste die Finsternis.* (Er) *holte (die Kühe) des Vala* (= der Höhle) ... *wie das Mark aus dem Gelenk.* (Q 6)

In der gespenstischen Atmosphäre der eiszeitlichen Kulthöhlen unterbricht jeder Hauch von Reflexion, von „Besinnung", von „bewußtem" Hinsehen das unterirdische Schauspiel. Nur wenn wir uns, durch die fremde Welt zu einer Art Trance entrückt, treiben und gehen lassen, nimmt der sonderbare Zauber seinen Lauf. – Auch andere Trancezustände führen zu diesem Ergebnis: Nur ein versonnener Blick zum Himmel, und aus Quellwolken wachsen uns wieder Pudel und Krokodile; ein hübsches Lied in der Badewanne, und aus den Lüscher-Klecksen der Schaumschwaden erstehen Frösche und Kamele ... Ein paar Sterne genügen, um darin Zwillinge, Jungfrauen ... Stiere zu sehen. Ein paar Krater auf dem Mond machen ihn sogleich zum Gesicht. Und Blicke in die Sonne mit ihren schwirrenden Nachbildern regten seit jeher an, darin ein göttliches Auge zu sehen; sei es des ägyptischen Re, des indisch-iranischen Mitra/Mithra[15] oder des christlichen Gott-Vater. Zwei äugelnde Scheinwerfer machten bekanntlich aus blechernen Kisten Enten, Käfer oder Jaguars; samt Schnauzen, (Kot-)Flügeln und Tigern oder sechsbeinigen Wölfen (Agip) im Tank. Ja selbst Tapetenmuster und Holzmaserungen mit ihren Augen-Ästen regen bisweilen zu solch wilden Synthesen an; desgleichen Baum-, Landschafts- oder Gebirgssilhouetten: Meiner Heimatstadt Lindau gegenüber stehen die Massive der *Drei Schwestern*, des *Alten Mannes* ... des *Didamskopfs*.

Ob die Höhlenkunst des Jungpaläolithikums tatsächlich darauf angelegt war, in diesem Sinne Schöpfung zu reinszenieren, ist mangels belegender Texte nicht mit letzter Sicherheit zu beweisen. Bei einem der ältesten erhaltenen Texte der Menschheitsgeschichte, dem Rigveda, ist dieser Sinn aber nachweisbar. Dort nämlich begegnen zwei Götter, deren zentraler Charakter in der Repräsentation wilder Synthesen besteht: Agni und Soma. – Sie geben nun auch Gelegenheit, genaueren Einblick in den täglichen Kult der damaligen Menschen zu vermitteln; einen Kult, der in ähnlicher Form auch von den eiszeitlichen Menschen inszeniert worden sein könnte.

Zuerst zu Agni:

Agni, den Feuergott, lernten wir oben schon als Indras Freund kennen. Denn mit seiner (Rauch-)*Säule* stützte er für Indra den Himmel (Q 7), und nach Indras Jagdzügen *kochte* Agni *dem Freund sogleich nach dessen Wunsch dreihundert Büffel* ... (Q 8).

Agni, etymologisch verwandt mit lat. *ignis, „Feuer"*, und engl. *ignition*, war beides in einem, Feuer und leibhaftiger Gott – und damit schon von der Konzeption her ein morgenrotes Mischwesen, ein Produkt wilder Synthesen. Sehen wir uns seine sonderbaren Auftritte genauer an:

3. Das Somaopfer

SCHWESTERN. Ort und Zeit von Agnis göttlicher Epiphanie war der morgendliche Opferkult. Er wurde auf einem abgesteckten Opferplatz, unter freiem Himmel und etwa eine Stunde vor Sonnenaufgang eingeleitet. Agni galt dabei die erste Zuwendung:

Bereitet waren ihm dafür in der Regel drei Feuerstellen. Hier, so wurde er gebeten, möge er sich niederlassen. Bisweilen wurde er dazu durch Blasen und Fächeln aus der grauen Glut des Vortages entfacht; rigvedisch gesprochen:

> *… er wird aus den Alten aufs neue geboren; im Holze steht der Ergraute mit dem Rauch als Fahne …* (Q 9).

Bisweilen wurde Agni auch dem Herdfeuer des Hauses entnommen und behutsam zur Opferstelle hinausgetragen:

> *Wie ein im Hause geborenes Kind dich großziehend trägt dich die Mutter getreulich.* (Q 10)

In der Regel allerdings wurde Agni in der morgengrauen Finsternis neu angezündet. Die (männlichen) Priester feuerten Agni dabei mehr im geistigen und übertragenen Sinn an; nämlich mit eigens für Agni komponierten Kultliedern. Den Frauen dagegen oblag die Würde des physischen Anfeuerns: Mit zwei Reibhölzern erzeugten sie die erste Glut – und damit begann Agnis erster Auftritt, fürwahr ein grotesk-verrücktes Schauspiel wilder Synthesen:

Schon die Reibhölzer selbst, auferstanden bei der „Geburt" Agnis in unheimlicher Eigendynamik wie spukende Geister, nahmen Tier- und Menschengestalt an und wurden zumal zu Agnis – Müttern:

> *Agni … ist in den beiden Reibhölzern verwahrt, wohlaufgehoben wie die Leibesfrucht in der Schwangeren … – Wie Schwarzantilopen hüpfend, zitternd, laufen sich seine beiden beisammenwohnenden Mütter* (das heißt die Reibhölzer) *um das Kind ab, das die Zunge vorstreckt, (Funken) stiebt, gierig, sich bewegt … – Zwei ungleichfarbige (Kühe)* (das heißt die Reibhölzer) *wandeln, einem schönen Ziele folgend; eine um die andere säugen sie ihr Kalb … – Wie ein Pferd wiehernd wird er durch die Frauen entzündet … – Der Zweigeborene, – … das Zweimütterkind. – Flamme hoch, du Jüngster! – Herausgerieben ist der jugendliche Seher, … des Opfers Leiter.* (Q 11)

Gehalten und geführt wurden die Reibhölzer dabei von den Händen der

Frauen. Und auch deren emsige Finger blühten den Dichtern (vermittels einer wunderschönen Metapher nebenbei bemerkt) sogleich zu phantastisch lebendigen Mischwesen und Personifikationen auf: nämlich zu *zehn unverheirateten Schwestern.*[16] So wie Indra von den Schwestern und Mädchen des Clans umhätschelt und „aufgezogen" wurde, so, nur übertragen, auch der kleine Agni, das neugeborene Feuer, von den zehn Fingern:

> *Die zehn Finger haben als allerersten erzeugt den von den Müttern schöngeborenen Liebling. – Zehn (Finger) erzeugten diesen Sprößling …, die unermüdlichen Jungfrauen das Tragekind … – Zehn unvermählte Schwestern halten vereint den neugeborenen Mann umfaßt. – Den die zweimal fünf beisammen wohnenden Schwestern erzeugt haben …, den frühwachen Agni …, hell, mit schönem Munde, scharf wie eine Axt. – Die ebenbürtigen (Finger) regen verliebt den Verliebten auf wie die Frauen … den rechtmäßigen Gatten.* (Q 12)

Agnis nun folgender, zweiter Auftritt war von erotischer Attitüde. – Wie noch heute galt das Feuer auch schon damals als Symbol und Repräsentant der Liebe. Während der Wochen, als ich dieses Kapitel schrieb, trillerte mehrmals täglich ein Song durch den Äther, in dem es hieß: *you're my fire, my desire …*

KÜSSE. Zur weiblichen Sippschaft aus mütterlichen Reibhölzern und schwesterlichen Fingern kamen zwei weitere Muttergestalten hinzu: die ehrwürdige *Nacht* und die zauberhafte *Morgenröte. Nacht* und *Morgen*, beide gleichermaßen als *Schwestern* bezeichnet, gebaren Agni auf ihre Weise: Denn jetzt, beim Einbrechen des ersten, schwarzroten Lichts, beim tanzenden Wechselspiel zwischen Nacht und Morgenröte, warf auch Agni selbst die ersten Schatten und Konturen, wurde insofern von den beiden Schwestern „geboren":

> *Wie die* (Göttin) *Nacht küßt die Usas* (= Morgenröte) *den jüngsten (Agni), den … leiblichen Sohn …* – (Sie, Nacht und Morgenröte sind) *die beiden allbegehrten Mütter …, von denen du Jüngster geboren bist als der Liebling. – Du bist der Liebling der großen Usas. – Der Buhle der Morgenröten ist erwacht aus ihrem Schoße* … – (Hier) … *erstrahlt er seit alters, wenn er im Schoße der Mutter, an ihrem Euter erglühte … – Wie der Buhle der Morgenröte hat er seinen breiten Schein ausgestreckt, mächtig glänzend, scheinend, flammend. Der goldige, blanke Bulle erglänzt im Glanz … – So oft Usas (und die Nacht), die ungleichartigen, gebären, kommt der weiße Renner vor Anbruch der Tage zur Geburt. – Gleich nach der Empfängnis hat sie* (Usas) *den Bullen geboren …* (Q 13).

Die erotischen Abenteuer von Agnis älterem „Bruder" Indra werde ich später noch eingehend besprechen und psychologisch aufschlüsseln. Auch sie galten der Göttin Morgenröte, waren aber knisternd und charmant, das heißt mit Scheu und Distanz untermischt. Die erotischen Avancen Agnis dagegen sind unverblümt, ja offen sexuell. Denn komplementär zu Usas, die ihren *Liebling … küßt* und als *Buhlen* erwählt, gibt sich Agni ohne Scham:

... mit der Zunge essend ... leckt (küßt) er heftig die Jugendliche (= Morgenröte). *– Der starke, wunderschöne, speisereiche (Agni) beschläft (sie) als rechtmäßiger (Gatte). – Steck (ihn) kundig in die Ausgestreckte hinein.* (Q 14)

Anders als bei Indra muß ich hier gestehen, nicht wirklich zu verstehen, warum dies so ist. Dennoch zweifle ich nicht, daß hier psychologischer Sinn waltet. Denn auch die Welt des kleinen Yama (der, wir werden es gleich sehen, Agni sehr nahe stand) war frei von sexuellen Tabus, ja war geradezu „pervers". Denn Yama trieb es gar mit seiner eigenen Schwester. *Yami*, Yamas Zwillingsschwester, jedenfalls forderte den kleinen Gott einst auf:

„Über mich, Yami, ist die Liebe zu Yama gekommen, mit ihm auf gleichem Lager zusammen zu liegen. Wie das Weib dem Gatten will ich den Leib hingeben. Wir wollen hin und her schieben wie die Wagenräder (in den Naben) *... Von Liebe toll flüstere ich das immer wieder: Vereine deinen Leib mit meinem!"* (Q 15)

Sonderbare sexuelle Anwandlungen hatte auch Soma. Wir werden gleich noch im Zusammenhang lesen, daß er – Kühe bestieg.

Und zuletzt: Auch daß in den Höhlen des Jungpaläolithikums so häufig Darstellungen von weiblichen Vulven[17] gefunden wurden, könnte in diese Reihe gehören. Auch hier wurde Sexualität allem Anschein nach mit einer Phase in Verbindung gebracht, in der die Schöpfungshöhle noch nicht aufgebrochen ist, und die „Dinge" noch im Fels verborgen, im Rohzustand wilder Synthesen ihrer Ausgestaltung harren. – Doch dies nur am Rande.

FLAMMENHAARE. Jetzt, nachdem *Nacht* und *Morgen*, die *beiden Reibhölzer* und die *zehn unverheirateten Schwestern* den kleinen Agni „geboren" und zum ersten Lodern großgezogen hatten, begann der Gott, dritter Auftritt, seine wundersame Macht auszuweiten. Noch war das Opfer erst in Vorbereitung, die Sonne noch immer unterm Horizont, das Blickfeld begrenzt; noch waren die Schatten wankend, die Konturen flackernd, die Gesichter der Umstehenden rot und weitäugig – und Agnis Prasseln, Zischen und zeitweiliges Knallen dabei überlaut, alle Geräusche der Nacht unheimlich verschluckend. – Wer mochte hinter einem stehen? Was war das eben, dort im Busch? – Hier, so läßt sich leicht vorstellen, drang die seelische Schicht wilder Synthesen an die Oberfläche; ganz ähnlich wie in den Höhlen des Jungpaläolithikums. *Um dich*, heißt es in einem der Lieder an Agni,

... versammeln sich ... die Tiere, sobald du ... entzündet wirst. (Q 16)

Vor allem natürlich der Blick in Agnis Flammen selbst brachte nun aber den Spuk wilder Synthesen in Gang:

Glutzahnig, im Gehölz vom Winde angefacht schnauft er wie ein siegreicher Stier in der Herde. – Seine Kraft zeigend macht er seine Leiber schön; wie ein furchtbarer (Büffel), ... schwer zu packen. – Wie ein Bulle, der die Hörner wetzt und hin und her schüttelt, ist Agni. – ... ein spitzhörniger Stier, – ... der rötliche Bulle ... – Er schnaubt freßlustig wie ein Roß. – Er zischt dasitzend wie ein Schwan im Wasser … (Q 17)

Leben verlieh dem Gott auch sein Ungestüm und seine Gefährlichkeit. Denn zumal hier, im tropischen Indien, drohte er auszubrechen wie ein wildes Tier; und desto mehr, je mehr Scheite ihm zur Nahrung hingeworfen wurden: Im einen Moment konnte Agni noch zärtlich gepriesen werden mit Worten wie *gar wunderbar ist des zarten Kindes Wachstum* (Q 18), im nächsten schon bedrohlich losbrechen und durchbrennen, das Spiel mit dem Feuer zur Katastrophe werden:

Agni … hat hundert Schliche, der Meister. – Wie ein Knabe den geheimen Ort der Mutter suchend, kriecht er immer weiter zu den weiten Pflanzen … Nicht spielend und doch spielend … – Denn die Steppe, das bewohnte (Land) mäht er … wie ein (grasendes) Tier, der mit goldenem Barte … von ungeschwächter Kraft, – … der Hengst, der Seher, wie ein Rennpferd losbrechend, wie die Sonne leuchtend, mit hundertfachem Leben. – Die goldgelben Feuer mit dem Rauch als Fahne streben vom Winde getrieben jäh gen Himmel … Schwarzer Dunst ist zu Füßen … auf seiner Bahn, wenn Agni auf der Erde rodet … Mit seinen Zungen auf und ab fahrend, mit der Flamme hin und her flackernd, leuchtet Agni in den Wäldern. – Wie einen zornigen Löwen umstellen sie ihn ringsum. (Q 19)

Doch trotz seiner Tücken stand Agni in höchsten Ehren, ja sein zischendes Knistern wurde mit Opfergaben gespornt und geschürt: Zum einen mit Milch und (Honig-)Kuchen; zum anderen und vor allem aber mit Schmalz. Hell entflammend stob und spritzte er, sobald er mit der ausgelassenen Butter, seinem Leibgericht, beträufelt, rigvedisch gesprochen: *gesalbt* wurde. Gereicht wurde das Schmalz dabei mit speziellen Opferlöffeln:

Der Reiskuchen ist gar, o Agni …; den laß dir schmecken, du Jüngster!
Von Rechts wegen ward ja der Stier, der männliche Agni, mit der rahmigen Milch gesalbt … – Es träufeln für dich, du Guter, die Tropfen auf die Haut. – Die schmalzigen Tropfen des Fettes träufeln für dich ab, du Lauterer. – Schmalz ist Stärkung für … Agni, Schmalz seine Speise, Schmalz seine Mastung. Mit Schmalz begossen, dehnt er sich weithin aus; wie die Sonne leuchtet er, dessen Tränklein Schmalz ist. – Deine Flamme, Agni, leuchtet aus dem Schmalz auf, … die Opferlöffel auf den Mund küssend. (Q 20)

HERRSCHERAUGE. Nicht nur als Bulle, Roß, Löwe, … Schwan erschien Agni, sondern natürlich vor allem als Mensch; und erwartungsgemäß vor allem als menschliches Gesicht – mit leuchtenden, fürwahr königlichen Augen:

Mit rotem Schopfe – weiß ist sein Aussehen – ist er … zu rechter Zeit geboren worden. – Der Flammenhaarige macht die Hölzer klein … – Versteckt ist sein Kopf, abseits die Augen. Nach allen Seiten kehrst du dein Gesicht … – (Er,) *der vielerlei Gesichter hat. – Mit deinem scharfen Auge, Agni, bewache das Opfer … – Du mit*

> *dem Herrenauge, ... erstrahle ... in den dunklen (Nächten) hellrot, o Agni. – Mit dem Herrscherauge erspähe ... – Agni (hat) ... Herrscheraugen ...*
> *Das Schmalzgesicht erstrahlt hell, – ... in Schmalz festlich gekleidet ... – Das Schmalzgesicht ist weithin aufgeleuchtet.*
> *Den Agni mit drei Köpfen ... will ich preisen. – Du, Agni, ... der vieräugige Wächter ...* (Q 21)

Vieräugige Wächter, wir erinnern uns, waren auch schon Saramas Welpen. Und auch *drei Köpfen* werden wir bald bei einem weiteren Wesen wieder begegnen: bei Vrtra, dem Drachen. – Im übertragenen Sinn können diese *drei Köpfe*, typisch für Agni, natürlich auch als die drei Feuerstellen des Opferplatzes aufgefaßt werden; in ähnlicher Verwendung wie z. B. bei unseren ‚Brücken-Köpfen'. Kein Zweifel aber, daß Agnis Dreiköpfigkeit auch wortwörtlich verstanden werden wollte.

Man könnte sich angesichts dieser grotesken Bilderwelt um Agni in der Tat verleiten lassen, mit Max Müller auszurufen: *Geschwätz von Idioten und Fieberwahn von Verrückten.*[18] – Doch ist dies alles wirklich einfach nur verrückt und Ausdruck einer menschheitsgeschichtlich „primitiven" und „vorrationalen" Bewußtseinsstufe? Ist es nicht vielmehr bemerkenswert, daß auch wir Heutige, sobald mit einigen Hinweisen darauf eingestimmt, diese Bilderwelt noch immer verstehen? Und ist unsere eigene Sprache nicht auch noch heute voll von ähnlichen Metaphern? Man denke an knisternde Affären, feuriges Temperament und feurige Herzen, an glimmenden Haß, lodernde Wut, verrauchten Ärger; an brennenden Schmerz, sengende Hitze, zündende Ideen, entfachte Debatten. Man denke auch an Gerhart Hauptmanns *Der Rote Hahn*, an Feuerteufel (für Brandstifter), an Feuersbrünste usw.

Gewiß, wer solche Metaphern allzu wörtlich nimmt und deshalb z. B. bei Ärger tatsächlich Rauch sieht oder riecht, der ist wirklich verrückt; modern gesprochen: er befindet sich in einer paranoid schizophrenen Episode. Aber daß auch dies zu den Möglichkeiten des Menschseins gehört, zeigt, wie dicht unter der Oberfläche der „Sekundärprozesse" die alte und primäre Welt wilder Synthesen liegt: nur abgeschirmt durch eine dünne Membran. Eine einfache Trance, ein Traum, halluzinogene Drogen, ... dichterische „Phantasie" oder eine religiöse „Erleuchtung" führen auch „Gesunde" sofort wieder hinunter in diese „verrückte" Welt des „Unbewußten".

Verrückter schier noch und noch wilder umwuchert von blumigen Metaphern und magischen „Erklärungen" als die Welt Agnis war die seines „Bruders" Soma, des Rauschtranks.[19] Auch Soma war beides in einem, bloße Sache und leibhaftiger Gott; auch er deshalb göttlicher Repräsentant wilder Synthesen:

Befiedert. Jetzt, nachdem das Opferfeuer des Kultplatzes entzündet war und die Morgenröte schon siegreich die Nacht zurückgedrängt hatte, war die Zeit Somas gekommen. Noch war Surya, die Sonne, nicht mit seinen ersten leuchtenden Schlieren über den Horizont getreten; noch dominierte die nur sanft geneigte orientalische Mondsichel das Firmament – in metaphorischem Überschwang galt sie nicht nur als das Gehörn des Bullen Soma, sondern auch als Schale des morgendlichen Taus und somischen Rauschtranks.[20] – Noch lag die Welt in verschwommenen Konturen; da und dort schon ein brüllendes Kalb und erste Takte eines singenden Vogels; sonst nur das Geprassel Agnis, das Gemurmel der Opfernden und der tiefstimmige Gesang reimverschränkter und bedeutungsverwischender Kultlieder. – Die Schöpfungswelt wilder Synthesen, bislang allein mit Agni reinszeniert, wurde nun, im zweiten Akt des morgendlichen Opferkultes, mit Soma, dem Rauschtrank, noch hingehalten – und damit zumal das wilde, sich erst jetzt in seiner ganzen Palette abzeichnende Farbenspiel des Himmels und der Erde unterstrichen. Ob seiner farbentfaltenden Macht galt Soma als *bunter Bulle, der alle Farben der Kühe kennt* (Q 22).

Indes darf die „chemische" Wirkung des Somarausches nicht überschätzt werden. Mit Geldner gesprochen:

> *Von einer eigentlichen Somatrunkenheit kann nicht die Rede sein, noch weniger von einem orgiastischen Somakult.* (III 2)

Soma war eine milde Droge; in ihrer Wirkung vielleicht mit einer kleinen Dosis Marihuana vergleichbar. Denn Soma galt zwar als der *lustigmachende* (Q 23); und tatsächlich muß er ein wenig beflügelt und beschwingt haben. In seiner halluzinogenen Kraft aber hatte er gegenüber dem tatsächlichen Schauspiel der im morgendlichen Zauber neu entstehenden Welt nur einen katalytischen Effekt. Die Förmlichkeit des gesamten Rituals um Soma sowie die strenge Metrik der dabei rezitierten Dichtungen verbieten es, ihm eine grundsätzlich andere Wirkung zuzuschreiben als der christlichen „Droge" des Meßweins: Auch dessen Wirkung gilt ja als weltbewegend, obwohl auch er nur in kleinen Schlücken getrunken wird und von geringer psychedelischer Macht ist.

Soma, *auf dem Berge gewachsen*, war eine Pflanze, deren Bestimmung noch immer unsicher ist.[21] Sie war belaubt, wörtlich: *befiedert* (Q 24) – eine Bezeichnung, die Botaniker noch heute gebrauchen. Zum Opfer verwendet wurden aber vorrangig ihre getrockneten, rötlichen Stengel. Diese wurden in einem komplizierten Ritual erst gewässert, dann auf einer Art Altar in der Mitte des Opferplatzes zwischen zwei eigens behauenen Steinen ausgepreßt, und zuletzt ihr Saft getrunken. Die einzelnen Schritte des Rituals werden aus den gleich eingeblendeten Texten hinreichend klar:

Terminiert war das Somaopfer, wie gesagt, auf die Zeit der Morgenröte, personifiziert wiederum zur Göttin *Usas*, deren *Schwester, die Nacht*, ihr nun wich. Wie gegenüber Agni zeigten sich die beiden Schwestern auch gegenüber Soma als junge *Frauen* von höchst erotischer Ausstrahlung und zugleich auch wieder als seine *Mütter*. Nacht und Morgen galten überdies als *Töchter* des *Surya, „der* (männlichen) *Sonne"*:

... die jüngsten Töchter und die Mütter ... putzen des Himmels Kind (= Soma). – *Nach den beiden Schöngeschmückten, Hohen, Großen verlangt der sich Läuternde* (= Soma) *brünstig, nach Nacht und Morgen wie nach zwei schönen Frauen. – Der Aditi Enkelin* (= Usas, die Morgenröte) *löst (ihr Gewand) für ihn* (das heißt entkleidet sich vom Gewand der Nacht).
Der bunte, an der Spitze gehende (Stier = Soma*) hat die Morgenröten erstrahlen lassen, – ... die schwarze Haut* (= Nacht) *vertreibend. – Die göttlichen Tore gehen mit ihren Flügeln hoch auf, die goldenen ... – Vor dem Sonnenfinder breiten sich die Welten* (Himmel und Erde) *aus.* (Q 25)

Königselefant. Die eigentliche Kelterung des Soma vollzogen die Priester, namentlich deren Hände mit ihren zehn Fingern; rigvedisch gesprochen also wieder die *zehn unverheirateten Schwestern*:

Es putzen dich die zehn Finger. – Dich reinigen die zehn jungen Frauen, – ... die zusammen aufgewachsenen Schwestern. – Ihn fassen die zehn feinen Frauen im Wettbewerb an, ... ihn treiben die Unvermählten zur Eile, ... die zehn goldfarbigen, geschäftigen (Finger), von denen er zum Rausche schön gemacht wird. (Q 26)

Nach dem „Putzen" Somas begann die phantastischste Szene: das klappernde Werk der Preßsteine – in wilden Synthesen zu allerlei Tieren verlebendigt und zu Menschen personifiziert:

Wie die Gänse so machet ihr mit den Preßsteinen taktmäßiges Geräusch ... – Diese sollen ihre Rede anheben, wir (die Priester) *wollen unsere Rede anheben ... Diese* (Preßsteine) *reden hundertfältig, tausendfältig, sie brüllen her mit ihren gelben Mäulern ... Indem sie nach dem Zweige des rötlichen Baumes schnappen, haben die gutkauenden Stiere losgebrüllt ... Sie reden laut durch den berauschenden, lustigmachenden (Soma) ... Kundig haben sie, von den* (zehn) *Schwestern untergefaßt, getanzt,* (die) *mit ihrem Getrappel die Erde widerhallen machen ... Die schwarzen Antilopen* (= die Preßsteine) *haben eifrig auf dem Weideplatz* (= Opferplatz) *getanzt, ... wie spielende (Kinder) die Mutter stoßend ... – Brüllend wie die Kühe zu ihrem Kalbe fließen die Säfte.* (Q 27)

Um zur nächsten Szene der Somabereitung überzuleiten, heißt es einmal an die Preßsteine:

Sie sollen (jetzt) abtreten, sich (wieder) *als Steine fühlend!* (Q 28)

Tropfenweise war der Saft bei der Pressung abgeflossen. – Zur Läuterung wurde er anschließend durch ein Büschel oder Vlies aus Schafswolle geseiht und hernach über ein Stück Rindsleder, zu einer Rinne geformt, in eine geschnitzte, *eisenbehauene* (Q 29) Kufe geleitet. Darin wurde der (bittere) Saft zuletzt mit Wasser und Milch vermischt, bisweilen auch mit Honig gesüßt. – Die einzelnen Schritte im Originalton:

Des Himmels Kind (ging) *... in die Haarseihe. – Der König geht brüllend über die*

Seihe; – … wie ein echter König in der Versammlung wandelnd, – … geputzt wie ein folgsamer Königselefant. – Der Saft wiehert (als brünstiger Hengst) *in der Seihe.* (Er) *ist, wie ein Kind spielend, abgeflossen, – … in Fluß gebracht auf der Kuhhaut. – Der hellsehende Falbe rinnt (rennt) … brüllend auf seine Wiege zu.*
Sich läuternd setzt sich Soma in den Krügen … – taucht in seinen Panzer unter, – … setzt sich in den wohlbereiteten Schoß, – … in sein Nest. – Der Preisrenner ist durchs Ziel gegangen, – … von den Männern in der goldenen Kufe gezügelt.
Rühret Süßigkeit in die Süßigkeit … – den Saft des Honigs … – Soma hat sich wie in ein frischgewaschenes Gewand (in die weiße Milch) gehüllt, – … wie der Sohn in die Arme der (Mutter), um (die Milch) zu genießen. – Lasset ihn wie ein Kalb mit seinen Müttern (= Wasser und Milch) *zusammen … – Die Mischmilch … machte er sich zum Festgewand.*
Werde rötlich, wenn du dich mit den Milchkühen vermischst wie (mit Frauen), die einen schönen Schoß haben. – Der Bulle (= Soma) *steigt auf die Kühe* (das ist die Mischmilch) … *nach Kühen verlangend. – Der (Opfer-)Ordnung Vorschriften aufs neue leitend, geht er als Gatte zum Treffort seiner Frauen.* (Q 30)

Kommunion. Mit dem Mischen und Süßen des Soma war die Kelterung abgeschlossen. – Von Vogelgesang begleitet war inzwischen die Sonne aufgegangen und ließ die grellen Farben der Morgenröte allmählich im Licht des Tages verblassen. Die Schleier der Morgennebel wichen jetzt klaren, bis zum Lichtstreif des Horizonts reichenden Konturen und eindeutig unterscheidbaren Objekten. Sterne und Mond hatten sich in den Strahlen Suryas aufgelöst. Die Bäume und Opferpfosten, fest im dunklen Braun und Grün der Erde verwurzelt, schieden und stemmten schon sicher die blau-schwarze Decke des Himmels … Binnen vielleicht einer Stunde hatte sich jetzt die urtümliche Schöpfung wiederholt: vom Chaos der Nacht, dem ersten Leuchten und Flakkern Agnis über das wilde Farbspiel unter der Ägide Somas bis zum Morgen des heraufsteigenden Taggestirns … Die Zeit Agnis und Somas war nun vorüber: Soma, von den Preßsteinen zerquetscht, war nun tot und geopfert[22]; und auch Agnis verbliebene Glutröte war jetzt vom Licht der Sonne überstrahlt: der Gott deshalb erneut „ergraut“, erloschen und tot. Nur seine Fahne und Rauchsäule half noch, den Himmel zu stützen … – Auf das Motiv des Opfertods von Gottessöhnen werde ich bald noch genauer zu sprechen kommen.

Jetzt aber, nach Agnis und Somas „Tod“, hatte die Welt das Stadium erreicht, in dem Indra sie erlebte. Wie einst von Indra erschaffen, lag sie nun da: weit ausgedehnt, mit befestigtem Horizont, trianguliert und schon in der Auflösung des Zaubers wilder Synthesen begriffen. Der erste Sonnenstrahl war der Moment von Indras „Geburt“ gewesen; und jetzt, beim Aufsteigen der Sonne und im Gold des beginnenden Tages, war die Herrschaft des *goldig Geborenen … mit goldgelbem Haupthaar* (Q 31) angebrochen. – Große Könige waren seit jeher mit der aufgehenden Sonne assoziiert[23], und wir werden uns Indra deshalb mit einer jener juwelenblinkenden und sonnengoldenen Strahlenkronen denken dürfen, wie sie Könige noch heute tragen.

Ihm, Indra zu Ehren ward deshalb nun der fertige Rauschtrank in kleinen Schlücken und mit einem Stückchen fester Speise (Reiskuchen o. ä.) getrunken. Denn was zur gelungenen Wiederholung der Schöpfung noch fehlte, war einzig das Schöpfungsferment: Milch und Honig – in Form des geopferten Soma.

Zweck des gesamten Kults war die mystische Vereinigung, die unio mystica oder Kommunion mit Indra. Zug um Zug hatten sich die Anwesenden bislang in die Entwicklung von Indras Welt zurückversetzt und waren dabei – rituell – Schritt für Schritt zu Indra geworden. Das kultische Mahl vollendete und krönte jetzt die Kommunion, das heißt die Einswerdung mit Indra. – Wie eine Art „Prosit" wurde deshalb in immer neuen Wendungen dem geopferten Soma nachgerufen:

> *Zieh ein in das Herz des Indra, ... in des Indra Bauch! – ... als Süßtrank dem Indra eingeschenkt. – Deinen Rausch, du gewaltigster Indra, ... erbitten wir. – Sei unser Zechgenosse! – Dieser Soma soll zu dir, Indra, wie ein Verhüllter zu Frauen schleichen ... – Wie die Kuh mit der Milch zum Kalbe, (kommen) die Säfte, die süßen Wogen zum Keulenträger Indra. – Die schönfarbigen Wogen des sich läuternden Soma gehen in des Indra Leib. – Du bist Indras Leben, seine höchste Labung. – Den Süßesten für Indra! – ... des Indra Herzgewinner. – Wie Vögel auf schönbelaubten Baum haben sich die Somasäfte in Indra gesetzt.* (Q 32)

Die Kommunion mit dem goldigen Gottessohn war Höhe- und Mittelpunkt des Gottesdienstes; ganz ähnlich wie bei den Christen noch heute. – Der Effekt freilich muß lebhafter gewesen sein: Denn mit Indra eins geworden, sangen die von der duftenden *Blume des Süßtranks* Beflügelten und *die mit dem bunten (Stiere) Schwangeren* (Q 33) Dinge wie:

> *Wann Indra das ... ausgemolkene somische Süß getrunken hat, wächst er, geht er in die Breite, fühlt er sich als Bulle. – (Er ist der) Finder des Himmelslichtes ... mit goldschimmerndem Boden, rauschgestärkt durch die Dichter. – Unerschütterlich wie ein Berg in seinen Grundfesten ist Indra.* (Q 34)

Damit ließ sich der Tag beginnen.

DOPPELZAHNIGER. Nachzutragen bleibt noch, daß auch die Kulte um Agni und Soma nicht einfach nur naiv und intuitiv vollzogen wurden, sondern daß die Menschen damals auch bei diesen Göttern wußten, welche Phasen der Schöpfung sie repräsentierten. Sie „wußten" es zwar vielleicht nicht in wissenschaftlichen Begriffen; aber doch so präzise, daß sich ihre Datierungen mit den Ergebnissen der modernen Säuglingsforschung abgleichen lassen:

Daß die Welten Agnis und Somas insgesamt der frühen Kindheit zugeordnet waren, ist aus den oben zitierten Texten schon klar genug; denn Agnis und Somas *Geburt*, ihre *Mütter*, die frühmorgendliche Umgebung und zumal natürlich Anreden wie *Tragekind*, *Schmalzgesicht* oder *des Himmels Kind* sind unmißverständlich. Darüber hinaus aber lassen sich beide Götter, genauer, jener

Phase der frühkindlichen Entwicklung zuordnen, die auch die moderne Säuglingsforschung für die Ausbildung der entsprechenden optischen Fähigkeiten ansetzt: die Zeit zwischen den ersten Lebenswochen und etwa dem sechsten Monat.

Für Soma erinnere ich nur noch einmal an seinen Platz in *seiner Wiege*, in seinem *wohlbereiteten Schoß* und *seinem Nest*, sowie an den Umstand, daß er sich *wie der Sohn in die Arme der (Mutter)* begab, *um (die Milch) zu genießen*; alles Posen, die für ein Kind vom Alter Indras nicht mehr typisch sind. – Zu Agni ein paar Worte mehr:

„Leitfossil" zur Altersbestimmung Agnis sind wieder die Zähne. Im allgemeinen hatte Agni, wie Sechsmonatige, noch keinen, einen oder zwei Zähne – und mußte sich beim Verzehr seiner Nahrung entsprechend behelfen (nagen und züngeln gehören noch heute zum Assoziationsfeld von Feuer):

> *Ohne zu kauen ißt er mit der Zunge die Hölzer. Nicht spielend und doch spielend muß der Goldfarbige ohne Zahn essen.* – (Er), … *der die Hölzer mit schlampfendem Zahne zusammenrafft, mit zermahlender Zunge den Gottesdienst gut versehend* … – *Da und dort klappen seine geöffneten Kinnbacken zusammen; ohne zu kauen, fressen sie schnappend viel.*
> *Obwohl noch Kind, muß Agni schon erfahren sein,* … *der hellen Zahns die Hölzer festhält* … – *Glutzahnig, im Gehölz vom Winde angefacht, schnauft er wie ein siegreicher Stier in der Herde* … – *Der Goldzahnige, der in den Gewächsen flackert* … – … *du schönzahniger Hausherr* …
> *Beide Hauer, du Doppelzahniger, schlag ein als Raubtier, den unteren und den oberen schärfend!* … *mit deinen Fangzähnen schnappe* … – *Seinen scharfen Kinnladen ist nicht zu trotzen; er hat gute Beißzähne, der jüngste Sohn der Kraft.* – *Viele (Hölzer) macht der Geschickte mit den Zähnen klein.* (Q 35)

Gewiß, in den zuletzt aufgezählten Passagen könnten auch schon mehr als zwei Zähne gemeint sein; und tatsächlich finden sich – sehr vereinzelt – auch Wendungen wie:

> … *er erglänzt mit reihenweisen Zähnen.* – (Er mäht) *mit blanken Zähnen, ein Rbhu von ungeschwächter Kraft,* – … *der sich durchsetzende mit starkem Gebiß.* (Q 36)

Doch dies sind die Ausnahmen. – Die Gründe für solche Unstimmigkeit können viele sein. Denkbar wäre bloßer Zufall oder dichterische Ungenauigkeit; denkbar, daß Agni hier – ohne uns rekonstruierbaren Kontext – schon etwas älter angesetzt wurde; denkbar auch, daß verschiedene historische Schichten vorliegen: Denn was aus dem Rigveda spricht, ist eine gewachsene, keine gestiftete Religion: Ihre Systematik ist organisch, nicht konstruiert; eher Altstadt als Neubauviertel: voller vergessener Winkel, Provisorien und eigenmächtiger Anbauten …

Ohne Ausnahmen gelten die weiteren Kriterien zu Agnis Altersbestimmung: Ausdrücklich und in ungezählten Wendungen galt Agni als *der Jüngste* und als *Schoßkind*:

Agni, du bist der Clane Feldzeichen, ihr liebstes schönstes Schoßkind. – Den sie ... wie ein neugeborenes Kind tragen, den Agni ... Er soll sich auf den ihm bestimmten Schoß (das heißt die Feuerstelle) *setzen.* (Q 37)
Flamme hoch, du Jüngster! – Fahre du Jüngster die Götterschaft her ... – Der Reiskuchen ist gar, o Agni ...; den laß dir schmecken, du Jüngster! (Q 38)

Des weiteren war Agni im Rigveda in etwa auf die gleiche Altersstufe wie Yama gestellt, ja wurde mit diesem identifiziert. In einem Lied an Agni heißt es:

Als Yama ist er geboren, als Yama (erzeugt er) das künftige Geschlecht (der Götter) ... (Q 39)

In einem anderen:

Agni ... erfand alle Seherkenntnisse, er wurde des Vivasvat (= Yama) *Bote, der liebe Freund des Yama.* (Q 40)

Der Rigveda wußte noch um weitere Gemeinsamkeiten zwischen Yama und Agni, die auf ihr ungefähr gleiches Alter schließen lassen. Denn auch Agni galt, wiewohl nur vereinzelt, als Höhlengräber, Juwelenfinder und Wegbereiter Indras.[24] – Doch ein ganz anderer Typ von Argumentation gibt mir hier Gelegenheit, ein weiteres Geheimnis der alten Religion zu entschleiern:

RASSELBANDE. Daß Agni, Soma (und Yama) auf allenfalls sechs Monate angesetzt waren, spricht auch aus ihren Namen. Die Namen aller drei nämlich sind mit der Lallsprache Sechsmonatiger (ama, ani, oma) durchaus über die Lippen zu bringen. Die Namen von Indra und Visnu dagegen, beide bereits um die fünfzehn Monate, erfordern schon mehr, und erst solchem Alter angemessene Zungenfertigkeit. Und auch Mitra und Varuna, die Götter „Vertrag“ und „Wahre Rede“, fügen sich in diese Reihe: beide sind bereits mindestens zwei, vielleicht schon drei Jahre alt, und ihre Namen schwerlich vor diesem Alter auszusprechen. – So verstanden wäre die ganze rigvedische Götterschar der *Adityas*, das heißt der *„Söhne der Aditi“*, aufzufassen als eine kleine Rasselbande; im Alter abgestuft vom etwa dritten Lebensmonat bis ins dritte Lebensjahr. Sie alle als Söhne derselben Mutter zu denken ist biologisch zwar Unsinn, psychologisch aber keineswegs: denn die ganze süße Bande von Agni bis Varuna repräsentierte dann die Etappen der gesamten frühen Kindheit.

Die besagte Klangabstufung der Aditya-Namen wird schwerlich bloßer Zufall sein; denn die Psychologie des Rigveda hat durchweg mehr intuitiv-poetischen, mehr assoziativ-driftenden und klangvertrauenden Charakter als unser eher diskursiv-analytisches Denken. – Hinzu kommen weitere Indizien:

Für eine altersabgestufte Reihe und Hierarchie der Adityas spricht, neben dem Klang ihrer Namen, deren Bedeutung. Auch sie korreliert mit der jeweiligen Phase der kindlichen Entwicklung: Agni und Soma leben in der Welt der Objektkonstitution und wilder Synthesen; entsprechend sind ihre Namen personifizierte Konkreta (Feuer, Rauschtrank). Mitra und Varuna dagegen leben in der Welt des Spracherwerbs, zugleich aber noch immer in der Welt des Verlebendigens und Personifizierens; entsprechend sind ihre Namen personifizierte Abstrakta („Vertrag“, „Wahre Rede“).[25] – Die Namen Indra und Visnu springen – scheinbar – aus der Reihe, denn sie haben keine verweisende Bedeutung, sondern sind nichts als purer Name.[26] Genau dies aber macht gerade bei Kindern ihres Alters Sinn. Denn in Indras Alter bündelt und integriert das Kleinkind die Vielfalt seiner Persönlichkeitsanteile allmählich zu einer einheitlichen Person. Und dabei spielt der bloße Name des Kindes eine herausragende Rolle. Er und er allein ist es, was aus der kindlichen Perspektive alles, was „mein“ ist, umfaßt und bündelt. – Jedenfalls war dies die übliche Auffassung in früheren Kulturen.[27] Der Name galt auf breiter Ebene als „Identität“ stiftende Macht schlechthin:

Zu Recht schrieb die Ägyptologin Emma Brunner-Traut einmal über die bewußt eingesetzte Prägekraft der Namen in den früheren Religionen:

> *Der Name … ist von eminenter Bedeutung, denn er konturiert den Einzelnen, hat … grenzsetzende Kraft, die … erst zur Person be„ruft“.* (Früh 83)

Gerade auch für das alte Indien ist diese entwicklungspsychologische Funktion des bloßen Namens vielfach bezeugt und hat dort Auswirkungen bis heute. Karel Werner hob in seinem Aufsatz *Indian Concepts of Human Personality* hervor, daß die „individuelle“ Kontur, die, so Werner, *Charakterstruktur eines Menschen* noch in buddhistischer Zeit (also rund tausend Jahre nach dem Rigveda) durch den Begriff *nama* festgelegt war,

> *… ein Wort, das mit dem englischen* (und deutschen) *„Name“ verwandt ist. Dies vermutlich deshalb, weil in urwüchsigem Denken der Name einer Person … als Träger ihrer Persönlichkeit galt.* (83)[28]

Entsprechend stand Indras Name in besonderen Ehren:

> *Besing … den Indra, den berühmten Namen, den Mächtigen, soweit (es) die Rede (vermag). – Wir beschwören mit allen Lobesworten deinen Namen …* – (Der) *indrische Name* (ist) *als Leuchte geschaffen, wie die falben Stuten* (des Sonnenwagens) *zum Laufen! – Dieser unter dem Namen Indra berühmte Gott erhob sich für Manu* (das heißt die Menschen) … – *Er, … dessen Namen man gern bedenkt … – Immer verkünde ich deinen Namen, du Selbstherrlicher. – Mit seiner Mächtigkeit, mit seinem unsterblichen Namen überdauert er der Menschen Geschlechter. – Deinen Namen fleht jeder schutzbedürftige Erdenbewohner … an, du Vielgerufener.* (Q 41)

Mit einem Wort: Daß Indras Name keine verweisende Bedeutung hatte, sondern bloßer Name war, ergibt psychologischen Sinn – und reiht den „großen“ Gott stimmig in der Mitte zwischen Agni und Soma hier und Mitra und Varuna dort ein.

Dem entspricht komplementär, daß einer von Indras kleineren „Brüdern“ einen Namen trägt, der nicht nur wie bei Agni und Soma ein Konkretum bezeichnet, sondern überdies auf eben diesen psychologischen Hintergrund verweist: Yama. Denn Yama ist, wie viele alte Götter[29], ein Doppelwesen, noch nicht zu *einer* Person gebündelt; er ist noch „multiple Persönlichkeit", metaphorisch gesprochen: ein Zwilling – und *Yama* bedeutet genau dies: *„Zwilling"*.

(Auch das multiple Naturell alter Götter (und deshalb auch der Könige) scheint ein Rudiment bis in die Gegenwart hinterlassen zu haben: die höfliche (= höfische) Anrede im Plural, das heißt den Pluralis majestatis.[30])

Sieben. Und noch ein weiteres Argument spricht dafür, daß die Söhne der Aditi die Etappen, gleichsam die psychologische Schichtenfolge der frühen Kindheit repräsentieren sollten: Indra galt nämlich – wiewohl nur durch einen einzigen Vers bezeugt – als *vierter Aditya* (Q 42):

Die genaue Anzahl und Reihenfolge der Adityas ist aus dem überlieferten Textbestand nicht mehr rekonstruierbar. Zweifellos liegen schon im Rigveda selbst verschiedene und widersprüchliche Systematisierungsversuche vor. Manche Traditionen sprechen von zwölf, die wohl urwüchsigeren aber von sieben Adityas.[31]

Mit der Siebener-Reihe nun würde sich meine psychologische Rekonstruktion gut decken. Denn nach Yama, Agni und Soma wäre Indra dann in der Tat der vierte und damit auch rein numerisch der zentrale Aditya, der er ja ohnehin ist: nicht nur wegen seiner dominierenden Rangordnung, sondern auch wegen seiner Mittelstellung zwischen der Phase der ersten Objektkonstitution und der des Spracherwerbs.

Fraglich ist allerdings, wer dann als fünfter Aditya einzusetzen wäre. Psychologisch würde sich Visnu mit seinen ersten Sprachversuchen gut einfügen; und in einzelnen Liedern nimmt er auch tatsächlich die Mittelposition zwischen Indra und Varuna ein.[32] Ausdrücklich als fünfter Aditya bezeugt ist Visnu aber nicht.

Zuverlässiger wieder ist dagegen das Paar der Spracherwerbs-Götter Mitra und Varuna an sechster und siebter Stelle einzuordnen. Denn zumal Varuna läßt sich an vielen Stellen klar als ältester Aditya erschließen; weshalb ihn Geldner, seinen infantilen Charakter allerdings verkennend, gar *Senior der Götter* (I 412) nannte. Jedenfalls galt Varuna ob seines Alters als *oberster … Aditisohn* (Q 43); und Mitra und Varuna zusammen wurden als *gute Führer* angerufen; sowie mit:

> *… ihr beiden Götter, ihr Söhne der Aditi, … ihr habt die höchste Herrschaft erreicht, Varuna, Mitra …* (Q 44)

Bei aller Unsicherheit in den Details tritt insgesamt doch klar genug hervor, daß die Adityas als eine süße, kleine Rasselbande altersabgestufter Kleinkinder konzipiert waren – ganz nach der Art, wie wir sie heute noch in vielen Kinderbüchern antreffen. Nicht nur der Klang und die Bedeutung der Aditya-Namen, nicht nur die entwicklungspsychologische Reihenfolge und die zentrale Stellung Indras sprechen dafür – sondern auch der oben geschilderte

Vollzug des morgendlichen Somaopfers: Es begann mit der Huldigung (Yamas,) Agnis und Somas in der Zeit des Wechselspiels von *Nacht* und *Morgenröte* und gipfelte beim Aufgang der Sonne in der Kommunion mit Indra. – Mitra und Varuna dagegen wurden vergleichsweise selten und wohl nur bei besonderen Anlässen, wie Volksfesten, angerufen, die sich weiter in den Tag hinein zogen. Entsprechend waren ihre Auftritte erst zu Zeiten der schon höher stehenden Sonne anberaumt:

> *Am Morgen rufe ich die Göttin Aditi, am Mittag … Mitra und Varuna … Die ihr, die himmlischen Aditisöhne, die Erhalter der Lichtwelt und der irdischen Welt seid …* (Q 45)

Noch heute gilt auf den letzten Inseln, auf denen *Mihr*, der einstige Mitra, Verehrung findet, die Zeit zwischen Morgenröte und Mittag als Zeit Mihrs. Mary Boyce wohnte im Jahre 1964 einer entsprechenden Feier (nahe Teheran) bei und notierte:

> *Das Opfer findet immer … zwischen Dämmerung und Mittag statt (dies ist die Zeit des Tages, die unter dem speziellen Schutz von Mihr steht; und es wird immer im Freien, unter den Strahlen der Sonne dargebracht.)* (Mihr 110; Klammer v. Boyce)[33]

Ob ihres späten Auftritts wurden Mitra und Varuna sogar häufig mit dem wandernden Taggestirn gleichgesetzt: Die beiden schon sprachkundigen Adityas galten deshalb – freilich noch immer in ausladend-kindlicher „Phantasie" – als Sonnenaugen, der Sonnenstand als ihr *Hochstuhl* und ihre *Schaukel*, und die Sonnenbahn als ihr *Wagen*:

> *… o Mitra (und Varuna), ihr mit den Augen Wandernde … – Ihr besteiget beim Aufleuchten der Morgenröte den goldfarbigen, bei Sonnenaufgang den erzsäuligen Hochstuhl, o Mitra und Varuna. – Ihr Hüter des Gesetzes, deren Satzungen gültig sind, ihr beide besteiget den Wagen im höchsten Himmel … – Der geschickte König Varuna hat für sich diese goldene Schaukel an den Himmel angebracht.*
> *Denn Varuna, Mitra …, die Allwissenden, … sie sind die Wahrhaften, die sich an das Recht halten, rechthandelnd gegen jedermann … – Denn über alles herrschet ihr einsichtigen Varuna und Mitra …* (Q 46)

Und zuletzt: Weil Mitra und Varuna eben nicht nur Götter der Morgenröte waren wie Indra, sondern auch bereits Götter des lichten Tages, wurden sie zumal auch für ihre gute Fernsicht gepriesen. Was Indra erst in späten Phasen seiner Schöpfungswunder zuwege brachte, hatten Mitra und Varuna bereits bravourös absolviert. Über Mitra heißt es deshalb z. B. in einer altiranischen Quelle (Yäst 10):

> *Den Mithra mit den weiten Triften verehren wir, … den zehntausendäugigen, erhabenen, den Helden auf weitschauender Warte … Mit schönem, fern-sehendem Blick schaut er aus seinen Augen.* (Lommel Yt 67, 79)

Bündel. Bei der rigvedischen Konzeption der Adityas als seelischen Schichten fällt es uns abendländischen Menschen besonders schwer, einen gemeinsamen Nenner zu finden. Denn im Westen ist das von Zarathustra erstmals aufgestellte und dann mit dem Christentum auch hierher importierte Konstrukt allzu selbstverständlich, nach dem jeder Mensch einen Wesenskern, ein Ich, ein Selbst, ein Subjekt, mythisch gesprochen: eine transzendente Lichtsubstanz, ein „inneres" Juwel, kurz: eine einheitliche Seele habe, die es im Verlauf des Lebens zu erkennen, zu „verwirklichen" und letztendlich zu erlösen gelte. Noch die modernen Säuglingspsychologen unterlassen kaum eine Gelegenheit, die kindliche Entwicklung auf die Ausbildung eines solchen „Selbst" oder „Ich" hin zu befragen.[34] Nirgends unterscheiden sie sich fundamentaler von der Psychologie des Rigveda als hier:

Denn im Gegensatz dazu galt der Mensch in der altindischen Kultur (und soweit ich überblicke in den Kulturen vor Zarathustra insgesamt) als ein Bündel, ein Ge-Schichte, ein systemisches Gefüge vieler eigendynamischer Einzelwesen; individuell konturiert einzig durch ihre systemische Vernetztheit und den Namen. – Mit Karel Werner gesprochen:

> *Einfach ausgedrückt erlebte sich der vedische Mensch als ein recht komplexes Wesen. Er fühlte, daß er eine Ansammlung elementarer und dynamischer Kräfte war, die universellen Charakter hatten und mit eigenständiger Intelligenz ausgestattet waren … Diese elementaren und dynamischen Kräfte des Universums, aus denen ein Mensch aufgebaut ist, werden in den Veden … „Götter" oder „Gottheiten" (devas, devatas) genannt …* – (Daher gibt es hier) *kein Äquivalent für den westlichen Begriff einer Seele …* (76 f., 85)

In rigvedischer Zeit waren die wichtigsten dieser devas/devatas die Rasselbande der Adityas. Entsprechend heißt es im Rigveda einmal:

> *Ihr Adityas alle … seid die Lenker unserer Leiber …* (Q 47)[35]

Auch in späteren Jahrhunderten lebte dieses alte, pluralistische Menschenbild in Indien fort.[36] Und allen Anfechtungen des „westlichen Zentralismus" und „Subjektivismus" trotzend, hielt zumal der Buddhismus dem alten Pluralismus das Wort, ja restaurierte ihn – unter anderem mit dem berühmten Mantra des historischen Buddha:

> *All dies ist nicht mein, nicht bin ich dies, es ist auch nicht mein Selbst.* (Gunser 54)

Im Buddhismus freilich war, wie bei einer reformerisch-protestantischen Bewegung nicht anders zu erwarten, die alte Meute der vedischen Götter zu abstrakten, unpersönlichen Mächten geworden, *dhammas* genannt. Glasenapp übersetzte *dhammas* angemessen farblos mit *„Daseinsfaktoren"* und *„Komponenten"* (nach 480 f.), Werner und andere mit *„Kräften"*, Stcherbatsky mit *„Elementen"*, *„eine Art von Atomen"* und *„letzten Wesen"* (6,13).

Gleichwohl behielt auch hier, im Buddhismus, der alte Pluralismus jene lebensgestaltende Wirksamkeit, die seine Anhänger so auffallend von westlicher Mentalität unterscheidet. Wo statt zentralistischen Subjekten überpersönliche Kräfte oder Götter regieren, kann das Leben nicht zur „Aufgabe" oder zur „Selbst"-Verwirklichung, die Welt insgesamt nicht zum Objekt der „Beherrschung" und zum Medium des „Fortschritts" geraten: Westliche Ideale wie „Autonomie", „Individualität" und „Individuation" blieben daher allen imperialistischen Missionsversuchen zum Trotz in Indien und überhaupt in der „Dritten Welt" so lange ohne Resonanz. Diese Menschen erlebten und erleben sich statt dessen als Schau- und Tummelplätze der Götter: gleichsam als Theaterbühnen, auf denen die Götter agierten, wie sie, die Götter, wollten. Gelassenheit, Ergebenheit und Solidarität mit anderen Bühnen derselben Götter waren und sind hier die prägenden Züge.

DEMOKRATIE. Auch im Westen erhielten sich Reste des alten Pluralismus; man denke z. B. an die Atomtheorien der Vorsokratiker. Und es gab und gibt auch hier immer wieder engagierte philosophische Versuche, pluralistische Ontologien dieses Typs neu zu etablieren. Die folgende Passage aus dem 18. Jahrhundert z. B. erinnert (von Indologen längst bemerkt) in ganz erstaunlicher Weise an buddhistische Ontologie. David Hume:

> *Wenn ich aber von einigen Metaphysikern, die sich eines solchen Ich zu erfreuen meinen, absehe, so kann ich wagen, von allen übrigen Menschen zu behaupten, daß sie nichts sind als ein Bündel oder eine Verknüpfung* (bundle or collection) *verschiedener Perzeptionen, die … beständig in Fluß und Bewegung sind … Der Geist ist eine Art Theater, auf dem verschiedene Perzeptionen nacheinander auftreten, kommen und gehen …* (Treat 327)

Auch ich selbst stelle mich in die Reihe jener Autoren von Hume über Nietzsche und Hermann Hesse bis Helm Stierlin[37], die für eine in diesem Sinne pluralistische Ontologie werben und sie für richtiger, menschlicher und gesünder halten. Im Rahmen des vorliegenden Textes muß ich es aber bei Andeutungen wie den eben eingeflochtenen belassen und kann nicht mehr, als noch einmal darauf verweisen, daß das abendländische Subjekt menschheitsgeschichtlich gesehen ein Seitentrieb ist: hervorgebrochen und gewachsen unter schlimmen sozialen Verhältnissen und seit Anbeginn (und noch heute vernehmbar) als Erlösungsorgan konzipiert. Dabei war dieses Subjekt keineswegs, wie später behauptet, eine rationale, sondern eine prophetische, das heißt eine halluzinierte und deshalb eine *mythische* „Entdeckung"; letztlich das Resultat einer Transformation ehemaliger Höhlenjuwelen – und damit eine Transformation in den seelischen Schichten des ersten Lebensjahres.

Diese fürwahr tiefe Verwurzeltheit ist es auch, derentwegen bislang alle Anstrengung verpuffte, das abendländische Subjekt mit philosophischen Mitteln neuerlich zu transformieren. Analyse und nüchterne Sprache sind hier unzureichende Werkzeuge.

Dennoch hat der alte Pluralismus Chancen, ja ist im Begriff, seine konstruktiven Kräfte von neuem zu entfalten. Die Pfade seiner Wiederkehr sind vielfältig und (zumindest für mich) nicht überschaubar. Obenan stehen wohl die modernen, westlichen Staatsformen, die den alten Verfassungen des sakralen Königtums in ihrer Liberalität weit näher stehen, als die wurstfingrigen Deutungen Hegels und Marx' weismachen wollten.[38] – Getragen vom Vertrauen auf pluralistische Selbstorganisation und die stabilisierende Kraft systemischer Wechselwirkungen, brachten unsere modernen Demokratien, bei allen Mängeln, ein Maß an Rechtssicherheit, sozialer Gerechtigkeit, Wohlstand, Menschlichkeit und Lebensbejahung auf den Weg, das den Jahrhunderten davor Hohn spricht. Denn alle „höhere" Moral Lügen strafend, war auch der „christliche" Glaube an den *einen* Gott und der Anspruch auf die allein-selig-machende *eine* „Wahrheit" stets autoritär, und, sobald an der Macht, von Inquisition und Kolonialismus treu begleitet.

Daß die Wiederkehr des alten Pluralismus auf der Ebene des Politischen für das psychologische und religiöse Selbstverständnis der Menschen auf Dauer ohne Auswirkungen bleibt, ist wenig wahrscheinlich. Und vielleicht erfüllt sich im Rahmen der sozialen und seelischen Konsolidierung auch mein Anliegen: daß nämlich die in diesem Buch neu inszenierten Abenteuer der altindischen Rasselbande ein Beispiel geben, wie die menschliche Welt in ihren Fundamenten gestärkt und deshalb mit mehr religiösem Heil und einem klareren Ja beseelt werden kann.

4. Die Metamorphosen Indras

Grammatik. Die Feuer- und die Soma-„Meditationen" der rigvedischen Menschen waren Re-Inszenierungen frühkindlicher Erlebnisse, keine unmittelbaren Erinnerungen. Säuglinge vom Alter Agnis oder Somas haben selbst gewiß noch nie einen Löwen, Schwan oder Elefanten gesehen. Daß die rigvedischen Sänger die beiden Götter in ihren Trancezuständen unter anderem mit Löwen identifizierten, rührte nur daher, daß sie selbst, die erwachsenen Sänger, in Agnis Flammen Löwen sahen und wilde Synthesen dieses Typs, psychologisch korrekt, den seelischen Schichten vor dem fünften, sechsten Lebensmonat zuordneten. – Sie versetzten sich in Zustände zurück, die denen der ersten Lebensmonate *ähnlich* sein müssen. Und die Ähnlichkeit zur Wahrnehmungswelt der frühen Kindheit bestand dabei nicht in den gesehenen Inhalten, sondern nur in deren Struktur: im Verlebendigen und Vermischen separater Objekte und im Verwischen kategorialer Schranken, mit einem Wort: im strukturellen Wiederaufflammen der verrückten Welt wilder Synthesen von einst.

Daß solches Wiederaufflammen möglich ist, setzt voraus, daß die seelische Schicht wilder Synthesen, obwohl zumeist im Keller des „Unbewußten" verwahrt, im Erwachsenenstadium nicht nur fortlebt, sondern dabei auch aktiv bleibt und – latent – am bewußten Leben der Tagwirklichkeit teilnimmt. Daß dem so ist, belegen auch unsere Träume. Ein Beispiel:

Im türkischen Antalya aß ich einmal mit einem amerikanischen Touristen zu Abend, der mir nicht in jeder Hinsicht sympathisch war. Er bemühte sich wenig um ein klares Englisch; beim Essen schmatzte er und hatte insgesamt eher grobschlächtige Manieren; sein Gesicht war etwas speckig, seine Glatze von der Sonne rosarot. – In der folgenden Nacht träumte ich ihn als – grunzendes, schmatzendes, rosarotes Schweinchen. – Dieses Traummotiv hat, wie viele[39], klar den Charakter wilder Synthesen und verarbeitete doch das aktuelle Geschehen des vergangenen Tages. Die Grammatik, die Modulationstechnik war noch immer von der Art der frühkindlichen Realität, das Material aber neu.

Träume und Trancen sind keineswegs die einzigen Quellen, an denen wilde Synthesen, mit neuen Inhalten bestückt, aus der närrischen Welt von einst nach oben sprudeln. Kokettes Spiel an den Schächten zum „Unbewußten" treiben vor allem auch unsere Metaphern:

Martin Walser schrieb einmal über eine Vortragsreise:

Was auf der Reise passiert, wird gern zum Gespenst. Am hartnäckigsten wird man verfolgt von den Sätzen, die man ... selber gesagt hat, ... das angefachte Diskussionsgeflacker (läßt) einen nicht zu sich selbst kommen ... Das sogenannte Bewußtsein ist nur noch ein Tummelplatz für Meinungen ... Lästig, laut, gräßlich ... (Man ist) *vom Meinungsgestöber anästhesiert ... Hinaus, Meinungspack, möchte man rufen. Aber ich habe hier nichts zu sagen ...*[40]

Man sieht an diesem Beispiel, daß Metaphern die Gespenster wilder Synthesen für gewöhnlich nicht gänzlich aus ihrem unterirdischen Schlaf herausreißen: Keinem meiner Leser wird, denke ich, der von Walser eben angerufene Agni (angefacht, Geflacker, Gestöber ...) in gleicher Lebendigkeit auferstanden sein wie rigvedischen Priestern beim morgendlichen Opfer. Nein, gewöhnlich plätschern unsere Metaphern im Fluß der Sprache nur dahin, bestärken dabei die Lebensgeister und entspannen die Mundwinkel. Sie zupfen und kitzeln dann gleichsam nur an der abdeckenden Membran zwischen beiden Welten und bringen die darunterliegende, wilde und emotionsgetränkte Schicht ein wenig in Wallung. Und das ist gut so. Denn sobald solche Metaphern allzu wörtlich genommen werden, droht die Gefahr, daß die schützende Membran unkontrolliert durchbricht und der Betroffene dann recht eigentlich durchknallt und überschnappt, das heißt in eine schizophrene Episode verfällt.

Trotz der Gefahr des Absturzes ist es aber keineswegs zwingend, daß das Wörtlichnehmen von Metaphern zum Überschnappen führt. Das entscheidende Kriterium, das zwischen pathologischem und gesundem Kontakt mit der „unbewußten" Welt wilder Synthesen trennt, ist: das Spielerische[41]. – Immer wenn es uns gelingt, Metaphern in spielerischem Sinn wortwörtlich zu nehmen, öffnen sie die Schächte in die dunklen Räume des „Unbewußten" auf harmlose, ja beflügelnde und erheiternde Weise. Typische Felder solchen Spiels sind der Humor, die Liebe, die Kunst, die Werbung, und natürlich die Religion. – Einige Beispiele:

Ressourcen. Die Sprache des Neckens und Spottens wimmelt und wumselt nur so von mehr oder weniger sympathischem Metaphern-Getier: von Schnepfen, Kühen, Ziegen, Schlangen …, desgleichen von Hunden, Eseln, Kamelen, Hirschen. Gewöhnlich plätschern auch diese Metaphern nur wieder so dahin. Aber auch wenn sie wortwörtlich genommen werden, birgt dies so lange keine Gefahr, als es auf den Auen des Spielerischen geschieht:

Der Anwurf „du blöder Hund" z. B. kann dem Schizophrenen zwar ein Schlund zum Absturz werden, indem er die Metapher wörtlich nimmt, deshalb womöglich „die Schnauze hält" und sich gar umblickt und prüft, ob er mit dem Schwanz wedelt. Menschen mit Humor dagegen werden ihrem aufgebrachten Gegenüber vielleicht mit einem lauten „Wau!" antworten – die Metapher also gleichermaßen, nur im spielerischen Sinn, wörtlich nehmen, und damit aus dem angerufenen Zoo wilder Synthesen eine Clown-Nummer machen. – Neben allerlei veräffendem Getier kommen in der Neck- und Schimpfsprache natürlich auch verlebendigte Objekte zum Einsatz: Man denke auf der weiblichen Seite an die Schachteln und Kratzbürsten, auf der männlichen an die Flegel und Säcke …

Ganz solchem Spiel geweiht sind sodann entsprechende Formen der Dichtung. – Als Beispiele nehme man etwa die Komödien des Aristophanes mit ihren vermenschlichten Fröschen, Wespen, Vögeln; Shakespeares *Sommernachtstraum*, Hoffmanns *Kater Murr*, Kiplings *Dschungelbuch*, Carrolls *Alice im Wunderland* … – Ohne die heiter-spielerische Aura würden all die dort auftretenden Gestalten schnell zu Schreckgespenstern und ihre Inszenierungen zu Gruselkabinetten oder „Psychothrillern".

Und dann die Metaphern der Liebe – welch süßer Kuschel- und Wiegenzoo auch hier! – Wer ist, der kindlichen Kosewelt kaum zehn Jahre entwachsen, im Bett der ersten Liebe nicht wieder als Mäuschen, Häschen, Spätzchen, Fröschchen, … Katerchen aufgewacht – und im nächsten Moment gar mit schnappenden Löwenmäulern erschreckt oder aus Kissenhöhlen angefaucht worden?

Verwandt und aus diesen Spiel-Welten zitierend sind häufig auch die Strategien der Werbung. Mit immer neuen Raffinessen durchstechen sie die Membran zwischen unserem semantisch geordneten Tagbewußtsein und jener Höhlenwelt der ersten Lebensmonate: Mit hampelnden Hustenbonbons, lachenden Telefonhörern, äugelnden Tomaten, … sprechenden Katzen, Hunden, Affen.

Wo Tiermetaphern Menschen gelten, kommt häufig eine weitere ihrer Möglichkeiten zum Tragen, die Allusion, das heißt die Anspielung: Entsprechende Metaphern wecken damit nur einzelne, hervorstechende Merkmale der angesprochenen Tiere und übertragen sie: Ihre Schläue macht Kanzler dann zu Füchsen, ihr diebischer, träger oder tröger Sinn andere Zeitgenossen zu Elstern oder Ochsen. Die Welt der Fabeln hat hier ihre Wurzeln; und natürlich ließen es sich auch die Werbeagenturen nicht nehmen, aus klugen

Bausparern leibhaftige Komik-Füchse oder aus wühlenden Heimwerkern weitäugig-lächelnde Biber (Obi) zu machen.

Mit einem Wort: Metaphern, diese Geister und Kobolde lebendiger Sprache, sind einerseits oft nur fahler Abglanz jener ersten und älteren Welt wilder Synthesen und plätschern dann harmlos dahin; sie können andererseits aber auch die Schächte nach dorthin aufreißen und dann die schlafenden Hunde und Tänzerinnen des „Unbewußten" wecken – je nach Verfassung zum Schrecken oder zum Spaß der Betroffenen.

Zusammengefaßt: Trance, Traum und Metaphern sind typische Kanäle in jene im geheimen fortlebende erste und ältere Welt des „Unbewußten", auf der, als ihren Fundamenten, unsere jetzige Alltagswelt ruht. Im spielerischen Umgang speisen sie die Quellen des Humors und der Heiterkeit; indirekt auch die Quellen der grazilen Motorik, entspannt-authentischer Mimik, ... fein-nuancierter Stimm-Modulation. Denn auch all dies, und vieles mehr, quillt aus den Ressourcen des „Unbewußten", wurde damals, in der frühen Kindheit, erstmals eingeübt und – vergleichsweise dauerhaft – eingeprägt.

Rigvedisch gesprochen sind diese sprudelnden Ressourcen nichts anderes als Ausdruck der Könnerschaft, der göttlichen Größe Yamas, Agnis, Somas und vor allem natürlich Indras. Nur wenn ihrem ausgelassen-rotbackigen Spiel auch im Stadium des Erwachsenseins Freiräume und Nischen bleiben, behält das Leben Sinn und Würde. – Damit nun aber wieder zurück in die Welt des Religiösen:

Die Pflege des Kontakts mit den seelischen Schichten der frühen Kindheit, das Beleben und Hochloben und metaphorische Ansprechen zumal des goldigen Indra war zentrale Heilsstrategie der rigvedischen Religion. Und nicht nur ihre: Ich bin der Auffassung, daß alle Religionen wesentlich aus diesen Quellen schöpfen; auch diejenigen, die seit den Irritationen durch Zarathustra, verhalten formuliert, dabei an Eleganz verloren haben. – Gewiß nicht zufällig bedeutet das lateinisch *re-ligio: „Rück-Bindung"*, ganz analog zur *re-gressio, „Rück-Schreitung"* der modernen Psychologie.

Sehen wir uns, bevor ich die Bühne zur grotesken Zirkus-Show Indras freigebe, einige die Globalität des Phänomens belegende Beispiele an:

Lamm. Für die Maya stellte ich *Huracan*, *Siebenpapagei* und *Grünfederschlange* bereits in literarischen Episoden vor. Daß sie und weitere Maya-Götter der Welt wilder Synthesen zuzuordnen sind, wird zumal auch an ihren Ausgestaltungen in Skulpturen und Reliefs klar. Ähnlich der altchinesischen Kunst[42] muten viele dieser Reliefs wie ein Chaos aus verschlungenen Linien an – die sich aber, je länger betrachtet, desto konkreter zu Gesichtern, Tierfratzen und Pflanzen ausgestalten; gerade so, wie es sich damals, bei der Erschaffung der Welt, zugetragen haben muß.[43]

Anders, und doch analog die religiöse Kunst der Alten Welt; z. B. Ägyptens: Da waren der schakalköpfige *Anubis*; *Amun*, der Widderkopf mit Menschenkörper; die kesse Katzengöttin *Bastet*, die kuhbehörnte *Hathor*, der fal-

Abb. 8: Tanzender Stier (griech.-röm., 6. Jh. v. Chr., Fundort unbekannt, nach einer Postkarte der George Ortiz Collection); kindchenschemiges Nilpferd (ägyptisch, um 1800 v. Chr., nach einer Postkarte des Vereins zur Förderung des Ägyptischen Museums Berlin e.V.)

kenschnäblige Königsgott und Gottessohn *Horus*, die befiederte *Maat* …, und auch der käferköpfige *Chepre*, über den es in einer Inschrift heißt:

> *Geboren wird dieser große Gott in seiner Erscheinungsform des Chepri bei dieser Höhle.* (Hornung Unt 182)

Es ist viel darüber geschrieben worden, daß auch die ägyptische Kunst Ausdruck einer infantilen „Bewußtseinsstufe" sei. Dem ist zuzustimmen; aber nicht in dem Sinn, daß die damaligen Menschen deswegen in welcher Weise auch immer „primitiv" gewesen seien. Ihre Kunst reinszenierte Schöpfung, und sie wußten über die wirkliche Entstehungsgeschichte der menschlichen Welt mehr als jene europäischen Autoren des 19. und 20. Jahrhunderts, die sich darüber oft in überkommener Kolonialherrenmanier ausließen. Ein Blick aus den engen Studierstuben hinaus hätte unschwer verdeutlicht, welcher Welt diese „Kunst" zugehört:

Denn reich belohnt wird, wer auf der Pirsch durch Museen zur Antike und Frühgeschichte die dort allenthalben anzutreffenden Misch- und Fabelwesen mit der Welt der Kinderbücher und Kinderzimmer vergleicht. Ich meine die Micky-Maus und den Kater Carlo, Globi, den Papagei, Lupo, Lurchi … und all ihr Gefolge aus trommelnden Affen, tanzenden Elefanten, räderschlagenden Kerfen. Denn auch die Funde entsprechender archäologischer Schichten sind voll von Gestalten und Rasselbanden aus „phantastischen" Mischwesen dieses Typs: kindchenschemigen Nilpferden, pummelnden Igeln … tanzenden Stieren.[44]

Auch sie pflegen noch etwas breitbeinig zu stehen, Männchen zu machen, zu lachen oder zu gähnen. – Zuverlässig und fürwahr unübersehbar prangen bei solchen Safaris auch die Keime und Funken der Welteröffnung entgegen: die übergroßen Augen.

Keineswegs in Verlegenheit geraten wir, wenn wir uns bei solcher Recherche vom „Heidentum“ zum Christentum wenden: Da ist zuerst die kleine Evangelisten-Tierschau aus Löwe (Markus), Stier (Lukas), Kind (Matthäus) und Adler (Johannes); nachempfunden der Vision Johannes’, des Apokalyptikers:

> *(Ich schaute) vier Wesen, voller Augen vorne und hinten. Das erste Wesen ist gleich einem Löwen, das zweite Wesen gleich einem Stier, das dritte Wesen hat ein Gesicht wie das eines Menschen, und das vierte Wesen ist gleich einem fliegenden Adler.* (Off 4,6 f.)

Ähnliche, bisweilen noch phantastischere und bedrohlichere Ausgeburten wilder Synthesen begegnen z. B. bei den Propheten Ezechiel (Kap. 1) und Daniel (Kap. 7); auch dort, nebenbei bemerkt, deutlich jenseits der Grenzen des Spielerischen. – Harmloser wieder ist die Animalisierung des christlichen Gottessohnes, die an die gleich einzublendenden Tiermetamorphosen Indras erinnert. Vor der Jordantaufe nämlich soll Johannes Jesus mit den geschichtsmächtigen Worten angesprochen haben:

> *Seht das Lamm Gottes …* (Jh 1,29,36)

Und auch die Verfasser des ersten Petrusbriefes (1,19) und der Offenbarung (5,6 und oft) verglichen Jesus mit einem Lamm. Seither ziert der Gottessohn als Lamm Osternester und Altäre. – Und überhaupt sind die Kirchen, die katholischen und orthodoxen obenan, mit Auswüchsen wilder Synthesen nicht minder lebhaft bevölkert als biblische Prophetenberichte oder rigvedische Gedichte: Ein Blick nur zum steinernen Himmel, und alles flattert und piept ob bunten Geflügels, halb Tier, halb Mensch. Und dabei geben all die Putten und Engel dort klar genug zu erkennen, in welcher seelischen Schicht sie beheimatet sind: kindchen-schemig auf goldenen Nebelbänken und Wolken schwebend und von ersten Sonnenstrahlen getroffen und geweckt, umschweben sie übermütig und pausbackig braungrüne Drachenfratzen und Schleierschwenkende Tänzerinnen. Dabei schmettern sie Posaunen und zupfen Harfen, sie schießen Bögen und richten Tiere ab, sie lüften Stores und Vorhänge, sie streuen Rosen und ziehen schwebende Wägen durch den sakralen Raum … Kein Zweifel, sie inszenieren (wiewohl in einzigartiger künstlerischer Ausprägung) die uralten Motive des Dramas der Morgenröte.

Spielsachen. Bemerkenswert am Spiel der kleinen Puttos unserer Kirchenhimmel ist allerdings, daß sie keinesfalls mehr vom Alter Agnis oder Somas sind. Sie sind durchweg mindestens neun Monate alt, oft schon an die zwei Jahre, bisweilen sogar noch ein wenig älter – und das heißt: vom Alter Indras oder gar seiner älteren Aditya-Brüder. Auch die regelmäßig hinter Altären aufgehenden Sonnen und durchbrechenden Strahlen verweisen auf Indras und nicht Agnis oder Somas Welt, die beide, wir sahen es, vor Sonnenaufgang agierten.

Warum aber inszenieren auch diese schon so „großen“ Götter noch wilde

Synthesen? – Beide, die moderne und die rigvedische Psychologie, datierten die Hochphase wilder Synthesen auf die Zeit vor dem sechsten Lebensmonat. Indra, dessen „Geburt“ auf den fünften, sechsten Monat anzusetzen ist, überlappt diese Phase zwar mit ein, zwei Monaten. Er hat sie bei den meisten seiner Abenteuer aber schon hinter sich gelassen. Und auch Kinder, schon so „groß“ wie die Putten unserer Kirchenhimmel, haben das wilde Ineinanderspielen von Dingen, Tieren und Menschen zweifelsohne schon weitgehend entwirrt. – Den Weg zur Antwort weist ein ob seiner Selbstverständlichkeit zumeist nicht bedachtes Verhalten der Eltern:

Obwohl Indra die Hochphase wilder Synthesen schon weitgehend hinter sich hat und bereits klare Grenzen zwischen Belebtem und Unbelebtem sowie zwischen Tieren und Menschen gezogen hat, werden Eltern solchen Kindern gegenüber nicht müde, die Grenzen – wieder zu verwischen. Daniel N. Stern beschrieb dieses allen Eltern selbstverständliche Verhalten einmal mit den Worten:

> *Während dieser Phase* (ab etwa dem sechsten Lebensmonat) *schaltet sich die Mutter sehr oft in die Spiele des Säuglings ein, indem sie Gegenständen Eigenschaften von Lebewesen verleiht. Sie läßt Spielsachen vor dem Baby durch die Luft fliegen, läßt sie sprechen und kitzeln. Sie nehmen die organischen Rhythmen und Gefühlskräfte … eines Menschen an. Und sie rufen im Säugling Gefühlszustände hervor, die gewöhnlich nur von Menschen ausgelöst werden. Solange die Mutter das Spielzeug … belebt …, ist das Interesse des Säuglings an diesem Spielzeug gesteigert …*
> *Unter diesen Umständen wird ein als Person vorgeführter Gegenstand vom Säugling als eine Art Mischwesen betrachtet werden, als Ding, das zum Teil die Merkmale einer Person angenommen hat. Er besitzt invariante Eigenschaften sowohl des Gegenstandes als auch des Menschen …* (LS 176 f.)

Was die Eltern gegenüber dem lachenden Kind bei solchem Spiel tun, ist: ihm die Rückversicherung geben, daß die ersten Schritte seiner Welteröffnung gelungen sind. Sie spielen die Phase der ersten Entflechtung wilder Synthesen noch einmal durch; und das Kind gibt durch sein Lachen dabei zu erkennen, daß es das elterliche Verhalten dabei als Spiel versteht, mithin: daß es einerseits das leblose Objekt zwar als leblos erkennt, andererseits aber noch „weiß“, daß es bis vor kurzem noch belebt war, ja, daß es, sobald die Aufmerksamkeit ein wenig abdriftet, sogleich wieder zum belebten Tier oder Menschen wird. – Schon hier also, in der vorsprachlichen Welt Indras, wird therapeutische Re-gressio, wird Re-ligio spielerisch inszeniert.

Anders als Stern suggeriert, führen die Eltern bei solchem Spiel dem Kind allerdings nicht nur Gegenstände mit Eigenschaften von Lebewesen vor. Sie identifizieren auch sich selbst und vor allem das Kind mit solchen Mischwesen, insbesondere mit allerlei heiterem Getier. Welcher Vater ist vor seinem kleinen Gott nicht schon zum, wau-wau, Hund, welche Mutter nicht zum, piep-piep, Vögelchen mutiert? Und ebenso gelten die Kleinen selbst regelmäßig als Spatz, Mäuschen, Schnecki, … Kid (engl. „Zicklein“). – Entsprechend gehören zum ersten Vokabular jedes Menschen denn auch Muh, Wauwau, Mizi, Bibi, Hasi …[45]

Festzuhalten ist des weiteren, daß sich solches Spiel, mannigfach variiert und bereichert, weit über die frühe Kindheit hinaus fortsetzt. Noch im siebten, achten Lebensjahr müssen baumelnde Stofflöwen mit auf Reisen und ins Bett: Im Spiel bleibt die Welt über Jahre hinweg ein singend-jauchzender Zirkus, ein Kinderball, eine Großfamilie aus Fabelwesen halb Tier, halb Mensch. Und in ausgewiesenen Bezirken lebt diese groteske Komik- und Zirkuswelt wie gesagt zeitlebens fort: Im Humor, in der Liebe, der Kunst, der Werbung, … der Religion.

Unerachtet dieser Anmerkungen ist das von Stern zitierte Spiel mit Kleinkindern vom Alter Indras für unser Thema von besonderer Bedeutung:

Indra nämlich galt den rigvedischen Dichtern als Bulle, Widder, Schwan, … Ameise. – Und wenn Indra selbst vielleicht auch das eine oder andere dieser Tiere noch nie zu Augen bekommen hatte: insgesamt lebte er, wenn auch bereits mit lachender Distanz, in einem süßen Kinderzoo voll solchen Getiers. Ihren Gott mit solchen Tiermetaphern anzusprechen diente deshalb den Priestern und insgesamt den Erwachsenen als Medium zur Zurückführung in die von Indra repräsentierte seelische Schicht.

MAULWURF. Zuerst eine Tiermetapher, die im Rigveda zwar nirgends erwähnt ist, aber dennoch mit hoher Wahrscheinlichkeit auch auf Indra angewandt wurde: die Metapher des Maulwurfs.

Der Maulwurf, unter Wiesen grabend und Hügel werfend, motorisch unbeholfen und (wie man glaubte) blind und taub, dazu stupsnäsig und mit „menschlichen" Händchen, im kuscheligen Pelz und pummelig … – wurde nachweislich bereits in der Bronzezeit kultisch verehrt[46] und galt dabei als königlicher Abkunft.

Zumal auf den Höhlengräber Yama treffen diese Merkmale zu; und tatsächlich hieß es über ihn ja:

> *Schöner Yama …, mache eine Höhle, … stampfe die Erde mit den Fersen auseinander, grabe sie mit den Händen auseinander …* (Lommel Yt 205 f.)

Aber auch Indra konnte auf diese Phase der Höhlengräberei noch zurückblikken:

> (Er hat), *als er die Kühe aus dem Fels herausholte, die Haut der Erde … gespalten* … (Q 48)

Diese Assoziation des Maulwurfs zumal mit Yama wird es gewesen sein, derentwegen den Maulwürfen besondere Heilkraft zugesprochen wurde. Wir wissen davon aus dem alten Indien[47] – aber auch von dort, wo Yama die Revolution Zarathustras nur deformiert überlebt hatte: aus Iran. Der Römer Plinius d. Ä. jedenfalls berichtete noch im 1. Jahrhundert n. Chr. über die iranischen Priester, die Magier:

Abb. 9: Felsgeburt des Mithras, 3./4. Jh. n. Chr. (Foto: Vf. – Arch. Museum Frankfurt)

Ein besonderer Beweis für die nichtige Prahlerei (der Magier) mag es sein, daß sie von allen Tieren am meisten Maulwürfe bewundern, die doch so vielfach von der Natur benachteiligt sind, ständig blind und überdies in einer anderen Finsternis verborgen und gleichsam Begrabenen ähnlich sind ... Kein anderes Tier halten sie für geeigneter zum Götterdienst ... (XXX, 7,19)

Ohne „Erinnerungen" an Götter vom Typ Yamas wäre ein solch sonderbarer Glaube nicht zu erklären. – Und was für Yama, Indras kleineren Aditya-Bruder, gilt, hat eine Parallele auch bei einem seiner größeren, nämlich bei Mitra. Dieser behauptete sich als *Mithra/Mithras* in Iran und später im Römerreich bis weit über die Zeitenwende hinaus:

Sonderbar an der zweitausendjährigen Entwicklung dieses schon sprachbegabten Aditya mit der Namensbedeutung „Vertrag" ist, daß er in Iran, ganz anders als im rigvedischen Indien, regressive Züge an den Tag legte: Dem schon gut zweijährigen Mithra wurden hier nämlich noch immer dieselben Abenteuer zugeschrieben wie im alten Indien den deutlich jüngeren Göttern Yama und Indra. Mithra/Mithras galt in Iran nämlich noch immer als Drachenkämpfer und Himmelsstemmer, auch als Jäger und Dieb[48] – vor allem aber als Höhlengott: In römischer Zeit wurde er deshalb meist in eigens angelegten Höhlen verehrt, die oft, so Maarten Vermaseren,

... so nach Osten ausgerichtet waren, daß die ersten Strahlen der aufgehenden Sonne durch ein Fenster oder eine sonstige Öffnung im Gewölbe den Gott trafen. (GK 53)

Eine Inschrift betitelt Mithras entsprechend mit: *Geboren im ersten Morgenlicht* (34), und erhaltene Reliefs und Fresken zeigen ihn eben getroffen vom ersten

Sonnenstrahl.[49] – Die Frage, warum ein Gott, der in rigvedischer Zeit noch als Gott „Vertrag“ und deshalb als der *Wahrhafte, sich an das Recht haltende, rechthandelnd gegen jedermann* galt (Q 49), jetzt wieder in die Welt der Schöpfungsabenteuer vorsprachlicher Kinder zurückgefallen war, muß hier offenbleiben. Wir verdanken dieser Verschiebung jedenfalls eine ganze Reihe erhaltener Skulpturen und Reliefs, die Mithras in der Pose eines Maulwurfs zeigen: Mithras sogenannte Felsgeburten. Wie Yamas und Indras altes Symboltier bricht Mithras dabei aus seiner Höhle durch einen aufgeworfenen Hügel hervor (Abb. 9).[50] Bisweilen, aber nicht immer, stemmt er dabei siegesgewiß den königlichen Globus; oft ist er dabei nackt und glatzköpfig, manchmal trägt er aber auch seine berühmte rote Zipfelmütze mit ihren unverschnürtwehenden Ohrenklappen[51] – wie Kinder solchen Alters noch heute.

ARBEIT DER TIEFE. Wie einst die Anrufung von Yama und Indra höchstselbst, galt die ihres pummeligen Symboltiers auch da noch für heilig und heilkräftig, als die alten Götter längst vergessen waren. – Dies trifft auch für den Westen zu:

Noch bis vor kurzem glaubte man nämlich auch bei uns, die Erde der Maulwurfshügel lindere, mit Milch, Honig oder Blut vermengt, Aussatz, Zahnweh, Ohrenschmerz, Gliederlähmung, Gedächtnisschwäche, Epilepsie, ausbleibende Menses und Trunksucht[52] – alles Störungen, die ihren Grund in den von Yama und Indra repräsentierten seelischen Schichten haben können. Ansonsten ist die heilige Ausstrahlung der Maulwürfe im Lauf der Jahrtausende weitgehend verblaßt. – In Kinderbüchern freilich tummeln sie sich bis heute. Als Grabowski, Pauli, Fips trifft man sie dort in ihren Höhlen oder unter Pilzen beim Spiel mit Zwergen und anderen Mischwesen an – ganz wie in Zeiten des alten „Heidentums“.

Gänzlich vergessen freilich wurde der kleine, fette Licht- und Schatzgräber von einst auch in der modernen Welt der Erwachsenen nicht. Noch Kleist zitierte ihn[53], ja selbst ein Kant spielte noch mit dem Gleichnis von *allerlei Maulwurfsgängen einer vergeblich … auf Schätze grabenden Vernunft* (B 376). – In wirklich religiöser Würdigung auferstand der alte Maulwurf allerdings erst wieder bei Nietzsche. – Nach seiner schweren psychischen Krise in den Jahren zwischen 1881 und 1885 schrieb er in einer der Vorreden von 1886:

> *In diesem Buch findet man einen „Unterirdischen“ an der Arbeit, einen Bohrenden, Grabenden, Untergrabenden. Man sieht ihn, vorausgesetzt, daß man Augen für solche Arbeit der Tiefe hat –, wie er langsam, besonnen, mit sanfter Unerbittlichkeit vorwärts kommt, ohne daß die Not sich allzu sehr verriete, welche jede lange Entbehrung von Licht und Luft mit sich bringt … Daß er vielleicht seine eigne lange Finsternis haben will, sein Unverständliches, Verborgenes, Rätselhaftes, weil er weiß, was er auch haben wird: seinen eigenen Morgen, seine eigne Erlösung, seine eigne* **Morgenröte?** *… Gewiß, er wird zurückkehren: fragt ihn nicht, was er da unten will, er wird es euch selbst schon sagen, … wenn er wieder „Mensch geworden“ ist. Man verlernt gründlich das Schweigen, wenn man so lange, wie er, Maulwurf war, allein war –* (Mo I 1011)

Prompt merkte Nietzsches Biograph, Curt Paul Janz, zu dieser Stelle an:

> *Nun, da er bald ein Jahr in dieser Selbsteinkehr gelebt und manches zutage gebracht hatte, was er als Edelsteine aus seinem Innern ansah, wollte er ... hinaus ans Licht ...* (II 66)

Kein Zweifel jedenfalls, wie Nietzsches Maulwurfsgleichnis verstanden werden wollte: Während der Niederschrift seiner Zarathustra-Parodie in den zurückliegenden Jahren zwischen 1881 und 1885 war er, von seelischen Abstürzen erschüttert, wiederholt in Yamas Welt regrediert – und hatte von dort, nach immer neuen Rückfällen, allmählich *seinen eigenen Morgen, seine eigne Erlösung, seine eigne* **Morgenröte** wiedergefunden wie einst die Adityas. – Schon damals, mitten in dieser Krise, hatte Nietzsche deshalb auch geschrieben:

> *Denn muß nicht dasein,* **über** *das getanzt, hinweggetanzt werde? Müssen nicht um der Leichten, Leichtesten willen – Maulwürfe und schwere Zwerge dasein? –* (Za II 445)

Daß diese Szenen in diesem Sinn aufgefaßt werden wollen, zeigt auch die folgende. Sie führt in die Welt der Insekten, und könnte gleichermaßen mit Bildern aus heutigen Kinderbüchern illustriert werden:

„Zarathustra" kommt darin an einen *Brunnen ... auf einer grünen Wiese, die von Bäumen und Gebüsch still umstanden war: auf der tanzten Mädchen miteinander.* Und „Zarathustra" sprach zu ihnen:

> *Wohl bin ich ein Wald und eine Nacht dunkler Bäume: doch wer sich vor meinem Dunkel nicht scheut, der findet auch Rosenhänge unter meinen Zypressen.*
> *Und auch den kleinen Gott findet er wohl, der den Mädchen der liebste ist: neben dem Brunnen liegt er, still, mit geschlossenen Augen.*
> *Wahrlich, am hellen Tage schlief er mir ein, der Tagedieb! Haschte er wohl zuviel nach Schmetterlingen?* (Za II 364 f.)

Wer soll dieser Schmetterlinge haschende *kleine Gott* sein, wenn nicht eine Art Indra?

Damit ins Reich der Insekten:

AMEISE. Indras prominenteste „Inkarnation" in der Welt der Insekten war die als Ameise. Zum Öffnen seiner Höhle hatte er sich einst eigens in einen solchen Sechsbeiner verwandelt.[54] *Als Ameise*, heißt es deshalb, *zerschmiß der Gepriesene die Mauern* (der Höhle) (Q 50).

Wie für den Maulwurf, so liegt auch für die Ameise die Assoziation zu Höhle und Hügel nahe; und überdies zum staatenbildenden Königtum und zur krabbelnden Bewegung. – Das noch heute verwendete Wort ‚krabbeln' ist von einem anderen Gliederfüßler, der Krabbe, abgeleitet. Noch in Büchners *Woyzeck* spricht die Großmutter Kinder an mit: *Kommt, ihr kleinen Krabben!*

Göttliche Metamorphosen zu Insekten sind für die Antike vielfältig bezeugt: Ägyptens *Chepre* wurde schon erwähnt; in Indien bestand auch über den Rigveda hinaus *eine alte Beziehung zwischen Ameisen und dem Göttergeschlecht der Asuras* (Kuiper VaV 83), und in Rom galt *formicula, „die kleine Ameise"*, als Gefährtin des süßen Eros (Apuleius Met VI 10,5). Für Griechenland faßte Hermann Güntert zusammen:

> *Wie die Zwerge und Kobolde, die im Innern der Erde hausen, Gold- und Silberschätze kennen, so hüten nach weitverbreitetem Glauben auch Ameisen die Reichtümer in den Schachten der Erde; in Hellas glaubte man, am Hymettos hausten goldhütende Ameisen.* (236)[55]

Im deutschen „Aberglauben" geisterten und krabbelten allerlei personifizierte Insekten bis in die jüngste Vergangenheit durchs Reich der Zwerge und Riesen[56]; und zumal *verwunschene Prinzen und Prinzessinnen* wurden hier immer wieder in die kleinen Gliederfüßler verwandelt. Aufgrund der Vielzahl von weiteren Indizien heißt es bei Bächtold-Stäubli:

> *An einem altgermanischen Käferkult dürfte kaum zu zweifeln sein* ... (beides VI 906 f.)

Spuren solcher Verehrung hielten sich durch die Jahrtausende: In Shakespeares *Heinrich IV.* tritt *Percy* einmal auf mit den Worten:

> (Er) *erzählt von Ameis und von Maulwurf, ... vom Drachen ..., daß michs zum Heiden macht!* (I III,1)

Und in ungezählten Kinderbüchern ist es bis auf den heutigen Tag so geblieben: Lurchi, Himpelchen und Pimpelchen, die Erdenkinder, und wie sie alle heißen, haben Ameisen, Käfer, auch Schmetterlinge und Raupen zu treuen Freunden oder Feinden. – Überlebt haben die kleinen Krabbler auch im Gesträuch der Liebe, vor allem der gewerblichen: als flotte Käfer und kesse Bienen, um nur die zensurfähigen zu nennen. *Goldkäferchen* hieß man Dirnen schon in der Antike.[57]

Bemerkenswert ist sodann, daß Käfer, wie Maulwürfe, für allerlei therapeutischen „Zauber" herhalten mußten: *Einem auf den Rücken gefallenen Käfer wieder auf die Beine zu helfen,* galt z. B. als *Mittel gegen Zahnschmerz* (Bächtold-Stäubli IV 908); und dies war gewiß nicht nur „dumm": Denn in Indras Alter ist beides, Umfallen und Zahnschmerz, existentielle Bedrohung. – Auch im Nachbargebiet des Religiösen, der Psychose, galten Käfer seit jeher als aktiv: *Psychische Zustände wie Delirium, schlechte Laune, Rausch* hielt man (natürlich auch damals schon im nur übertragenen Sinn) für verursacht von *imaginären Hirnkäfern* (IV 907); und von brummenden Käfern oder ganzen Bienenschwärmen im Kopf wissen Verkaterte noch heute. – Daß auch aus solchen Mythen in der Tat ernsthafte und fürwahr tiefe Psychologie spricht, brachte zumal Franz Kafka mit seiner Novelle *Die Verwandlung* wieder ins allgemeine Bewußtsein. Sie hebt an:

Als Gregor Samsa eines Morgens aus unruhigen Träumen erwachte, fand er sich in seinem Bett zu einem ungeheueren Ungeziefer verwandelt …

Mit einzigartigem psychologischem Scharf- und Feinsinn beschrieb Kafka, warum Gregor in diese psychotische Verwandlung zum Käfer verfallen war: Ursachen waren zumal die verwirrende, vermeintlich liebevolle Ablehnung von seiten seiner Mutter, sowie die fußtretende Verächtlichkeit des Vaters … Für unser Thema erhellender noch ist, wie Gregor versuchte, sich aus dem Wahn wieder zu befreien: Er hoffte auf die erlösende Wirkung von – wohlgemerkt: – Milch, darüber hinaus (wie Agni, Soma und Indra) von seiten seiner Schwester(n), des weiteren von Musik und vom Pelzwerk einer schönen Frau … Doch alles vergeblich. Es war zum an die Decke gehen – und Gregor tat es. Ja, Gregor *fürchtete … einen allgemeinen über ihn sich entladenden Zusammensturz* (50 ff.). Und zuletzt kollabierte ihm Indras große Schöpfungstat, die Trennung von Himmel und Erde, tatsächlich:

(Gregor) *hätte glauben können, von seinem Fenster aus in eine Einöde zu schauen, in welcher der graue Himmel und die graue Erde ununterscheidbar sich vereinigten …* (33)

Xrafstra. Ein Kommentator von Kafkas Novelle, V. Nabokov, ermittelte, daß der zum Käfer verwandelte Gregor in etwa *von Hundegröße* war (73). Dem entspricht merkwürdig genau, daß Herodot im 5. vorchristlichen Jahrhundert von indischen *Ameisen* wissen wollte, *die kleiner sind als Hunde und größer als Füchse.* – Im christlichen Mittelalter führte dies zu allerlei absurden Spekulationen[58]: Daß damit Insekten vom Naturell und von der Größe Indras bezeichnet waren, wurde jetzt nicht mehr verstanden …

Auch Herodot war natürlich einem, fürwahr: Ammenmärchen aufgesessen, hatte Mythos mit Realität verwechselt. Denn vielsagend genug berichtete er über diese riesigen Ameisen weiter, daß auch der *Perserkönig einige besitzt* und sie für königliche Zwecke benütze; nämlich, was Wunder, zum – Graben nach Gold:

Diese Ameisen machen sich Wohnungen unter der Erde … Der herausgeworfene Sand aber ist goldhaltig.

Auch *die Inder*, wußte Herodot im selben Atemzug, *gewinnen auf solche Weise das meiste Gold* (alles III 102 ff.).

Daß den iranischen Großkönigen dieser Typ von Goldschürferei zur Zeit Herodots noch immer nachgesagt und mythisch angedichtet wurde, ist freilich bemerkenswert: Denn der historische Zarathustra hatte in seinem Haß auf die alten Götter, zumal auf die prominenten devas/daevas Yama und Indra, nicht nur befohlen, diese selbst auszumerzen – sondern, konsequent, auch ihre Symboltiere, darunter die Ameisen. Die iranischen Priester, die Magier, berichtet Herodot an anderer Stelle, zogen infolgedessen durch die Lande und

> *... töten alles mit eigener Hand ... Ja, sie halten sich sogar zugute, daß sie alles töten, Ameisen und Schlangen und alles, was da kriecht und fliegt.* (I 140)

Ein erhaltener Gebotskatalog der Magier, der *Vendidad*, bestätigt dies. Herodots Bericht, so Widengren,

> *... stimmt mit den Vorschriften im Vendidad ... vollkommen überein. Hier zählt es zu den frommen Werken, wenn man zehntausend Schildkröten, zehntausend Frösche, zehntausend Wasserfrösche, zehntausend Ameisen ..., zehntausend Würmer, die im Schmutz leben, und zehntausend abscheuliche Fliegen tötet. Deshalb waren die Magier mit einem besonderen Instrument ausgerüstet, das* ***xrafstragna*** *hieß, „der Xrafstra-Töter". Mit dem Wort* ***xrafstra*** *werden nämlich die schädlichen daevischen Tiere bezeichnet.* (Iran 113 f.)

Schon Zarathustra selbst hatte diesen religiösen Feldzug gegen die erdbewohnenden Tiere, altiranisch *xrafstrais, „Ungeschöpfe"*, angeordnet. In einer erhaltenen Strophe der Gathas heißt es eigens:

> *Verflucht haben wir ... teuflische und menschliche Ungeschöpfe (daevaisca xrafstrais).* (Y 34,5; nach Lommel RdZ 98)

Erschütternd daran war nicht nur, daß Zarathustras Fluch auch – andersgläubige – Menschen einbezog; erschütternd im religionsgeschichtlichen Sinn war überdies, daß die tierischen „Ungeschöpfe" durch ihr Attribut *daevaisca* klar als die einstigen Tiere Yamas und Indras ausgewiesen sind. Denn zumal Indra war der oberste der altindisch *devas*, altiranisch *daevas, „Götter"*.

Daß zu diesen *daevischen Ungeschöpfen* des Zarathustrismus auch die Maulwürfe gerechnet wurden, kann als sicher gelten. – Um so erstaunlicher ist, daß der oben eingeblendete Bericht des Plinius auch von einer Tradition wußte, in der Magier (das heißt zarathustrische Priester[59]) Maulwürfe heiligten. – Dieser vermeintliche Widerspruch gründet wohl darin, daß in der religiösen Welt Irans, aller Überlagerungen durch Zarathustras Licht- und Jenseitsreligion zum Trotz, die alten Mythen, wiewohl in oft deformierter Gestalt, vielfältig fortlebten. Daß dem so war, sahen wir oben schon an der Geschichte der iranischen Yama-Mythen sowie an dem Umstand, daß nach Indras Verteufelung sein einstiger Aditya-Bruder Mithra Indras Rolle übernahm. Auch die mythischen Riesenameisen am Hof der Achämeniden werden Relikte des vorzarathustrischen „Heidentums" gewesen sein.

Bulle. Von Insektenmenschen an Königshöfen wissen wir nicht nur aus dem alten Iran. Unter den römischen Adelsnamen begegneten *Cossus*, der *„Holzwurm"*, *Pulex*, der *„Floh"*; und ein *Galba*, *„Eichenbohrerlarve, Holzwurm"* sowie ein *Vespasian*, *„(Sohn) der Wespenartigen"*[60] brachten es bekanntlich bis auf den Kaiserthron (Reichmuth 10 f., 63 f., 79 f.).

Unter den römischen Senatoren war aber auch ein *Taurus*, *„Stier"* und ein *Cornutus*, *„mit einem Horn versehen"* (64, 49). Daß diese Stiere als eher harmlos zu denken sind, legt der *Cicurinus*, der *„Zahme"* (76) nahe, wohl auch der

Name des Kaisers *Domitian, „(Sohn) der Gezähmten"* (79 f., 121), vor allem aber der des Kaisers *Vitellius*, des *„Kälbchens"* (vgl. 82). Daß Vitellius überdies für seine *körperlichen Gebrechen* berühmt war und einen *fetten Bauch* sowie *ein Bein*, das *lahmte*, gehabt haben soll (Sueton Vit. 17,2), stimmt ins Bild und wollte gewiß nicht nur als medizinische Realität verstanden werden.

Königliche oder göttliche Stiere sind ein religionsgeschichtlich so weit verbreitetes Phänomen, daß es sich erübrigt, eine Liste zusammenzustellen. Statt dessen nur die Erinnerung an die historischen und geographischen Dimensionen:

Sakrale Stiere begegnen schon in vorgeschichtlicher Zeit[61]: in jungpaläolithischen Höhlenmalereien, in Çatal Hüyük und Hacilar; und bis ins 4. nachchristliche Jahrhundert im Mithraskult. – Wir kennen sie aus dem gesamten antiken Europa (wahrscheinlich verdankt ihnen Italien seinen Namen[62]), aber auch aus Kleinasien, Ägypten, Israel, dem Zweistromland, Iran … und Indien.

In dieser langen und breiten Tradition erfüllten sakrale Stiere zweifelsfrei unterschiedliche Funktionen; man denke an Europas Ritt auf dem Stier Zeus oder an die vielfältigen Kulte mit Opferstieren. Reich bezeugt sind aber auch die Stiere vom Typ des Vitellius, nämlich Bullenkälbchen: Schon in Çatal Hüyük und Hacilar galt die kultische Zuwendung infantilen Stieren[63]; desgleichen bei der Verehrung des kanaanäischen Baal[64] und des griechischen Dionysos.[65] Und ein *goldenes Kalb* umtanzten nicht nur die Juden (2 Mos 32; vgl. 1 Kön 12,28 f.), sondern auch die „Arier" des Rigveda:

> *Sobald der goldige Bulle geboren ist, erleuchtet er den ganzen Lichtraum … – Indra, … der nach seiner Bestimmung ungestüm, gewaltig ist … durch seine grenzenlose große Bullenkraft.* (Q 51)

Sinn dieser Metapher war natürlich, anders als bei Maulwurf und Ameise, nicht die Anspielung auf die Gold- und Höhlengräberei der kleinen Götter, sondern auf ihre ungestüme Wildheit und Stärke:

> *Du hast mit deiner Größe, deiner Bullenkraft, du Bulle … alle (Räume) erfüllt.* (Q 52)

So befremdlich auch diese göttliche Metamorphose dem ersten Blick erscheinen mag: sie ist noch heute im Schwang. Es kommt nur darauf an, wohin man sieht: *Osborne* z. B., eine Cognac-Marke, wirbt für ihr Soma-Surrogat mit einem Bullen vor aufgehender Sonne. Und Formel-I-Helden fahren das Emblem von *Red-Bull* durch die Runden und werben damit gleichermaßen für ein „männliches" Kraftgetränk – mit zwei roten Stieren[66], die vor dem gelben Sonnenball aufeinander losstürmen. – In modernen Werbeagenturen hätten rigvedische Sänger mit Versen wie den folgenden sicherlich ihren Job gefunden: An Soma und Indra:

> *Der bunte, an der Spitze gehende (Stier) hat die Morgenröten erstrahlen lassen, nach dem Siegespreis verlangend … – So schenk doch für den Helden mit geöffneten Lippen*

den Soma ein … – Du bist unser Bulle mit dem Bullenwagen … – Bullenhaft sind deine Zügel, bullenhaft die goldene Peitsche, bullenhaft der Wagen … – Komm zu uns, du Falbenfahrer, du Schönlippiger, uns bullenhaften Mut verleihend, Indra! (Q 53)

Doch genug: Auch die übrigen Tiermetamorphosen Indras und insgesamt der Adityas reihen sich hier ein und bedürfen keiner weiteren Erklärung. Denn auch sie finden sich noch heute, sei es in Kinderbüchern, in der Werbung oder auf Wappen, sei es in Königspalästen oder in Kirchen: Der kämpferische *Widder*, der elegante *Antilopenbock*, das windschnelle *Rennpferd*, der stolze *Schwan*, der geschwätzige *Frosch*; und vor allem natürlich die Paradetiere des sakralen Königtums: der mächtige *Löwe*, der erhabene *Königselefant* und der majestätische *Adler* (Q 54).

Etwas mehr Platz dagegen muß dem berühmtesten und psychologisch bedeutendsten Mischwesen aus Indras Welt eingeräumt werden: Vrtra, dem Drachen. – Hierzu müssen wir uns aber noch einmal in Indras Höhle und die Zeit seiner „Geburt", mithin in die Phase um den fünften, sechsten Lebensmonat zurückbegeben.

5. Drachenkämpfe und getötete Gottessöhne

SCHLANGE. Wer sich die Drachen aus Fritz Langs Siegfried-Verfilmung oder Wagners *Ring des Nibelungen*, aus Gemälden oder Skulpturen in Kirchen oder Schlössern, aus Kinderbüchern oder aus der Werbung vor Augen stellt, hat bereits eine recht genaue Vorstellung vom Aussehen jenes Ungeheuers, dem auch Indra einst so tapfer trotzte. Denn das Drachenmotiv begegnet nicht nur gemein-indogermanisch, sondern weltweit[67]; und bei aller Vielfalt seiner Variationen blieben die Grundzüge bis auf den heutigen Tag erhalten. Sein einstiger psychologischer Sinn allerdings war bereits in der Antike verlorengegangen.

Auch schon im Rigveda war *Vrtra, „der Drache"*, ein kolossales Reptil, genauer: eine *„Schlange"*, altindisch *ahi-*, altiranisch *azi-*; beide verwandt mit dem griechischen *echsis* und von daher mit unserer *Echse.*[68] Dieses Reptil belagerte, in Finsternis und in Nebel der Verschwommenheit gehüllt, auf einem Berg eine Höhle voller Schätze. Träge, gefräßig und vernascht, verschlafen und ungelenk, sobald geweckt aber von bösem Blick, (feuer-)fauchend und blindlings um sich schlagend, war Vrtra zu übermächtig und gefährlich, als daß irgendeiner der Götter oder Helden ihm gewachsen gewesen wäre – außer Indra:

Vor dem Schnauben des Vrtra weichend verließen dich alle Götter, deine Kameraden. – (Sie liefen) *vor des Drachen Funkeln davon, die Panik vor dem wilden Tiere hatte sie befallen. – Sogar der gewaltige Himmel wich aus Furcht vor dem Getöse dieses Drachens deiner Keule aus, o Indra …* (Q 55)

Abb. 10: Drachenkampf des Igels Mecki in einem rezenten Kinderbuch (Petersen 41)

Der Hergang im einzelnen war dieser: Als Indra sich einst aufgemacht hatte, seine Berghöhle endgültig zu verlassen, kam ihm dieses blindwütige Ungeheuer in die Quere. Indra nahm den Kampf auf:

> *Der vor dir, Indra, sich breitmachend (?* dalag*)* … – *Den prahlenden Drachen,* … *den listigen* … – *den Sohn des Nebels,* … *im Dunklen Wandelnden, den Rachgeist,* … – *den Liegenden, den Ungott,* … – *den nimmersatten, ausgespreizten Drachen, den man nicht wecken soll, der ungeweckt schlief* … – *Dieses Heldenstück hast du, Indra, gleichsam vorangestellt, daß du den schlafenden Drachen mit der Keule wecktest.* (Q 56)

Mit mächtigem *Getöse*, *fauchend*, *schnaubend* und *brüllend* erhob sich daraufhin der Drache (Q 57) – und auch in Indra ballte sich die Gewalt des Zorns und der göttlichen Pflicht:

> *Angreifend schlägt der gereizte Indra mit der Keule auf den Nacken des trotzigen Vrtra los* … – *Hitze überkommt ihn, seine Kraft entbrannte,* … *sein Grimm rauchte (?)* …, (und er schlug) *mit seinem Donner dem Vrtra in die Fresse.* – *Du* (Indra) *zerbrachst die Kinnladen (?) des Vrtra mittendurch.* – (Du,) *der Goldbärtige, Goldfarbige mit ungebrochener Kinnlade* … (Q 58)

Jetzt, als der kosmische Kampf sich dem Höhepunkt und der Entscheidung näherte, feuerten die übrigen Götter ihren Größten – aus sicherer Entfernung – mächtig an:

Es sangen dabei die Marut ..., alle Götter jubelten dir zu, als du, Indra, mit der zakkigen Waffe dem Vrtra gegen das Maul schlugst.
Hau ihn unten ab, zerspalte, bezwinge ihn, erschlage den Dunkelgeist, du Gabenreicher ... Rotte den Dunkelgeist mit der Wurzel aus, Indra! Hau die Mitte durch! ... Wie lange schon hast du Nachsicht! – Zerbrich die Backen des Vrtra, ... o Vrtratöter Indra!
Eben diese seine (Gefährten) wurden beredt in süßen (Worten), die Marut, die des Indra Truppe waren, von denen zur Eile getrieben er des Vrtra verwundbare Stelle fand, der sich für unverwundbar hielt. (Q 59)

HIMMELSLICHTER. Und tatsächlich gelang Indra das Unglaubliche:

(Dann) *packte mächtig der Gewaltige* (den Drachen und) *der Keulenträger schlug* (ihn) *mit der Keule nieder. – (Du, Indra) überlistetest noch die Listen des Listigen. – Er fand seine, des Unverwundbaren verwundbare Stelle ... – Auf die verwundbare Stelle des Vrtra hat Indra die Keule geschmettert. – Es bebten beide Welten aus Furcht vor seiner, des Bullen, brüllender Keule.*
Und den Verschlinger, den fauchenden Danava (= Vrtra[69]) *schlug Indra ... nieder. – Den stießest du nieder unter die Tritte (deiner Rosse).* – (Ihn), *... der im sonnenlosen Dunkel groß geworden war, ... hat der Bulle Indra, mit Somastoff berauscht, hoch ausholend erschlagen. – Gliedweise zerbrach* (er ihn). – *Des trotzigen Vrtra Schädel spaltete er mit der hundertknorrigen Keule, der widderartigen. – Er durchstieß den Drachen, der Goldzahnige ...* (Q 60)

Zuletzt war Vrtra tot zusammengesunken:

Wie Baumstämme, die mit der Axt gefällt sind, liegt der Drache platt auf der Erde ... Inmitten der nie stillstehenden, nie rastenden Wasserläufe war sein Leib begraben. Die Gewässer fließen über Vrtras Heimlichkeit (besser wohl: Vrtras Scham oder Geschlechtsteil[70]) *hinweg. In langes Dunkel versank der Indrabemeisterte.* – (Den Vrtra) *warf er mit seiner großen Waffe in das Grab ... – Dichte Finsternis fiel auf den Erschlagenen ... – Du, Indra, hast von der Erde, vom Himmel den Vrtra vertrieben ...* (Q 61)

Ja, so gründlich war Vrtra nun vernichtet, daß er jetzt zu Sternen, zu Lichtpunkten fernab der Erde zerstob. Entsprechend durfte sich Indra rühmen:

„Ich war es, der den ... Vrtra zerschmetterte, ich der Vrtratöter, (der) *... den sich auswachsenden, gehörig sich ausbreitenden (Vrtra) am fernen Ende des Raumes in Himmelslichter verwandelte ... Ich bin der Siebentöter ...“* (Q 62)

Zumal die sieben Planeten (nach antiker Auffassung die inneren fünf echten Planeten sowie Sonne und Mond) galten mythisch als die verstreuten Glieder Vrtras; der Mond, als dominantes Gestirn der Finsternis, obenan:

> *Du* (Indra,) *setztest ihn* (Vrtra) *als Einteiler der Monate an den Himmel; den von dir Zerspaltenen trägt der* (Sonnen-)*Vater als Scheibe* (= Mond[71]). (Q 63)

Doch nicht genug damit: Jetzt, nachdem Vrtra getötet und zu den Lichtpunkten des nächtlichen Himmels zerstreut war, brach, wie durch ein Wunder und über die Morgenröte sich ankündigend, sogleich der Jüngste Tag herein. Der Kosmos öffnete sich – und Indra konnte, im Verein mit seinen Freunden, den Marut, ausziehen, um die Welt so auszugestalten, wie wir es in den einzelnen Schritten schon sahen:

> (Den Vrtra,) *der diese beiden großen Welten* (= Himmel und Erde) *vereint* (= noch undifferenziert) *umschlossen hielt, den versenktest du in Finsternis, o Indra. – Auf den sich auswachsenden Vrtra, den Feindseligen, hast du, Indra, mit der starken (Keule) losgeschlagen. Du Indra, hast die … eifrige, große, unbegrenzte Erde an ihren Platz gesetzt. Er stützte den Himmel, der Bulle, den Luftraum … (Da) hat sich Vala* (die Höhle), *der Rinderpferch, noch vor deinem Schlage furchtsam aufgetan. Er machte die Wege frei, um die Rinder herauszutreiben. Die blasenden Chöre (der Marut) ermutigten dich, den Vielgerufenen … Des Indra viele Werke sind wohlgetan …*
> *Als du, Indra, den Drachen mit aller Kraft erschlagen hattest, da ließest du am Himmel die Sonne zum Schauen aufsteigen. – Du, Indra, erschlugst … den Drachen …: dann brachtest du die Sonne, den Himmel, die Morgenröten zur Entstehung und hast dir wahrlich seitdem keinen Feind mehr gefunden.* (Q 64)

Noch wichtiger freilich als die Erschaffung des Kosmos war die Befreiung einer Schar junger Frauen und, damit zusammenhängend, die Befreiung der Flüsse; denn vor allem sie hatte der böse Vrtra in seiner Berghöhle bislang eingesperrt gehalten. – Auf das Motivpaar der befreiten „Jungfrauen" und der (Milch- und Honig-)Flüsse gilt es später noch zurückzukommen.

Hüfte. Die Frage ist: Was hat es mit diesem ungeheuren Reptil auf sich? Welche psychische Realität verbirgt sich dahinter?

Aus der Literatur kenne ich keine überzeugende Antwort; im Rahmen meiner Auslegung liegt sie aber auf der Hand: Vrtra, der Drache, stand für jene Blockaden und Widerstände, die Indra im Zuge seiner frühkindlichen Entwicklung zu überwinden und besiegen hatte:

Insbesondere jene Fertigkeiten, die Indra ab etwa dem sechsten Lebensmonat erworben hatte, waren bei Vrtra noch unausgebildet: Optisch noch in den Nebeln geringer Tiefenschärfe befangen, lag er träge, viel schlafend und ausgeliefert da; von beträchtlichem Appetit zwar und oft bedrohlich brüllend, aber in den Bewegungen der Hände und Füße noch unbeholfen. – Indra dagegen hatte um den sechsten Monaten die Initiative ergriffen und die bisherigen Eingeschränktheiten energisch überwunden und besiegt: Seit damals konnte er das Köpfchen frei bewegen und mit annähernd voll entwikkelter Sehschärfe umherblicken; seit damals den Horizont fixieren und die

Berge beruhigen; seit damals bereits konnte er recht treffsicher zugreifen; seit damals zumal sitzen und krabbeln. – Damals hatte Indra die Höhle der ersten Lebensmonate aufgesprengt; damals war die Sonne das erste Mal aufgegangen. In rigvedischer Psychologie gesprochen: Damals war die seelische Schicht zwischen dem fünften, sechsten und etwa dem vierzehnten Lebensmonat eröffnet, damals also Indra, der vierte Aditya, „geboren" worden. – Mit dem Drachenkampf, mit der mutigen Vernichtung und Zerstückelung der bisherigen Blockaden, hatten die spezifischen Schöpfungswunder Indras deshalb ihren Anfang genommen. – Es wird kein Zufall sein, daß eine Szene des Rigveda unseren großen Gott in einer drachenkämpferischen Pose zeigt, bei der er gerade eben etwa sechs Monate alt sein muß: Mit der einen Hüfthälfte sich aufrichtend, mit der anderen am Boden, holt er dort zum Schlag gegen Vrtra aus:

> *Du erschlugst den Drachen, ... als du mit der anderen Hüfte die Erde bedecktest.* (Q 65)

Daß Vrtra in der Tat die widerspenstigen Blockaden repräsentierte, die Indra damals kampfesmutig überwunden hatte, erhellt, wenn man sich Vrtras Erscheinungsbild genauer vor Augen hält:

(1) Vrtra litt, wie Indra einst selbst, unter fürwahr bedrohlichen motorischen Behinderungen:

> *Du, o Vielgerufener* (Indra), *hast den mit Danu* (= einer weiteren Drachengestalt[72]) *zusammen hausenden, den handlosen, lahmen geschlagen, den ... Vrtra, den gehässigen, den fußlosen, hast du, Indra, mit Kraft erschlagen. – Ohne Hand und Fuß kämpfte er gegen Indra ... – Den, der ... die Süßigkeit[73] trinkend dalag, den hinunterschlingenden Schlund, packte mächtig der Gewaltige. Den fußlosen Atra* (ein alter ego Vrtras[74]) *warf er mit seiner großen Waffe in das Grab ...* (Q 66)

In stehender Wendung galt Vrtra ob seiner motorischen Behinderung deshalb auch als *der ungeborene Einfuß* (Q 67). Und nicht zufällig heißt es deshalb auch, Indra habe das ungelenke Scheusal *mit der Keule an einer gelenklosen Stelle zertrennt.* (Q 68)

(2) Vrtra litt unter optischen Behinderungen. Wie Indra einst selbst, war Vrtra noch immer im *Chiaroscuro* seiner neblig-trüben und „finsteren" Urhöhle[75] befangen.

> *Es herrschte Finsternis* (beim Drachenkampf). – (Ihn,) *der im sonnenlosen Dunkel groß geworden war, ... hat der Bulle Indra ... erschlagen, ... den Sohn des Nebels, ... den ... im Dunklen Wandelnden. – Erschlage den Dunkelgeist, du Gabenreicher ... Rotte den Dunkelgeist mit der Wurzel aus, Indra!* (Q 69)

Und weil auch Indra im Zuge seines Drachenkampfes gerade erst im Begriff war, in Gestalt des Vrtra seine eigene bisherige Lebensphase zu überwinden, konnte sich der Fünf-, Sechsmonatige in dem großen Kampf auch noch selbst mit Vrtras Mitteln tarnen. Eigens heißt es nämlich, daß sich damals nicht nur Vrtra, sondern auch Indra selbst in Dunkelheit und, gleich westlichen Zwergen[76], in Nebel hüllte:

Der sich die Keule gefertigt hat, um den Dasyu leicht zu erschlagen, ... (war) unkenntlich wie das Dunkel. – (Indra) *schwang die Waffe gegen Vrtra, in Nebel sich kleidend.* – (Indra) *streute die dunklen Nebel, die Dunkelheit aus. – Obwohl er sich vermummte, brachte er das wilde Tier in Furcht.* (Q 70)

Vrtra jedenfalls blieb nach Indras Sieg als Inbegriff der Finsternis zurück. Sein Tod war die Voraussetzung für Indras weitere Erschaffung der Welt. Bei jedem morgendlichen Opfer konnte daher auch die kosmische Kulisse des hereinbrechenden Morgens als Wiederholung von Indras großem Sieg gedeutet werden: Aus den Fragmenten des zerstückelten Vrtra, den nächtlichen Sternen (und dem Mond), wurde im Licht der aufgehenden Sonne die Welt jeden Morgen neu erschaffen wie einst von Indra am Jüngsten Tag.

Daß sich Vrtra zu den Juwelen des nächtlichen Himmels auflöste, hat wohl auch mit seinem ursprünglichen *Funkeln* (Q 71) und dies wiederum damit zu tun, daß Drachen in ihrer Höhle neben Jungfrauen vor allem Schätze aus Gold und Juwelen, mithin die Keime der künftigen Welt bewachen.[77] Ja, allem Anschein nach verbarg Vrtra, wie Drachen weltweit[78], ein Juwel im Inneren seines Kopfes. Dies jedenfalls würde erklären, warum es wiederholt heißt, Indra *spaltete ... des Vrtra Schädel* (Q 72). (Meines Erachtens war zumal dieses Hirnjuwel der mythische Ausgangspunkt abendländischer Subjektivitätskonstrukte.)

Wall. (3) Nicht nur die überwundenen motorischen und optischen Behinderungen Indras sind in Vrtra repräsentiert, sondern auch die frühkindlichen Konstruktionsschemen der ersten Lebensmonate: Vrtra ist die Verkörperung wilder Synthesen schlechthin; und deren „verrückte" Vermengungen beginnen sich jetzt, mit der „Geburt" Indras, Zug um Zug in nüchterne Realität aufzulösen. Seit Urzeiten begegnet der große Drache deshalb als ein wildes Gemenge verschiedener Höhlen-Attribute: Er ist grün wie die untere Welthälfte; er ist eine Schlange mit Fledermausflügeln; und er ist vieläugig wie Saramas Welpen und vielköpfig wie Agni. Im Rigveda heißt es einmal:

Dieser Hausgebieter (Indra) *bezwang den laut brüllenden Dasa* (= Vrtra) *mit sechs Augen und drei Köpfen ...* (Q 73)

Das altiranische Pendant des rigvedischen Drachen, *azi dahaka*[79], galt in stereotyper Wendung als der

... dreimäulige, dreiköpfige, sechsäugige, tausendlistige ... (Lommel Yt 35 und oft)

Es erübrigt sich, die detaillierte Ausgestaltung des Drachenmotivs in den verschiedenen frühen Kulturen im einzelnen aufzuzählen, da sie sich wie gesagt nicht wesentlich von den bis heute erhaltenen Darstellungen unterscheiden. Durchweg spiegeln sie die frühkindliche Phase wilder Synthesen; auch dort, wo der infantile Charakter der Drachenkämpfer bereits überformt ist und sich z. B. Vater-Gottheiten auf die Ungeheuer stürzen, wie etwa in Psalm 74 und 89.

Vrtra, so sagte ich, galt als Inbegriff jener Blockaden in der frühkindlichen Entwicklung, die um den fünften, sechsten Lebensmonat, das heißt mit der „Geburt" Indras, aufgelöst werden. – Daß dem so ist, belegt auch die Etymologie; denn *Vrtra* bedeutet wörtlich genau dies: *„Blockade"*. Oldenberg übersetzte noch etwas unbestimmt als *„Umringung"*, *„Einschließung"* (RdV 133), Lommel unter anderem mit *„kämpfender Widerstand"* (AK 35), Gonda mit *„das (der) Bedeckende, die Versperrung, die Hemmung, der Verschluß oder Widerstand"* (ReI 55); am präzisesten wohl Thieme mit *„Wehr" und „Wall"* und zwar mit der Begründung:

> *Das Neutrum vrtra „Einschließung" vereinigt die Bedeutungen „die Wehr" und „das Wehr" ... Die Übersetzung „Wall" empfiehlt sich wegen des männlichen Geschlechts des deutschen Ausdrucks und weil sie die zwei Bedeutungen einigermaßen erkennen läßt.* (Rig 26, 28)

Und noch ein weiteres Argument spricht für die Richtigkeit meiner Auslegung:

Vrtra, die seelische Schicht, die Indra „tötet", um seine weiteren Schöpfungswunder auf den Weg zu bringen, muß parallele Züge zu Indras kleineren Aditya-Brüdern, zu Yama, Agni und Soma haben; denn auch diese repräsentieren die seelischen Schichten *vor* Indras „Geburt". Tatsächlich heißt es nun z. B. über Agni, den *Jüngsten* der Adityas:

> *Er ward zuerst ... geboren, im Grunde des großen, im Schoße dieses Dunkelraumes, ohne Füße, ohne Kopf, seine beiden Enden versteckend im Neste des Stieres, (die Glieder) einziehend.* (Q 74)

Die enge Assoziation von Feuer und Drache erhielt sich bis in die Gegenwart. – Ähnliche assoziative Brücken bestehen, wir werden es gleich sehen, auch zu Yama und Soma.

Diese psychologische Verwandtschaft Vrtras mit den jüngeren Adityas macht auch verständlich, warum Vrtra, obwohl Repräsentant und Verdichtung einzig ihrer negativen Züge, religiöse Verehrung zuteil wurde. Zwar wurde Vrtra nicht eigens der königlichen Familie der Adityas zugerechnet. Nichtsdestoweniger war er von adeligem Stamm[80] und wurde, wie Yama, Agni und Soma, mit Ehrfurcht, ja religiösem Dank bedacht:

> *Auch der Drache der Tiefe soll uns hören ... – Zum Glück soll uns der einfüßige Ungeborene Gott sein, zum Glück uns der Drache der Tiefe ... – Den wassergeborenen Drachen preise ich in Liedern, der in der Tiefe der Flüsse im Dunkeln sitzt. Nicht soll uns der in der Tiefe wohnende Drache in Schaden bringen, nicht möge das Opfer dieses (Sängers) ... stecken bleiben. – Seid recht weit, Himmel und Erde! ... Und (bringet) uns, ihr beiden Schatzreichen, ... Sonne und Mond als Teilhaber zum*

> *Niedersitzen* (beim morgendlichen Opfer), *daß in ihrer Gesellschaft sich der Drache der Tiefe in den Tiefen setzen möge.* (Q 75)[81]

HEILER. Auch das Motiv des Drachenkampfes sollte in den späteren Religionen, gerade auch im Christentum, seine Spuren hinterlassen; und zwar keineswegs nur in Gestalt der Drachentöter Michael, St. Georg, ... St. Margarete; und auch nicht nur in Gestalt jener ohnehin klar aus Iran entlehnten Drachenkampfszene der Johannesapokalypse (Off 12 ff.; 20). – Substantieller noch sind jene Erbschaften, bei denen sich der Zusammenhang erst dem zweiten Blick erschließt: die Heilungswunder Jesu und das Motiv des geopferten Gottessohnes. – Um die Brücken sichtbar zu machen, gilt es, bei beiden Punkten vorab die Hintergründe ein wenig auszuleuchten. Zuerst zu den Heilungswundern:

Durch die Tötung des Drachens befreite sich Indra von den Blockaden der ersten Lebensmonate: von Lahmheit, Blindheit und (wir werden die zugehörige Psychologie im nächsten Kapitel noch genauer verstehen:) von Aussatz. Durch die Drachentötung „heilte" sich Indra also gleichsam selbst. Formulierungen wie die folgenden sind erkennbar in diesem Sinn reflexiv, das heißt auf Indra selbst bezogen:

> *Den Aussetzling, der in der Tiefe steckte, holtest du herauf, der du dem Blinden, dem Lahmen zu Ruhm verhalfst – darum* (Indra,) *bist du preisenswert.* (Q 76)

Ob dieser Fähigkeit zur „Selbstheilung" galt Indra aber auch und darüber hinaus als der Heiler dieser Gebrechen schlechthin. Und dies aus verständlichem Grund: Indra repräsentierte jene seelische Schicht des Menschen, die sich zwischen dem fünften und dem vierzehnten Lebensmonat entwickelt. Traumatische Störungen in dieser Schicht können, wenn überhaupt, nur durch psychologisch angemessene Zuwendung an eben diese Schicht therapiert werden; und gerade auch die rigvedischen Anrufungen Indras scheinen solch angemessene – und während Jahrhunderten erprobte – Zuwendungen gewesen zu sein. – Die konkreten und psychologisch äußerst differenzierten Heils- und Heilungsstrategien der rigvedischen und insgesamt früherer Religion durchzusprechen würde den Rahmen dieser Studie sprengen. Die Prinzipien liegen aber auf der Hand: Reinszenierung frühester Kindheit verbunden mit bestärkendem Zuspruch, das heißt Gaben von Milch und Honig.

Daß das Tripel „lahm, blind, aussätzig" dabei schon in der Antike nicht nur wortwörtlich, sondern auch übertragen verstanden wurde, ist mehrfach belegt. So etwa sind Beispiele überliefert, wo „Blindheit" im Sinne von „blind vor Eifersucht" verstanden wurde: Ein solchermaßen „blinder" Ehemann wurde entsprechend durch kultische Gaben von Milch, ja, so der erhaltene Bericht, von *der Milch einer treuen Ehefrau*, therapiert (Weinreich 175).[82]

Indra jedenfalls galt ob des genannten psychologischen Hintergrunds als Heiler tatsächlicher Gebrechen realer Menschen. Die meisten seiner Heilungswunder sind allerdings nur fragmentarisch überliefert, ihre ursprünglichen Kontexte verloren. Deshalb sind die Klienten und Rekonvaleszenten Indras nicht näher zu identifizieren. Einige Textproben:

> *Auch jenem ausgesetzten Jungfernsohn* (?) *gab Indra, der Ratreiche, Anteil ... Auch den Turvasa* (?) *und Yadu* (?), *die beide keine Schwimmer waren, hat der Kräfteherr Indra kundig hinübergerettet ... Du geleitetest die beiden Ausgesetzten, den Blinden und den Lahmen, o Vrtratöter. – Den von den Ameisen benagten Jungfernsohn hast du Falbenlenker aus seinem Unterschlupf geholt. Der Blinde wurde sehend, als er die Schlange anfaßte. Der Pfannenbrecher kam davon, es heilten seine Gelenke.* (Q 77)

Assistent[83] bei Indras großen Heilungs-„Wundern" war dabei natürlich sein personifizierter Krafttrunk. In Liedern an Soma heißt es daher z. B.:

> *Was nackt ist, bedeckt er; er* (Soma) *heilt alles, was krank ist. Der Blinde sieht (durch ihn), der Lahme kommt von der Stelle.* – (Soma) *helfe dem Blinden und Lahmen weiter ...* (Q 78)

KINGS EVIL. Analoge Heilungskompetenzen müssen die Götter der frühen Religionen auch außerhalb Indiens gehabt haben, denn ihre irdischen Repräsentanten, die Könige, verstanden sich, wie es scheint weltweit, auf die Heilung Lahmer, Blinder und Aussätziger. Noch die römischen Kaiser Vespasian und Hadrian machten sich durch solche Heilungswunder verdient.[84] Ja, noch im Mittelalter und in der frühen Neuzeit herrschte die Überzeugung, daß Könige Lahme, Blinde und Aussätzige heilen könnten.[85] In Frankreich und England galten die Skrofeln, eine Hautkrankheit (das heißt eine Art von „Aussatz"[86]), als *the kings evil*, weil einzig der König davon befreien konnte. Und am Hof Karls II. bewahrte man *eine große Sammlung von Krücken und Stökken auf von denen, die von dem ... Stuart geheilt wurden* (Widengren Phän 377[87]).

Genau dieser Typ von „Wunderheilungen" begegnet nun auch in den Evangelien auf Schritt und Tritt. Einmal sandte Jesus seine Jünger aus mit den Worten:

> *Geht hin und berichtet ..., was ihr hört und seht: Blinde sehen, Lahme gehen, Aussätzige werden rein ...* (Mt 11,4 f.)

Und allerdings: Anscheinend gab es -zig solcher Fälle zu berichten.[88] – Erneut zeigt sich hier, daß der Jesus zugeschriebene Titel eines Königs keine Äußerlichkeit war: Er vollbrachte, obzwar nicht im politischen, sehr wohl aber im sakralen Sinn, was heidnischen Königen seit alters oblag. Und gerade auch Jesu Heilungswunder belegen, daß er dabei in keiner liegengebliebenen und zur bloßen Form ausgehöhlten, sondern in einer lebendigen Tradition stand: in einer Tradition nämlich, in der noch klar war, daß Könige morgenrote Götter vom Schlag Indras repräsentierten. Denn der Motivkomplex der Heilung Lahmer, Blinder und Aussätziger ist psychologisch nur vor dem Hintergrund der alten Drachenkampfszenerie verständlich: Lahmheit, Blindheit, Aussatz sind nicht irgendwelche, es sind in dieser Kombination typische Gebrechen der Morgenröte: Ich kenne kein Beispiel, wo ein Gottessohn oder König Zahnfäule, Halsschmerzen, ... Nierenkolik geheilt hätte. Die vereinzelt (auch für Jesus) belegten Heilungen von Taubheit, Stummheit und auch von Frauenleiden dagegen fügen sich, übertragen oder wörtlich verstanden, ebenso ins Schema des morgenroten Dramas wie die Heilungen Lahmer, Blinder und Aussätziger.

Deshalb aber ist es alles andere als zwingend, für Jesu Heilungswunder eine jüdische Tradition anzusetzen. Zwar kennt auch das Alte Testament Heilungen dieser stereotypen Gebrechen.[89] Aber sie sind dort nicht sehr häufig, und dies aus gutem Grund: Das Judentum hatte über Jahrhunderte hinweg weder Gottessöhne noch Könige verehrt; und auch die von den Römern lancierte Dynastie der Herodianer genoß in den sozialen Schichten um Jesu gewiß keine kultische Verehrung. Nein, die Jesus zugeschriebene Welt des alten sakralen Königtums mit ihren typischen Heilungswundern scheint von außerhalb importiert gewesen zu sein. Nur von wo? – Es würde im hier gesteckten Rahmen zu weit führen, die Spuren genauer und mit Argumenten nachzuzeichnen. Meine (und nicht nur meine) Überzeugung will ich dennoch nicht verschweigen: Hier muß es sich um iranische, genauer: parthische Einflüsse handeln; mithin um Einflüsse aus jener Nachbarkultur des Ostens, mit der Israel damals und seit Jahrhunderten auf besserem Fuß stand als mit der griechischen und römischen Kultur des Westens. – Für Parthien sind zur Zeit Jesu Heilungen Lahmer, Blinder und Aussätziger – immerhin indirekt – bezeugt.[90] Und anders als im Westen, war in Parthien damals bereits seit etwa zweihundert Jahren wieder ein lebendiges Königtum aufgeblüht; und zwar unter der Oberhoheit von Indras Verwandtem Mitra/Mithra: Vier der parthischen Könige trugen den Namen *Mithradates*, das heißt *„der von Mithra Eingesetzte“*. Und auch in den Pufferstaaten zum Römerreich, im Westen des Partherreiches, in Pontos, Armenien und Kommagene war Mithradates in diesen Jahrhunderten ein auffällig häufiger Königsname[91]; man denke an den berühmten Mithradates VI. Eupator von Pontos oder an den Vater Antiochos’, Mithradates Kallinikos von Kommagene. – Gleich unten noch einige weitere Skizzenstriche zur Wirkmacht des parthischen Mithra.

Den Göttern zuliebe. Die (unausgesprochene, aber vorausgesetzte) These vieler Theologen, daß von der damaligen Renaissance des iranischen Königtums keine Kunde nach Israel gedrungen sei und das Christentum deshalb ein ausschließlicher Ableger des (allenfalls hellenisierten) Judentums sein müsse, ist ein allzu kühnes, aber bereits seit neutestamentlicher Zeit als unumstößlich hingestelltes Dogma. – Daß dieses Dogma nicht richtig sein kann, wird um so offenkundiger, als nicht nur Jesu stereotype Heilungen von Lahmen, Blinden und Aussätzigen für indo-iranische Wurzeln sprechen, sondern ein weiteres Motiv aus dem Umfeld des alten Drachenkämpfertums: Das Motiv vom Tod und von der Auferstehung eines Gottessohnes. – Auch dieses Motiv hat in seiner spezifisch christlichen Ausgestaltung kein Vorbild im damaligen Judentum – sehr wohl aber wieder in den Mythen um Mithra und Indra. Zuerst wieder die Hintergründe:

Der vorgeschlagene psychologische Schlüssel macht klar, daß sich Indra in Gestalt Vrtras gewissermaßen selbst tötete: In Gestalt Vrtras „besiegte" er all jene Gebrechen, die bis dorthin seine eigenen waren. – Wir abendländischen Menschen setzen bei solchen Entwicklungssprüngen eine durchgängige „Identität der Person" an und könnten deshalb in Form einer Eselsbrücke formulieren: Der „alte Indra" starb um den fünften Monat und wurde dann als „neuer Indra" geboren. Im altindischen Denken dagegen war der „alte Indra" einfach zu substituieren durch: „Vrtra".

Wir begegneten diesem Denken schon oben: Im Rigveda repräsentierten die Adityas, die Söhne der Aditi, die Schichten oder Etappen der frühen Kindheit. Indra, dem vierten Aditya, waren dabei Yama, Agni und Soma vorgelagert. Wie Vrtra standen sie für die frühkindlichen Phasen *vor* dem fünften, sechsten Lebensmonat, ja Vrtra war etwas wie der zusammenfassende Oberbegriff für die ersten drei Adityas. – Dem ganz entsprechend, wurden, wie Vrtra, so auch die ersten drei Adityas vor Indras „Geburt" „getötet":

Soma wurde, wie oben geschildert, beim morgendlichen Opfer zerquetscht, insofern getötet, und anschließend sein „Blut" getrunken. Einmal heißt es deshalb eigens:

> *Soma! Dich, der selbst die Opfergabe ist, wollen wir mit Opfergabe verehren!"* (Q 79)

Auch Agni erlosch und „starb" beim morgendlichen Opfer vor Indras „Geburt", und der *Ergraute*, das heißt der alt gewordene und gestorbene Gott mußte deshalb jeden Morgen neu entfacht und geboren werden:

> (Agni) ... *wird aus den Alten aufs neue geboren; im Holze steht der Ergraute mit dem Rauch als Fahne* ... (Q 80)

Nach der folgenden (unsicheren) Stelle eines Liedes an Agni scheint es gar einen Mythos gegeben zu haben, nach dem Indra den dreiköpfigen Agni einst getötet hatte wie Vrtra:

> *Mit hohem Banner geht Agni voran ... Indra enthauptete ihn* ... (und) *beseitigte dessen drei Köpfe.* (Q 81)

Das gleiche gilt für Yama: Daß er als Totengott galt, hat wie gesagt weitere, hier nicht zu verhandelnde Gründe; aber einer ist, daß Yama, als der urwüchsige Höhlengott *unter einem schönbelaubten Baume* (Q 82), jetzt, bei Indras „Geburt", das heißt beim Verlassen der Höhle, bereits verstorben war:

> (Der) *Sammler der Menschen ... Yama hat uns zuerst den Weg aufgefunden, ... auf welchem unsere Vorväter abgeschieden sind* ... (Q 83)

Entsprechend wurde bei einem Roßopfer das edle Tier angesprochen mit:

> *Du bist Yama, bist der Aditya* ... (Q 84)

Ja, in aller wünschenswerten Klarheit heißt es über Yama einmal:

> *Den Göttern zuliebe zog (Yama) den Tod vor* … (Q 85)

Um Indras „Geburt“ zu ermöglichen, starb Yama, starben Agni und Soma – und eben auch Vrtra.

Ob diese Psychologie der sterbenden und wieder auferstehenden seelischen Schichten Spuren bis in die neutestamentliche Zeit hinterlassen hat, ist schwer zu entscheiden. Offensichtlich dagegen ist, daß die konkrete mythische Ausgestaltung dieser Psychologie in die (nachträgliche) Deutung von Jesu (sicherlich tatsächlichem) Tod eingeflossen ist. Denn die Szenen von Tod und Auferstehung im Rigveda hier und im Neuen Testament dort sind von so auffallender Parallelität, daß es eines starken Glaubens bedürfte, um darin nur Zufälle zu erkennen:

Angelos. Zuerst die Aneinanderreihung der zentralen Motive nach den vier Evangelien:

> (Bei der Kreuzigung) *kam eine Finsternis über die ganze Erde, … und die Erde erbebte, und die Felsen zerrissen und die Grüfte öffneten sich … Es sahen aber dort viele Frauen von ferne zu, … unter ihnen Maria aus Magdala und Maria, die Mutter des Jakobus, …* (auch Maria,) *seine Mutter, und die Schwester seiner Mutter, Maria (, die Frau) des Klopas …*
> *Es war aber an dem Ort, wo man ihn gekreuzigt hatte, ein Garten und in dem Garten eine neue Gruft … Dahin legten sie nun Jesus … – Und als der Sabbat vorüber war, kauften Maria aus Magdala und die Maria des Jakobus und Salome Balsam, um … ihn zu salben. Und sehr früh am ersten Tag der Woche kamen sie zur Gruft, als die Sonne aufgegangen war* (Mk) (Mt: *als es zum ersten Tag der Woche aufleuchtete;* Jh: *als es noch dunkel war*) *… Und siehe, es geschah ein großes Erdbeben; denn ein Engel des Herrn kam … herab … Sein Aussehen aber war wie der Blitz und sein Kleid weiß wie Schnee … Und wie sie aufblickten, sahen sie, daß der Stein fortgewälzt war … Und sie gingen in die Gruft hinein und sahen einen Jüngling zur Rechten sitzen, bekleidet mit einem langen weißen Gewand; und sie erschraken …* (Mk) (Lk: *da traten zwei Männer in blitzendem Gewand zu ihnen …*) (Mt 27, LK 23,44 ff., Mk 15,33 ff., Jh 19,26 ff.)

Zum Vergleich noch einmal die Schöpfungswunder Indras in geraffter Form:

> *Die bebenden Berge und Ebenen befestigte er; der Himmel donnerte und erschütterte die Lüfte … – Er sprengte den Fels … auf. – Er fand den im Versteck verborgenen Schatz des Himmels, der im Fels verschlossen war, – … mit einem Stein verschlossen … – Den großen Fels … hast du von seinem Platz gestoßen, den unbeweglichen, o Indra. – Es verschwand die hartnäckige Finsternis, der Himmel erglänzte, das Licht der göttlichen Morgenröte brach hervor, die Sonne beschritt die hohen Gefilde, Rechtes und Schlechtes in den Menschen schauend.* (Q 86)

Auf die Frauen um Indra komme ich erst im nächsten Kapitel genauer zu sprechen. Daß um Jesu Kreuz aber seine Mutter, ihre Schwester und weitere Frauen mit gleichem Namen standen, erinnert doch sehr an die Szene von Indras Mutter und seiner Schwesternschar (... *viele tausend Schwestern beeifern sich (um ihn)* ...); und dies um so mehr, als die Frauen am Ausgang auch von Indras Höhle eigens, und psychologisch verständlich, als die *gleichnamigen Weiber* galten (Q 87). – Auch daß eine jener Frauen um Jesu Grab (Maria Magdalena) im Ruch einer Prostituierten stand, hat, wir werden es sehen, ein psychologisch stimmiges Vorbild im Rigveda.

Auch das Salben eines auferstandenen Gottessohnes fehlt im Rigveda natürlich nicht: Götter diesen Alters bedürfen solcher Hautpflege ja tatsächlich und nicht nur, wie Könige oder Verstorbene, als Geste. Am häufigsten sind die Salbungsszenen bei Agni, *dem Jüngsten*; sie fehlen aber auch bei Soma, Indra und Visnu nicht:

> *Morgen (und Nacht) sollen wetteifernd*[92] *zu dir hereilen, o Agni,* ... (um dich) *als ersten zu salben. – Es träufeln für dich, du Guter, die Tropfen auf die Haut! – Dich, den Rötlichen* (Soma), *salben wir mit Milch* ... – *Sie sollen euch* (Visnu und Indra) *einsalben. –* ... *Salböl ist kraftverleihend.* (Q 88)

Und war nicht auch Jesus vor und in seiner schwersten Stunde von seinen engsten Anhängern und sogar vom Himmelsvater selbst verlassen worden[93] – wie Indra? – *Vor dem Schnauben des Vrtra weichend,* hieß es an Indra,

> ... *verließen dich alle Götter, deine Kameraden. –* (Ihr Marut,) *wo habt ihr Freunde, da ihr den Indra im Stich ließet? – Sogar der gewaltige Himmel wich aus Furcht vor dem Getöse* ..., *o Indra* ... (Q 89)

Und auch die theatralische Blitz- und Gewitterstimmung der neutestamentlichen Szene hat ihre rigvedische Entsprechung. Denn Indras Keule wurde auch als Blitz und Donnerkeil gedeutet: *Schleudere* ... *deinen glühenden Keil! –* ... *deinen Donner* ... (Q 90).[94]

Ja selbst der im Neuen Testament erwähnte *Engel* (*angelos*) und die *Männer in blitzendem Gewand* haben ihre Parallele. Denn auch schon bei Indras Aufbrechen seiner Höhle waren die mythischen Priester, die *Angiras*, zugegen. Die Angiras aber sind nicht nur etymologisch mit gr. angeloi verwandt[95], sondern gleichen den neutestamentlichen Lichtgestalten auch sonst:

> *Die Weißgehenden, –* ... *des Himmels Söhne, die Angiras,* ... (fanden) *den Fels mit dem Schatz, –* ... *und machten die Sonne aufgehen. – Indra spaltete in Begleitung der Angiras den Vala* (= die Höhle). (Q 91)

Klarere Entsprechungen sind nach 1500jährigem Abstand schwerlich zu erwarten. – Und zeigt nicht auch die spätere, bis heute fortlebende ikonographische Ausgestaltung des Kruzifixes, zumal sein Schmuck aus Wiesenblumen und seine Umflutung mit dem Gold und den Strahlen der Morgenröte, wie psychologisch nah der Gottessohn der Christenheit dem goldigen Indra von einst steht?

SPEKTAKULUM. Ein ganzes Bündel von Problemen bricht nach dieser Gegenüberstellung auf. Zwei der meines Erachtens wichtigsten seien immerhin als Fragen formuliert:

(1) Woher die dramatischen Abschiedsszenen zwischen Jesus und seiner Mutter? – Schon im Johannesevangelium weint Maria (20,11); und die spätere Ikonographie zeigt die *Pietà* oder *Maria dolorosa* Mal um Mal mit durchdolchtem Herzen und blaß-depressivem Ausdruck unter dem Kreuz ihres verlorenen Sohnes. – Ganz anders bei Indra: Als er den Drachen getötet hatte, das heißt „gestorben" und auferstanden war, fing er, wir werden es bald lesen, gerade erst an, seine Mutter in ihrer zauberhaften Schönheit kennenzulernen – von Abschied und mütterlicher Depression keine Spur. Auch war Indra damals fürwahr noch himmelweit davon entfernt, in die Welt eines richtenden Vaters überzugehen wie Jesus. – „Irgendwie" sind in der neutestamentlichen Szene Dramen vom Ende des zweiten Lebensjahres in die Welt der Höhlen- und Erdbebenabenteuer des sechsten Lebensmonats zurückprojiziert worden. Denn dort, am Ende des zweiten Lebensjahres (rigvedisch verstanden also in der Welt Mitras und Varunas), steht solches „Sterben" in der mütterlichen und solches „Geborenwerden" in die väterliche Welt tatsächlich an: Entwicklungspsychologisch verstanden, hat die neutestamentliche Szene die Struktur eines Triangulierungs-Mythos. – Warum, so die Frage, ist hier ein Drama Zweijähriger in die drachenkämpferische Aura Halbjähriger zurückverlegt; warum, rigvedisch gesprochen, die Welt Mitras regressiv mit der Indras vermischt?

(2) Und warum war aus dem einstigen Schöpfungsdrama der Götter vom Schlag Indras und Mitras in den Evangelien ein Erlösungsdrama geworden? Denn ganz anders als der Drachenkampf Indras sollte die Szene um Jesu Tod und Auferstehung nicht den Anfang der menschlichen Welt, sondern deren Ende symbolisieren: So wie Jesus nach seinem Tod, so würden einst alle Gläubigen nach dem Zusammensturz der irdischen Welt ins Paradies des himmlischen Vaters auffahren …

Warum also sind die Dramen frühester Kindheit im Neuen Testament so sonderbar transformiert? – Es würde den hier gesteckten Rahmen sprengen, diese und ähnliche Fragen weiter zu verfolgen. Meine Überzeugung möchte ich dennoch ausgesprochen haben: Die Spur zu den Antworten führt nicht ins Alte Testament oder in die Welt des späten Hellenismus. Sie führt nach Iran, genauer: in die Welt des parthischen Mithra. – So glanzvoll und nachhaltig war damals die Renaissance des alten (aber jetzt schon mehrfach transformierten) Mitra/Mithra, daß er, weit über Iran hinausgreifend, von einem Seitenast aus auch die römischen Mithrasmysterien beimpfen konnte[96], die den indo-iranischen Gott bald schon bis an die entferntesten Enden des Römerreichs, nach Schottland, trugen. Warum soll der parthische Mithra nicht auch die Gemeinde um Jesus inspiriert haben? – Das Erbe eines Mithra angetreten zu haben wäre wahrlich nichts Geringes.

Parthischer Einfluß würde natürlich auch erklären, warum in den Evangelien der Bericht vom Foltertod Jesu so eigentümlich in Bilder der Theaterwelt gekleidet ist: Im indo-iranischen Raum war das kultische Schauspiel seit alters wichtiges Medium der Inthronisations- und überhaupt der Königskulte. – Nicht nur daß Jesu Auferstehung in Form eines donnerumrollten und insgesamt so plastischen Höhlendramas geschildert wird, zu dessen Beginn *der Vorhang im Tempel von oben bis unten in zwei Stücke* doch wohl eher *aufriß* als zerriß[97] (Mt 27,51 und ||), verleiht der Szene theatralische Atmosphäre. Auch die sonderbare Kommentierung bei Lk läßt sich mit wachgeriebenen Augen nicht leicht mißverstehen:

> *Und die ganze Volksmenge, die zu diesem Schauspiel (epi ten theorian) mitgekommen war, schlug sich beim Anblick dessen, was geschehen war, an die Brust und kehrte zurück* … (23,48)

Theoria heißt nun einmal *„Schauspiel"*, und schon die Vulgata übersetzte deshalb korrekt mit *spectaculum*. – Theologisch war diese Theateraura nichtsdestoweniger ein Problem, und entsprechend falsch und gestelzt ist die Stelle etwa in Lutherbibeln wiedergegeben:

> Und alles Volk, das dabei war und zusah, da sie sahen, was da geschah, schlugen sie an ihre Brust …

„Im Volk" aber wurde der theatralische Charakter der Karfreitags- und Osterszene durch die Jahrhunderte verstanden: Denn sie wurde wahrscheinlich schon in der Antike, sicher aber ab dem Mittelalter in kirchlichen Schauspielen inszeniert. Gespickt mit Kalauern und Zoten und untermischt von den Verschlagenheiten eines *Rubin* und den Narreteien *Pusterbalks* und *Lasterbalks*, erinnern die mittelalterlichen Osterspiele dabei durchaus an die komödiantischen Königskulte indo-iranischer Tradition.[98] – Auch exegetische und archäologische Recherchen der jüngsten Vergangenheit erhellten, wie eng die Welt Jesu und des Neuen Testaments mit der Welt des Theaters verbunden war.[99]

Ärgernis. Daß das Christentum parthische Wurzeln habe, wird traditionellen Theologen und konservativen Christen als Fauxpas erscheinen. Doch gilt es zu bedenken, daß diese These nicht zuletzt auch „moralische" Dimensionen hat:

Was christliche Theologen, missionsstrategisch verständlich, seit Paulus beanspruchen, nämlich daß das Christentum ein Sproß, ein Kind des Judentums sei, wurde von den Juden selbst nie anerkannt. Deshalb galten die Juden durch die Jahrhunderte als „verstockt"; und allerdings mußte zumal die Verkündigung eines gekreuzigten „Messias", so Paulus schon selbst, *den Juden ein Ärgernis* sein (1 Kor 1,23). Es gibt weitere Gründe; aber dieser war für die Wahn- und Schreckensgeschichte des zweitausendjährigen christlichen Antisemitismus von maßgeblicher Bedeutung. Und der Schmerz, verwaist und von der vermeintlichen Mutter nicht angenommen zu werden, reizte die

Christenheit um so mehr zu neurotischer – hier akademischer, dort inquisitorischer und militärischer – Aggression und Selbstgerechtigkeit, als jedermann erspüren konnte, daß die Juden mit ihrer ablehnenden Haltung recht hatten.

Doch nicht nur dies. – Das Judentum war spätestens seit dem babylonischen Exil in der Tat einen religiösen Sonderweg gegangen. Das Christentum dagegen knüpfte in vielen Punkten an alte, „heidnische" Elemente an; und hatte auch deshalb das Zeug, in Windeseile die Welt zu erobern. Seiner Neurosen wegen war das Christentum nichtsdestoweniger bis hin zur abendländischen Aufklärung darauf versessen, im Besitz der ausschließlichen Wahrheit zu sein. – Heute, nach den demokratischen Triumphen der Aufklärung, in Zeiten der Globalisierung und des Mangels an religiös fundierter Daseinssicherheit, liegen die Dinge aber anders. Heute könnte es Chance sein, die christlichen Heilsmotive wieder einzureihen in die immer gleichen Spielformen des Religiösen überhaupt. – An Anknüpfungspunkten fehlt es nicht. Einer der elementarsten ist der Mythos vom getöteten und wieder auferstandenen Gottessohn:

Das im dargestellten Sinn verstandene Motiv der „Tötung" von Gottessöhnen war in den „heidnischen" Religionen weit verbreitet. Ich erinnere an die griechischen Götter Dionysos und Phaethon sowie an den babylonischen Gilgamesch[100] und werde auch zu den Maya noch ein Beispiel nachreichen. – Auch die ethnologischen Studien rezenter Kulturen liefern reichhaltige Belege: Ad. E. Jensen etwa abstrahierte aus mannigfachen Berichten seinen Begriff der *Dema-Gottheiten.* Darunter verstand er jene Götter, die nach Auffassung ihrer Anhänger einer *längst vergangenen Urzeit*, nämlich der Zeit der Schöpfung angehörten. Ein wenig überzogen, im Kern aber richtig, schrieb Jensen:

> *Der entscheidende Vorgang, durch den die wichtigen Erscheinungen der Welt entstehen, ist die Tötung der Dema-Gottheit …*
> (Das) *kultische Leben* (der entsprechenden Kulturen) *ist deshalb vorwiegend eine dramatische Aufführung der Urzeit-Vorgänge selbst. Als solche sind vor allem die zahlreichen Tötungs-Rituale zu verstehen …* (117 f.)

Die Adityas des Rigveda waren, in Jensens Sprache, natürlich solche Dema-Gottheiten einer *längst vergangenen Urzeit.*[101]

Vom Motiv der getöteten Gottessöhne her erklärt sich auch, warum die irdischen Repräsentanten der Gottessöhne, die Könige, in den unterschiedlichsten Kulturen immer wieder „getötet" wurden. In seltenen Fällen wird dies tatsächlich geschehen sein; im allgemeinen nur symbolisch: Die kultische und rituelle Reinszenierung der urzeitlichen Tötung und Auferstehung erneuerte dann gleichsam die religiöse Energie des Königs. – Ohne psychologisches Verständnis hatte schon Frazer eine lange Liste von Beispielen zur Tötung „heidnischer" Könige zusammengestellt. Und was Frazer mit ethnologischen Mitteln leistete, ist inzwischen auch für viele alte Kulturen gesichert.[102]

Abb. 11: Stiertötung des Mithras in der Höhle. Großes Altarfresko in Marino (Albaner Berge, südl. Roms), 2. Jh. n. Chr. (Vermaseren MiIII, Plate III)

KARIKIERT. Zumeist wurden die Königsopfer dabei durch die stellvertretende Opferung[103] königlicher Tiere vollzogen. Aus dem Rigveda z. B. kennen wir das ehrfürchtig dargebrachte Pferdeopfer, das Asvamedha. Häufiger noch waren aber auch im alten Indien und Iran die Stieropfer, deren tieferer Sinn sofort erhellt, wenn man sich ins Gedächtnis ruft, daß die dortigen Göttersöhne, und damit auch die Könige, durchweg als Bullen galten. Prominente archäologische Befunde dazu sind die späten (kaiserzeitlichen) Stiertötungsszenen auf den Altarreliefs des Mithraskultes.

Auch kultische Schlachtungen von Zicklein und Lämmern sind vielfach belegt.[104] – Und wurde nicht auch Jesu Opfertod schon im Neuen Testament mit der Opferung eines Stieres und mehrfach mit der Opferung eines Lammes verglichen?[105]

Ja, auch die Opfertiere selbst wurden und werden häufig durch symbolische Tiere ersetzt. Denn genauso wie Christen den Opfertod ihres Königs und Gottessohnes durch die „Schlachtung“ gebackener Osterlämmer reinszenieren, so taten es auch die Menschen anderer Kulturen.[106] Durch einen glücklichen Umstand ist uns hierzu auch ein Beispiel aus der westlichen Antike überliefert, nämlich über Empedokles (5. Jh. v. Chr.). Von ihm heißt es,

> … (er) *habe den Zuschauern einen Stier aus Honig und Mehl geopfert* … (Diog. Laertius VIII 53)

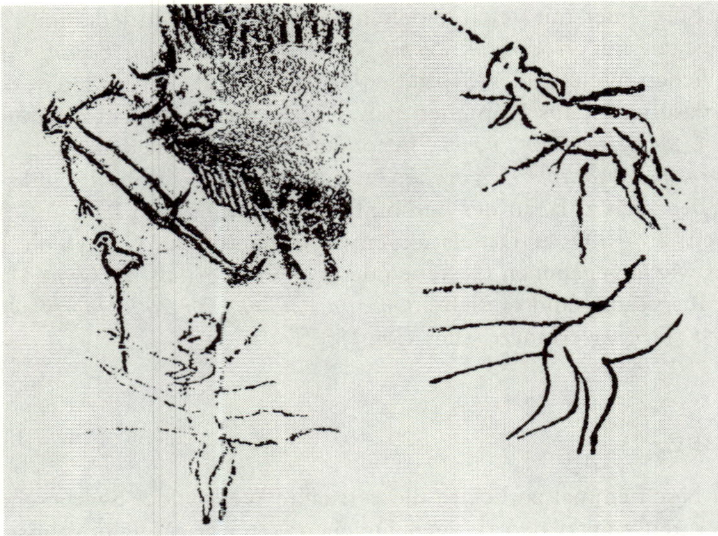

Abb. 12: „Getötete Menschen" des Jungpaläolithikums. Links oben aus der Höhle Lascaux, links unten Pech-Merle, rechts: beide Cougnac (Clottes Cos 157 f.)

Gut möglich ist, daß Empedokles dabei nur die gebackenen Hörner des Stieres opferte; denn z. B. von den Hethitern wissen wir, daß sie Opfergebäck … *in Form von Monden* darbrachten (Haas GhR 144). Die Sichel des Mondes aber gilt den Franzosen noch heute als *Croissant de Lune, „Hörnchen des Mondes"* und galt in der Antike durchweg dafür.[107] Unsere Croissants, Laugen- und Nußhörnchen werden deshalb Rudimente solcher ritueller Stieropfer sein.

Und die Abstraktion ließ sich gar noch weiter in die Höhe treiben: zu symbolischen Opfern ohne jede assoziative Brücke. Ein Beispiel ist das rigvedische Somaopfer, bei dem König Soma in Gestalt von bloßen Pflanzenstengeln „getötet", deren „Blut" hernach getrunken wurde; ein anderes das christliche Abendmahl, bei dem mit den Worten „der Leib Christi" nichts als ein Stückchen Brot gereicht wird.

Für die „Internationalität" des Motivs der getöteten Göttersöhne sprechen, zuletzt, auch die Höhlenmalereien des Jungpaläolithikums. Dort begegnet nämlich ein Typ von Menschendarstellung, der in der Forschung inzwischen konsensuell als *getöteter* oder *verletzter Mensch* bezeichnet wird. Jean Clottes Fazit, daß es *illusorisch* sei, zu deren Deutung *sichere Aussagen zu erwarten*, ist indes allzu resignativ. Denn es fehlt nicht an zuverlässigen Hinweisen, daß es sich bei diesen „getöteten Menschen" um Kleinkinder vom Alter der Adityas handelt. Clottes selbst hebt *deren Ungelenkheit im Gegensatz zu der Lebendigkeit, der Schönheit und der genauen Charakteristik der Tierdarstellungen* hervor, und betont weiter, daß sie *karikiert* und *gewollt in einer offensichtlich unvollkommenen Weise dargestellt wurden.* Alle diese getöteten Menschen nämlich sind entweder gänzlich ohne oder mit verstümmelten Füßen dargestellt; jedenfalls, so Jean Clottes weiter, mit *verkürzten, dünnen …, kaum angedeuteten Beinen.* Ganz der frühkindlichen Welt wilder Synthesen entsprechend, haben mehrere dieser Figuren darüber hinaus Köpfchen von Vögeln, weshalb Anette Laming-Emperaire sie *„Vogelmenschen" nannte.* Besonders deutlich tritt dieser Zug an dem *von Speeren durchbohrten*[108] Figürchen von Pech-Merle (Abb. 12 links unten) zutage; aber auch z. B. an der berühmten Darstellung von Lascaux (Abb. 12 links oben).[109] – Dieser Details wegen bezeichnete Jean Clottes die in Abb. 12 rechts wiedergegebenen Gestalten denn auch selbst als *der kleine Mensch von Cougnac.* Insgesamt fand er sich an *das in Palästina vor 2000 Jahren entstandene Motiv der Kreuzigung* erinnert (alles Cos 155 ff.).

6. Auszug

Narren. Noch einmal zurück in die verrückte Welt wilder Synthesen:

Wir lernten zuletzt den riesigen Drachen Vrtra als Metamorphose Indras kennen; zuvor schon den pummelnden Maulwurf, hundgroße Ameisen und andere Krabbler, Bullen und goldene Kälber, auch männchenmachende Königslöwen und Königselefanten … – Lassen wir nun diese ganze witzige Meute noch einmal Revue passieren, so bleiben Assoziationen an Kulte, deren Ausläufer bis in die Gegenwart reichen, schwerlich aus. Neben Werbe-„Events", Kabarett und Theater, neben Bällen für Kinder oder Erwachsene, fallen vor allem der Zirkus[110] und Karnevalsumzüge ins Auge. Obwohl in ihrer religionspsychologischen Bedeutung längst in Vergessenheit geraten, sind auch sie noch immer Formen der Reinszenierung frühkindlicher Welt, noch immer „heidnisches" Spiel, Schau-Spiel wilder Synthesen.

Im Zirkus werden Tiere durch allerlei Dressuren vermenschlicht, im Karneval Menschen durch Masken und Verkleidung gleichsam ver-tiert. Beide stehen noch immer im Zeichen königlicher Rituale und Symbole; zu beiden gehören (Blas-)Musik, Paukenschläge und Trommelwirbel; bei beiden treten leichtbekleidete, bunt-funkelnde Mädchen auf; bei beiden Zwerge oder bestelzte Riesen – und natürlich Narren (Clowns), Akrobaten und Zauberkünstler. Auf die Mädchen wird noch eigens zurückzukommen sein. Hier deshalb nur einige Skizzenstriche zu Clowns, Akrobaten und Zauberern. Zuerst zu den Clowns.

Die Psychologie des Verrückt-Spielens erklärt sich aus dem Bisherigen von selbst. Die konkrete Geschichte des kultischen Narrentums aber, zumal die Variation seiner Figuren zu Clown, Mimus, Harlekin, Schalk, Kasper, … Gaukler ist in wichtigen Punkten – jedenfalls mir – noch unklar.[111]

Im Rigveda erhielt sich kein eindeutiger Hinweis auf eine entsprechende Figur. Deshalb liegt es nahe, eine analoge Bildung zum westlichen Harlekin anzusetzen. *Harlekin* nämlich bedeutet *„Sohn der Hel"*[112], und die germanische Göttin *Hel* war der altindischen Göttermutter Aditi nahe verwandt:

Beide waren Erd- und Höhlenmütter (*„Höhle“, „Hölle“* von *Hel*). – Tatsächlich hat Harlekin nun eine Reihe von Zügen, die gut zum herausragenden Sohn der Aditi, zu Indra, passen: Er ist ein närrisches, kleines, als Tier, meist als (morgenroter) Hahn[113], verkleidetes Kerlchen; von heiterem Naturell und überdies eine „Führungspersönlichkeit“ am königlichen Hof. Die *familia harlekina*[114], eine Schar grotesker Gestalten im Zustand wilder Synthesen, war sein Gefolge; ähnlich wie bei Indra die Marut-Schar. Typische Tracht Harlekins war ein buntes Flickengewand (als dessen Vorläufer die gefleckten Antilopen- oder Leopardenfelle der rigvedischen Zeit angesetzt werden könnten), des weiteren die Keule, sowie ein Spitzhut oder eine Zipfelmütze; nicht ganz verschieden von der, die wir von unseren Gartenzwergen und als phrygische Mütze noch des iranisch/römischen Mithras kennen. – All dies läßt sich problemlos auf Indra übertragen. Auch Harlekins Akrobatenstücke und Zauberkünste fügen sich, wir werden gleich sehen, in Indras Welt.

Neben diesem Typ von Narren-Figur steht aber ein zweiter. Züge dieses zweiten Typs von Narr scheinen in unseren kahlköpfigen, schuhlotternden und oft bleich-ernsten Clowns fortzuleben. Im alten (allerdings erst nachvedischen) Indien jedenfalls ist ein Narr dieser Art in Gestalt des *Vidusaka* bezeugt. – Auch er trug eine Keule, auch er war ein Wesen halb Mensch, halb Vogel, auch er närrisch und tolpatschig … wie Indra. Allerdings war der Vidusaka dabei weniger sympathisch als der Harlekin-Typ: Mit seiner Dummheit und Derbheit, seinen doch erheblichen Behinderungen und motorischen Störungen war er eher Objekt des Spotts und wohl auch deshalb von melancholischem Temperament und von Clowns-Tränen gezeichnet wie die Harlekine Picassos. Im altindischen *Natyasastra*, dem *„Lehrbuch der Schauspielkunst“* wird er geschildert als *glatzköpfig, bucklig, lahm.* Er gehe, heißt es weiter, *wie ein Vogel* und trage *zerfetzte Kleider oder einen Balg. Ein solcher Mann*, so schließt die Beschreibung, *wird Gelächter auslösen* (nach Kuiper VaV 214 ff.).

All diese Züge erhalten Transparenz von seiten einer der, wie ich finde, bedeutendsten Erkenntnisse der jüngeren Religionswissenschaft: F. B. J. Kuiper zeigte nämlich in seinem Buch *Varuna and Vidusaka*, daß der Vidusaka kein Repräsentant des wonnigen Indra, sondern des Varuna war. Varuna aber, der älteste der Adityas, war ein unheimlicher und gefürchteter Gott: weltverloren, voll Groll, unberechenbar.[115]

Moria. Die Frage, welche Entwicklungslinien der Harlekinstyp hier und der Vidusakatyp dort ging, muß hier außen vor bleiben. Festzuhalten ist indessen ein höchst befremdlicher Befund:

Die großen Propheten der neuen Vater-, Licht- und Erlösungsreligionen nämlich traten in die Spuren der alten, „heidnischen“ Hofnarren; und zwar allem Anschein nach in die des Vidusakatyps. Schon für den Urahnen all dieser Propheten, für Zarathustra, läßt sich eine beträchtliche Indizienkette geltend machen.[116] Und für drei seiner wirkmächtigsten Nachfolger liegen zuverlässige Beweise vor: für Platon, Paulus und Mani.[117] – Dies nötigt mich zu einem kurzen Exkurs; immerhin für das Beispiel Paulus:

Sicher ist, daß sich Paulus *moria*, *„Narrheit"* zugute hielt. Im ersten Korintherbrief heißt es:

> *Denn da die Welt mit ihrer Weisheit Gott in seiner Weisheit nicht erkannte, gefiel es Gott, durch die Torheit (dia tes morias) der Verkündigung die zu retten, die glauben.* – (Das,) *was töricht (moros) ist vor der Welt, wählte Gott aus, um die Weisen zu beschämen … – Wir sind töricht (moroi) um Christi willen …* (1,21 und 27; 4,10)

In einer von Sünde durchwucherten und mißratenen Welt, die noch immer der Erlösung durch den transzendent-fernen Vater harre, so die theologische Botschaft, können die Auserwählten nur als Narren agieren …

Ausgeschlossen ist, daß die von Paulus beanspruchte Narrheit von der Art reinszenierter Indra-Mythen war. In Betracht kommt nur die melancholische Narrheit Vidusakas. Dafür spricht auch ein erhaltener Text aus dem unmittelbaren Umfeld des Paulus. Die Mandäer nämlich, eine konkurrierende Täufersekte am damaligen Jordan, klagten die junge Christengemeinde an:

> *Christus … verdreht die Thora, … betört Leute unter den Juden … und zeigt ihnen Zaubererscheinungen. Er legt ihnen einen farbigen Rock an, er schert ihnen eine Tonsur am Kopfe und bekleidet sie der Finsternis gleich.* (Lidzbarski 50)

Dies entspricht bemerkenswert genau der oben wiedergegebenen Porträt-Skizze des Vidusaka. Und auch das ‚*der Finsternis gleich*' hat dort seine Entsprechung. Denn Varuna, Vidusakas Vorbild, war ein regressiver Gott, der trotz seiner Sprachbegabung in wichtigen Zügen auf der Stufe Yamas stehengeblieben war: Gemeinsam mit Yama regierte Varuna deshalb das Reich der Toten; und ob seiner regressiven Sehnsucht nach Finsternis forderte Varuna schwarze Opfertiere und trieb sich des Nachts in Gewässern und Höhlen herum.

Ob Paulus selbst in *farbigem Rock* oder in *zerfetzten Kleidern*, ob überdies mit der alten Zwergen- und Narrenrequisite der Glatze oder *Tonsur* missionierte, ist durch Texte nicht belegt. Die bald schon in seine Nachfolge tretenden Mönche taten es mit Sicherheit: Über den heiligen Afrem z. B. ist überliefert:

> (Er) *kleidete sich in einem Mantel von vielen Farben und ging auf die Straße während er Brot aß und sein Speichel herunterfloß …* (Widengren Harl 48)

– ganz wie der Vidusaka.

Der Unterschied ist dennoch festzuhalten. Der altindische Vidusaka war eine Bühnen-, eine Komödiengestalt. Seine Narrheit war spielerisch inszeniert und von therapeutischer Intention. Über ihn zu lachen und ihn zu verspotten hieß heitere Distanz zu ihm zu halten – um guter Dinge zu bleiben angesichts der von ihm in Szene gesetzten varunischen Abgründe und Möglichkeiten des menschlichen Seelenlebens. – Paulus und seine Nachfolger dagegen waren gleichsam von der Bühne des Schauspiels herab in die Welt des Alltags getreten. Ihr Verdikt der eigenen Narrheit war deshalb bitterer Ernst und nicht mehr zum Lachen: Sie spielten nicht mehr, sondern praktizierten, was ich andernorts *Heilige Idiotie* nannte.[118] – (Nietzsches Zarathustra-Philosophie war der Versuch, „Narren“ dieses Typs wieder auf die Bühne einer Komödie zu heben.)

Gleich seiner Rolle als Hofzwerg war auch Paulus' Rolle als Hofnarr Jesu ein Zitat aus der Welt höfischer Rituale und königlicher Komödien – aber mit radikal, ja welterschütternd neuer Bedeutung.

TIEFENSENSIBILITÄT. Was den religiösen Sinn des Akrobaten- und Zauberertums angeht, darf das Wort ohne Kommentare an moderne Säuglingspsychologen weitergegeben werden. Zuerst zu den Akrobaten:

Schon René Spitz strich heraus, daß die motorischen und sensorischen Fertigkeiten des Kleinkinds im Erwachsenenalter zwar fortleben, aber dann meist zu Automatismen abgeschliffen bzw. von sprachlichen Kategorien überlagert sind: *Wahrnehmung und Gebrauch dieser Fähigkeiten*, so Spitz deshalb in Freudschem Ton, *verfallen meist der Verdrängung*. Bisweilen aber bliebe solche *Tiefensensibilität* auch erhalten. Spitz:

> *Die Zeichen und Signale, die vom Kind während der ersten Lebensmonate aufgenommen werden, gehören folgenden Kategorien an: Gleichgewicht, Spannung (der Muskulatur und anderer Organe), Körperhaltung, … Rhythmus, Tempo, Dauer … Klangfarbe und wahrscheinlich noch viele andere, die der Erwachsene wohl kaum wahrnimmt … – Diejenigen Erwachsenen* (aber), *die die Möglichkeit haben, sich einer oder mehrerer dieser verlorengegangenen Wahrnehmungskategorien zu bedienen, gehören zu den Spezialbegabungen. Es sind Komponisten, Musiker, Tänzer, Akrobaten …* (EO 46 f.)

Es verwundert von daher nicht, daß Akrobaten schon in den ältesten, hinreichend aussagekräftigen Zeugnissen begegnen: auf den Wandmalereien des achttausend Jahre alten Çatal Hüyük. James Mellaart:

> *Heiligtum A III 1 … war mit einer Darstellung tanzender Jäger geschmückt, die mit Bogen und Keulen bewaffnet und in Leopardenfellen gekleidet waren … Unter den Tänzern befinden sich auch einige Akrobaten, ein Mann schlägt eine Trommel, und eine Reihe seltsamer Figuren, halb rot, halb weiß, hatte möglicherweise keine Köpfe.* (Hüy 166, vgl. 206)[119]

Eine der *seltsamen Figuren, halb rot, halb weiß* trägt das zweifarbige Kostüm dabei in vertikaler Teilung (rechts rot, links weiß (Tafeln 61 ff.)): genau wie Narren und Kleinkinder noch heute. Auch die übrigen Umzugs-Gestalten auf den Fresken von Çatal Hüyük finden sich bis heute in der Welt der Kinder sowie des Zirkusses, der Volksfeste und der Karnevalsumzüge.

Dem Karneval (möglicherweise aus *carrus navalis, „Schiffs-Wagen“*[120]) scheint auch die nordgermanische Felsgravur zuzugehören (Abb. 13), die, in

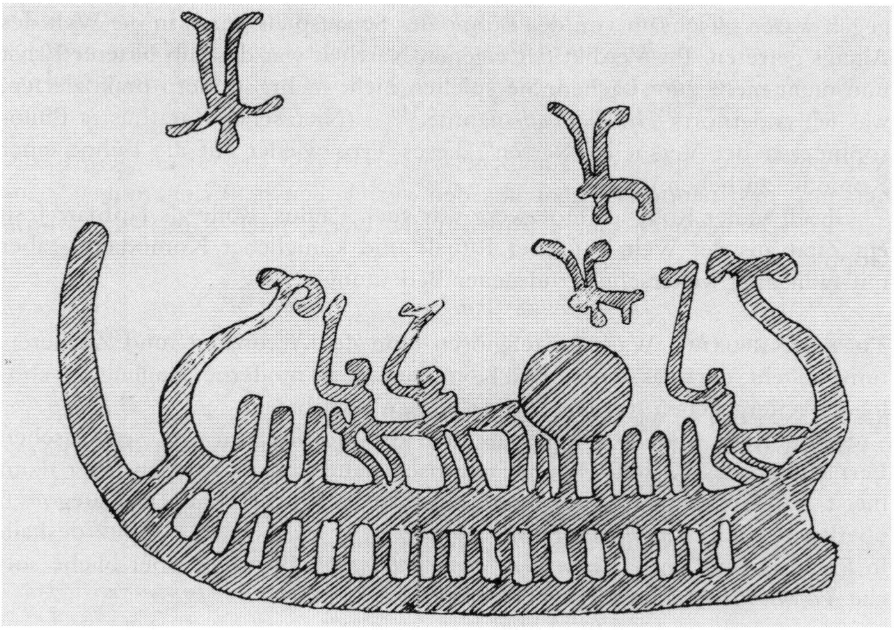

Abb. 13: Bronzezeitliche (?) Felszeichnung aus Bohuslän (Schweden) mit Akrobaten, Musikanten und Sonnenscheibe auf einem Schiffswagen (Höfler KG 116)

etwa zeitgleich mit dem Rigveda, eine Art Marut-Umzug inszeniert: Man erkennt räderschlagende Akrobaten und lurenblasende Musikanten, die auf einem (Schwanen?-)Schiff eine Sonnenscheibe daherfahren.

Selten fehlen auf Karnevalsumzügen auch, zweitens, die Zauberkünstler. Auch zu ihnen vorab die entwicklungspsychologischen Voraussetzungen:

Kleinkinder können viele uns selbstverständliche physikalische Zusammenhänge noch nicht durchschauen.[121] Nur ein Beispiel; illustriert von Alison Gopnik et al.:

Stellen Sie sich vor, daß sie einem Sechsmonatigen irgendeinen wunderbar faszinierenden Gegenstand zeigen, eine Taschenuhr oder einen Schlüsselbund. Er strahlt, richtet sich erregt auf und beginnt sich nach ihm auszustrecken. Decken Sie die Schlüssel jetzt mit einem Waschlappen zu. Das Kind unterbricht seinen Handlungsablauf jäh. An die Stelle der erregten Fröhlichkeit tritt etwas wie pures Erstaunen. Ziehen sie den Waschlappen wieder weg und die Fröhlichkeit ist wieder da … Es scheint, daß das Kleinkind tatsächlich nicht denkt, daß die Schlüssel noch immer unter dem Waschlappen sind. Für das Kleinkind ist das Wiederauftauchen der Schlüssel unter dem Waschlappen wie das Kaninchen im Hut des Zauberers für uns: ein Kunststück, ein mystischer Akt.

Tatsächlich lernen Babys die Geheimnisse verborgener und wiederkehrender Objekte nur Schritt für Schritt ... Und das bedeutet, daß sie in einem Universum leben, das grundlegend verschieden von unserem ist ... Das Kleinkind lebt zu Anfang ständig in einer magischen Show, in der Objekte oft von einem Ort zum andern ohne Grund umherwirbeln. (72 f.)

Magische Shows mit ihren Kaninchenzauberern und Frauenzersägern beziehen ihre Faszination offenbar aus den verschollenen „Erinnerungen“, aus den Reinszenierungen dieser frühen Welt. Denn, noch einmal mit Alison Gopnik:

Alle Magier ... erzeugen ähnliche Effekte: ... Ereignisse, die unsere Erwartungen über den gewöhnlichen, nicht hinterfragten Hergang der Dinge verletzen. (61)

ROSSHAAR. Fresken wie die in Çatal Hüyük können die regressiven Reize des Zaubers naturgemäß nicht illustrieren; wohl aber die ältesten erhaltenen Texte, z. B. des Rigveda.

Indra war ein Zauberkünstler erster Garnitur und reichen Repertoires. Zuerst einmal konnte er sich, wie gesehen, selbst verwandeln:

Vermöge seiner Zauberkünste geht Indra in viele Gestalten ... – In vielerlei Gestalten verwandelt sich der Gabenreiche, indem er Zauber um seinen Körper herum macht ... – (Er,) ... *der viele Gesichter hat, – ... der verwandlungsreiche, überlegene.* (Q 92)

Zum Spektrum von Indras Zauberkünsten wird auch der „Trick“ mit der Tarnkappe gehört haben. Denn Götter solchen Alters wissen allerdings sich und ganze Welten wegzuzaubern, indem sie Zipfelmützen über die Augen ziehen. – Auf Zauber beruhten aber natürlich auch Indras konkrete Schöpfungsabenteuer; und obwohl ihm dabei witzige Fehler unterliefen, gelangen die entscheidenden Schritte zuverlässig:

(Indra) *vertrieb durch Zauberkünste die Finsternis. – Er stützte mit Zaubermacht den Himmel. – Du brachtest die gekochte (Milch) in die rohen (Kühe), die Sonne ließest du am Himmel aufsteigen. – Er hat das Weibchen des Pferdes in die Mutter der Kuh verwandelt.* (Q 93)

Mit Zauber erwehrte sich Indra auch seiner – ebenso zauberkundigen – Gegenspieler, zumal des Drachens Vrtra; und mußte sich dabei nicht nur, wir lasen es, in Nebel hüllen und vermummen, sondern schon auch einmal – ich denke mit der Mütze – in ein (unsichtbares) Roßhaar verwandeln:

Du bliesest mit Zauberkünsten die Zauberkundigen hinweg ... – In ein Roßhaar verwandeltest du dich da, Indra, als er (Vrtra) *dich gegen die Zacke schlug ...* (Q 94)

Und ins Genre der Zauberkünste Indras gehörten, zuletzt, auch seine Heilungen, die deshalb eigens als Wunder galten:

Du geleitetest die beiden Ausgesetzten, den Blinden und den Lahmen, o Vrtratöter. – Du Wunderbarer bewirkst ... Wunder, um zu helfen. (Q 95)

Selbstverständlich führt kein Weg daran vorbei, die Wunder auch des christlichen Gottessohnes wieder in diese Reihe zu stellen …

Und blüht die religiöse Begeisterung für Wunder nicht noch heute? – Die in esoterischen Kreisen beschworenen „Energien" von Erdstrahlen, Edelsteinen und aufgelegten Händen haben dabei eine ebenso lange Vorgeschichte wie die christliche Verwandlung von Brot und Wein zu Fleisch und Blut oder wie die „Erscheinungen" der Mutter Gottes in allerlei Grotten.

Und ist nicht überhaupt die Aura zumal in katholischen Kirchen, obenan des Barock, insgesamt fürwahr wunderbar und zauberhaft: mit ihren flatternden Himmelschören, wolkenschwebenden Madonnen und fliegenden Prunkwägen?

In ebendiese morgenrot-zauberhafte Flug- und Himmelswelt werden uns gleich auch rigvedische Lieder führen. – Bevor ich den Vorhang dazu öffne und all die sonderbaren Tiere, Narren, Akrobaten und Zauberkünstler zu ihrem großen Umzug, zu ihrem großen Auszug aus Indras Höhle auftreten lasse, eine letzter entwicklungspsychologischer Abgleich:

Daniel N. Stern fing, ohne es konkret zu beabsichtigen, die Atmosphäre eines solchen Umzugs, ich finde: überaus treffend ein. In seinem *Tagebuch eines Babys* schildert er, wie der kleine Held dieses Epos, ein Junge namens *Joey*, im Alter von etwa fünf Monaten mit seinem Vater einen Brunch bei Freunden besucht. Vorab beschreibt Stern den objektiven, mit den Augen eines Erwachsenen erlebten Sachverhalt:

> *… Sein Vater trägt ihn* (Joey) *seitlich auf der Hüfte … Die Gäste bewegen sich hin und her … und plaudern. Manchmal scheint Joey vage auf den Fluß der Unterhaltung zu horchen … Einer der Gäste erzählt etwas Lustiges … Eine Frau … bricht in abruptes, schrilles Lachen aus. Joey wendet sich rasch in ihre Richtung, lehnt sich aber bald wieder entspannt an seinen Vater.*

Derselbe Hergang aus der von Stern rekonstruierten Sicht des Fünfmonatigen:

> *Ich reite mit Papa durch die Luft … – Wir kommen an einen Ort, wo Menschen und Dinge sich in alle Richtungen bewegen. Jeder Planet, Mond und Komet folgt seinem eigenen Kurs zu einem unbekannten Ziel … – Wir halten an und kommen zur Ruhe … – Um uns herum fließt Musik von einer Person zur anderen. Auch Papa stimmt in die Musik ein. Sie vibriert gegen meinen Rücken. Er strömt sie aus und sie fließt davon, irgendwohin … Ich steige und sinke mit der sanften Brandung seines Atems … – Die Musik … schwillt an. Sie eilt durch den Raum und zerbirst im Gesicht einer Frau. Mein Kopf wird zu ihr herumgerissen … – Papa nimmt mich fester in den Arm, und ich fühle mich gleich besser.* (Tag 78 f.)

MONSUN. Daß die Menschen Altindiens närrische Umzüge veranstalteten, steht außer Zweifel.[122] Um sie lebhaft und originalgetreu nachzumalen, muß ich den Pinsel aber nicht eigens in Farben tauchen, denn sie müssen weitgehend jenen geglichen haben, die noch heute fast überall auf der Welt zu bewundern sind; besonders urwüchsig z. B. in der alemannischen Fasnacht. – Veranstalter und Schirmherren werden auch schon damals Könige, Prinzen und Prinzessinnen gewesen sein. Als Termine werden wir markante Punkte des Jahres wie Sonnenwenden und Tagundnachtgleichen anzusetzen haben. Thema war die Reinszenierung der Schöpfung; Leitmotiv der Auszug aus der Nacht ans erste morgenrote Licht der aufsteigenden Sonne. – Zwei Spielformen solcher Umzüge blendete ich ohnehin schon ein: den Esels-Umzug Jesu nach Jerusalem und die sonnenhuldigende Kahnfahrt des Mayakönigs Can Ek.

Reizvoll gerade an der rigvedischen Überlieferung ist, daß dort keine realen, sondern imaginierte Umzüge geschildert werden, Phantasiereisen gleichsam in jene frühkindliche Phase und Wahrnehmungsfähigkeit Indras während des großen Auszugs aus seiner Höhle. – Zeitpunkt der Inszenierung dieser „mentalen" Umzüge war der Beginn des Monsuns; die entsprechenden Kultlieder waren deshalb an die *Marut, „Sturmböen"*, die *Prisnis, „Wolken"* und den *Parjanya, „Regen"* adressiert.

Der kultische Rahmen dieser imaginierten Umzüge war durch das gewöhnliche Somaopfer vorgegeben: Agni war kunstvoll entfacht, Soma mit gebührender Würde gekeltert worden. Wie üblich stand jetzt, unmittelbar beim Hereinbrechen der ersten Sonnenstrahlen, die „Geburt" Indras bevor und mußte durch Kommunion und kultisches Mahl besiegelt werden. – Heute aber, an diesem besonderen Datum des beginnenden Monsuns, wurden vom göttlichen Soma wohl einige Schluck mehr getrunken; ähnlich wie bei kultischen Umzügen noch heute. Recht dazu wird nicht zuletzt die Erinnerung gegeben haben, daß Indra an eben diesen Tagen des einsetzenden Monsuns einst seine legendären drei Seen, voll des Soma, ausgetrunken hatte …

Doch nicht nur Somas Rauschwirkung, auch die besondere Monsunstimmung selbst weckte jetzt außergewöhnliche Inspirationen. – Ich versuche, die herrschende Stimmung (jetzt mit dem Pinsel) einzufangen:

Noch knisterte und zischte Agni; noch lag der klappernde Rhythmus der Preßsteine im Ohr … Die tanzenden Schlieren des roten Sonnenballs kündigten die Wiederkehr des großen Gottes schon seit langen Minuten an – und gleich würde er neuerlich über den Horizont[123] heraufbrechen: Indras „Geburt" stand unmittelbar bevor …

Als würde sich ein Vorhang öffnen, zog sich die schwarze Haut der Nacht schon zurück, und die Erde begann sich wie ein riesiges Fell bis zum Horizont hin aufzurollen. – Heute aber wich das blaue Schwarz der Nacht nicht wie sonst einfach dem zarten, einfarbigen Rosa der Schwester Morgenröte. Heute durchzuckten ferne Blitze wie blinkende Schwerter oder Speerspitzen bedrohlich das Firmament, von Donnern gefolgt wie von rollenden Pauken. In kolossalen Formen und von Sturmböen gejagt, türmten sich Wolken in- und übereinander und mischten dabei das Schwarz, das Weiß, das grelle Orange und das Blau aufgerissener Löcher zu immer neuen Gestalten.

Schwarze Wände und graue Schleier schüttelten und schütteten den lange ersehnten Regen herab wie aus Kübeln oder Eutern. Die triefenden Bäume und Pfützen funkelten im roten Streiflicht als ob von Juwelen und goldenen Münzen geschmückt … Und hoch über dem Kultplatz fegte und flocht sich erhaben der barocke Marmor der grellrot bestrahlten Wolkendecke wie die wankende Kuppel eines riesigen Zelts über der zwergenhaften Welt der Opfernden … – Vielleicht zog ein Keil Schwäne, Wildgänse oder Kraniche vorbei; von rauhem Krächzen begleitet. Ab und an das Brüllen eines Rindes oder Kalbes … Ansonsten aber lag im Tosen der Böen, im Toben der Regenbänke und im Grollen der Wolkenbrüche eine fast unheimliche Stille. Selbst das lauthalse Quaken der jetzt neu erwachenden Frösche, denen in manchen Jahren ein eigenes Lied, der *Lobpreis der Frösche* (VII 103), gewidmet wurde, erstickte alle Laute des Gewohnten …

Wie du sie siehst. Schon diese wilde, verrückte und ekstatische Stimmung des grandiosen kosmischen Tumults und Naturschauspiels war Anlaß genug, die närrische Bilderwelt wilder Synthesen nach oben zu rufen. Wie in einem Himmel Raffaels oder Franz-Joseph Spieglers quollen jetzt überall Gesichter fliegender Puttos aus rosaroten Wolken und als ob aus dem Nichts. Da ein sich aufbäumendes, beflügeltes Roß von übermächtiger Dimension, hier ein brüllender Löwe mit gewaltiger Mähne, dort erst die Stirnlocken, dann der gesamte Bug eines daherstürmenden Stiers mit dem schnaubenden Atem seiner Nüstern …

Und nun taten die Priester das Ihre, die Quellen des Schöpfungszaubers und Freudentaumels noch weiter zu öffnen. Ausdrücklich war dies ihr Anliegen; denn ihr Anruf galt jetzt beiden: den Marut, das heißt dem sich formierenden Wolkenzug, und den frühkindlichen Schichten wilder Synthesen, die, aus dem Brunnen des „Unbewußten" nach oben sprudelnd, die dahinhuschenden und sich überschlagenden Formen des Himmels so grotesk mit Leben erfüllten:

> *An die Marutschar, die die Lüfte durcheilt, … an die bullige schließt euch an. – Die liedersingenden … Barden tanzen zu dem Brunnen … – Mit Preisliedern … hoben die Gotamas* (ein Priestergeschlecht) *den Brunnen nach oben zum Trinken. – Kommt* (ihr Marut) … *zum Rausche des Süßtranks wie die Gänse zu den Weideplätzen … – Flieget gleich Vögeln zu uns, … ihr Zauberkünstler.* (Q 96)

Und derart gebeten, muß die göttliche Marutschar in der Tat bereitweilig entgegen gekommen sein:

> (Und auch die Marut) *stießen den Brunnen mit Kraft nach oben; sogar den festen Fels spalteten sie …, ihre Musik blasend… im Rausche des Soma …* (Q 97)

Ja, gleich modernen Phänomenologen mit ihrem Ruf „Zu den Sachen selbst!" forderten die rigvedischen Dichter auf, das jetzt Wahrgenommene zuzulassen und als Realität anzuerkennen:

Die (Marut) *sagten mir, als sie bei Tagesanbruch mit den Vögeln in Ausgelassenheit kamen …: „Preise sie so, wie du sie siehst".* (Q 98)

Noch immer war das Sonnenkind nicht nach oben gebrochen. Noch immer tobte sein schrecklicher Kampf mit Vrtra. Gewaltig brüllend und schnaubend bäumte dieser sich nun ein letztes Mal in der Finsternis unter dem Horizont auf, verriet aber durch die blutrot emporgeschleuderten Fetzen, daß Indra schon dabei war, ihn endgültig zu zerstückeln … Schon rüstete das unruhige Geschwader der himmlischen Marut zum Aufbruch; noch einmal ihre Waffen und ihre Prunkstücke zurechtrückend und die Mundstücke ihrer Posaunen überprüfend:

Ihr Tänzer mit goldgeschmückter Brust, – … prächtig wie die Könige, … wie kleine Kinder spielend, … wie ein großer Clan auf dem Kriegszug. – Ihr seid mit Äxten, mit Speeren, mit Gedanken, mit guten Bogen, mit Pfeilen und Köcher ausgerüstet … – Die Marut … sind schmuck wie die Kinder in einem vornehmen Hause, wie Kälber spielend, die Milch saugen …
Die sich wie Frauen schön machen, … in mächtigen Geschwadern ziehend. – Den Blitz in der Hand, … im Haupte die goldenen Zahnreihen, … bemalen sich die Schmucken zur Schönheit. – Denn gar heimlich machten sie ihre Leiber schön und sind (wie) Schwäne mit schwarzblauen Rücken hergeflogen, – … die Verwandlungskünstler. (Q 99)

Schnabeldelphin. Und jetzt endlich … Als ob unter lautem Fanfarenschmettern begann Indra sich erst als strahlende Corona, dann als tiefrote Sichel über den schwirrenden Streif des Horizonts zu erheben und das Pflanzenfell der Erde mit einem Schlag in einen tiefroten Königsteppich zu verwandeln. Übermächtig und in Windeseile eroberte der leuchtende Gott nun die gesamte Welt …

Nach Osten gewandt, rot von ihm angestrahlt, niederkniend[124] und die Arme zur Umarmung des zur Welt kommenden Sonnenkindes ausgestreckt, begrüßte die Schar der Opfernden jetzt unter ehrfürchtiger Verneigung den Größten der Gottessöhne. – Den Priestern oblag dabei, den weiteren Auszug des Gottes aus der Nacht seiner Höhle zu geleiten. In ihren konturenverwischenden Leoparden- oder Antilopenfellen und vielleicht schon regen-gesträhntes und -triefendes Haar im Gesicht, standen sie da, lange, verzerrende Schatten werfend – und mischten jetzt weitere Kultlieder in das dröhnende Naturschauspiel.

Die reim- und rhythmustote Übersetzung in einer fremden Sprache und das fragmentierte Darreichen der heiligen Texte auf bedrucktem Papier kann den Sinnen- und Wortrausch freilich nur matt widerspiegeln – und dennoch ist auch hier die heilige Macht noch zu spüren:

(Die Höhle) *Vala, der Rinderpferch, … hat sich … furchtsam aufgetan.* (Indra) *machte die Wege frei, um die Rinder herauszutreiben.*

Die blasenden Chöre (der Marut) ermutigten dich. – Wohlklingende, zungenfertige Töner mit dem Munde sind die Marut, dem Indra gesellt als seine Umjauchzer. – (Sie,) … *deren Anführer der Bulle (Indra) ist.* (Q 100)

Mit kreisenden Reimen, strengen Rhythmen und geschulten Stimmen riefen die heiligen Männer Indra und die Marutschar an – und das brunnenhallende und schöpfungspinnende Spiel der Metaphern scheint dabei die letzten Blokkaden gelöst und den großen Himmels-Umzug vorangetrieben zu haben. – In dessen Mitte fuhr, wie auf Umzügen noch heute, der königliche Wagen, überreich geschmückt und von fürwahr königlichen Tieren gezogen und begleitet:

Wenn ihr als Rosse die gefleckten Antilopen ins Joch gespannt habt und die goldenen Gewänder angelegt habt, so zersprenget ihr Marut alle Feinde … – Kommet her … mit Indra einträchtig auf goldenem Wagen zu guter Fahrt! – Die Peitschen (knallen) in ihren Händen. – (Es) … *triefen die Eimer auf euren Wagen. Träufet honigfarbenes Schmalz …*
Der Stier und der Schnabeldelphin[125] *waren daran gespannt. – Die überraschende Schar, die kräftige, … die zauberkundige … –* (lenkt) *die durch die Luft fliegenden (Rosse) … – Euer Andrang, ihr Marut, ist wütig wie ein Bär, furchtbar wie ein störriger Stier. – Sie brüllen wie die Löwen, die Verständigen; wie die gefleckten Hirsche sind sie schön gezeichnet …, die Allwissenden. Die Nächte belebend, haben sie sich mit ihren Schecken, mit den Speeren … zusammengetan, im Zorn den Schlangen gleichend.* (Q 101)

Das wilde Geschwader der dahinwirbelnden Sturm- und Wolkenböen ist in der Tat das ideale Medium zur Repräsentation und Reinszenierung dessen, was sich in den ersten Monaten nach Indras „Geburt" real vollzog: Durch solchen Zauber und solch wirres Spiel wilder Synthesen war der Jüngste Tag einst tatsächlich eröffnet worden. – All jene Schöpfungswunder, die gewöhnlich Indra zugesprochen wurden, gestanden die rigvedischen Dichter in ihren Liedern an die Marut deshalb auch diesen stürmischen Monsunböen zu: das Vertreiben der Finsternis, das Beruhigen der Berge, die Weitung des Sehfeldes, die Hochstemmung des Himmels …:

Ihr Sonnenmänner (seid) *bei Sonnenaufgang ausgelassen … – Vertreibet, ihr Bullen, die Finsternis … – Verstecket das zu versteckende Dunkel …! Machet das Licht, das wir wünschen.*
Aus Furcht vor eurer Fahrt ducken sich die Wälder … – Es duckt sich der Fels, der Berg. – Selbst die Gebirge gaben nach.
Die Marut (sind) *heftig wie der Wind, … an Ausdehnung breit wie der Himmel. – Bei ihrer Fahrt dehnt sich selbst die Erde; sie legen ihre Kraft (in sie) wie der Gatte den Keim (in die Frau) … – Sie, die beide Welten auseinandergestemmt haben, die Marut rufe ich …* (Q 102)

ZERSTREUT. Und in die von dem morgendlichen Naturschauspiel wieder eröffnete frühkindliche Wahrnehmungsschicht fügte sich natürlich in naheliegender Assoziation, daß die Wiederkehr des Jüngsten Tages, so wie in nördlichen Ländern mit der ersten Frühlingswärme, in Indien mit dem Monsun einsetzte. Zum Schöpfungswerk der musizierenden Marutböen gehörte deshalb das Gießen und Regnen. – Zumal bei Engeln solchen Alters darf es dabei nicht verwundern, daß diese große Schöpfungstat als ein Melken von Soma oder Milch und Honig aus wolkigen Eutern gedeutet wurde; oder, so derb wie wirklichkeitsnah, als – Pissen: Auch im Deutschen wird in weniger manierierten Kreisen Regnen mit Pissen umschrieben; und auch brunnenstehende Pinkler vom Schlag der Marut zieren Hofgärten noch heute:

> *Lärmend melken die Schüttler die himmlischen Euter. – Aus der lebendigen Wolke wird Schmalz und Milch gemolken …; den zur Eile Getriebenen* (Soma) *pissen die schwellenden Männer herab. – In Roßgestalt herabharnend, nahmen sie ihre leuchtende, schöne Farbe an.* (Q 103)

Das reinszenierte Schöpfungswerk gelang jedenfalls; wie damals, so auch heute:

> *(Die Marut) sind mit ihren Scharen wie (die Usas,* die „Morgenröten"*) mit ihren rötlichen Farben an den Sitzen der Weltordnung groß geworden.*
> *Alsbald erblickten sie ringsum reges Leben, – … Himmel und Erde schmückend.* (Q 104)

Aber was sich damals, beim ersten Mal, binnen Monaten vollzogen hatte, war heute, beim morgendlichen Kult zu Beginn des Monsuns, in wenigen Minuten vorüber. Kaum daß das Sonnenlicht an Kraft gewonnen und dann mit hellem Gelb den Tag eröffnet hatte, war das ganze Schauspiel zerstoben:

> *Von selbst entstanden …, selbststark, wurden die Schüttler zu Labsal und Sonnenlicht geboren. – Zugleich mit den Sonnenstrahlen haben sie sich zerstreut.* (Q 105)

Soweit zum Spiel der Marut. – Abschließend auch hierzu einige Ausblicke; zuerst in die Welt des Christentums:

Nicht erst die Maler barocker Himmelschöre rahmten die heiligen Szenen der Christenheit mit den Schöpfungsspielen frühmorgendlicher Wolkenzüge, sondern auch schon die Autoren des Neuen Testaments:

Schon die verheißene Wiederkunft Jesu am Jüngsten Tag, jetzt freilich in die Endzeit projiziert und deshalb mit apokalyptischen Motiven untermischt, wurde in den alten Wolken- und Himmelsmetaphern ausgemalt:

> *Wie der Blitz vom Osten ausfährt und bis zum Westen leuchtet, so wird die Wiederkunft des Sohnes des Menschen sein … (Die) Sonne wird sich verfinstern, und … die Sterne werden vom Himmel fallen, und die Kräfte des Himmels werden erschüttert werden. Und dann wird das Zeichen des Sohnes des Menschen am Himmel erscheinen, und dann werden alle Geschlechter … den Sohn des Menschen auf den Wolken des Himmels kommen sehen mit großer Macht und Herrlichkeit. Und er wird seine Engel aussenden mit starkem Posaunenschall …* (Mt 24,27 ff.)

Und als Jesus nach seinem die endzeitliche Erlösung symbolisch vorwegnehmenden Tod wieder auferstanden war, soll er sich hier und dort zu erkennen gegeben haben, um sich zuletzt aufzulösen – wie die Marut im ersten Sonnenlicht:

> *... eine Wolke nahm ihn auf. – ... er entschwand ihnen und wurde in den Himmel emporgehoben ...* (Apg 1,9; Lk 24,51)

MORGENGRUSS. Nein, auch die Lieder an die Marut waren keineswegs Ausdruck einer primitiven Bewußtseinsstufe. Und die Abfälligkeit eines Hegel, der solche Dichtung als *unglückselige Verdumpfung des Geistes der Inder* (239) abtat, kehrt sich einzig gegen Hegel selbst:

Auch ein Blick zu Hegels Zeitgenossen Goethe klärt auf, daß die Lieder an die Marut universell Menschliches zum Ausdruck brachten: Ich bitte meine Leser, bei Gelegenheit noch einmal die *Walpurgisnacht* des *Faust* insgesamt zu lesen, da hier nur wenige Verse wiedergegeben werden können:

Die wilde Tour beginnt auch dort im frühen Morgenrot – mit den Worten:

> *In die Traum- und Zaubersphäre*
> *Sind wir, scheint es, eingegangen, ...*

und führt dann, wie die Lieder an die Marut, in die verrückte Welt wilder Synthesen: voller Bäume und Felsen, die schnarchen und Gesichter schneiden, voller Schlangenwurzeln und musizierender Frösche und Grillen ...; so daß Faust, von der Wunderwelt hingerissen, ausruft:

> *Nur immer diese Lust zum Wahn!-*
> *Komm doch das Hügelchen heran:*
> *Hier ist's so lustig wie im Prater ...*

Und plötzlich dann, als wäre nichts gewesen, ist alles wieder vorüber und vom Licht des Tages aufgelöst. – Das neutestamentliche *er entschwand ihnen* und das rigvedische *Zugleich mit den Sonnenstrahlen haben sie sich zerstreut* in Goethes Sprache:

> *Wolkenzug und Nebelflor*
> *Erhellen sich von oben.*
> *Luft im Laub und Wind im Rohr-*
> *Und alles ist zerstoben.*

Auch Nietzsche führte, als habe er an die Marutlieder erinnern wollen, in die Welt morgenroter Wolkenzüge und Himmelseuter. In seinen Dionysos-Dithyramben z.B. heißt es einmal:

> *Einst hieß ich die Wolken*
> *fortgehn von meinen Bergen, –*
> *einst sprach ich „mehr Licht, ihr Dunklen!"*

> *Heute locke ich sie, daß sie kommen:*
> *... macht Dunkel um mich mit euren Eutern!*
> *– ich will euch melken,*
> *ihr Kühe der Höhe!*
> *Milchwarme Weisheit, süßen Tau der Liebe*
> *ströme ich über das Land.* (Dith II 1264)

Und ähnlich, nur aus der Welt der Wolken in die (seit jeher verwandte) des Theaters herabsteigend, auch schon in *Also sprach Zarathustra.* Als nämlich der dort zum Maulwurf und bärtigen Höhlenzwerg parodierte „Zarathustra" sich eines Tages aufmachte, seine Berghöhle endlich zu verlassen wie Indra, setzte er sich noch einmal *auf dem großen Steine nieder, der neben dem Ausgange seiner Höhle lag* und sprach: ***„meine Kinder sind nahe, meine Kinder" ...*** – *Der starke Löwe aber*, der sich dazu gesetzt hatte, *leckte immer die Tränen, welche auf die Hände Zarathustras herabfielen, und brüllte und brummte schüchtern dazu.* – Dann aber ordneten sich *die höheren Menschen in der Höhle Zarathustras ... zu einem Zuge an, daß sie Zarathustra entgegengingen und ihm den Morgengruß böten, denn sie hatten gefunden, als sie erwachten, daß er schon nicht mehr unter ihnen weilte.* – Diese sonderbare Schar von *höheren Menschen* – zwei Könige, der alte Zauberer, der häßlichste Mensch ... – hatten samt „Zarathustras" kuschelndem Löwen, seiner Schlange, seinem verschmusten Adler und einem Esel, der I-A machte, bislang die Höhle mit dem grotesken Helden geteilt (*„grotesk"* übrigens von ital. *grotta*).

Jetzt aber lösten sie sich wie zu Nichts auf *und waren im Nu verschwunden.*

Und in der Tat: Wie einst Indra ward Nietzsches tanzender Narren-„Zarathustra" jetzt reif, das anfängliche Höhlenschauspiel wilder Synthesen hinter sich zu lassen – und er trat vor seine Höhle mit den Worten:

> *„Dies ist* ***mein*** *Morgen,* ***mein*** *Tag hebt an:* ***herauf nun, herauf, du großer Mittag!"*** –
> *Also sprach Zarathustra und verließ seine Höhle, glühend stark, wie eine Morgensonne, die aus dunklen Bergen kommt.* (Za II 559 ff., 789)

IV. Es erhob sich der Aussetzling

1. Abschied von Aditi

DORNEN. Auch das nun aufgeschlagene, das schönste und wichtigste Kapitel zu Indras Schöpfungswundern, spielt in der Zeit seines Auszugs aus der anfänglichen Höhle. Dem Zug der wilden Marut nämlich schritt eine Schar leichtbekleideter und musizierender Mädchen von fürwahr zauberhafter Schönheit und erotischer Freizügigkeit voraus; ähnlich wie in kultischen Umzügen noch heute. Diese Schar der Usas (deren Plural es noch zu erklären gilt) aber repräsentierte niemand anderen als Indras morgenrote Mutter – und Geliebte. Nach den ersten Monaten der bedingungslosen Bemutterung durch die Urmutter Aditi hatte Indra die Usas um den sechsten Lebensmonat in einer Atmosphäre knisternder Erotik und gefährlicher Drachenkämpfe „entdeckt" und sogleich mit allem Pomp und im lärmenden Umzug zur Hochzeit geführt – wir werden sehen: fürwahr ein Bund fürs Leben. – Doch so leidenschaftswogend Indras Glück dabei auch war: ohne Trauer und Tränen war es nicht zu haben. Denn die „Eroberung" der Usas war durch den Verlust der Aditi erkauft; und Usas selbst glich aus Indras Perspektive einer Rose: zauberhaft im Anblick und betörend im Duft, aber nicht frei von Dornen …

Diese erste Skizze der Dramen um Bindung und Lösung, die Indra bereits im ersten Lebensjahr zu bestehen hat, gilt es im folgenden wieder entwicklungspsychologisch auszuschraffieren und mit den Pigmenten der rigvedischen Mythen zu kolorieren.

In den zurückliegenden Kapiteln wiesen uns dabei die Erkenntnisse der modernen Säuglings- und Entwicklungspsychologie die Einstiege. Hier aber, beim Thema ‚Bindung und Lösung', sind die frühen Mythen für das einmal darauf eingestellte Ohr selbstredend und bedürfen keiner Interpretationshilfen von außen. Für einen Abgleich mit den modernen Theorien, insbesondere mit der derzeit „boomenden" Bindungstheorie John Bowlbys, wird sich dennoch Gelegenheit finden. – Hilfe von außen erübrigt sich jetzt aber auch deshalb, weil, mehr noch als bei den bislang behandelten Themen, die Mythen unserer Ahnen hier Szenen vorführen, die (soweit ich sehe) bislang weder von seiten der klassischen Psychoanalyse noch der empirischen Säuglingsforschung, noch der modernen Bindungstheorie so in den Blick gebracht wurden. – Deshalb aber sprach ich schon in der Einleitung meine Überzeugung aus: daß die Pollen der alten Mythen, sobald zumal mit den Stempeln moderner Bindungstheorie vereinigt, neue, noch besser reifende Früchte hervorbringen könnten.

Mose. Zum Auftakt ein jedermann bekanntes und durchaus repräsentatives Textstück; nicht viel jünger als die Lieder des Rigveda:

> *Die Frau ... gebar einen Sohn. Da sie sah, daß er schön war, verbarg sie ihn drei Monate lang. Als sie ihn nicht länger verbergen konnte, verschaffte sie sich für ihn ein Kästchen aus Papyrusschilf ... Dann legte sie das Kind hinein und setzte es in das Schilf am Ufer des Nil ... – Da kam eine Tochter des Pharao ... um zu baden ... Sie sah das Kästchen ..., öffnete es und sah: ein Kind das weinte ... Da sagte seine Schwester zu der Tochter des Pharao: „Soll ich gehen und dir eine Amme ... holen, damit sie das Kind stillt?" – „Ja, gehe!" Das Mädchen ging hin und holte die Mutter des Kindes ...* (Sie) *nahm das Kind und stillte es. Als der Knabe größer geworden war, brachte sie ihn der Tochter des Pharao. Diese nahm ihn als Sohn an und nannte ihn Mose ...* (2 Mos 2)

Ähnliche Aussetzungs-Mythen finden sich weltweit: Schon Otto Rank hatte in seiner Studie *Der Mythos von der Geburt des Helden* auf ihren globalen Charakter hingewiesen. Und zumal Gerhard Binder trug in seinem Werk *Die Aussetzung des Königskindes* erstaunlich viel Quellenmaterial dazu zusammen: Gilgamesch; Osiris und Horus; Noah und Moses ...; Dionysos, Perseus und Paris; Romulus und Remus; Kyros, Ardashir und Shapur und auch noch Mohammed ... – sie alle, und viele mehr, galten als ausgesetzte Königskinder. Ja, selbst dem historischen Zarathustra wurde Jahrhunderte nach seinem Auftreten dieser Mythos angedichtet.[1]

Auch an diesem Punkt ist das Überlieferungsgut des Rigveda von herausragender Bedeutung. Manches Detail, das wir isoliert auch aus anderen Traditionen kennen, erweist sich nur hier als integraler Bestandteil des Aussetzungsmythos. – Der Kern des Mythos hat aber auch hier, im Rigveda, dieselbe einfache Struktur: Ein Held, Gott oder Königssohn wird wenige Monate nach seiner Geburt von seiner ursprünglichen Mutter ausgesetzt und von einer zweiten, einer „Stiefmutter" wieder gefunden und aufgezogen.

Der entwicklungspsychologische Hintergrund ist klar: Die gewaltigen Veränderungen, die sich in der Welt der kleinen Götter schwerpunktmäßig um den fünften, sechsten Lebensmonat vollziehen, können auch das Erscheinungsbild der Mutter (und insgesamt die Beziehung zu ihr) nicht unberührt lassen. Damals begann Indra sich seiner motorischen und sensorischen Blokkaden (in Gestalt Vrtras) zu entledigen, damals, die anfängliche Juwelenhöhle zu öffnen, den Horizont zu weiten, ... die Berge zu beruhigen. Und erst damals, um den fünften, sechsten Monat, begann Indra eben auch seine Mutter in vollem Sinne zu sehen. Jetzt erst begann sich ihr Gesicht genauer zu konturieren, jetzt erst ihre „Figur" als ganze abzuheben; und jetzt erst erschlossen sich dem krabbelnden Gott zumal auch die Beine, Füße und schmucken Schuhe der großen Göttin – für Indra, und nicht nur für ihn, ein fürwahr zauberhafter Anblick. – Seine Mutter wurde jetzt in der Tat eine völlig andere.

Die erste, die Urmutter, war im Rigveda durch Aditi, die zweite, die Mutter im Licht der Morgenröte, durch Usas repräsentiert. – Von außen, aus unserer, der Perspektive der Erwachsenen gesehen, sind beide Muttertypen selbstverständlich ein und dieselbe Frau. Für Fünf-, Sechsmonatige dagegen unterscheidet sich die jetzt neu „entdeckte" Mutter aber offenbar so grundsätzlich von der bisherigen, daß sie trotz aller Kontinuitäten als ein anderes Wesen geschildert wird.

Wie sich die morgenrote Usas im einzelnen von der Urmutter Aditi unterscheidet, ist Thema vor allem des nächsten Kapitelabschnitts: *Der Zauber der Usas* überschrieben. Vorab gilt es, den Abschied Indras von Aditi in Szene zu setzen. – Gerade auch hier sind die rigvedischen Mythen differenziert. Sie verdeutlichen, daß dieses Abschiedsdrama nicht nur für Indra, sondern auch für Aditi, die Urmutter selbst, traumatische Züge hatte – freilich nur in einem Maß, dem beide, Indra und Aditi, souverän gewachsen waren.

ÜBLER DURCHGANG. Die genauesten Auskünfte über Indras Aussetzung verdanken wir dem Lied IV 18, das in den folgenden Abschnitten Schritt für Schritt wiedergegeben und besprochen wird. – IV 18, ein Juwel der Religionsgeschichte, ist allem Anschein nach einer realen (ansonsten nicht überlieferten) Theaterszene nachempfunden. Sie reinszenierte das Drama des ersten großen Abschieds dabei offenbar auf zwei Ebenen: Erstens in einem (natürlich fiktiven) „Dialog" zwischen Indra und seiner Mutter Aditi; zweitens vermittels eines kommentierenden Sprechers.

Mit Indras „Geburt", die gleich in der ersten Strophe angesprochen wird, ist natürlich wieder die Geburt in den neuen Lebensabschnitt ab dem fünften, sechsten Monat gemeint. – Aditi hebt an:

> *„Dies ist der erprobte Weg, auf dem alle Götter geboren wurden. Auf diesem soll auch er* (Indra) *ausgereift geboren werden. Nicht soll er seine Mutter derartig zugrunde gehen lassen."*

Aber Indra sträubt sich gegen den Abschied von Aditi und versucht sich in Winkelzügen:

> *„Ich mag nicht hier hinausgehen; dies ist ein übler Durchgang. Ich will quer zur Seite hinausgehen. Vieles noch nie Getane muß ich tun; mit dem einen will ich kämpfen, mit einem anderen mich verständigen."*

Der Kommentator beschreibt dann Indras gewiß tränenreiche Angst vor dem Verlust der Urmutter:

> *Er blickte der fortgehenden Mutter nach: „Ich will nicht zurückbleiben, ich will doch nachgehen."*

… und der Kommentator fährt fort:

> *Warum will sie* (die Aditi) *den beiseite schaffen, den sie tausend Monate und viele Herbste* (das heißt dimensionslos lange) *getragen hat? Denn es gibt ja nicht seinesgleichen unter den Geborenen und unter den Künftigen. Als ob sie ihn für einen Schandfleck hielte, hat die Mutter den Indra versteckt, der vor Manneskraft strotzte* …

So teilnahmsvoll der Kommentator Indras Aussetzung hier auch schildert – Indra zerbricht an diesem schweren und doch unabdingbaren Abschied keineswegs. Im Gegenteil: Aditis Entschiedenheit erleichterte ihm die jetzt bevorstehenden Großtaten der Welteröffnung. Der Text fährt deshalb fort:

> *Da erhob er sich, selbst sein Gewand umlegend; der Neugeborene füllte beide Welthälften an.*

Ausgesetzt wie er nun war, mußte Indra sein Schöpfungswerk jetzt auf eigene Faust beginnen. – Ganz allein blieb er dabei freilich nicht. Denn eben jetzt, mit dem Abschied von Aditi, trat Usas, die Göttin Morgenröte, ins Blickfeld. Sie übernahm fortan auf ihre, auf ganz andere Art die Ammendienste. Sie war, wir werden sehen, reservierter – aber auch von zauberhafter Schönheit. Ihr blickte Indra nicht mit Wehmut, sondern mit Begehrlichkeit, ja mit einem Hauch von Voyeurismus nach. Es fehlt deshalb nicht an rigvedischen Stellen des Typs:

> *Der Büffel* (Indra) *sah dem selbsterzeugten Lockweib nach* … (Q 1)

Doch bleiben wir einstweilen noch bei den Abschiedsdramen zwischen Indra und Aditi, die in IV 18 so einzigartig inszeniert werden. – Nachdem Aditi den goldigen Helden ausgesetzt und seiner strotzenden *Manneskraft* überlassen hatte, brach auch für sie eine neue Phase an. Bereit, ihre neue Rolle (als Usas) anzunehmen, standen nun auch ihr neue Freuden – und verstärkter Milchfluß! – bevor. Das Lied fährt deshalb mit einem Monolog der Aditi fort:

> *„Da strömen diese (Gewässer) freudig erregt, die wie rechtschaffene Frauen durcheinander kreischen. Frage sie aus, was sie da reden, welchen Felswall die Gewässer durchbrechen? Reden sie ihm einladende Worte nach (oder) beabsichtigen die Gewässer Indras Schande?* **Mein** *Sohn hat diese Flüsse laufen lassen, nachdem er mit der großen Waffe den Vrtra* (= den Drachen) *erschlagen hatte."*

(Wir werden die Metaphorik dieser Passage bald noch genauer verstehen.)

UNGELECKT. Dennoch: Gänzlich frei von Schmerz kann der Abschied von ihrem kleinen Gott auch für Aditi nicht gewesen sein; und dies um so weniger, als sie „wußte", daß ihrem Schützling gerade jetzt allerlei Drachenungeheuer und Widerspenstigkeiten im Weg lagen. – In mahnendem Ton, aber ohne am glücklichen Ausgang zu zweifeln, rief Aditi deshalb aus, daß die Drachen-Dramen, in die Indra jetzt verwickelt war, unabänderlich seien und nicht um ihretwillen geschähen:

„Nicht um **meinetwillen** *hat Vyamsa* (ein Drachen-Dämon) *dich, du Gabenreicher, verwundet und dir beide Kinnbacken abgeschlagen. Obwohl verwundet, wardst du da seiner Meister; du hast mit der Waffe den Kopf des Dasa* (= Vrtra) *zerschmettert."*

So herb die jetzt anstehenden Drachenkämpfe sich für Indra auch entwickelten: Wie von Aditi beschrieben und prognostiziert, meisterte er sie ebenso jovial wie Aditi selbst die ihr obliegende Aufgabe des schrittweisen Loslassens. – Entsprechend nüchtern und klar ist deshalb die anschließende, zur Quintessenz des gesamten Liedes zusammengefaßte psychologische Erläuterung des Kommentators:

Die Kalbin gebar den stämmigen, starken, unangreifbaren Bullen, den kräftigen Indra. Die Mutter ließ das Kalb ungeleckt laufen, das sich selbst seinen Weg sucht.

Daß der Abschied von ihrem kleinen Gott auch für Aditi, trotz aller Souveränität, nicht leicht war, kommt auch im Kontext dieser Verse noch einmal zur Geltung. Denn obwohl Aditi ihr Kalb jetzt ungeleckt laufen ließ, sah sie ihm dennoch mit Wehmut und auch mit Sorge nach. Der Text weiter:

Und die Mutter blickte dem Büffel nach: „Mein Sohn, jene Götter lassen dich im Stich."

Und in der Tat: Indra war während seiner Drachenkämpfe ja allerdings von allen Göttern verlassen; denn, wir erinnern uns, seine Freunde, die ansonsten so wilden Marut, hatten sich beim Anblick des Drachenungeheuers ängstlich aus dem Staub gemacht: *Vor dem Schnauben des Vrtra weichend,* hieß es, *verließen dich alle Götter, deine Kameraden.* (Q 2) – Indra selbst dagegen hatte sich allen Gefahren gestellt. Unbeeindruckt vom Zurückschrecken der Marut, unbeeindruckt auch von Aditis Sorgen „beantwortete" er deshalb die Mahnung der Aditi in IV 18 eher gelassen:

Da sprach Indra, im Begriff den Vrtra zu erschlagen: „Freund Visnu, schreite so weit als möglich aus!" (Q 3)

Dieser Aufruf an Visnu besagt natürlich nichts anderes, als daß sich Indra – obwohl noch mitten im Trubel der Drachenkämpfe – sogleich schon zu jener Büffel- und Eberjagd aufmachte, bei der ihm Visnu, wir lasen es, mit drei Schritten „weit" ausschreitend die Beute herbeibrachte.

Mit einem Wort: der fünf-, sechsmonatige Indra, der jetzt hüftrutschend daranging, Drachen zu erschlagen, Freundschaften zu schließen und die Welt zu erobern – er hatte wahrlich Kraft, Witz und rotbackigen Frohsinn genug, um allen Kummer und alle Sorgen der Aditi zuletzt doch zu zerstreuen. Auch dieses Schöpfungs-Drama mündete im „happy end", war letztlich Komödie.

Um die Komödienstruktur möglichst kenntlich zu machen, klammerte die bisherige Interpretation zwei eher „tragische" Anspielungen in IV 18 aus. Sie gilt es jetzt noch einzublenden, ja ein wenig herauszuvergrößern und nachzuschraffieren:

KUSAVA. (1) Aditi kannte den *erprobten Weg* und wußte, daß ihr und Indra um den fünften Lebensmonat ein zwar schmerzlicher, aber entwicklungspsychologisch unabänderlicher Abschied bevorstand. Deshalb hatte sie betont, daß sie den Kleinen nicht etwa aus freien Stücken und um ihretwillen aussetzte und den jetzt anstehenden Drachenkämpfen auslieferte. Nein, daran führte schlechterdings kein Weg vorbei. Offenbar ebensowenig wie daran, daß Indra ob der Schmerzen seiner Aussetzung jetzt – gleichsam ins kalte Wasser fiel:

Im selben Kontext nämlich, in dem Aditi ausgerufen hatte: *„Nicht um* **meinetwillen** *hat Vyamsa* (der Drachen-Dämon) *dich, du Gabenreicher, verwundet und dir beide Kinnbacken abgeschlagen …"* – im selben Kontext rief Aditi, an Indra gewandt:

> *„Um* **meinetwillen** *hat dich die junge Frau nicht beseitigt, noch hat dich um* **meinetwillen** *die Kusava verschlungen. Um* **meinetwillen** *mögen sich die Gewässer des Kindes erbarmt haben, um* **meinetwillen** *erhob sich plötzlich der Indra …"*

Daß *die Kusava* Indra *verschlungen* habe, ist einer der wenigen rigvedischen Hinweise darauf, daß auch Indra das Schicksal des kleinen Moses (und vieler anderer Götter und Helden) widerfahren war: daß nämlich auch er bei seiner Aussetzung in ein Gewässer – Fluß, See, Meer oder Brunnen – gefallen war. Denn *Kusava*, so Geldner, *ist doch wohl der Name eines Flusses, in den das ausgesetzte Kind gefallen war* (I 442). Dazu stimmt auch der gleich anschließende Ausspruch der Aditi: *Um* **meinetwillen** *mögen sich die Gewässer des Kindes erbarmt haben …*

Indras Sturz ins Wasser unterstreicht die Tragik des ersten Ablösungsprozesses. Denn aus den uranfänglichen Gewässern (des Ur- oder Milchozeans) hatte sich Indra längst, hatten sich selbst schon seine kleineren „Geschwister" Yama, Agni und Soma befreit. Daß Indra, dieses doch schon so „große" Kind, jetzt noch einmal in diesen Brunnen fiel, kann nur besagen, daß der Abschied von Aditi so traumatische Züge hatte, daß selbst einem Indra die ganze bis dorthin schon erschaffene Welt jetzt noch einmal einzustürzen und in der alten Sintflut zu versinken drohte.

Bezeichnenderweise spricht der Rigveda diese traumatische Regression, diesen Sturz zurück ins Wasser des anfänglichen Chaos bei einem Wonnekind wie Indra nur sehr verhalten an. Denn anders als Freud und seiner Schule galt es den Menschen damals nicht als Strategie des Heils, solche Traumata wieder „hochzuholen" und „bewußt" zu machen (in der problematischen Hoffnung, sie würden dadurch gelindert oder beseitigt). Die Strategie war vielmehr: das Trauma zu mildern, das heißt in harmloser Weise und mit Witz und Humor zu reinszenieren. – Ein entsprechender Versuch war vielleicht auch das folgende, sonderbare (und singuläre) Lied. Es versetzt Indra zusammen mit (s)einer Urmutter tatsächlich in ein Gewässer zurück, mithin in einen Zustand, dem der große Gott auch in den frühesten Phasen seit seiner „Geburt" bereits mehrere Monate entwachsen war. – An Indra:

Von ihr (Aditi?) *geboren, ging er alsbald ins Wasser, in dem er erstarkte. Da ward er eine üppige, von Milch strotzende (Frau). Die erste Milch des (Soma-)Stengels, die ist preisenswert. Sie laufen nach dem gemeinsamen Ziel, ihre Milch bei sich führend, sie bringen ihm … Nahrung: Die Ströme haben den gleichen Weg zu laufen.* (Indra,) *der du dies zuerst gemacht hast, – darum bist du preisenswert … Den Aussetzling, der in der Tiefe steckte, holtest du herauf, der du dem Blinden, dem Lahmen zu Ruhm verhalfst …* (Q 4)[2]

(Diese Strophen, und insbesondere die Wendung *‚da ward er eine üppige, von Milch strotzende (Frau)'*, mögen an Margret Mahlers Symbiose-Theorie[3] erinnern. Ich gehe darauf aber nicht weiter ein.) – Der Aussetzling, der Blinde und der Lahme, den Indra „heilte", war natürlich niemand anderer als wieder er selbst.

Eingeweide. (2) Ähnlich beiläufig wie Indras Fall ins Wasser kommt in IV 18 ein zweiter „tragischer" Zug im Drama von Indras Aussetzung zur Sprache:

Daß Aditi in IV 18 insgesamt gleich fünfmal hintereinander betont, die Aussetzung Indras sei nicht um ihretwillen geschehen, scheint eine Anspielung darauf sein, daß es Tvastr, Indras Vater, gewesen sein könnte, der die Aussetzung betrieb; ähnlich wie bei dem kleinen Ödipus, den ja sein Vater in *wegloses Gebirg* aussetzen ließ (Sophokles, Ödipus 717 ff.); und ähnlich vielleicht auch wie bei dem kleinen Moses, den seine Mutter *drei Monate* – vor dem Vater? – *verbarg.*

Schon zu Anfang des Liedes IV 18 ist – als ob unvermittelt – der Satz eingefügt:

Im Hause des Tvastr trank Indra den Soma.

Am Schluß des Liedes wird klar, daß Tvastr dadurch keineswegs zufällig ins Spiel gebracht worden war. Denn dort erhellt, daß Tvastr in der Tat die treibende Kraft bei Indras Aussetzung gewesen sein könnte. Dort nämlich gedenkt der Kommentator noch einmal der jetzt von Indra verlassenen, deshalb zur *Witwe* gewordenen Aditi – und sieht die „Schuld" für die ganze „Tragödie" beim Vater:

Wer (o Indra,) *hat deine Mutter zur Witwe gemacht? Wer sollte dich im Liegen (oder) Gehen töten? Welcher Gott fand Gnade vor dir, als du den Vater am Fuße gepackt und zerschmettert hast?*

Und allerdings wäre es nur allzu verständlich, wenn Indras Vater, der Dritte im Bunde, auf seinen umhätschelten kleinen Konkurrenten sensibel (z. B. mit einem Krummeln der Eingeweide) reagiert, insofern „unbewußt" auf seine Aussetzung gedrängt hätte … – Indra jedenfalls kannte hier gegenüber dem Alten kein Pardon und „rechtfertigte" dessen Bauchgrimmen in der anschließenden Schlußstrophe mit typisch rigvedischem Witz:

„Aus Not kochte ich mir die Eingeweide des Hundes, unter den Göttern fand ich kei-

> *nen Erbarmer. Ich sah mein Weib ungeehrt. Da hat mir der Adler den Süßtrank* (das heißt den stärkenden Soma) *gebracht."* (Q 5)

Soma wuchs in den Bergen und galt daher als von einem Adler gebracht. – Fassen wir zusammen:

Auch wenn die Motive von Indras Sturz ins Wasser und der väterlichen Eifersucht dem Drama Schärfe gaben: Insgesamt verlief Indras Aussetzung moderat. Und dies nicht nur, weil Indra von Anbeginn in Milch und Honig schwamm, sondern auch (was fast das gleiche ist), weil Aditi, seine Mutter, eine starke Frau war, die ihren vergötterten Kleinen *ungeleckt laufen* ließ und darauf vertraute, daß er *sich selbst seinen Weg sucht.* Aditi machte keinerlei Anstalten, die schwere Ablösung des fünften Monats durch eigenes Klammern und eigene Trennungsängste zu erschweren. Mit Zuversicht ließ sie Indras weitere Entwicklung auf sich zukommen und nahm es offenarmig an, daß nun auch sie eine andere würde. Sie sah und spürte, daß von nun an galt: *Es erhob sich der Aussetzling, der Lahme stand fest, der Blinde wurde sehend …* – Visnu, die Marut und Indras Dreirad standen bereits parat …

Schon in Aditis Namen kommt diese Souveränität zum Ausdruck: *A-diti* nämlich bedeutet wörtlich die *„Nicht-Bindende"*; und ihre Söhne, *die vedischen Aditya*, werden deshalb, so Thieme,

> … *vom Rigveda selbst erklärt als „Söhne der Nichtgebundenheit (aditi) …"* (Adi 397)[4]

Calom und Ixquic. So stark, gelassen, geradlinig und zuversichtlich wie Aditi waren nicht alle Urmütter in den frühen Mythen:

Im Popol Vuh der Maya waren die mit Indra etwa altersgleichen Helden der Morgenröte *Hunahpu und Ixbalanque*; zwei „Jünglinge", über die es eigens heißt: *Diese waren wirkliche Götter* (Cordan 39). Wir lernten die beiden oben schon beim Schöpfungswunder des Bergeberuhigens kennen. – Der Anfang ihrer Abenteuer wäre aber auch sonst leicht zu datieren, denn deren Erzählung hebt an:

> *Noch lag Zwielicht auf der Erde Antlitz … Noch sah man nicht der Sonne Antlitz, nicht den Mond, nicht die Sterne, noch dämmerte es nicht.* (38)

Wie die „Geburt" Indras erst möglich wurde, nachdem der Drache Vrtra und Indras kleinere Aditya-Brüder Yama, Agni und Soma „gestorben" waren, so war es auch bei der „Geburt" von Hunahpu und Ixbalanque. Ihre Vorläufer hießen *Einsaffe und Einsmeister.* Deshalb galten Hunahpu und Ixbalanque in paradoxer Formulierung als die *jüngeren Brüder* von Einsaffe und Einsmeister. Die „älteren" Zwillinge, Einsaffe und Einsmeister, nun lebten in der Obhut der *Calom*, auch *die Alte*, *die Ahnin* oder *die Großmutter* genannt; dem mittelamerikanischen Pendant der altindischen Aditi. Mit ihr zusammen hausten sie in der Urhöhle einer finsteren Hütte. – Eines Tages aber kam das Pendant der indischen Usas, *Ixquic, die Jungfrau*, zu ihnen:

Als dann die Frau Ixquic vor der Ahnin von Einsaffe und Einsmeister erschien, trug sie ihre Söhne im Leib, und es fehlte wenig bis zur Geburt von Hunahpu und Ixbalanque, wie sie genannt werden sollten.

Um die „Geburt“ von Hunahpu und Ixbalanque zu ermöglichen, mußten die Höhlenbewohner Einsaffe und Einsmeister „sterben“; will sagen: sie mußten ihren bisherigen Lebensabschnitt zu Ende bringen, mußten deshalb die Höhle verlassen, mußten hinaus in die Morgenröte ziehen und sich dabei zu Hunahpu und Ixbalanque verwandeln. Wie Indra mußten sie dabei zumal auch die enge Bindung zu Calom, der Alten, lösen und Ixquic, die neue Mutter, annehmen. – Anders als im altindischen Mythos stand aber bei den Maya nun sowohl der Jungfrau Ixquic als auch ihren morgenroten Helden eine schwere „Geburt“ bevor. Denn Calom, die Alte, war das Gegenteil von „Nichtgebundenheit“: sie klammerte sich an Einsaffe und Einsmeister und konnte die neue Rolle der schönen Jungfrau anfangs nicht akzeptieren:

Als die Frau (Ixquic) *vor die Alte trat, ... schrie die Alte die Jungfrau an ...: „Ich wünsche dich nicht ... Frucht der Hurerei steckt in deinem Leib. Eine Betrügerin bist du ...“*

Und gleich der Alten sträubten sich auch ihre beiden Zöglinge – Flöte spielend wie Yama:

Da entrüsteten sich Einsaffe, Einsmeister. Mit Flötenspiel und Gesang verlustierten sie sich ... Der Alten zur Tröstung.

Doch nach manchem Hin und Her blieb der Alten nichts, als die Jungfrau Ixquic dann doch anzuerkennen. Diese „gebar“ daraufhin ihre Söhne Hunahpu und Ixbalanque; und eigens heißt es: *Draußen im Wald wurden sie geboren.*

Als Ixquic bald darauf mit ihren neugeborenen morgenroten Söhnen noch einmal zur Hütte kam, sagte die Alte:

„Geh und setze sie aus ...! Denn wahrlich, sie schreien zuviel.“

Und auch die „älteren“ Brüder waren den „Neugeborenen“ nicht gut gesonnen:

Von Anfang an weigerten sie sich, ihre jungen Brüder in der Hütte zuzulassen. Sie verleugneten sie. Und so wuchsen jene auf dem Felde auf ... (Sie, Jäger wie Indra,) *taten nichts, als mit dem Blasrohr auszuziehen, Tag für Tag. Geliebt waren sie nicht, weder von der Großmutter noch von Einsaffe und Einsmeister ...* (Aber) *schweigend ertrugen sie es, denn sie kannten ihren Wert und sahen alles hell wie Licht.*

Zuletzt obsiegten Hunahpu und Ixbalanque selbstverständlich. Sie verzauberten nämlich ihre „älteren“ Brüder kurzerhand in – Affen. Zur Großmutter aber sagten sie:

„Seid nicht betrübt, Großmutter ... Jene werden wiederkommen. Aber eine schwere Prüfung erwartet Euch, Großmutter. Hütet Euch ...!

Und allerdings: Die zu Affen verzauberten Brüder kamen noch einmal zur Hütte zurück – und jetzt konnte die Alte nicht mehr anders, als sie endlich loslassen und ablehnen:

> *Da erschienen Einsaffe und Einsmeister, tanzend kamen sie herein. Aber als die Alte ihre häßlichen Gesichter sah, da lachte die Alte, sie konnte ihr Lachen nicht halten. Jene aber entschwanden augenblicklich. Nicht mehr gesehen ward ihr Antlitz …*

Hunahpu und Ixbalanque trösteten zuletzt noch einmal die Alte und boten sich als ihre Enkel an. Auch für die schöne Ixquic legten sie ein gutes Wort ein; und vor allem auch für ihre „älteren" Brüder. Denn was schon in deren Namen, Einsaffe und Einsmeister, beschlossen liegt, ist in der Tat sehr wahr: Die während der ersten Lebensmonate erworbenen Fähigkeiten gleichen nicht nur denen der Affen, sondern sind auch Grundlage für jede menschliche Meisterschaft:

> *„Großmutter, … das Gedächtnis der älteren Brüder soll sich nicht verlieren, jene, die man bei ihrem Namen Einsaffe, Einsmeister ruft." So sprachen Hunahpu und Ixbalanque. – Jene aber wurden von den Flötenspielern und Sängern der Vorfahren angerufen. Angerufen wurden sie von den Malern und Bildhauern vergangener Zeiten.* (Alles Cordan 66 ff.)

Obwohl besiegt und „getötet", blieben Einsaffe und Einsmeister also in Ehren – genau wie Vrtra, der rigvedische Drache, über den es hieß:

> *Zum Glück soll uns der einfüßige Ungeborene Gott sein, zum Glück uns der Drache der Tiefe … – Den wassergeborenen Drachen preise ich in Liedern, … nicht möge das Opfer dieses (Sängers) … steckenbleiben.* (Q 6)

Burgen. Die Mythengeschichte kennt noch herbere Beispiele als das von Hunapuh und Ixbalanque: Als etwa der griechische Dionysos nach seiner Aussetzung in einer Lade vom Meer ans Land geschwemmt worden war, hielt ihn seine Mutter Agaue für ein wildes Tier und zerriß ihn in Stücke. Aus Rache trieb Dionysos das Heer der anderen ihn bemutternden Frauen darauf in den Wahn, so daß sie (nach der Überlieferung Apollodors) *die Leiber ihrer Säuglinge, die sie bei sich auf den Bergen hatten, auffraßen* (III 35 ff.). – Aber auch hier wollen die mythischen Motive des Zerreißens und Auffressens nicht allzu wörtlich genommen werden: Zerrissen wurde Dionysos natürlich nur in dem Sinne, in dem auch der Drache Vrtra zerstückelt wurde. Und am liebsten auffressen würden viele Mütter nach der landläufigen Redewendung ihre Kleinsten noch heute … – Nur in Zeiten einseitig rationalistischer Verlichtung und (was nicht weit davon) kollektiven Wahns wurden solche mythischen Metaphern wortwörtlich genommen; z. B. zu Zeiten des Hexenwahns, wo Frauen ob des Vorwurfs hingerichtet wurden, sie hätten tatsächlich Kinder gefressen.[5]

Doch nun wieder zurück zu Indra und Aditi. – Eine ganze Reihe weiterer mythischer Motive erschließt sich auf ungeahnte Weise, sobald wir das Drama zwischen den beiden aus unserer, der entwicklungspsychologischen Perspektive betrachten:

Das Drama der Aussetzung fällt ihn jene Phase, in der Indra die juwelenfunkelnde Urhöhle verläßt und ins Weite der Welt auszieht. Damals, um den fünften, sechsten Lebensmonat, war aber auch die Zeit der großen Drachenkämpfe. Denn Vrtra, der Drache, stand, wir sahen es, für Indras eigene motorische und sensorische Blockaden. Gehüllt in Nebel der Finsternis lag Vrtra deshalb ungelenk, verschlafen und gefräßig am Ausgang der Höhle und versperrte den Durchgang ...

Die vielleicht bedrohlichste Blockade muß für Indra damals aber die Bindung an Aditi gewesen sein. Denn Aditi verwöhnte, wie jede Mutter in intakten Verhältnissen, bedingungslos:

> *Die (Milch) der Aditi ist rasch zur Hand, breit wie ein Weg, wie ein Zugroß lenksam. – Ein Hochgenuß ist die wohlbereitete somische Süßigkeit; sie ist der breite Weg der Aditi ... –* (Die) *Mutter quillt süße Milch, die felsenfeste Himmelsaditi ihren Rahm ... – Es strotzt Aditi, die Milchkuh ...* (Q 7)

Ob dieser bedingungslosen Bemutterung galt Aditi nicht nur gegenüber Indra, sondern auch unter seinen erwachsenen Verehrern als Schutzherrin und Beschirmerin. Aditi wurde deshalb in Notlagen aller Art zu Hilfe gerufen; ähnlich wie man noch heute, sobald in der Bredouille, z. B. „Mama mia" ruft und damit in regressivem Anflug noch einmal die wiegende Sicherheit der ersten Obhut beschwört:

> *Von aller Not soll uns Aditi schützen ... Den Schutz der Aditi möchten wir erlangen. – Aditi soll uns frei machen, Aditi ihren Schirm gewähren ... – Aditi soll meinen Lobgesang wie die Mutter den Herzenssohn, den Liebling aufnehmen ... – Große Göttin Aditi, die Gnädige, ... rette uns im seichten, im tiefen (Wasser) ..., du Mutter gewaltiger Söhne! – Aditi, die zuverlässige, soll am Tag, Aditi des Nachts unser Vieh behüten, die Aditi (uns) vor Ungemach, die immer Gedeihliche. – (Ihr Götter), an dem Nabel* (der Aditi)*, an dem wir uns zuerst zusammenfanden, an dem soll Aditi unsere Freundschaft (wieder)herstellen.* (Q 8)

Diese von Aditi in den ersten Lebensmonaten gewährte und im Kult später neuerlich beschworene Wiegen-Sicherheit drohte für Indra um den fünften, sechsten Monat aber zum Problem zu werden: So wichtig das in den ersten Lebensmonaten gestiftete „Urvertrauen" auch war: jetzt, um den fünften Monat, mußte sich Indra aus dieser wiegenden Sicherheit mit Kampfesmut befreien und sich vom Nabel der Aditi abnabeln.

Würde er sich jetzt nicht aus diesen Klammern allumfassender Bemutterung, aus diesem Matriarchat der Aditi freikämpfen, würde er von Aditis Liebe „tatsächlich" aufgefressen und erstickt und bliebe deshalb faul und gefräßig wie Vrtra. Indra aber, wir lasen es, packte den fußlosen Blockierer Vrtra,

> *... den Liegenden, den Ungott ... – den nimmersatten, ausgespreizten Drachen, ...*

der ungeweckt schlief, ... – der ... die Süßigkeit trinkend dalag, den hinunterschlingenden Schlund, ... (und warf ihn) *mit seiner großen Waffe in das Grab ...* (Q 9).

Übertragen gesprochen: Nur weil Indra diese honigtriefende Burg der ersten Geborgenheit so tapfer zertrümmerte, konnte er ausziehen, die Welt zu erschaffen ... Und in der Tat erklärt sich die häufige rigvedische Metapher des Burgen-Zertrümmerns nur vor diesem psychologischen Hintergrund: Wie den finsteren Berg oder Felsen der Urhöhle, so sprengte Indra auch die *Burg* der aditischen Ummutterung, diese jetzt lähmende Trutzfeste des ersten Vertrauens. An Indra:

Kampf um Kampf suchst du kühn auf, Burg um Burg schlägst du da mit Kraft zusammen. – Du überrumpeltest die neun und neunzig Burgen. – Du, Indra, bist ja der Zerstörer all der vielen Burgen, der Erleger des Dasyu ... (Q 10)

Gewiß, hinter dem Motiv des Burgenzerbrechens werden auch reale Ereignisse der altindischen Geschichte stehen; z. B. die legendäre Zehnkönigsschlacht, in der der gerühmte König Sudas einst mit Indras Hilfe die in ihren Burgen verschanzten Feinde bezwungen hatte.[6] – Gleichwohl bezeugen viele Stellen klar genug, daß Indras Zerbrechen der Burgen zumeist nicht von historischen, sondern von mythischen Kämpfen handelt: eben von Indras Drachenkämpfen. Denn der gefährlichste „Herr“ dieser Burgen war *Susna*, wörtlich *„der Zischer, Faucher“*[7], wie Dasyu ein alter ego Vrtras:

Schnell wie der Gedanke eilig war er (Indra) *der ehernen Burg entronnen. – Er sprengte die festen Burgen des Susna. – Des großen Unholds ganze Lebenszeit war zu Ende, als im Fallen der* (indrischen) *Keule Susna hinsank ... Durch (deine) Streiche (sanken) die Blendwerke des (gefräßigen?) Susna. –* (Indra,) *der Eisenfeste, ...* (legte) *den Zauberer Susna in Fesseln ... – Du zerschmettertest des Susna wandelnde Burg (und) mögest nun abermals dem Lichte nachgehen ... –* (Indra) *nahm das Burggut weg wie die Sonne den Glanz des Mondes ... – Nachdem er die Burg zerspalten hatte, ... erlöste er auf einmal die Drei aus dem Meere: ... die Morgenröte, die Sonne, die Kuh ... Mit seinen wahrhaften Freunden, den Erglühenden, den Schätzegewinnern hat er (den Vala =* die Höhle*) gesprengt ...* (Q 11)

Frauenbrüste. In Gestalt der Drachen Susna, Dasa, Dasyu und Vrtra überwand Indra die bislang bergende, aber jetzt lähmende Liebe, die bislang grenzenlose, aber jetzt auffressende Fürsorge Aditis. – Natürlich konnte die große Göttermutter dabei im allgemeinen nicht direkt mit diesen Ungeheuern gleichgesetzt werden. Dennoch muß Aditi e silentio auch als Drache gegolten haben; und an einer Stelle hat es den Anschein, als würde sie tatsächlich als solcher angesprochen:

Zur Neige ging die Lebenskraft der Mutter des Vrtra; Indra hatte die Waffe auf sie geschleudert. Obenauf lag die Erzeugerin, zuunterst der Sohn. Die Danu (= die Mutter des Vrtra) liegt wie eine Kuh bei ihrem Kalbe. (Q 12)

Wikander merkte dazu an:

> *Deutlicher kann nicht ausgesagt werden, daß wir mit zwei dämonischen Gegnern des Indra zu rechnen haben, einer weiblichen* Danu *und ihrem Sohne* ahi *oder Vrtra.* (Vayu 175)[8]

Und bezeichnet man Mütter oder Ehefrauen, die, statt auch auf Charme und Distanz, einzig auf Bindung und Bemutterung setzen, nicht auch noch heute als Drachen?

Die Nähe von Aditi zu den Drachengestalten Vrtra, Susna, Dasa, Dasyu und Danu wird nicht nur am Motiv des Burgenzerbrechens klar. Besonders erhellend ist auch die folgende Stelle:

> *Der Dasa hatte nämlich Weiber zu seinen Waffen gemacht …* (Und Indra reagierte:) *„Was können mir seine schwächlichen Wehren anhaben?" …, denn er* (Indra) *hatte darunter seine zwei Frauenbrüste entdeckt. Darauf ging Indra vor, um den Dasyu zu bekämpfen.* (Q 13)

Die von Indra im Drachenhort des Dasa entdeckten Frauenbrüste waren natürlich die Brüste der zauberhaften Usas, seiner „neuen" Mutter: Sie gaben dem Sechsmonatigen nach seiner Aussetzung durch Aditi die Sicherheit weiterer Nahrung. Und so nachdrücklich sich Indra jetzt von den quellenden Brüsten der Aditi und den Drachen-Weibern im Inneren der bislang bergenden Burg und Urhöhle lösen mußte, so faszinierend war jetzt zugleich die „Entdeckung" seiner zwei neuen Frauenbrüste – draußen, am Ausgang der Höhle, im ersten Licht der Morgenröte. – Um diese Entdeckung der Usas und ihrer jugendlichen Brüste ranken sich im Rigveda zwei weitere Mythen:

(1) Der Mythos der befreiten „Jungfrauen". – Unter den Schätzen, die Indra in der anfänglichen Höhle entdeckte und aus ihr herausschlug, waren jene zauberhaften (und weiterhin stillenden) „Jungfrauen", die in Usas, der Göttin Morgenröte repräsentiert sind. Bislang von den schrecklichen Drachen eingesperrt und belagert, ja zur Ehe gezwungen, befreite sie Indra nun ins Licht des Jüngsten Tages. Ihrerseits erlöst und freigeküßt, jubelten diese „Jungfrauen" dem großen Gott noch mitten in den Wirrnissen seiner Drachenkämpfe entgegen:

> *Die Gattinnen des Unholds weilten von der Schlange bewacht, … eingesperrt wie die Kühe … – Dieses Heldenstück hast du, Indra, gleichsam vorangestellt, daß du den schlafenden Drachen mit der Keule wecktest. Dir, dem Kampflustigen, … jubelten die Gattinnen zu … – (Aufgesprengt* ist*) die Höhle …, in der du den Usas Gunst erwiesest … – Die Morgenröten* (das heißt die Usas) *erkannten ihn und kamen ihm … aus (der Höhle) entgegen. Indra wurde der alleinige Besitzer der Kühe. – Er kannte das Versteck der Jungfern …* (Q 14)

Der Befreiung und dem Jubel der „Jungfrauen" korrespondierte wiederum die Ablösung von Aditi: Vermittelndes Motiv und tertium comparationis waren dabei die *Kühe*. Denn als *Kühe* galten nicht nur die Usas, die Indra jetzt jubelnd entgegenliefen, sondern auch Aditi, die ihren Kleinen jetzt loslassen mußte. Entsprechend heißt es:

> *Die Kühe brüllten da von allen Seiten zusammen, da sie … von ihren Kälbern getrennt waren … – Aditi, die Mutter der Könige … – Sie hat sich von den an Macht Großen getrennt, die Mutter von ihren Söhnen, die Aditi …* (Q 15)

Die psychologische Botschaft, die in diesem Wechselspiel von jubelnden Jungfrauen hier und der Aussetzung durch Aditi dort zum Ausdruck kommt, ist natürlich: Nur wenn beides zum rechten Maß findet; nur wenn die Mutter im ausgewogenen Verhältnis loslassen kann und doch liebevoll weiter begleitet; nur wenn sie ihre aus der Perspektive des Kleinen sich jetzt vollziehende Metamorphose von Aditi zu Usas zuläßt, wird die Schöpfung gelingen.

(2) Die Entdeckung und Befreiung der jugendlichen Brüste der schönen Usas geriet deshalb auch zum Stoff von Indras vielleicht wundersamstem Schöpfungsabenteuer: dem Befreien, Erschaffen und Furchen der großen Flüsse Nordindiens:

Jetzt, um den fünften, sechsten Monat, wo Indra die Urhöhle aufbrechen und das weite Land vor ihren Toren entdecken, gestalten und besiedeln mußte, galt es auch, die Erde zu bewässern und zumal mit den großen Flüssen zu durchziehen; zuvörderst natürlich mit der Sindhu, dem heutigen Indus. Indra vollbrachte dies große Wunder – indem er die Milchströme der Aditi aus der anfänglichen Urhöhle befreite und in die Milchflüsse aus den Brüsten der jetzt am Horizont aufscheinenden Usas umleitete:

FLÜSSE. Daß Indra das Furchen der kosmischen Flüsse in der Tat durch solches Umleiten zustande brachte, legte schon das oben zitierte Lied IV 18 nahe. Dort rief Aditi im Zug ihrer Aussetzung des kleinen Gottes aus:

> *„Da strömen diese (Gewässer) freudig erregt … Frage sie aus, was sie da reden, welchen Felswall die Gewässer durchbrechen? …* **Mein** *Sohn hat diese Flüsse laufen lassen, nachdem er mit der großen Waffe den Vrtra erschlagen hatte."*

Die kosmischen Flüsse, die Indra damals befreite und zum Meer entsandte, waren für ihn selbst Milch- bzw. Somaflüsse. Deshalb aber wurde auch das Meer, dem sie zuflossen, immer wieder mit Indras dickem Bauch verglichen:

> *Wie die Meeresflut die getrennten Flüsse nimmt er mit seinem Umfang (die Somaströme) in sich auf … – In dich sollen die Säfte eingehen wie die Flüsse in das Meer! – Wenn sie zu heftigem Rausche zusammen(strömen), so bekommt er ja dadurch in seinem Bauch einen Umfang wie das Meer. – Mit der Keule öffnet er die Kanäle der Flüsse. Er ließ sie in ihren langgestreckten Bahnen nach Lust laufen … – In den breiten, tiefen, von Geburt gewaltigen, … in den Indra gingen schon vorzeiten die ausgepreßten Somatränke ein wie die Flüsse ins Meer …* (Q 16)

Nur weil die großen Flüsse Indiens zugleich als die von Indra einst befreiten Milch- und Honigflüsse galten, ist auch erklärlich, warum sie nicht nur in den

Szenarien der indrischen Drachenkämpfe, sondern immer wieder auch im Assoziationsfeld des Stillens geschildert werden. – Die folgenden Stellen gelten dabei erkennbar noch den geplagten Quellen der Aditi, die nun ihrer Befreiung harren:

> *Du ließest die großen (Ströme) laufen, o Indra, die du anschwelltest, die vielen von dem Drachen umstellten, du Held … – Du … beruhigtest die geplagten Fluten … Du ließest die von ihren Zeiten geplagten Quellen, das Euter der Berge, laufen, du Keulenträger. – Aus der angeschwollenen Finsternis kamen die Leibesfrüchte hervor. – Die Erde* (= Aditi), *die im Einverständnis war, unterstützte deine Keule. Du setztest die … Ströme in Bewegung …* (Q 17)

Daß Aditi die Befreiung ihrer *geplagten Fluten* begrüßte und deshalb mit Indras Heldentat *im Einverständnis war*, geht besonders plastisch aus Stellen wie folgenden hervor:

> *Wie Frauen taten sie* (die Berge) *ihren Leibesschoß auf, … wie Wagen setzten sich die Felsen mit einem Male in Bewegung. Du befriedigtest die (den Fels) durchbrechenden (Flüsse), dämmtest ihre Wogen ein; du ließest die eingeschlossenen Ströme laufen, Indra.*
> *Aus der Berge Schoß stürzen begierig wie zwei losgebundene Stuten um die Wette laufend, leckend wie zwei schmucke Mutterkühe,* (die realen Flüsse) *Vipas und Sutudri mit ihrer Milchflut hervor.* (Q 18)

Ist es zuviel der Phantasie, wenn ich in diesen *aus der Berge Schoß* hervorbrechenden *schmucken Mutterkühen* und *losgebundenen Stuten* die aus den Brüsten der Aditi verwandelten Brüste von Indras morgenroter Mutter Usas sehe? – Sicher ist jedenfalls, daß die somit aus der Drachenhöhle befreiten kosmischen Ströme zugleich als die Milchströme der eben jetzt am Horizont erscheinenden Usas galten. Mit ihrer Befreiung nahmen deshalb auch die übrigen jetzt anstehenden Schöpfungswerke ihren Lauf:

> *Die Mutter der Kühe* (= Usas) *kam (des Weges) kundig aus dem Verschluß. Ihre Fluten ergießen die Flüsse, deren Fluten (die Ufer) anfressen. Der Himmel wurde gefestigt wie eine wohlaufgerichtete Säule … – Als das schön zu schauende Himmelslicht … gefunden war, … da machte die Mannhafteste* (= Usas) *das hartnäckige stockfinstere Dunkel in Hilfsbereitschaft … zum Durchblicken. Indra wuchs ins Ungemessene, den Trestersaft trinkend … –* (Indra) *erschlug den Drachen … Wie die brüllenden Kühe (zu den Kälbern) eilend, liefen die Gewässer stracks zum Meere.*
> *Ihr* (Indra und Soma) *habt die ersten großen Taten getan; ihr fandet die Sonne, ihr das Himmelslicht … Ihr lasset die Morgenröte aufleuchten, … ihr habt die Mutter Erde weit ausgebreitet … Ihr setztet die Fluten der Flüsse in Bewegung …* (Q 19)

Kein Zweifel: Durch die Milch- und Somaströme der Aditi zu Bullenstärke herangereift, hatte Indra auch das Schöpfungswunder des Flüssebefreiens zu einem guten Ende gebracht. – Und nicht nur er:

Gänsegeier. Die Mythen des Berge- und Burgenzerbrechens zum Zweck des Flüsse- und Jungfrauenbefreiens sind, wenn vielleicht auch nicht weltweit, jedenfalls für weite Teile der Welt so reichhaltig belegt, daß, neben den Hinweisen in der Fußnote[9], auf das ausführliche Zitieren einzelner Belege wieder verzichtet werden kann. – Nur einige Anmerkungen dazu:

Noch in heutigen Märchen und Comics begegnen diese Motive … Anders als im Rigveda ist der entwicklungspsychologische Ort dieser Dramen in den späteren Ausgestaltungen aber zumeist nicht mehr auszumachen, ihr religiöser Gehalt deshalb zerstümmelt: Aus Schöpfungsmythen sind hübsche, wiewohl noch immer eigentümlich faszinierende Geschichtchen geworden. – Zumal die Brüste der Aditi und der zauberhaften Usas gerieten unter dem Mantel zweifelhafter „Moral“ in Vergessenheit.

Gleichwohl stehen die im psychologischen Kontext erhaltenen Schöpfungsgeheimnisse des Rigveda nicht allein. Parallelen finden sich, wie nicht anders zu erwarten, an den entgegengesetzten Polen der uns überschaubaren Geschichte: in den sehr frühen Kulturen und in der modernen Säuglingspsychologie. Zuerst zur modernen Psychologie:

Melanie Klein, Freud-„Schülerin“ der ersten Generation, konzentrierte, anders als Freud selbst, die Aufmerksamkeit vermehrt auf die kindliche Entwicklung in ihren frühesten Phasen. Aufgrund ihrer psychoanalytischen Beobachtungen sprach sie die Vermutung aus, daß der Säugling während der ersten Lebensmonate ein ambivalentes Verhältnis zur mütterlichen Brust ausbilde:

> (Es) *wird die Brust, insoweit sie befriedigt, geliebt und als „gut“ empfunden; insoweit sie die Quelle von Versagung ist, wird sie gehaßt und als „böse“ empfunden … Das versagende böse Objekt wird als Schrecken erzeugender Verfolger empfunden, während die gute Brust sich in die „ideale“ Brust verwandelt … Durch halluzinierte Befriedigung werden Versagung und Angst … eliminiert; die verlorene äußere Brust wird* (halluzinatorisch) *wieder gefunden* … (189 ff.)

Diese Deutung Kleins erinnert in der Tat an Indras Drachenkampf; denn auch ihm war die Brust der Aditi zum *Schrecken erzeugenden Verfolger* geworden, die *wieder gefundene* Brust der Usas dagegen zum *Ideal.* Aus rigvedischer Perspektive bedarf Kleins Deutung nur zweier Korrekturen: Erstens *halluzinierte* Indra die Brüste der Usas nicht, sondern sah sie ab etwa dem sechsten Monat tatsächlich; nur jetzt in neuem, im ersten Licht der Morgenröte. Und zweitens liebte und haßte Indra nicht je eine Brust derselben Mutter, sondern begann um den fünften Monat beide Brüste der Aditi zu hassen und beide der Usas zu lieben: Er verwandelte, ja verzauberte damals den verschlingenden mütterlichen Drachen zur erotisch-knisternden Göttin der Morgenröte.

„Böse“ Brüste kennen wir nicht nur von Melanie Klein und aus den Aditi-Mythen des Rigveda, sondern auch schon aus dem achttausend Jahre alten Çatal Hüyük. Dort nämlich fand man nicht nur Reliefs und Skulpturen von zwei grundsätzlich verschiedenen Muttergöttinnen; deren eine, wir werden es gleich sehen, der rigvedischen Aditi, deren andere der rigvedischen Usas entspricht. Dort stieß man auch auf einen Befund, der vor dem Hintergrund der rigvedischen Überlieferung eine einfache Erklärung findet, ansonsten aber schwerlich angemessen zu deuten wäre (und in der Tat bislang nicht verstanden wurde). An Kultstellen zu Ehren des Usas-Typs, allerdings deutlich von ihr abgesetzt, fand man nämlich, so James Mellaart,

> *... ein Paar schräg herabhängender weiblicher Brüste aus der Wand (heraustreten), die an der Spitze offen und ... rot gefärbt waren. Aus jeder von beiden ragte der Schnabel eines Gänsegeiers (Gyps vulvus) hervor ...* – (Die) *Schnäbel* (ragten) *aus den offenen, rotgefärbten Brustwarzen ...* – (An anderen Stellen fand man) *aus Ton modellierte ... Mutterbrüste, in die man Schädel von ... Fuchs und Wiesel eingelassen hat ...* (Wieder an anderen) *tritt unter einem kühn ausladenden tönernen Horn ... eine einzelne Brust hervor. Aus ihrer Öffnung ragt der Unterkiefer eines riesigen Keilers mit entsetzlichen Hauern ...* (Hüy 112, 150, 235; Legenden zu Tafeln 27, 28)

Was können diese mit Geierschnäbeln, Eberhauern, Fuchs- und Wieselzähnen drohenden, ja gleichsam fauchenden und wie *Susna*, der *„Zischer"*, gefährlich-zischenden Brüste anderes bedeutet haben als: Wer sich nicht mit Bullenkraft von Aditis Brüsten zu lösen vermag, dem drohen sie zum wilden Tier zu werden: zum auffressenden Drachen, zum Drachen – der Sucht? Und wem kann diese Nachricht gegolten haben, wenn nicht erwachsenen Frauen und Männern?

STROTZT. Auch andere archäologische Befunde aus Çatal Hüyük und weiteren frühen Kulturen erhalten Licht von den rigvedischen Mythen um Aditi und Usas und belegen deren globalen Charakter:

Schon im eiszeitlichen Jungpaläolithikum wurden ebenso *zwei* Typen von Muttergöttinnen gefunden: Hier eine opulente, ja fettleibige, dort eine zierliche und eher kesse. – A. Kerndl vermerkte entsprechend:

> *Neben den reichen und üppigen Formen fanden auch schlankere, bisweilen sogar mädchenhafte Körper Gefallen ...* (1113, 15)

Für Çatal Hüyük und Hacilar bezeichnete Mellaart den einen Typ als *Große Göttin* oder *Muttergöttin*, den anderen als *Mädchen-Gottheit* oder *junge Frau.* Jedenfalls, so Mellaart, träten zwei Aspekte zutage: *der eines heiratsfähigen Mädchens und der einer Mutter* bzw. der *eines Mädchens und einer Matrone* (Hac 170, 178). – Bleiben wir einstweilen bei den opulenten Muttergottheiten, das heißt beim Aditi-Typ:

Auch Mellaart stellte die üppigen Muttergottheiten von Çatal Hüyük in jene Reihe von Skulpturen, deren mutmaßlich älteste (etwa 30 000 Jahre) die berühmte „Venus" von Willendorf des Jungpaläolithikums ist; im Original zu sehen im naturhistorischen Museum zu Wien. (Die Bezeichnung ist natürlich widersinnig, da die römische Venus (noch heute im Stern der Morgenröte repräsentiert) eine attraktive, junge Mutter des Usas-Typs war.)

Ähnlich ausladende und schwerbrüstige Muttergestalten fand man mehrerenorts in eiszeitlichen Schichten Mittel- und Osteuropas, darunter das berühmte Relief der *Vénus à la corne*, der *„Venus mit Rinder-* (wohl Stier-)*horn“*.[10] In den nacheiszeitlichen Epochen sind die prominentesten Fundstätten neben Çatal Hüyük und Hacilar in Kleinasien die einige tausend Jahre jüngeren auf Malta.[11] – Eine ganzes Bündel von Parallelen legt nahe, sie alle als weibliche Gottheiten vom Typ der rigvedischen Aditi zu verstehen:

Obwohl uns keine detaillierte Beschreibung der Aditi überliefert ist, reichen die Indizien doch aus, um immerhin eine ungefähre Vorstellung ihres Äußeren zu bekommen. Der kindlichen Wahrnehmungsfähigkeit während der ersten Lebensmonate entsprechend, muß Aditi als ein Wesen primär des Getasts, und ob ihrer überschwenglichen Fürsorge und Nährkraft, als hautwarm-weich und quellend-füllig gedacht werden, ganz nach Art der „Venus“ von Willendorf mit ihren überbordenden Brüsten und ihren üppigen Schenkeln: Das rigvedische *Es strotzt Aditi, die Milchkuh* … (Q 20) würde auch sie treffend charakterisieren. – Weitere Einzelheiten sprechen für diese Parallelisierung:

Die Muttergöttinnen des Typs „Venus“ von Willendorf werden – bislang mehr intuitiv als argumentativ – als Erd- und Fruchtbarkeitsgöttinnen gedeutet. Sobald in eine Reihe mit Aditi gestellt, erhält diese Mutmaßung Substanz. Denn Aditi war als Mutter der Adityas nachweislich nicht nur mit menschlicher Fruchtbarkeit, sondern auch mit der Fruchtbarkeit der Erde assoziiert:

Aus der Erde wurden die Adityas ausgesetzt und „geboren“ und hatten sich deshalb aus ihrem Inneren einst hochgewühlt wie Maulwürfe:

> *Ihr Götter, … die ihr von der Aditi abstammt, … von der Erde, erhöret meinen Ruf!* (Q 21)[12]

Aber obwohl von ihr ausgesetzt, blieb Aditi, die Erde, für Indra weiterhin Basis der Schöpfung: Auf ihrem Boden und Fundament, so die Vorstellung, entfaltete Indra in den folgenden Monaten die Welt. – Daran hat sich bis heute nicht viel verändert. Denn auch wir erleben die Erde noch immer als Mater-ia und undifferenzierte Masse, aus der alles Leben quillt. Und auch wir begeben uns bei Ausflügen ins Grüne wieder in die *natura*, wörtlich: *„die Gebärende“*, wo nicht an deren Busen, um dort neue Kraft zu schöpfen wie einst Indra. – Damit steht nicht in Widerspruch, daß Aditi, obwohl Herrscherin der ersten Lebensmonate, auch mit Weite identifiziert wurde. Denn wenn auch Indras Sehschärfe vor seiner Ablösung von Aditi noch begrenzt war, verblieb als „Erinnerung“, als mythische Assoziation an die Urmutter von einst das bis zum Horizont reichende finstere Unten der nährenden Erde:

> *Große Göttin Aditi, … du Weite, mit weitem Gehege* … (Q 22)

Kauernd. Ihrer menschlichen und kosmischen Fruchtbarkeit wegen galt Aditi wie unsere natura sodann auch als Gebärende. Anders als Usas hatte

Aditi die Rasselbande der Adityas ja tatsächlich, das heißt im physischen Sinn geboren. – Die rigvedischen Stellen, die von Aditis physischer Niederkunft mit den Adityas handeln, bergen zwar Unklarheiten, sind insgesamt aber doch wieder hinreichend aussagekräftig. Erhalten blieb z. B. ein fragmentarischer Hinweis auf Aditis Schwangerschaft mit Mitra und Varuna:

> *Gewähret uns, Mitra und Varuna, euren unangreifbaren, schirmenden Schutz ... Aditi hatte die beiden als Leibesfrucht getragen ...* (Q 23)

Obwohl die Hintergründe nicht genauer überliefert sind, wissen wir auch, daß Aditi eine oder mehrere Fehlgeburten hatte.[13] Am prägnantesten ist aber die an der folgenden, schon ein wenig „theologisch" oder „heideggerianisch" anmutenden Stelle wiedergegebene Geburtsszene. Sie beschreibt Aditi unmittelbar in der Haltung des Gebärens:

> *Im ersten Zeitalter der Götter entstand das Seiende aus dem Nichts ...: Dieses wurde von der Kauernden (geboren), ... von Aditi ... Mit sieben Söhnen trat Aditi in das erste Zeitalter ...* (Q 24)

Das hier mit *der Kauernden* übersetzte Wort lautet im Sanskrit *uttanapad*; ein, so Geldner, *Beiwort der Aditi*, das etwas bedeute wie: *„mit emporgestreckten Füßen oder mit unter die Oberschenkel gezogenen Unterschenkeln"*; jedenfalls müsse es so verstanden werden, *daß die Fußsohlen nach oben gerichtet sind,* was *auf die eigentümliche Stellung einer Gebärenden* verweise (III 251).[14]

Auch schon in den vorausliegenden schriftlosen Jahrtausenden wurden die „Venus"-Figuren immer wieder in Gebärhaltung dargestellt.[15] So wahrscheinlich auch das in Abb. 14 rechts wiedergegebene, etwa 20 cm hohe Exemplar von Çatal Hüyük, das als riesige Reproduktion inzwischen das dort errichtete Museumsgebäude ziert. Fast monströs, mit üppigen Schenkeln und hängenden Brüsten residiert die Göttin hier in Gebärhaltung als ob auf einem Thron; die Arme auf zwei Leoparden-Junge stützend.[16] Mellaarts Bildlegende dazu lautet:

> *Tonstatuette einer von Leoparden gestützten gebärenden Göttin.* (Hüy 234)

Volkert Haas beschrieb sie als

> *... eine auf zwei katzenartigen Tieren gestützte Göttin, die ein wahrscheinlich männliches Kind gebiert.* (LuB 105)

Da diese „Venus" von Çatal Hüyük in einem ehemaligen Kornspeicher gefunden wurde, gilt es als gesichert, daß sie zugleich für die Fruchtbarkeit der Erde stand.

Zum Assoziationsfeld von Geburt, Fruchtbarkeit, Erde und frühester Kindheit gehört sodann ein weiteres Charakteristikum der Großen Göttinnen des Typs „Venus" von Willendorf: ihr Schoß und ihr Nabel. In kaum einer archäologischen Beschreibung fehlen Hinweise darauf.[17] – Berühmt waren auch noch der Schoß und der Nabel der altindischen Aditi:

Daß Aditis Schoß und Nabel für Indras Welt in den Monaten vor seiner Aussetzung fast ebenso bedeutsam sind wie ihre gewaltigen Milchflüsse, versteht sich von selbst. Entsprechend galten (und gelten) Schoß und Nabel auch den Erwachsenen als Synonyme für den Mittelpunkt der Welt, im alten Indien zumal für den Opferplatz. Daß der Opferplatz überdies mit einer Wiege und einem Nest verglichen wurde, hebt um so deutlicher hervor, welcher Erlebnisschicht die Metaphorik von Schoß und Nabel zugeordnet war:

> (Agni) *hat sich leuchtend in seinen Mutterschoß gesetzt* … – (Den Soma) *haben im Schoße der Aditi die Redekundigen … herausgeputzt. – Die lieben Sachen* (= die Opfergaben) *sind im Schoße der Aditi. – Am Nabel des Opfers* (geht) *die Melkung vor sich … – An dem Nabel, an dem wir uns zuerst zusammenfanden, an dem* (ihr Götter,) *soll Aditi unsere Freundschaft (wieder)herstellen. – Unter lautem Beifall kam die Schar* (der Usas) *hervor im Schoße, … im Neste des Stiers, die ersehnte, jugendliche, stattliche, erstrahlende, – … an der Wiege, … am Nabel der Erde …* (Q 25)

Ganz analog galt in Mesopotamien die heilige Stadt Babel und in Israel Jerusalem als *Nabel* der Welt.[18]

Die markanten Bäuche, Nabel, Schöße (auch Gesäße und Schenkel) der Großen Mütter sind Merkmale primär des ersten Getasts. – Aber auch jene Gesichtspunkte, die sich dem frühkindlichen Gemüt vorrangig über den optischen Kanal vermitteln, fügen sich in ein stimmiges Gesamtbild. Und auch bei ihnen ergänzen sich die schriftlichen Überlieferungen über die rigvedische Aditi und die Skulpturen der vorausliegenden schriftlosen Epochen:

FUSSLOS. Was für die eingeschränkte optische Wahrnehmungsfähigkeit während der ersten Lebensmonate insgesamt gilt, nämlich daß die Welt damals noch eher chaotisch und undifferenziert war, muß auch für den Aditi-Typ, mithin für die damals herrschende Mutter, zutreffen. – Für die rigvedische Aditi selbst ist dies gesichert. Mit F. B. J. Kuiper gesprochen:

> *Der Name der Adityas, „Söhne der Aditi", charakterisiert sie als hervorgegangen aus jener ursprünglich undifferenzierten Welt, deren wohl wichtigste Personifikation die Welt-Mutter Aditi ist.* (VaV 32)

Die Welt der Aditi war die Welt der anfänglichen Höhle und der noch schwach konturierten optischen Wahrnehmung im früh-roten Licht vor Sonnenaufgang. – Dazu stimmt, daß die Mutterskulpturen der vorschriftlichen Kulturen häufig in Nischen (das heißt symbolischen Höhlen) deponiert waren, daß sie häufig rote Farbreste aufwiesen und daß sie bisweilen gepunktet, auffällig ornamentiert oder mit Leopardenfellen „bekleidet" waren.[19] Die Ursachen dafür sind aus unserer Perspektive leicht zu durchschauen. – Entsprechend haben wir uns auch die rigvedische Aditi nicht nur in Höhlen und als *die Rote* schlechthin zu denken[20], sondern auch in ähnlich konturenverwischender „Tracht". Und in der Tat galt auch noch in nachrigvedischer Zeit, so Jan Gonda:

... das Fell der Aditi ... (ist) *von einem gepunkteten Tier* (Mit 79).

Doch nicht genug damit: Es gibt noch weitere und spezifischere Parallelen zwischen der altindischen Aditi und ihren „prähistorischen“ Urformen; Parallelen, die sich aus der optischen Wahrnehmungsfähigkeit um den fünften Lebensmonat wiederum unschwer erklären. – James Mellaart charakterisierte die Großen Mütter der vorschriftlichen Periode anhand der in Çatal Hüyük und Hacilar gefundenen Statuetten und Figurinen wie folgt:

> *Der obere Teil des Körpers ist streng stereotypisiert: mit üppigen Oberarmen, kurzen Unterarmen und beinahe fehlenden Händen, deren Finger kaum je dargestellt werden. Die Brüste, der Bauch und die Gesäßbacken tendieren ins Übermäßige, und während der Nabel allenthalben gezeigt wird, erhält das Schamdreieck*[21] *nirgendwo Aufmerksamkeit. Die Beine sind wohlmodelliert, aber die Füße genossen wenig Interesse ...* (Hac 167)

Ähnliches gilt auch schon für die jungpaläolithischen „Venus“-Figuren. – Wiederum sind auch bei diesen Merkmalen die Entsprechungen zur rigvedischen Aditi bemerkenswert. Denn auch Aditi war, ganz anders als Usas, noch frei von sexuellen Reizen, dafür aber berühmt ob ihrer fehlenden Hände und Füße. Die folgende Drachenkampfszene Indras, in ihrer Symbolik keiner weiteren Erklärung bedürftig, belegt dies klar genug:

> *Wenn die handlose, fußlose Erde* (= Aditi) *kraft ihres Einverständnisses größer wird, dann um(geh) von rechts den Susna und stoß ihn für alle Zeit nieder!* (Q 26)

Aditis Hand- und Fußlosigkeit erklärt sich natürlich auch daraus, daß Indra, als er mit Aditi noch eine „symbiotische“ Einheit bildete, selbst noch unter diesem Gebrechen litt wie Vrtra: Hand- und fußlos lag ihm deshalb der Drache, lag er sich selbst im Weg; und entsprechend wacker rückte Indra dem Monster zu Leibe:

> *Den handlosen, den ... Vrtra, den gehässigen, den fußlosen, hast du, Indra, mit Kraft erschlagen.* (Q 27)

Dabei muß die Hand- und Fußlosigkeit des Aditi-Typs nicht unbedingt besagen, daß die kleinen Weltenschöpfer die Extremitäten der Göttermutter noch nicht registriert hätten. Nein, verständlich wird diese ikonographische „Verkrüppelung“ des Aditi-Typs vor allem durch den Kontrast zu den Händen und mehr noch zu den Füßen und Beinen der nach der Aussetzung erscheinenden Usas, der „zweiten“ Mutter. Denn wie faszinierend und fürwahr weltbewegend müssen doch deren Füße und Beine aus der sich eben jetzt schärfenden Sicht der kleinen Krabbler sein? Ja, in Çatal Hüyük scheinen bei den Skulpturen dieser zweiten, der morgenroten Mutter, die Hände und Füße (sowie das Gesicht) als derart „energiegeladen“ gegolten zu haben, daß sie nach der Ausübung des Kults eigens getilgt werden mußten. Mellaarts archäologischer Befund lautet entsprechend:

> *Den Kopf* (eigentlich das Gesicht, H. S.) *sowie die Hände und Füße zerstörte man (wahrscheinlich, um die Figur ihrer magischen Kraft zu berauben) absichtlich, als das Bauwerk zugeschüttet wurde: eine Sitte, die in Çatal Hüyük üblich war.* (Hüy 88; dazu Taf. VII)

Haaransatz. In beeindruckender Weise kommt das differenzierte „Wissen" unserer frühen Ahnen um die Geheimnisse der optischen Welteröffnung auch in den Schilderungen und Darstellungen des mütterlichen Gesichts zum Ausdruck:

Zwar sind die rigvedischen Hinweise auf den Kopf und das Gesicht der Aditi wieder knapp; ein wichtiger Hinweis ist aber überliefert: Aditi nämlich galt, in (etwas überzogener) Kontrastierung zur schönen Usas, als Frau – ohne Gesicht.[22] Der Textbeleg wird gleich unten, im nächsten Kapitelabschnitt, nachgereicht.

Die „Gesichtslosigkeit" der Aditi kann nur verwundern, wenn man sich nicht erinnert, wie sich die Wahrnehmung des mütterlichen Gesichts während der ersten Lebensmonate vollzieht. Bei Daniel N. Stern hieß es:

> *Während der ersten zwei Monate werden Säuglinge vermutlich keinen Unterschied zwischen dem Gesicht und anderen bewegten Objekten etwa gleicher Größe und ähnlicher Konturendichte feststellen. Sie werden die Merkmale, die die Randbereiche des Gesichts kennzeichnen, etwa den Haaransatz, sehr gut kennenlernen, kaum aber die Merkmale des Gesichtsinneren: Augen, Nase, Mund – kurz, all das, was zusammen die Konfiguration des Gesichts, das „Gesichtshafte" ausmacht. Wenn sich im Alter von mehr als zwei Monaten die Aufmerksamkeits-Strategie auf das Abtasten der inneren Zonen verlagert, werden die Säuglinge zunächst … auf die Augen achten, dann auf den Mund und zuletzt auf die Nase.* – (Erst …) *im Alter von fünf bis sieben Monaten* (werden sie) *das Bild eines bestimmten Gesichts, das sie … gesehen haben, … im Gedächtnis behalten können.* (LS 95)

Da Aditi die frühkindliche Phase vor dem fünften, sechsten Monat repräsentiert, müßten sich diese Aufmerksamkeitsstrategien in ihrem Erscheinungsbild widerspiegeln. – Außer dem abstrakten Hinweis auf ihre „Gesichtslosigkeit" wissen wir aber weder Details über ihre Augen noch über ihren Haaransatz.[23] – Nach so vielen auffallenden Parallelen der rigvedischen Aditi zu den archaischen „Venus"-Figürchen muß es aber erlaubt sein, das Beweisverfahren jetzt umzukehren und die näheren Einzelheiten zur „Gesichtslosigkeit" der Aditi von dort her gleichsam hochzurechnen und abzuleiten. Für sie nämlich sind die Belege klar und vielfältig. Gerhard Bosinski:

> (Aus dem Gravettien, das ist aus der Epoche vor ca. 28 000 bis 22 000 Jahren) *sind in ganz Europa füllige Frauenstatuetten erhalten, die … den saloppen Namen „Venusfiguren" erhielten. Die kugeligen Köpfe dieser Statuetten sind meist ohne Gesichtszüge und mehrfach mit einer Kappe oder Frisur bedeckt.* (Men 79)

Aussagekräftiger als alle Worte sind hier die Abbildungen. – Auch „die Alte"

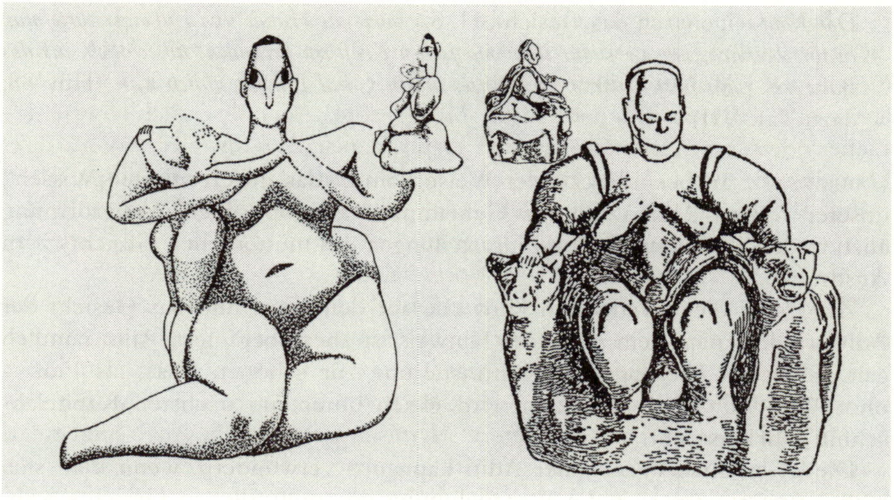

Abb. 14: „Aditis“: Links aus Hacilar; rechts aus Çatal Hüyük, frühes Neolithikum (Mellaart Hac 495 und Hüy 234)

von Çatal Hüyük (Abb. 14 rechts) trägt, gleich der „Venus“ von Willendorf, eine markante Kopfbedeckung, hat aber nur angedeutete Augen und keinen Mund. Noch beeindruckender kommen diese Züge aber bei den „Aditis“ von Hacilar zur Geltung, deren Originale sich ebenfalls im Archäologischen Museum von Ankara befinden. Zu der in Abb. 14 links wiedergegebenen Figurine vermerkte Mellaart in der Bildlegende: *Haare und Iris der Augen schwarz bemalt.* – Die Augen sind hier markant hervorgehoben, aber noch nicht endgültig „konfiguriert“; Mund und Nase fehlen (soweit dies künstlerisch zu vertreten war). Das Kind, dessen Sichtweise hier reinszeniert wird, mag vielleicht vier Monate alt sein.

2. Der Zauber der Usas

ROSE. Die Abschiedsszenen von Aditi mit ihren Burg- und Drachenkämpfen waren gleichsam Indras Geburtswehen. Denn Indras „Geburt“ ist markiert durch die frühkindliche Phase um den fünften, sechsten Lebensmonat und die dort einsetzenden Schöpfungswunder: Damals hatte Indra seine Juwelenhöhle verlassen; damals begonnen, das Sehfeld zu weiten, die Berge zu beruhigen, die Landschaft zu begrünen und zu besiedeln … – Und wie die gesamte Welt, so „befreite“ Indra damals auch seine Mutter aus den engen optischen Schemen der ersten Lebensmonate. Jetzt erst begannen sich ihr Gesicht und ihre Figur auszudifferenzieren, jetzt erst der Sinn ihrer Bewegungen und all ihres Tuns zu erschließen …

Scharfe Grenzen anzusetzen wäre aber auch hier verfehlt: Der Übergang, die Verwandlung von Aditi zu Usas war ein fließender Prozeß. Auch schon die ein, zwei Monate jüngeren „Brüder" Indras, Agni und Soma, hatten, wir lasen es[24], Affären mit der Göttin Morgenröte. Aber ihr milchberauschtes Liebeslodern war gleichsam nur ein erstes, agnisches Knistern und Aufflakkern dessen, was sich bei Indra zur vielschichtigen Begegnung ausgestalten sollte. Er, Indra, der goldig Geborene, repräsentierte den Höhepunkt der Morgenröte: den eigentlichen Sonnenaufgang. Ihm blieb deshalb auch das differenzierte Erschaffen der Usas vorbehalten.

Wie vordem in der Gestalt der Aditi, blieb die sich jetzt zu Usas verwandelnde Mutter für Indra von zentraler Bedeutung. Gewiß, verglichen mit der Zeit unter der Herrschaft Aditis war Indras Autonomie gewachsen. Aber selbstverständlich war Indra auch jetzt noch von der Liebe seiner Mutter umfangen und ihrer Macht ausgeliefert. Mythisch gesprochen: Auch jetzt noch war Indra ins Rotgold der Morgenröte getaucht; ja Indras gesamte Welt war vom zartrosa Mantel[25] der Usas erleuchtet und beschirmt. – Ähnlich wie bei Aditi erbaten deshalb Indras Verehrer auch die Beschirmung und Bemantelung durch Usas. Einmal heißt es z. B.:

Usas! Wenn du heute mit deinem Lichte das Tor des Himmels öffnest, so gewähr uns deinen … schützenden Schirm … (Q 28)

Und dennoch war die Liebe, die Wechselbeziehung zwischen dem kleinen Gott und Usas, seiner „zweiten" Mutter, jetzt eine andere geworden: voller Erotik, aber deshalb auch distanzierter, von Eifersucht und Verlustängsten durchadert: mehr Flirt schon und junge Partnerschaft als „Symbiose"; mehr Rose als bloßer Honig: von überwältigendem Duft und betörender Schönheit, aber doch auch mit Dornen bewehrt. – Nicht umsonst ist die Rose seit jeher das Symbol der ersten Liebe und der Morgenröte.

Die Engführung von Indras erster Begegnung mit Usas und erwachsener Sexualität will nicht nur metaphorisch verstanden werden. Denn die rigvedische Psychologie schlug die Brücke zwischen früher Kindheit und späterer Sexualität tatsächlich. – Einstweilen nur wenige, Orientierung gebende Worte dazu:

Das „Verhältnis" zwischen Indra und Usas ist voller Eros und Leidenschaft. – Doch bald, nach einem knappen Jahr schon, wird diese knisternde Affäre ihr – vorläufiges – Ende finden. Die Zeit des Stillens und des Erforschens der mütterlichen Augen, ihres Mundes, ihrer Haare und ihres Ohrschmucks; auch die Zeit des krabbelnden und nach-oben-sehenden Erkundens ihrer geschwungenen „Figur", ihrer Beine, Füße, Schuhe … – all dies wird dann bereits den ersten Reiz verloren haben, und die „Erinnerung" daran allmählich in den Schlünden der frühkindlichen Amnesie versinken. – Doch nicht für alle Zeiten. Denn eines Tages wird diese „Erinnerung" wieder nach oben drängen, und Indra, im Begriff erwachsen zu werden, wird dann kaum erahnen, woher ihm in seiner ersten Jugendliebe die Lust auf jene weiblichen Reize neuerlich ersteht – sowenig wie jene neue Usas selbst, die ihm dann in den Weg tritt. Wie damals wird sich Indras Welt dann verzaubern, und Usas' roter Mund, ihre Augen, ihre Brüste, Hüften, Beine werden sich, übertragen gesprochen, neuerlich über die gesamte Welt ausbreiten und Indra auf rosaroten Wolken schweben lassen – wie einst auf den Nebeln der Morgenröte in den Zeiten der Schöpfung … – Die Einzelheiten zu dieser Brücke ins Erwachsenenstadium sind Thema des nächsten Kapitelabschnitts, *Sexualität* überschrieben.

Vorab gilt es aber ein nicht weniger folgenreiches Schöpfungswunder der Usas in Szene zu setzen. – Usas nämlich war nicht nur Objekt sexueller Prägung. Sie vermochte noch weit mehr: Sie versah und überschleierte Indras Welt überdies mit „Wert“, mit tiefem Sinn, mit Lebenslust und Schönheit, mit – ihrer Schönheit. – Diesem Themenkreis wendet sich der vorliegende Kapitelabschnitt zu.

Bevor wir uns die weltverzaubernden Auftritte der Usas im konkreten ansehen, aber noch eine letzte Abklärung, gleichsam ein Prolog des Theaterdirektors[26]:

GRAZIEN. Befremdlich erscheinen muß es dem ersten Blick, daß Usas im Rigveda bisweilen im Singular, das heißt als einzelne Göttin auftritt, bisweilen aber auch im Plural, das heißt als ganze Schar:

> Ich rufe … die Göttin Usas in Begleitung des Indra herbei … – Vor ihrer Schwester Usas weicht die Nacht … – Usas (rollt) das Dunkel der Schwester fort, sie rollt (deren) Bahn zusammen … – Die Usas hält am Beginn der Tage ihr Licht hoch …
> *Wenn die prangenden Usas prunkend ausfahren, so sind sie nicht zu unterscheiden, die gleichaussehenden, alterslosen … – Die Usas gingen fleckenlos auf, schöne Tage bringend …* (Q 29)

Mehrmals tritt Usas statt im unbestimmten Plural auch in der Dreizahl auf. In Liedern an Agni, Indras kleineren „Bruder“, etwa heißt es, ebenso zwischen Plural und Singular alternierend:

> *Du bist der Liebling der großen Usas. – … drei Usas sind deine Mütter, Agni …* (Q 30)

Woher dieser Wechsel zwischen Singular und Plural? – Wir werden im Kapitelabschnitt *Sexualität* noch weitere Gründe dafür kennenlernen; einer wird aber sein, daß Usas auch noch für eine entwicklungspsychologische Phase steht, in der Indra (und zumal Agni) ihre Mutter zwar an Geruch, Stimme und anderen Kriterien schon eindeutig identifizieren können, nicht aber auf dem optischen Kanal. Dies, so ergaben Experimente, wird erst zwischen dem fünften und dem siebten Monat zuverlässig gelingen: Erst ab da wird ein aus verschiedenen Perspektiven präsentiertes Gesicht sicher als ein und dasselbe wiedererkannt. – Und zeigt sich die Mutter nicht auch insgesamt als ein vielschichtiges Wesen mit unterschiedlichen, oft widersprechenden Verhaltensweisen und Charakterzügen? Ihre schmelzenden Blicke während des Stillens als Ausdrucksform derselben Person aufzufassen wie ihren zorndurchfurchten Furienblick während einer der täglichen Katastrophen ist wahrhaftig keine Selbstverständlichkeit – scheint aber doch um den siebten Monat bewerkstelligt zu sein. Dann nämlich, so Daniel Stern,

> ... *werden die Mutter, die mit dem Kind spielt, diejenige, die es tröstet, sowie die „Mütter", die das Kind wahrnimmt, wenn es zufrieden oder unglücklich ist, aus all dem herausgefunden und erkannt. Es bilden sich „Inseln der Konsistenz", die zusammenwachsen.* (LS 144)

Dem Kleinkind wächst die Schar seiner Mutteraspekte also erst allmählich zu einer Usas zusammen. – Damit wird auch zusammenhängen, daß die in den Monaten der Schöpfung schrittweise synthetisierte Einheitlichkeit der Mutter in psychotischen Extremsituationen wieder auseinanderzubrechen droht. – H. F. Searles z. B. berichtete von einem schizophrenen Patienten, daß dieser

> ... *mehr als drei Jahre intensiver Psychotherapie brauchte, ehe er die Wahnvorstellung aufgeben konnte, er habe nicht nur eine Mutter, sondern viele verschiedene ... Einmal erklärte er völlig überzeugend: „Wenn Sie das Wort ‚Mutter' gebrauchen, sehe ich vor mir eine Prozession von Frauen, von denen jede einen anderen Gesichtspunkt repräsentiert."* (135)

Das Phänomen der Pluralisierung, insbesondere der Verdreifachung weiblicher Göttinnen kennen wir aus der Religionsgeschichte nicht nur für das rigvedische Indien. Zu Recht vermerkte Carlo Ginzburg einmal:

> *Die Verdoppelung oder Verdreifachung von Einzelgöttinnen ist ein weithin belegtes Phänomen.* (HS 138)

Die bei Ginzburg aufgeführte Liste von Beispielen ergänzend, verweise ich neben einigen weiteren in der Fußnote[27] auf die drei Chariten oder Grazien der westlichen Antike sowie auf jenes in Fels gravierte, schon jungpaläolithische Dreigestirn weiblicher Schönheiten, das in Angles-sur-l'Anglin gefunden wurde und in der Literatur als *les trois grâces* oder *les trois venus* bezeichnet wird.[28] – Man denke aber z. B. auch an die schlangentötenden *„Drei Damen"* in Mozarts Zauberflöte: Nicht nur wegen ihrer Dreiheit und ihrer Schleier erinnern sie an Usas. Auch die Szenenbilder, in denen sie auftreten, wirken wie arrangiert zur Aufführung der Schöpfungs- und Bindungsabenteuer von Indra und Usas: Sich spaltende Berge, Juwelengärten, Drachenkämpfe und Tiermenschen begegnen dort ebenso wie die Verwandlung einer Alten in ein junges Mädchen, eine sternflammende Königin der Nacht und weitere zauberhafte „Jungfrauen" im Licht der aufgehenden Sonne. Die zumal von Sarastro (= Zarathustra) eingestreuten neugnostisch-freimaurerischen Tiefgründeleien wirken dagegen eher albern.[29]

Ohne viel Aufhebens erklärt sich hier auch ein ansonsten merkwürdiger

Befund der Religionsgeschichte, nämlich die Vielweiberei der Könige: Aber ein rechter König hatte eben auch an diesem Punkt die Welt der kleinen Götter zu reinszenieren, das heißt einen Harem zu führen – ein altindischer König natürlich nach dem Vorbild des goldigen Indra. Über Indra heißt es entsprechend:

Denn wie ein König mit seinen Frauen lebst du behaglich … (Q 31)

Damit nun aber endlich ‚Bühne frei!' für die zauberhafte Weltenmutter Usas:

ROSENMUND. Die rigvedische Usas (gesprochen Uschas), deren Name, ähnlich dem der ägyptischen Isis und der altarabischen Al-Uzza[30], der kindlichen Lallsprache nachempfunden zu sein scheint, geht, mit Thieme zu reden,

> … *auf eine uralte, indogermanische*[31] *Form zurück, die das vorgeschichtliche Alter dieser weiblichen Personifizierung des Morgenlichtes bezeugt.* (Rig 53)

Stammverwandt mit Usas ist die griechische *Eos* und die lateinische *Aurora*, *„Göttin Morgenröte"*; ein Sachverhalt, der es erlaubt, gleich einige Lücken der rigvedischen Texte zu schließen.

Homer nämlich schildert die Eos in der Odyssee einmal als *die rosenfingrige Eos* (V 121)[32] und gibt uns damit bereits ein Merkmal an die Hand, das die morgenrote Göttin vom Aditi-Typ mit ihrer Hand- und Fußlosigkeit klar und plastisch unterscheidet. Aus dem Rigveda wissen wir zwar aus vielen Stellen um die *zehn unverheirateten Schwestern* (= Finger), die Agni und Soma zur Welt brachten, die rosenfingrigen Hände der Usas aber sind dort – sicherlich nur zufällig – nirgends überliefert.

Ebenso wichtig in unserem Kontext sind zwei scheinbar nebensächliche Verweise bei Ovid. Er nämlich schildert die *Aurora* einmal als die Göttin, … *die morgens mit feuchten Haaren erscheint* …, und gibt damit ein Zeugnis für die noch taufrische „Frisur" der Göttin Morgenröte (Met V 440). Zwar werden wir die Usas auch im Rigveda gleich noch aus dem morgendlichen Bade steigen sehen. Eine vergleichbare Anspielung auf ihre Frisur fehlt dort aber. – Recht gut informiert sind wir dagegen über die Frisuren der mädchenhaft-schlanken Muttergöttinnen aus Çatal Hüyük und Hacilar. Während nämlich die von dort stammenden „Aditis" zwar einen markanten Haaransatz, als Frisur aber nur *einen Knoten am Hinterkopf* (das heißt einen „protestantischen Dutt") zeigen, können bei den jugendlichen Muttertypen, so Mellaart, klar davon *unterschiedene Frisuren* beobachtet werden; Frisuren, die in ihrem verwegenen Charme noch heute ansprechen und in einer Disko nicht weiter überraschen würden. – Mellaarts Schilderungen sind, verglichen mit den realen Haartrachten der gefundenen Figürchen, eher matt:

> *Die jungen Frauen tragen ihr Haar als Hängezopf oder als* (geradewegs zur „Hochfrisur") *gewickelten Zopf oben auf dem Kopf oder als mehrere Zöpfe, von Spangen zusammengehalten.* (Hac 168[33])

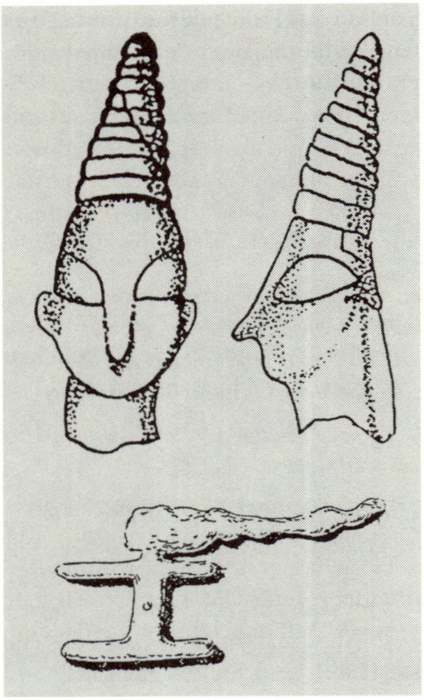

Abb. 15:
Verwegene Haartrachten: oben aus Hacilar, unten Çatal Hüyük, frühes Neolithikum (Mellaart Hac 476 und Hüy 140)

Ein Fresco in Çatal Hüyük zeigt die jugendliche Göttin einmal (wie die Usas) tanzend und überdies mit wehendem Haar (Abb. 15 unten); jedenfalls, so Mellaart,

> ... *offensichtlich in lebhafter Bewegung ... Ihre langen Locken flattern hinter ihr im Winde ... Die Göttin scheint zu rennen, zu tanzen, sich rasch zu drehen ...* (Hüy 140 f.)

Ob ihres rosigen Haares und ihrer schönen Locken berühmt war auch noch die griechische Eos[34]; und die wehenden Locken der Göttin von Çatal Hüyük könnten deshalb durchaus auch taufeucht sein wie das Haar der Aurora bei Ovid.

Und noch ein Weiteres darf zur Rekonstruktion der großen Göttin bei Ovid entlehnt werden: Ein Hinweis auf den erotischen Mund der Usas-Eos-Aurora; ein wahrer Kuß- und Goldmund. Ovid schildert ihn – *Morgenstund' hat Gold im Mund* – im Rahmen einer insgesamt erhellenden Porträt-Skizze:

> *Aurora erblickt mich, die safrangefärbte – das Dunkel hat sie verscheucht ... Sie ist schön mit dem Rosenmund, sie beherrscht die Grenzregionen der Nacht und des Lichtes, und sie erquickt sich an Quellen von Nektar ...* (Met VII 702 ff.)

Die Motive der Rosenfinger, der tautriefenden Haare und des Rosenmundes der Aurora-Eos übernehmend, kehren wir nun aber wieder in die rigvedische

Welt zurück. Denn was bei Ovid und auch schon bei Homer oft nur noch zur bloßen Poesie gerann, war dort noch Element lebendiger und urwüchsiger Religion.

Hier nämlich, im Rigveda, wird klar, daß die Usas niemand anderes als die Nachfolgerin der noch weitgehend gesichtslosen und primär nur ertasteten Aditi war: die von Indra zur morgenroten Schönheit verzauberte Urmutter. Usas galt deshalb nicht nur wie Aditi als *die Mutter der Götter*, sondern, genauer, als das *Abbild der Aditi*. – An Usas:

> *Dies schönste Licht der Lichter ist gekommen; ihr prächtiges Vorgesicht ward geboren, sich ausbreitend ... Die Göttin hat das schwarze Gewand abgedeckt, ... die Augen auf sich ziehend ... Das Dunkel ist vergangen, das Licht naht. Sie hat den Weg freigemacht ... Du, die Mutter der Götter, das Abbild der Aditi, das Wahrzeichen des Opfers ...!* (Q 32)

SCHMINKE. Grassmann und Lommel übersetzten an der zuletzt zitierten Stelle, wohl noch treffender, statt mit *Abbild der Aditi* mit: *der Aditi Antlitz* (Rig 32). Denn in der Tat war das zauberhafte Gesicht der Usas eines ihrer herausragenden und sie von Aditi unterscheidenden Merkmale. Demgemäß galt schon ihr erster Schimmer noch unter der Ägide Agnis gleichsam als Ankündigung ihres Antlitzes, eben als ihr *prächtiges Vorgesicht*. In anderen Agni-Liedern heißt es deshalb z. B.:

> *Agni beleuchtet das Antlitz der Usas ...* – (Die Menschen) *verlangen beim Kommen der Morgenröte aus dem Dunkel (der Nacht) das große, prächtige Antlitz der Aufleuchtenden zu sehen.* (Q 33)

Das *prächtige Antlitz* der Mutter war es ja, was die Eröffnung der gesamten optischen Welt in Gang brachte: Ihre Augen[35], wir sahen es, waren schon in den ersten Lebensmonaten (also tatsächlich schon unter der Ägide Agnis) die Keime der optischen Welt; und aus ihrem Gesicht hatte sich damals gleichsam die übrige Welt abzuschälen begonnen: Die Licht- und Schattenspiele des mütterlichen Gesichts, dessen geschwungene Brauen und Lider, und zumal dessen farbig schillernde Augenjuwelen machten wesentlich jenes *Chiaroscuro*, jene *kleine Rembrandt-Galerie* aus, die sich in den Folgemonaten zu Welt ausdifferenzierte. – Noch einmal mit Daniel N. Stern gesprochen (Indras Namen durch Joey substituierend):

> *Im Alter von viereinhalb Monaten ... sind ... die ganz intensiven sozialen Interaktionen (noch) auf die allernächste Nähe beschränkt, das heißt auf den Kontakt von Angesicht zu Angesicht ... Da ist zunächst einmal allein das Gesicht. Für Joey ist es zu diesem Zeitpunkt das faszinierendste und beeindruckendste von allen Objekten. Dieses Gesicht ... besitzt eine geradezu magische Anziehungskraft ... – Nichts in der Welt kann mit diesen Stimuli konkurrieren ... – Wir können vermuten, daß sich während des Evolutionsprozesses die visuellen Vorlieben des Kindes gleichzeitig mit der Struk-*

tur des weiblichen Gesichts entwickelt haben, was wohl dem Zweck diente, die Bindung zwischen Mutter und Kind zu festigen. (Tag 51 f., Mk 92)

Es nimmt daher nicht wunder, daß auch die rigvedische Usas, wie jede selbstbewußte junge Frau, die wichtigsten Konturen ihres Gesichts betonte, das heißt schminkte.[36] – Die Schminkfarben waren dabei natürlich die Farben der Morgenröte: Den Mund von Indras Mutter werden wir uns daher mit purpurnem Lippenstift überzogen, die Wangen mit Rouge, die Augen mit farbigen Lidschatten und Goldstaub, mit Lidstrich und „Wimperntusche" zu denken haben. Die morgenbunte Schminke der Usas ist jedenfalls mehrfach bezeugt. – Desgleichen ihr Schmuck, wohl Ohrringe und ein den hellen Hals zierendes und juwelenschillerndes Geschmeide[37]:

(Usas,) *gehe heute hier als die Allerschönste auf! ... Mit aufgeschminkten Farben ist sie an den Torpfosten des Himmels aufgeblitzt ... Sie steckt das bunte Banner auf ... Mit den Strahlen des Surya* (das ist der Sonne) *aufleuchtend, legt sie sich Schminke auf ... Im Osten schimmert die junge Frau hernieder ... – Mit schönem Geschmeide, schönverziert, – ... schön im Goldschmuck.*
Dort ..., auf der östlichen Seite des Raumes legen sie sich Licht als Salbe auf, ... wie eine Tänzerin bunte Farben ... – Ich sehe sie wie Mädchen, die Salbe auflegen, um auf die Hochzeit zu gehen ... (Q 34)

Der entwicklungspsychologische Sinn des Schminkens und Schmückens mit Juwelen ist unschwer zu durchschauen: Denn dadurch werden einerseits die natürlichen Kontraste und Konturen des mütterlichen Gesichts unterstrichen und damit seine Erforschung erleichtert. Dadurch werden andererseits aber auch und zugleich die Schöpfungsetappen überbrückt und vermittelt:

Das Blinken des Schmucks (und natürlich der Zähne) „erinnert" noch immer an die glitzernde Juwelenhöhle der vergangenen Monate; und die morgenroten Farben im mütterlichen Gesicht verbinden, ja verwischen die Grenzen zur sich nun öffnenden optischen Welt.

Gerade dies letztere scheint für Indras „Weltverhältnis" und für seine gesamte seelische Entwicklung von höchstem Belang gewesen zu sein: Indem die Usas gleichsam Welt imitierte, übertrug sie etwas von ihrem Charme auf die äußere Welt, überstrahlte und überhauchte sie gewissermaßen mit ihrer Liebe, ihrem Vertrauen, ihrem Eros, kurz: mit ihrer Schönheit. – Eben deswegen aber geriet Indras Welt nicht einfach nur zu einer „objektiven Realität", sondern wurde zur sinnüberblühten und erosgetränkten Landschaft: zur fürwahr meisterhaft gelungenen und heldenhaft geglückten Schöpfung. – Jede Wiederkehr der Usas, jeder Sonnenaufgang galt Indras Verehrern als neuerlicher Beweis dafür:

Alle erkennen, wenn sie (Usas) *in ihrer Herrlichkeit gekommen ist: Des Indra viele Werke sind wohlgetan.* (Q 35)

SPRACHMALEREI. Das weibliche Repertoire zur Verzauberung der indrischen Welt wird auch damals schon nicht nur auf gestylte Frisuren, morgenrotes Make-up und Halsschmuck beschränkt gewesen sein: Ein Tröpfchen Rosenöl am Ohr; Blümchen im Haar oder im Knopfloch; Broschen, Spangen, gebundene Schmetterlinge (Schleifchen) an Hut, Schulter oder Dekolleté; bunte Schühchen mit blinkenden Schnallen und Kuschel-Pelzchen; Wiesen- und Blumenornamente[38] auf Blusen, Halstüchern oder Röcken ...: All dieser süße und kesse weibische Zierat, an dem sich Männer und Frauen jeden Alters delektieren, gilt auch und zuvorderst kleinen Männern und Frauen von Indras Alter: legt zumal ihnen etwas von der mütterlichen Liebe, Bindung und Schönheit hinein, hinaus in die Welt; ist ihnen Assoziationsbrücke zur Personifizierung, Erotisierung und Ästhetisierung der Natur. – Nicht zufällig sind unsere Wörter Kosmos und Kosmetik verwandt.[39]

Schon oben, beim Studium wilder Synthesen, beobachteten wir eine ähnliche Strategie im elterlichen Verhalten: Indem die Eltern Tiere imitieren, federn sie den Kategorisierungssprung, der Menschen von Tieren unterscheidet, ab. – Ähnlich bei dem in Rede stehenden Verhalten der Usas: Durch Schminke, Schmuck und Kleidung überbrückt, ja verwischt es die Grenze, die ihr Gesicht und ihre Gestalt von der „objektiven" Welt draußen unterscheidet – und überstrahlt und verzaubert dadurch den werdenden Kosmos mit ihrer eigenen Schönheit und bindenden Macht.

Das Wissen der rigvedischen Dichter um diese weltverweiblichende Zaubermacht der Usas schlug sich auch in der Kompositions-„Technik" ihrer Lieder nieder; einer „Technik", die man mit einer Wortprägung Paul Thiemes als eigentümliche Form der *„Sprachmalerei"*[40] bezeichnen könnte. Diese Lieder nämlich vermengen und vermischen die menschliche Weiblichkeit der Usas mit den kosmischen Spielen der allmorgendlichen Stimmungen so kunstfertig, daß kaum je mit Sicherheit auszumachen ist, worauf sich die Bilder beziehen: Immer wieder verschwimmen und verschlingen sich morgendlicher Kosmos und weibliche Schönheit in ihnen wie Farbschlieren in den Näpfchen einer Mischpalette. Und in der Tat scheinen die rigvedischen Dichter hier eine besondere Herausforderung gesehen zu haben; denn einer wob einmal die Bitte in seine Strophen:

> *Die aufleuchtenden Morgenröten sollen mich zum Meister machen ... – Alle Usas sollen mich zum Meister machen.* (Q 36)

Nirgends jedenfalls, nicht einmal in den Liedern an die Wolkenzüge der Marut, ist die Personifizierung des Kosmos hier und die „Naturalisierung" des menschlichen Äußeren dort so konsequent und kunstvoll durchgeführt. – Nur einige herausgegriffene Textproben dazu:

> *Die Sonne hervorbringend, hat die Holde, Kunstreiche sich bis zur Grenze des Himmels und der Erde ausgebreitet ... Die Süßigkeitbringende hat am Himmel ihre Gestalt aufgerichtet ... – Die Usas kommt Gutes tuend wie eine edle junge Frau ...; die*

Vögel treibt sie zum Ausflug … Alles, was lebt, beugt sich ihrem Anblick; Licht macht die Edle … Usas! … gewähr uns deinen … schützenden Schirm … – Die Farbenprächtige (ist) … weithin erglänzt wie die Stromflut … – Im Osten ist das Banner der Usas erschienen … Führerin der Kühe, … leuchte uns auf; erwache als erste, du edelgeborene Usas! – Große Göttin … Wir möchten dir wie die Söhne der Mutter sein. (Q 37)

Analogie. Ist es bei allem Befremden, das solche Sprachmalerei in uns erweckt, nicht doch zugleich bemerkenswert, daß sie uns auch heute noch anzusprechen vermag, ja, daß wir die literarische Vermengung von erotischer Frau und morgenrotem Kosmos noch immer „irgendwie" verstehen? – Und ist dieser (historisch und entwicklungspsychologisch) alte Zusammenhang nicht auch in unserer Alltagssprache konserviert und fossiliert? Zumal unsere Attribute zur Beschreibung von Gesichtsausdrücken sind zum beträchtlichen Teil der Sprache des Wetters und insgesamt der Himmelserscheinungen entnommen – genau wie schon in den Liedern an Usas: Denn *zujubelnd*, wir lasen es, kam die große Göttin dem kleinen Drachenkämpfer in der sich jetzt öffnenden Grotte entgegen; und entsprechend wolkenlos und frei von Düsterkeit, entsprechend heiter und strahlend war ihr Gesicht – damals, am Jüngsten Tag für Indra, und bei jedem morgendlichen Opfer von neuem:

Schön lächelt sie wie ein Verführer, wenn sie erstrahlt. Schön von Erscheinung hat sie zum Frohsinn erweckt … Alle Geschöpfe überschauend, erstrahlt die Göttin weithin, (jedem) Auge zugewandt … (Ihre Strahlen) ausbreitend, ist die Farbenprächtige, Holde weithin erglänzt wie die Stromflut … – Goldfarbig, schön anzusehen, … mit den Strahlen (der Sonne) aufgeputzt … Erstrahle uns mit den schönsten Strahlen, Göttin Usas, unser Leben verlängernd … (Q 38)[41]

Über welche Kanäle sich die Redeweisen vom strahlenden, heiteren, schönen (von schauen), aber auch vom finsteren, betrübten, diesigen Gesicht oder Gemüt bis in die Gegenwart erhielten, sei dahingestellt. Der damaligen Psychologie jedenfalls war es selbstverständlich, daß, was einst, in der frühen Kindheit, in den Armen und im Angesicht der Usas geschah, sich *in analoger Weise* im Zauberlicht jedes Schönwettermorgens wiederholt. Denn wie damals beginnen sich mit dem ersten Dämmerlicht jedes Morgens erneut erst unscharfe Konturen und bald schon konkretere Schemen abzuzeichnen, die sich zuletzt, sobald die Sonne über den Horizont bricht, zur uns gewohnten Welt ausgestalten. – Damals, in den Monaten der Schöpfung, aber war dieser Schönwetter-Morgen überdies durch Usas' Liebe sowie durch den Glanz ihrer Augen, die Tusche ihrer Wimpern und ihre gesamte Schönheit verzaubert und deshalb mit tiefem, unergründlichem Sinn überzogen …

Im Bewußtsein dieser Analogie untermischten die rigvedischen Dichter die Kulisse des morgendlichen Opfers mit weiteren (und allerdings naheliegenden) Assoziationen an die frühe Kindheit: So wie Indras Mutter den kleinen Gott am Jüngsten Tag erweckte, so weckte die kosmische Morgenröte die Erwachsenen jeden Morgen von neuem; so wie die urzeitliche Mutter den kleinen Gott einst zum Aufstehen und Gehen motivierte, so jetzt erneut die kosmische Morgenröte auch die Erwachsenen; und zuletzt und zumal: So wie Indras Mutter den kleinen, bislang noch annähernd blinden Gott zum Sehen ermunterte, so jede Morgenröte auch uns:

> *Während das Feuer* (beim Opfer) *angezündet wird, hat die aufleuchtende Usas …* (ihr) *Licht weithin aufgesteckt … Wie eine Fliege weckt sie die Schlafenden … – Den schräg* (Geldner: zum Schlafen) *Daliegenden zum Gehen, … die wenig Sehenden zum weithin Schauen: so hat die freigebige Usas alle Wesen erweckt; … eine hellgekleidete junge Frau … – Sie zieht die große Finsternis weg, auf daß man sehe; die Edle macht Licht.*
> *Ihr Usas (erweckt) den Schlafenden, alles was lebt, Zweifüßler und Vierfüßler, zu (neuem) Wandel …* – (Usas,) *… spannt jetzt (die Menschen) an … – Geh auf, bring uns unter die Leute, Allbegehrte!*
> *Die lebende Welt bringt sie in Bewegung und hat für uns Schätze entdeckt.* (Q 39)

Aufklärung. Jede junge Frau, ja jedes Mitglied der Gesellschaft „wußte" aus den heiligen Texten und Kulten, daß die erotischen Reize der göttlichen Usas, daß weibliche Schönheit und alles, was dazu gehört, nicht einfach nur „Eitelkeit", „Verführungskunst" oder gar „Sünde" war, sondern Ferment gelingender Schöpfung.

Erst von dieser Warte aus erahnt man auch, durch welche unheimliche Mechanik die späteren Vater-Religionen, zumindest ihre fundamentalistischen Varianten, die Menschen oft für Jahrhunderte unter die graue Folie kollektiver Depression trieben: Unter der rationalistischen Oberfläche väterlicher Moral und Zucht geriet ihnen weibliche Schönheit regelmäßig zum Inbegriff teuflischer Verführung; durch die grauen Kopftücher und die schmuck- und schminkelosen Gesichter der somit entwürdigten Weiblichkeit aber brach dann die vorrationale Basis gelingender Schöpfung und mit ihr die Schönheit des Irdischen weg … – Der flehende Ruf nach einem erlösenden Himmelsvater war dann nur noch Fortsetzung und weitere Verhärtung dieses Traumas; und um so mehr natürlich, als die Himmelsväter ihre alte Wangenborstigkeit, ihre tiefe, weltdichtende Stimme und ihr handwerkliches Geschick nun im einsamen und weltverlorenen Nichts der neuen Transzendenz einbüßten. Mit der Entwürdigung der morgenroten Göttinnen begannen auch die Himmelsväter blaß, sprachlos und verstimmt zu werden – und leiteten damit die Epochen der Religionsverlorenheit ein: Der neue Monotheismus war seit Anbeginn durchsetzt von den Viren des Atheismus; und deshalb von strafbewehrten Imperativen des Glauben-Müssens.

Zur Gänze freilich sollte sich solche „Moral" mit ihren heiseren Tabus gegen die Große Mutter, sollte sich solche „Theologie" und die in ihr lungernde Destruktivität nie durchsetzen. Und zumal auch im Abendland begann, beginnt sich seit der Aufklärung die ewig junge Göttin der Morgenröte wieder zu räkeln und mit ihrem Sonnenlächeln die düsteren Wolken, die Europa seit dem Mittelalter kollektiv verfinstert hatten[42], wieder aufzulösen. – Zu Recht schwingt in den Bezeichnungen ‚Aufklärung' und ‚Age of Enlightment' die Assoziation an das wiederkehrende Morgenlicht mit. Denn just damals begann sich der muttervergessene und deshalb vatersüchtige Gottes- und Größenwahn der vorangegangenen Epochen wieder zu bodenständig-empiristischer Weltbejahung und zu mütterlich-menschlicher Vernunft zu verdichten. – Einige der seit damals auf den roten Teppich der wiederkehrenden Göttin geworfenen Rosen-Bouquets seien kurz in Erinnerung gebracht:

Charles Darwins Großvater, Erasmus Darwin, machte, wiewohl kaum beachtet, auf den psychologischen Zusammenhang zwischen der muttergeprägten Welt der frühen Kindheit und dem späteren ästhetischen Naturempfinden neuerlich aufmerksam. Ein wenig fixiert auf die mütterlichen „Rundungen", schrieb er:

> *Wenn das Baby kurz nach seiner Geburt … an den Busen der Mutter gelegt wird, dann wird sein Sinn für die Wahrnehmung der Wärme positiv betroffen; als nächstes wird sein Geruchssinn durch den Duft der Milch erfreut; danach wird der Geschmack durch ihr Aroma belohnt; später bringen der Appetit nach Essen und Trinken Gefallen am Besitz ihrer Objekte, und schließlich wird der Tastsinn durch das Weiche und die Glätte der Milchbrunnen erfreut …*
> *Und wenn dann in unseren reiferen Jahren irgendein Objekt sichtbar vor uns liegt, das … irgendeine Ähnlichkeit zu der Form der weiblichen Brust besitzt – dies kann eine Landschaft sein mit weichen Hügellinien*[43]*, … oder eine antike Vase mit ihren Rundungen … –, dann spüren wir das allgemeine Schimmern der Freude, die alle unsere Sinne zu beeinflussen scheint … Somit sehen wir, daß …* (die) *Linien der Schönheit ursprünglich im Tempel der Venus zu finden sind.* (nach Fischer 71 f.)

Auch Kant und Schopenhauer könnten hier zitiert werden; doch sind ihre Rosen in zu komplexe Argumentationsfiguren eingeflochten, als daß es im vorliegenden Rahmen angemessen wäre, sie freizulegen.[44]

Ohne aufwendige Präparationen zitierbar ist aber wieder Jean Paul:

Daylight. Schon ganz Romantiker wie Schopenhauer, schilderte Jean Paul in seinem Roman *Titan* einmal seinen Helden, wie dieser, von der ersten Liebe enttäuscht, in den regressiven Rausch einer derart erotisierten Natur verfällt; mit den Worten:

> *Und nun wurde vor solchen reinen und scharfen Augen der Isis-Schleier der Natur durchsichtig … Ach als wenn er seine Mutter fände, so fand er jetzt die Natur – jetzt erst wußt' er, was der Frühling sei und der Mond und das Morgenrot und die Sternennacht … Ach wir haben es alle einmal gewußt, wir wurden alle einmal von der Morgenröte des Lebens gefärbt! … O warum achten wir nicht alle* **ersten** *Regungen der menschlichen Natur für heilig …?* (109)

Die weiteren Etappen der Wiederentdeckung des „Unbewußten" und der dort verankerten Mutterbindungen sind bekannt … Die Ernte der im 18. und 19. Jahrhundert ausgebrachten tiefenpsychologischen Saat brachte unter anderen die Kunst der Moderne ein: Man denke für die Bildende Kunst z. B. an die von weiblich-erotischen Formen durchtränkten Bilder oder Skulpturen eines Picasso oder Henry Moore.

Und wieder zur Welt der Sprache und Dichtung gewandt: Nicht weniger häufig als in der „großen Kunst" findet die sprachmalerische Vermischung von morgenrotem Kosmos und weiblich-verführerischer Schönheit seither auch in der „kleinen Kunst" wieder Formen des Ausdrucks; nicht immer von rigvedischem Niveau, bisweilen aber durchaus gelungen:

Während der Wochen, als ich dies Kapitel schrieb, jubilierten regelmäßig die *No Angels* einen Refrain und Ohrwurm durch den Äther:

I wonna be daylight in your eyes …

Diese *No Angels* sind in Wahrheit freilich wirkliche Engel: frech, bezaubernd hübsch und „sexy" wie Usas höchstselbst – und entsprechend in die Schöpfungsgeheimnisse eingeweiht. Denn in Zeiten des Verliebtseins (worüber im nächsten Kapitelabschnitt noch Genaueres) öffnen sich von neuem die Schächte in jene Welt, in der einst tatsächlich aus den Augen und aus dem Gesicht der morgenroten Göttin das Licht des Tages und der Welt insgesamt hervorglühte. – Fast als ob zur Antwort auf den Zauberspruch der *No Angels*, übernahm während der besagten Wochen der Sänger von *Orange Blue* den Part Indras – seufzend, er sehe die kosmische Morgenröte „tatsächlich" aus den Augen seiner Geliebten leuchten:

She's got that light around her eyes
A gleaming star (nämlich der Morgenstern) *surrounds her mind …*
The curtain falls burying my tears
Though the carpet of gold
Seemed to be quite near.

Auch im Genre ‚Kitsch und Schnulze' knackt die alte Göttin neuerdings wieder mit den Fingern: Den folgenden Text schrieb ich bei einer jener Schlagerparaden mit, deren business ist, ein Millionenpublikum aus seinem täglichen Trott in eine heile Welt zu schunkeln. Der Schmachtende bekniete seine öffentlich Geliebte mit den Worten:

Amore mio, du bist schön – so wie ein Sonnenstrahl am Morgen … – Dein Lächeln jagt die dunklen Wolken fort – und manchmal findest du ein Zauberwort – um alle Sorgen zu vertreiben …

Schleier. Zumal der bei Jean Paul zitierte *Schleier* fordert auf, eine der wichtigsten Schöpfungs-Utensilien aus der Garderobe der morgenroten Göttinnen von einst noch genauer vorzustellen:

Schleier morgenroter Göttinnen kennen wir nicht nur von der ägyptischen Isis, der vorderasiatischen Istar[45], … von der griechischen Artemis und von

Mozarts Drei Damen, sondern auch schon aus dem Jungpaläolithikum und von Çatal Hüyük:

Aus dem Jungpaläolithikum besitzen wir immerhin jenes Köpfchen einer aus Lehm gebrannten Statuette von Dolní Vèstonice (Unterwisternitz, Mähren), deren jugendliches und betont weibliches Gesicht offenbar verschleiert ist. Gerhard Bosinski beschrieb dessen Augen als

> ... *zwei schräge Einschnitte, die wie Sehschlitze in einem das Gesicht verhüllenden Tuch aussehen* ... (Men 79)

Eine Darstellung der morgenroten Göttin von Çatal Hüyük schilderte Mellaart mit den Worten:

> *Ursprünglich aber trug die Göttin ein grellbunt gemaltes Gewand mit Mustern in Rot, Schwarz und Orange. Dieses Gewand breitete sich hinter ihr ... wie ein Schleier aus.* (Hüy 135)

Auch neben dem Schminktischchen der altindischen Usas muß ein Schleier gehangen haben. Obwohl er nie substantivisch, sondern stets nur in Verbalkonstruktionen, gleichsam nur in Aktion erwähnt wird, sind die ungezählten Stellen über Usas' *Enthüllungen* aber doch hinreichend zuverlässige Belege. Ja, sie sind bisweilen so plastisch gedichtet, daß es schwerfällt, sich der Phantasie und Hypothese zu entziehen, Usas habe auch mit gewagten Dessous, Leoparden-Designs und frechen Spitzen in Schwarz, Weiß oder Rosa gespielt. – Gesichert ist, daß sie (je nach Anlaß) neben einem schwarz-transparenten und sternengepunkteten Schleier auch einen nebelweißen Hochzeitsschleier[46] überwarf ...

Die Schleier der Usas galten beidem: der Verhüllung und der Enthüllung. Denn durch das Spiel des Verschleierns und Entschleierns reinszenierte die große Göttin jenes optische *Chiaroscuro* der ersten Lebensmonate, aus dem sich Indra jetzt, um den fünften, sechsten Monat, endgültig befreite. – Machen wir uns dazu noch einmal klar:

Wie ein höhlenlungernder Drache versperrte die optische Unschärfe und *gloomy obscurity* dem Gott anfangs den Durchblick. Und in der Tat galt ja der Drache Vrtra als *Sohn des Nebels* (Q 40). Denn durch sein Verfauchen undurchdringlichen Dunstes blockierte er Indra bei seinen Schöpfungswundern; eine Heimtücke, der sich Indra nur durchs Vergelten des Gleichen mit Gleichem erwehren konnte:

> (Indra) *schwang die Waffe gegen Vrtra, in Nebel sich kleidend.* – (Er) *streute die dunklen Nebel, die Dunkelheit aus,* – ... (und) *brachte das wilde Tier in Furcht.* (Q 41)

Real spielte sich dieses Drachendrama natürlich im Arm, jedenfalls im Umfeld der Usas ab: Indem Indra sich aus seinen optischen Blockaden befreite und die trüben Schleier endlich wegzog, entdeckte und „befreite" er das geschminkte Gesicht und den anmutigen Leib der zauberhaften Usas – und mit ihr die ganze Welt.

Mütter, die ihren Kleinen gegenüber mit Schleiern spielen – es seien Kopf, Körper- oder Wiegenschleier – ziehen dadurch auch dieses Schauspiel gleichsam in die Länge und federn damit die Übergänge zwischen der noch so rohen und engen Welt der ersten Lebensmonate und ihrer jetzt anstehenden grandiosen Öffnung und Weitung ab. – Demselben psychologischen Genre wie das Schleierspiel gehört natürlich die Kindern zugewandte Geste des Winke-Winke sowie jenes fingerspitzende und augenverdeckende Spiel an, das im Süddeutschen *Guck, guck – guck, guck – daaa* heißt.

ABGELEGTES GEWAND. Daß die Mütter Altindiens mit ihren Schleiern ihren Kleinen gegenüber ein solches *See-saw* inszenierten, spricht aus den Liedern an Usas klar genug: denn die Schleierspiele der Usas, ihr Ver- und Enthüllen, galten als eine ihrer zentralen Schöpfungskompetenzen. – Und im Zuge ihrer Anrufungen beim morgendlichen Opfer fügte es sich günstig, daß (bei entsprechendem Wetter) die allmorgendliche Wiederholung der Schöpfung gleichermaßen als ein Schleierspiel der Morgenröte gedeutet werden kann: Denn zum einen lösen sich beim Heraufziehen des Tageslichts in der Tat die Schleier und Nebelfelder der Morgenröte auf, als ob von zarten Fingern weggezogen; und zum anderen gibt gleichzeitig der abgelegte schwarze Schleier oder ausgezogene Mantel der Nacht die Bühne der rot-verklärten Welt von neuem frei. – In regressiver, in religiöser Metaphorik zur überdimensionalen, kosmischen Frau personifiziert, enthüllt die täglich wiederkehrende Morgenröte also „tatsächlich", was bislang den Blick blockierte: Sie legt den Mantel der nun endenden Nacht ab und lüftet die Schleier der von den Nebeln Vrtras eingetrübten und verdüsterten Welt.

Einige herausgegriffene rigvedische Verse, die dies natürliche Morgenspiel dichterisch untermalten: Zuerst zum tänzerischen Dämmer- und Wechselspiel der Nacht und des Morgenrots; beide zu den kosmischen *Schwestern Nacht und Morgen (Usas)* personifiziert:

> *Die beiden Göttinnen Morgen und Nacht, die buntgeschmückten Töchter des Himmels … – Nacht und Morgen sollen … den Erstruf erhören …: Die (eine* ist*) wie eine unfruchtbare Frau in ein abgelegtes Gewand gekleidet, (die andere) mit der Pracht des Surya* (= Sonne) *schön im Goldschmuck; – … die eine … glänzt, die andere ist schwarz … Die dunkle (Nacht) und die rötlichen (Usas) sind Schwestern …* (Q 42)

Nach diesen ersten, symmetrischen Tanzfiguren beginnt die Nacht zurückzuweichen: Usas übernimmt die Vorherrschaft, indem sie das Gewand der Nacht abstreift und mit ihren Schleiern erst den Horizont, dann die ganze Welt enthüllt:

> *Vor ihrer Schwester Usas weicht die Nacht, die Dunkle räumt dem rötlichen (Surya,* das heißt der Sonne*) den Weg … – Mit aufgeschminkten Farben ist sie* (Usas) *in den Torpfosten des Himmels aufgeblitzt; die Göttin hat das schwarze Gewand abgedeckt … – Du Strahlende hast durch dein Licht das Dunkel aufgedeckt. – Des Himmels Enden enthüllend, ist sie erwacht … (Ihre Strahlen) … ausbreitend, ist die Far-*

benprächtige, Holde weithin erglänzt ... – Die Herrin ist in voller Kraft dem Dunkel entstiegen ... – Sie ist wie eine jugendliche Frau strahlend gekommen ...
Als das schön zu schauende Himmelslicht ... gefunden war, ... da machte die Mannhafteste (= Usas) *das hartnäckige stockfinstere Dunkel in Hilfsbereitschaft ... zum Durchblicken.* – (Sie macht) *alle Welten offenbar ... – Usas hat die ganze Welt enthüllt.* (Q 43)

Im zauberhaften Schleierspiel eröffnete die Morgenröte die irdische Welt; wie am Jüngsten Tag, so auch an jedem gewöhnlichen Tag von neuem. – Bemerkenswert (mir in den Ursachen aber nicht klar) ist, daß auch im Deutschen (und nicht nur dort) viele Begriffe, die einfaches optisches Wahrnehmen oder auch komplexeres Erkennen bezeichnen, aus dem Assoziationsfeld einer Usas zu stammen scheinen: Ohne in die Details zu gehen, sei an die Wörter „entdecken (dis-cover, de-tegere), einleuchten, durchschauen, durch-blicken, erscheinen" erinnert; auch an: „ein Geheimnis auf-decken, enthüllen, entschleiern, lüften ..." Und auch das Wortfeld „verborgen, unklar (klären, erklären), dunkel, schleierhaft ..." scheint seinen Ursprung – er sei historisch oder psychologisch – in der Welt einer morgenroten Göttin zu haben.

Wie auch immer. – Die kosmischen Entdeckungen und Enthüllungen, die Usas mit Hilfe ihrer Schleier dem goldigen Indra ermöglichte und nahelegte, waren nur das eine. Darüber hinaus enthüllte sie dem kleinen Gott zumal und im selben Tanzspiel – sich selbst:

Brust. Schon bei den Schilderungen ihrer Augen, ihrer Schminke, ihres Sterngeschmeides und ihrer verwegenen Frisur werden Funken des Eros auf die Leserinnen und Leser übergesprungen sein. Jetzt aber, wo die Göttin im Rotlicht des Jüngsten Tages all diese und weitere Reize überdies mit ihrem zart-transparenten Schleier mehr enthüllt als verhüllt; jetzt, denke ich, werden sie ein wahres Agnisches Knistern und Prickeln entfachen ... – Erste Textprobe:

Ein weißes lichtes Kleid tragend, ist sie erglänzt. Goldfarbig, schön anzusehen ... So ist Usas erschienen, mit den Strahlen (der Sonne) aufgeputzt ...
Usas, allen Wesen dich zuwendend, stehst du aufrecht ... Wie eine (Frau), die die Naht (d. h. das Genähte, d. h. ihre Kleidung) *auszieht*[47], *kommt die gabenreiche Usas, die Herrin des Frühtriebs ... Die Süßigkeitbringende hat am Himmel ihre Gestalt aufgerichtet. Die Leuchtende ist aufgeleuchtet erfreulichen Anblicks. – Du enthüllst prangend die Brust, Göttin Usas, in aller Herrlichkeit erglänzend ..., du Himmelstochter ...*
Also gibt sich diese ... zum Beschauen; sie geht nicht dem Fremden noch dem Verwandten aus dem Wege. Stolz auf ihren makellosen Leib, zieht sie sich nicht vor Klein und Groß zurück, wenn sie erstrahlt. (Q 44)

Obzwar Verse dieser Art freimütig darauf anspielen, muß die Psychologie der Sexualität noch für einige Seiten zurückgestellt werden. Denn der primäre

Fokus auch dieser Verse war die frühe Kindheit: Die Selbst-Enthüllung, die Usas in ihnen inszeniert, zielte zuerst und vor allem auf die Faszination des goldigen Indra; will sagen: auf die Faszination der von Indra repräsentierten Schicht der menschlichen Psyche; einerlei natürlich, ob bei kleinen Jungen oder bei kleinen Mädchen. – Genauer:

Auch diese „erotischen" Szenen der Usas dienten, wie ihr gesamtes Schleierspiel, primär wieder der Verzauberung von Indras Welt; Verzauberung verstanden in dem oben bezeichneten Sinn: Indem Usas ihre Schönheit und bindende, ja fesselnde Macht hinaus auf den sich entfaltenden Kosmos projizierte, überhauchte und umschleierte sie Indras Welt mit tiefem Sinn; mit einem Ja, das jeder rationalistischen Spekulation über den „Sinn des Lebens" vorausliegt.

Klar ist dabei, daß in den Schleierspielen der Usas (neben ihrem Gesicht) die „Urhügel" ihrer Brüste eine dominante Rolle spielen. In anderen Liedern gewagt verglichen mit *den beiden jungen Frauen, … den Töchtern der Lust*[48], ja mit *zwei losgebundenen Stuten, um die Wette laufend, leckend wie zwei schmucke Mutterkühe … mit ihrer Milchflut* (Q 45), müssen die mütterlichen Brüste zumal auch im Schauspiel des ersten Lichtwerdens und der zurückweichenden Nebel faszinierende Fix- und Mittelpunkte der sich entfaltenden Welt sein; ein wahrer Blickfang jedenfalls für einen *Räuber unter* (Blicke-?)*Räubern, am Euter ein Schlund* (Q 46). – Die eben eingeblendete Passage zu Usas' Brust gab nur einen ersten Vorgeschmack:

HOHE. Wie hätte das schleierumwehte Ineinanderspielen des mütterlichen Lächelns und Strahlens während des Stillens mit dem Bloßlegen ihrer Brust und dem Sich-Öffnen des Kosmos glücklicher in eins gedichtet werden können als mit Versen wie diesen:

> *Die begehrenswerten Schätze, die im Dunkel versteckt waren, bringen die erstrahlenden Usas zum Vorschein … Sie, die den Namen des ersten Tages kennt, die lichte, weiß gekleidete, ist aus dem Dunkel erstanden … Jeden Tag kommt sie zum bestimmten Ort … Wie eine Maid, die stolz auf ihren Körper, gehst du, Göttin, zu dem (dich) begehrenden Gott. Lächelnd enthüllst du, die junge Frau, vor ihm die Brüste, wenn du im Osten erstrahlst. Schön von Aussehen wie eine von der Mutter ausgeputzte junge Frau, enthüllst du den Leib zum Beschauen. Leuchte du, Usas, glückbringend weithin auf!*
> *Wie eine schöne Frau entblößt sie ihre Brust … –* (Sie hat) *ihre lieben Sachen enthüllt … Schöngekleidet wie ein verlangendes Weib für den Gatten, entblößt Usas ihre Brust …*
> *Sie legt sich … bunte Farben auf; sie enthüllt ihre Brust wie die Kuh das volle Euter. Indem sie der ganzen Welt Licht macht, hat die Usas die Finsternis aufgeschlossen … Schön lächelt sie wie ein Verführer … Schön von Erscheinung hat sie zum Frohsinn erweckt, … (jedem) Auge zugewandt. Alles was lebt zum Gehen erweckend …, des Himmels Enden enthüllend …* (Q 47)

Da Indra, wenn nicht im Arm der Göttin, gewöhnlich wohl vor ihr auf dem Boden saß oder rutschte, nimmt es sodann nicht wunder, daß Usas auch regelmäßig aus der „Froschperspektive", mithin als große, als hohe und nach oben ragende Gestalt geschildert wird. Und ohne allzu ausufernde Phantasie ließ sich diese himmelwölbende Pose der Göttin auch wieder beim morgendlichen Opfer der Erwachsenen in die Farbspiele der über den Horizont brechenden kosmischen Morgenröte hinein interpretieren:

> *Früher als die ganze Welt ist die Hohe erwacht … Hoch oben hielt die wiedererstandene, junge Frau Umschau. – Unten kleidet sich die Vielfarbige in schöne Formen … – Die Usas stehen buntfarbig vorne (im Osten) da wie die aufgerichteten Pfosten beim Opfer … – Ihre Größe offenbarend, ist sie gekommen. – Alle Geschöpfe überschauend, erstrahlt die Göttin weithin, – … die Hohe, erglänze!*
> *Die junge Frau geht dreist voraus; sie hat die Sonne … angekündigt … – Sie, die Gerngesehene, die die Leute weckt und die Wege gangbar macht, … die Hohe, Allbewegende. Die Usas hält am Beginn der Tage ihr Licht hoch … Sie, die Buntfarbige, wird doppelt groß, wenn sie im Osten ihren Leib enthüllt … Sie ist wie eine Schöne sich ihres Körpers bewußt; sie steht wie eine Badende aufgerichtet da, um sich beschauen zu lassen … Sie, die Himmelstochter, … (entblößt) wie eine schöne Frau … ihre Brust. Indem sie ihre begehrenswerten (Sachen) dem Opferer enthüllt, hat die Jugendliche wiederum wie früher Licht gemacht.* (Q 48)

Secure base. Paul Thieme übersetzte die eben zitierte Bade-Szene der Usas gar noch erfrischender mit:

> *Als ob sie den Glanz ihres Leibes wahrgenommen hätte, hat sie sich gleichsam beim Baden aufgerichtet, damit wir sie sehen können … Sie, die Tochter des Himmels, läßt … ihr Gewand niedergleiten wie eine herrliche junge Frau …*

Zu Recht merkte Thieme an:

> *Usas … wird gepriesen … um ihrer Schönheit willen, die sie ohne Scheu zur Schau stellt.* (Rig 53 f.)

Zumindest ihren Männern und ihren kleinen Göttern und Göttinnen gegenüber werden die jungen Mütter ja auch schon damals beim Sich-Entkleiden zum Bade keine Scham gezeigt haben. Badeszenen morgenroter Göttinnen begegnen jedenfalls nicht nur im alten Indien:

Auch dem „jüdischen" Moses ward jener zauberhafte Anblick zuteil, an dem sich der „arische" Indra so ergötzte. Denn hilflos ausgesetzt und im Nil dahintreibend, wurde Moses von der Tochter des Pharao gefunden, als sie – badete. – Ein drittes Beispiel einer badenden Göttin der Morgenröte gibt mir Gelegenheit, die entwickelten Argumentationsstränge zu bündeln und mit moderner Psychologie abzugleichen:

Wie Aditi, so stand auch Usas in den rigvedischen Mythen für jene Dramen der frühen Kindheit, die moderne Entwicklungspsychologen im Rahmen der von John Bowlby begründeten Bindungstheorie verhandeln. Eine der Grundthesen dieser Theorie ist, daß Kleinkinder ab der Phase von Indras „Geburt", das heißt ab dem fünften, sechsten Lebensmonat, ihr Explorationsverhalten erweitern: Ab da weitet sich ihre Sehschärfe, ab da beginnen sie zu krabbeln. – Dieses Explorationsverhalten nun, so die Schule John Bowlbys, sei entscheidend rückgekoppelt mit dem „Bindungsstil" der Mutter. Biete die Mutter eine *secure base, „verläßliche Basis"*, sei das Explorationsverhalten wagemutiger und auch erfolgreicher. Mit Bowlbys eigenen Worten:

> *Eine stabile Mutterbindung vorausgesetzt* … (fiel bei entsprechenden Untersuchungen auf,) *daß die meisten Kinder mit Erreichung des Krabbelalters „auf Entdeckung gingen", vor jeder neuen Erkundung – mit acht Monaten geradezu regelhaft – aber zur Mutter zurückkehrten; in Abwesenheit der Mutter erfolgten die Explorationen dagegen weit seltener oder unterblieben ganz. Dieses bei Kleinkindern und Jungaffen gleichermaßen beobachtete Verhalten hat die Annahme gefördert, feinfühlige Mütter stellten für ihr Kind eine … „verläßliche Basis" dar …*

Diese in der frühen Kindheit gelegte *verläßliche Basis*, so Bowlby weiter, präge das gesamte Leben:

> *Dieses Konzept einer verläßlichen Basis, von der aus Kinder, Jugendliche und Erwachsene ihre Umgebung explorieren, scheint mir heute* (im Jahre 1978) *eine unerläßliche Prämisse dauerhafter psychischer Stabilität.* (152)

Usas, kein Zweifel, gab ihrem Gott eine *verläßliche Basis.* Aber dabei war bloßes aditihaftes Ummuttern und Umturteln nicht ihre Sache. Die ihr geweihten Lieder bekunden, die „Innen"-Perspektive wiedergebend, weit mehr; nämlich:

Usas überstrahlte Indras gesamte Welt mit ihrem Charme, überhauchte sie mit ihrer Liebe und umschleierte sie mit einer feinen Gaze des Sinns und der Schönheit. Ihre „Strategie" war dabei, sich, ihren Zauber, durch Imitation mit der sich entfaltenden „äußeren" Welt zu vermischen, gleichsam „Frau Welt" zu spielen: Ihr Rosen- und Honigduft, ihr Schmuck, … ihr Schleier; aber natürlich auch ihr geschminktes Gesicht, ihre Brüste und ihre geschwungene, stolz aufgerichtete „Figur" – all dies gab Indra den Moschus und die Bullenkraft, beide täglich von neuem zu erobern: die gesamte Welt und mit ihr die unwiderstehliche Usas selbst. – Mythisch gesprochen:

Neben Aditischer Ummutterung war es zumal der Usassche Zauber, der Indra und alle Adityas aus der „Finsternis" der ersten Lebensmonate ans Licht des Jüngsten Tages zog. Schon über Soma, Indras jüngeren „Bruder", der die Phase noch vor dem Sonnenaufgang repräsentierte, hieß es entsprechend:

> *Nach den beiden Schöngeschmückten, Hohen, Großen verlangt der sich Läuternde brünstig, nach Nacht und Morgen wie nach zwei schönen Frauen.* (Q 49)

Und der mythischen Überlieferung nach waren auch Indras ältere „Brüder",

Mitra und Varuna, durch die erotische Zaubermacht der Usas einst in die Lage versetzt worden, das Licht der Welt zu entdecken – das sie inzwischen freilich schon zur mittäglichen Sonne hochgehievt hatten:

> *Im Urgrund des Gesetzes nach den Morgenröten* (das heißt den Usas) *verlangend, ist der Bulle* (Geldner: der Sonnengott) *in beide große Welten eingezogen. Groß ist das Kunststück des Mitra und Varuna; wie Gold hat er nach vielen Seiten seinen Glanz verbreitet.* (Q 50)

Hedammu. Diese Zug- und Saugkraft und Kunst der Verführung, mit der Usas die Götter aus dem drachendurchfauchten Urmeer von einst heraus ans Land und Licht der Welt lockte, diese Zaubermacht der morgenroten Göttinnen wird uns auch aus anderen Kulturkreisen berichtet. Eine weitere dieser Göttinnen, wohl die frechste von allen, sei, ein wenig vorgreifend, schon hier eingeblendet: die *Istar* des Zweistromlandes. Im Osten wohl bis ins rigvedische Indien berühmt[49], im Westen bis Nordanatolien (Hattusa-Bogazköy, wo die gleich zitierten Texte gefunden wurden), war Istar an Keßheit kaum zu überbieten:

Bunt geschminkt, mit geschlitztem Rock, schleierschwingend und dabei eine wahre Künstlerin des Sich-Entblößens, war die königliche Istar einst berufen, eine Schöpfungsblockade fürwahr ungeheuren Ausmaßes aufzulösen. Ein rechter Drückeberger von Drachen nämlich, der dicke *Hedammu*, weigerte sich konsequent, das Urmeer zu verlassen. Von dort aus aber drohte er (in typisch mythischer Übertreibung[50]), durch seine vrtrahafte Trägheit und Gefräßigkeit das gesamte Land zu verwüsten und, so wörtlich: *wie ein Mühlstein* zu erdrücken. – Einzig Istar konnte da noch erretten; und tat es, indem sie sich zum Bade richtete:

> *„In das Badehaus ging sie zum Waschen hinein; hinein zum Waschen ging sie und wusch sich, reinigte sich und salbte sich mit feinem Parfüm; nun schmückte sie sich; Liebreize laufen ihr wie Hündlein hinterher."*

So gerüstet und von ihren Dienerinnen *Ninatta und Kulitta* begleitet, ging Istar dann zu jenem Meer, in dem Hedammu herumlungerte – und ließ dem Drachenscheusal keine Chance. Die Originalquellen komprimierend, schilderte Volkert Haas den weiteren Hergang:

> *Während ihre beiden Gespielinnen Ninatta und Kulitta lieblich musizieren, entkleidet sie sich am Meeresstrand und „hielt dem Hedammu gegenüber die nackten Glieder empor", so daß dem Hedammu, von dem Bild der nackten Göttin und der sie umtänzelnden Musikantinnen aufs höchste erregt, „seine Männlichkeit hervorspringt".* – (Hedammu) *denkt zwar einen Augenblick daran, die Schöne zu fressen …* (Doch) *Hedammu, durch den Anblick der Nackten … seiner Sinne kaum noch mächtig, fällt, als die Göttin wohlriechende Ingredienzien und Aphrodisiaka zu ihm ins Wasser schüttet, in einen narkotischen Schlaf: „Da ergriff den gewaltigen Hedammu … süßer Schlaf, und wie Rind und Esel dösig, unterscheidet er gar nichts mehr … und frißt Frösche und Molche."*

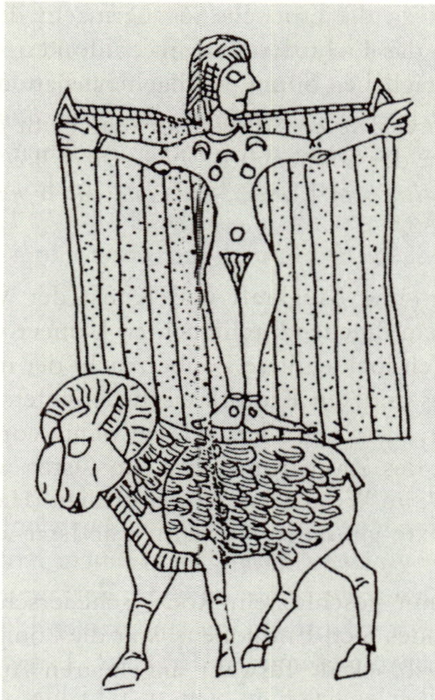

Abb. 16: Istar mit geöffnetem Schleier. Goldbecher von Hasanlu (Westiran, Azerbeidjan), ca. 1100 v. Chr. (Löw 86)

Der so Benommene, so Haas weiter,

> ... *ist jetzt leicht aus dem Meere zu locken. Begehrlich verlangt er zwar noch, daß Istar*[51] *sich zu ihm ins Meer, seinem Element, begebe; in der diesem kleinen Literaturwerk eigentümlich humoristischen Diktion kommt er dann aber „bäuchlings aus der Mitte" des Meeres hervor* ...

Die Pose *‚bäuchlings aus der Mitte'* ist aus unserer Perspektive schwerlich mißzuverstehen: denn eben so beginnen die ersten Krabbelversuche. Deshalb auch wird Hedammu statt der Istar seinesgleichen aufgefressen haben: eben *Frösche und Molche*; galt er doch selbst als eine solche *Amphibie* – wie Götter solchen Alters noch heute (alles Haas GhR 356 f. und HB 120 f.).

Anders als von der rigvedischen Usas erhielten sich von der schönen Istar mehrere Abbilder. Eines zeigt die Göttin, auf zwei Widdern stehend, nackt und mit ausgebreitetem Schleier (Abb. 16).[52]

ORDNUNG. Fassen wir zusammen. – Der Zauber der Usas bestand nach rigvedischer Psychologie im Verwischen der Grenzen zwischen ihrer, der mütterlichen Schönheit, und dem im ersten Lebensjahr sich öffnenden Kosmos. – Adressat war auch bei der Rezitation der Usas-Lieder die durch Indra repräsentierte seelische Schicht der Erwachsenen. Diese Schicht bei jedem (Schönwetter-)Sonnenaufgang von neuem anzusprechen und um das Fortwirken der dort gespeicherten Schätze zu bitten war das Anliegen der Dichter. Entsprechend kunstvoll wurden in den Liedern an die große Göttin die realen Lichtspiele jeder Morgenröte mit Szenen der frühen Kindheit verschränkt.

Wie ein Kommentar zu den alten Usas-Liedern lesen sich die ansonsten etwas verschlissenen Verse Schillers auf die *Würde der Frauen* – und erhalten von ihnen ihrerseits wieder klaren und aufrechten Sinn:

Ehret die Frauen! Sie flechten und weben
Himmlische Rosen ins irdische Leben
…
Und in der Grazie züchtigem Schleier
Nähren sie wachsam das ewige Feuer
Schöner Gefühle mit heiliger Hand …

Und auch der übersprungene Vers Schillers, daß es nämlich die Frauen seien, die *Flechten der Liebe beglückendes Band*, gleicht einem Kommentar zu den rigvedischen Liedern. Denn die feminisierende Verzauberung, Ästhetisierung und Sinn-Überhüllung des Kosmos war nur das eine, wenn vielleicht auch das folgenreichste Schöpfungswunder der Usas. Ihre Schmink-, Tanz und Schleierspiele waren aber zugleich an weitere Schichten unseres Seelenlebens adressiert; zumal an jene, die die Grundsteine der späteren Sexualität bergen. Dazu gleich im nächsten Kapitelabschnitt. – Eine dritte, leicht zu übersehende, aber dennoch wichtige Adresse sei, überleitend, noch hier benannt: Die Lieder an Usas galten insbesondere auch jungen Müttern:

Im Zentrum der Usas-Lieder stehen ja, anders als in den Liedern an Agni, Soma, … Indra, keine Halb- und Einjährigen, sondern erwachsene junge Mütter; sie allerdings wiedergegeben aus der Froschperspektive jener „großen“ Götter. – Und tatsächlich obliegt es natürlich den jungen Müttern, Usas’ Zauber gegenüber ihren Kleinen „richtig“ in Szene zu setzen und ihnen damit jenes Quantum unhinterfragbaren Lebenssinns mitzugeben, das heitere und psychisch gesunde Menschen auszeichnet.

Die jungen Mütter waren, allen Beschwernissen des damaligen Lebens zum Trotz, zur Weitergabe dieses weltfundierenden Heils durch die Lieder an Usas und durch solche Religion insgesamt gut vorbereitet. Aus folgenden Gründen:

Der Zauber der Usas ist kaum durch „gute Absicht“ zu steuern. Denn gleich der Mimik und der Stimm-Modulation kann sich, im Gegenteil, auch die Grazie und der Anmut des Weiblichen erst entfalten, wenn Kontrolle und Absicht zurücktreten, und den „Instinkten“, besser: dem Spiel des „unbewußt“ Verankerten, Raum gelassen wird. – Das, was jede reale Usas erlernt hatte, als sie selbst in Indras Alter, als sie selbst Indra war, dieses unbewußte „Wissen“ zu pflegen und während der frühen Mutterschaft wiederzubeleben, war wichtiger Teil der Heilsstrategie, die aus den Liedern an Usas spricht.

Und ihr mythischer Gehalt wurde bei der Rezitation überdies durch den Anmut der Rhythmik und gewiß auch durch die Melodie und Klangfarbe angemessen untermalt und unterstrichen. – Nicht das Lernen von „richtigem“, sondern das Entkrampfen und Freisetzen von authentischem, spontanem und unmittelbarem Verhalten war Sinn dieser Lieder. Offenbar wurde die Gefahr nicht darin gesehen, daß Mütter in ihrer Usas-Rolle zu stimmigem und abgestimmtem Verhalten womöglich nicht in der Lage wären; sondern einzig darin, daß das verborgene „Wissen“ dazu blockiert sein könne.

Die göttliche Usas trat deshalb ihren irdischen Nachfolgerinnen gegenüber nicht mit Worten und Gesten des Belehrens auf, sondern – in mehrfachem Sinn – als deren Vorbild:

Vorbildhaft war die göttliche Usas erstens ob ihrer äußeren Erscheinung. Dadurch gab sie den irdischen Usas den unausgesprochenen Auftrag, zu strahlen, sich zu schminken, schmücken, ... parfümieren und zu umschleiern. Vorbildhaft war die göttliche Usas zweitens ob ihrer Selbstsicherheit – begründet und gerechtfertigt durch den Umstand, daß von ihrem Zauber nichts Geringeres abhängt als das Gelingen der Schöpfung. Entsprechend würdevoll und matriarchalisch wurde das Selbstvertrauen der Göttin ausgemalt:

> *Wie eine Maid, die stolz auf ihren Körper, gehst du, Göttin, zu dem (dich) begehrenden Gott. Lächelnd enthüllst du, die junge Frau, vor ihm die Brüste, wenn du im Osten erstrahlst. – Allen Wesen dich zuwendend stehst du aufrecht ...*
> *Sie ist wie eine Schöne sich ihres Körpers bewußt ... – Die junge Frau geht dreist voraus; sie hat die Sonne ... angekündigt ... – Sie, die Gerngesehene, die die ... Wege gangbar macht, geht voraus auf hohem Wagen ... – Als erste ist Usas zur Frühanrufung gekommen, ... – ihre Größe offenbarend ...* (Q 51)

Und vorbildhaft war die göttliche Usas drittens ob des ihr zugesprochenen intuitiven „Wissens“ um die Prinzipien der Schöpfung. Denn Usas galt als Hüterin, ja als Repräsentantin der Schöpfungsordnung insgesamt. – An Usas:

> (Sie) *kam kundig aus dem Verschluß* (das heißt der Höhle). – *Die rechte Ordnung hütend, zu rechter Zeit geboren ... gehe heute hier als die Allerschönste auf!*
> *Die himmelgeborene Usas ist zur rechten Zeit aufgeleuchtet ... – Die Göttin Usas, die hohe, die in glänzender Auffahrt nach der Ordnung ordnungsgemäß in rötlicher Farbe erstrahlt, die die Sonne bringt ... Sie wandelt richtig den Weg der Ordnung; wie eine Wegekundige verfehlt sie nicht die Richtungen.* (Q 52)

3. Sexualität

PLAYBOY. Daß die im letzten Kapitelabschnitt nachgezeichneten Szenen um Usas zuerst einmal nur kleinen Männern und Frauen vom Alter Indras gegolten haben sollten, war nicht immer leicht zu vermitteln. Denn sobald man sich die Aura ihrer Auftritte veranschaulicht, verbreitet die zauberhafte Göttin unwillkürlich eine eigentümlich erotische, ja sexuell animierende Stimmung; auch, gerade auch für erwachsene Männer und Frauen. Führen wir uns diese Aura nur noch einmal plastisch vor Augen: Abgedämmertes Rotlicht mit noch etwas verschwimmenden Konturen, weichgezeichnet von morgendlichem Nebel und Agnis Rauch; ein blutroter Horizont, nach oben sich schwärzend und von letzten Sternen beblinkt; von fern, aber laut, der Marut Gepauke und Flötengetriller; dazu einige Schluck berauschenden Milch- und Honig-Surrogats … – Und inmitten dieses – fürwahr – Rotlichtmilieus tritt nun, über den Horizont gewölbt, die große Göttin auf: mit wallendem, taufeuchtem Haar, mit markant und farbig glitzernder Augenschminke und tiefrotem Mund, von Schwaden orientalischen Räucherwerks umweht … und beginnt, stolz herabblickend, von Rosenfingern geführt, ihre Schleier zu schwingen und dabei in tänzerischen Posen erst ihre Brust zu entblößen und dann sich gänzlich zu entkleiden wie eine Badende …

Spätestens wenn so aneinandergereiht, fügen sich die Züge der Usas und die Motive ihres Umfelds nicht nur zum Bild einer jungen Mutter, sondern ebenso zum Bild einer Prostituierten. Und in der Tat galt nicht nur Usas, sondern galten auch ihre Pendants in anderen frühen Kulturen als Huren. *Frucht der Hurerei steckt in deinem Leib. Eine Betrügerin bist du …*, rief im Mythos der Maya Calom, die Alte, der jungen Ixquic zu (Cordan 66); und als die schöne Istar zu Babylonien König Gilgamesch einmal aufforderte: *„Komm, Gilgamesch! Du sollst mein Gatte sein!“*, gab dieser, den Dirnenlohn aushandelnd, zurück: *„Was muß ich dir geben, wenn ich dich nehme?“* (Schott 55)[53] – Entsprechend, nur konkreter, lesen wir über die Usas:

> *Also gibt sich diese als die erste unter vielen zum Beschauen … Wie ein bruderloses Mädchen kommt sie den Männern entgegen; sie gleicht einer, die die Schaubühne besteigt, um Schätze zu gewinnen. Schöngekleidet wie ein verlangendes Weib für den Gatten, entblößt Usas ihre Brust wie eine Buhlerin. Sie legt sich Schminke auf wie Lockmädchen, die zum Feste gehen. – Sie legt sich wie eine Tänzerin*[54] *bunte Farben auf … – Sie, die Himmelstochter, kommt den Männern entgegen; wie eine schöne Frau entblößt sie ihre Brust … – Sie läuft gleichsam lüstern der Spur (der Männer) nach …* (Q 53)

Befremdlicher noch: Das Entgegenkommen der Usas und ihre Freizügigkeit gegenüber den Männern scheint auch bei ihr eine kommerzielle Komponente gehabt zu haben. Jedenfalls ist an Passagen wie den folgenden nur schwer von der Hand zu weisen, daß sie ihre Freizügigkeit von der Freigebigkeit entsprechender Herren abhängig machte. – Freilich wird ihre Entlohnung dabei mit der *Daksina*, das heißt dem *„Priesterlohn“* parallelisiert; was dem Ganzen eine sakrale Note gibt und damit nahelegt, eine Art von „sakraler Prostitution“ anzusetzen. An Usas:

> *Diesen freigebigen Herren mögest du gabenreiche Usas den Ruhm vieler Söhne bringen, die uns* (den religiösen Dichtern) *anständige Geschenke gewährt haben, die Freige-*

bigen, du Edelgeborene, Rosseschenkende. Ihnen bring, o gabenreiche Usas, hohen Glanz und Ruhm mit, den freigebigen Herrn, die uns Geschenke von Rossen und Rindern zuteilten … – Leuchte reiches Gut den freigebigen Herren zu, du Freigebige, reiches Gut dem Lobsänger zu, du Großmütige … Im Osten schimmert die junge Frau hernieder … (Q 54)

Indras Mutter also eine „gewerbsmäßige Prostituierte"? – Es wird einiger Seiten Textes bedürfen, diesen (scheinbaren) Skandal psychologisch aufzuklären.

FAHRENDES VOLK. Auch wenn sich Usas' Rotlicht-Gebaren unter „moralischer" Perspektive „skandalös" ausnimmt, so scheint es nichtsdestoweniger eine psychologische Realität zum Ausdruck zu bringen. Denn die Assoziation von Prostitution und Morgenröte bestand über die verschiedenen Kulturen hinweg – und besteht noch heute:

Man denke nur an das berühmte *House of the rising Sun*, über das Eric Burdon einst belehrte: *it's been the ruin of many poor guys, down in New Orleans.* – Und wie die Assoziation zur kosmischen Morgenröte, so erhielt sich auch die zur entwicklungspsychologischen: Man denke an die geläufigen Anreden in diesem „Milieu": *Baby*, *Kleines*, *Süße*. Man denke aber auch an die Welten der kessen Bienen und flotten Käfer hier wie dort; und zur Illustration an jene sogenannten Herrenmagazine, deren berühmtestes prompt *Playboy* heißt: Da räkeln sich die modernen Schwestern der Usas dünn verschleiert in Auren aufgehender Sonnen und Strahlenspiele; oft durch Pelzchen und Häschenohren zu Tiermenschen verkleidet, und dabei nicht selten im streichelnden Gebalge mit Stofftierchen, ja mit riesigen Insekten …; bestückt natürlich mit allerlei Glitzer, Lametta und Blümchen im frech zerzausten Haar; jedenfalls mit prangenden Lippen, stets geschminkt, bestrapst oder bestrumpft; mit golden funkelnden oder bunten Schühchen und konturenverwischenden Spitzen … Insgesamt also ganz nach Indras Geschmack. Aber eben auch und gerade: nach dem Geschmack erwachsener Männer. – Und blättert man in einem modernen Frauenmagazin des Typs *Brigitte*, bestätigt sich die Vermutung: daß der Geschmack der Frauen zwar ein wenig verhaltener und bedeckender ist, insgesamt aber doch sehr ähnlich.

Entstanden ist das Schaustellertum der modernen Herrenmagazine natürlich in Nachahmung jener Rotlicht-Etablissements, deren wohl berühmtestes das *Moulin-Rouge* zu Paris ist. Diese ihrerseits gehen unverkennbar auf die Welt des Theaters zurück und können dabei auf eine uralte (wenn auch nicht ununterbrochene) Tradition zurückblicken. Denn, wir lasen es eben: Schon die rigvedische Usas glich einem *Lockmädchen*, das *wie eine Tänzerin … die Schaubühne besteigt.*

Und in der Tat spricht alles dafür, daß das Sich-zur-Schau-Stellen schon der rigvedischen Usas nicht nur „geistig", das heißt in Kultliedern, sondern bei bestimmten Anlässen auch real reinszeniert wurde. Allem Anschein nach geschah dies im Rahmen jener kultischen Umzüge, die (nach dem Vorbild der Marut-Umzüge) an markanten Punkten des Jahres veranstaltet wurden. Das wilde Treiben, Marschieren und Musizieren der Maskierten scheint dort immer wieder durch schauspielerische Einlagen und „Sketsche" unterbrochen worden zu sein; darunter eben auch Einlagen jener zauberhaften jungen Mädchenschar, die dem Umzug voranschritt.

Dabei ahnt man bereits im Rigveda, daß diese „Sketsche" und Einlagen bisweilen professionelle Züge hatten: Offenbar zogen neben Priesterfamilien und Handwerksgesellen damals auch schon ganze Trupps von Schaustellern durch die Lande; Trupps, deren junge Frauen und Mädchen als Tänzerinnen aufzutreten hatten. – Die Geschichte des „Fahrenden Volks" zu rekonstruieren[55], ist hier nicht der Ort. Klar ist aber, daß solche professionellen Tänzerinnen auch schon damals – und bisweilen gewiß zu Recht – leicht ins schräge Licht und unter den Verdacht gerieten, die im Rahmen des Kultischen inszenierte Freizügigkeit auch im Privaten zu praktizieren, das heißt im „Nebenerwerb" als wirkliche Prostituierte zu arbeiten. Mit Thieme gesprochen:

> *Das Vorhandensein eines Ausdrucks für „(berufsmäßige) Tänzerin", wie er schon im Rigveda vorkommt, … zeigt, daß nicht jedes Mädchen, nicht jede Frau sich selbst im Tanz zur Schau stellen mochte oder durfte. Als „Tänzerinnen" treten eben nur weibliche Personen auf, die in einer bestimmten sozialen Klasse leben, die nicht der normalen Gesellschaft angehört. Die* NATIS *„Tänzerinnen" der ältesten Literatur sind in der Tat immer zugleich auch Prostituierte …* (The 27)

Ich erinnere mich noch aus meiner eigenen Kindheit und Jugend, daß den Frauen der Schaustellerfamilien, die während des Jahrmarkts in meiner Heimatstadt gastierten, das Gerücht voraus und hinterher eilte, sie betrieben das Nebengewerbe der Prostitution.

SCHWALBEN. Daß sich das Theaterspiel, auch das griechische, aus Show- und Tanzeinlagen im Rahmen kultischer Umzüge in die Morgenröte entwickelte, kann als gesichert gelten.[56] Jedenfalls sind diese Elemente auch noch fast tausend Jahre nach der Entstehung des Rigveda, im Athen des Aristophanes (4. Jahrhundert v. Chr.), klar genug zu vernehmen. – Und deutlich wird hier ebenso, daß die Tänzerinnen noch immer im Gefolge morgenroter Göttinnen stehen – und deshalb zugleich im zweischneidigen und zwielichtigen Milieu des Rotlichts; will sagen: am Kipp-Punkt zwischen kultischer, das heißt sakral-regressiver Verzauberung und professioneller Prostitution im Nebenerwerb:

Ein Akteur kommentiert in Aristophanes' Komödie *Die Vögel* das dionysische Flötenspiel der Bacchantinnen einmal mit den Worten:

> *Welch Vogelstimmchen! Nein, das übertaut,*
> *Bei Zeus, mit Honigseim den ganzen Wald.* (223 f.)

Etwas später tritt, so die Regieanweisung, eine FLÖTENSPIELERIN AUF, …

NACKT UND REICH MIT GOLD GESCHMÜCKT, MIT EINER VOGELMASKE; DEN SCHNABEL BILDET DIE DOPPELFLÖTE. – Der Chor – alle Sänger zu Vögeln verkleidet wie Papageno – bleibt allein mit ihr auf der Bühne zurück und singt dann:

...
O süßestes Vögelein,
Meiner Lieder Begleiterin,
...
Komm und flöte mir himmlische
Frühlingstön! ...
...*FLÖTENSPIEL DER NACHTIGALL.* (Vög 670 ff.)

Daß sich die „leichten Mädchen" hier zu Vögeln herausgeputzt hatten, verdichtet die Indizienkette, daß sie im Nebenerwerb auch Prostituierte waren. Denn Vögel gehören noch heute und gehörten schon zur antiken Bühnenstaffage entsprechender Tänzerinnen. – Nur wenige Worte dazu:

Auch die altindische Usas höchstselbst galt als Herrin auch der Vögel. Und was Wunder: Mit dem Schwinden der Nacht und dem Aufziehen der Morgenröte beginnt (bei uns zumindest im Frühling) das Fidirallala dieser Sängerknaben und Domspatzen des Himmels und der Wipfel:

Die Schar dessen, was Füße hat, erweckend, naht sie (die Usas)*; die Vögel treibt sie zum Ausflug. – Die Vögel sind bei deinem Aufleuchten aus dem Neste aufgeflogen ...* (Q 55)

Die flötenden Engels-Chöre der Vögel umflatterten, befiederten und beflügelten morgenrote Göttinnen auch schon in Çatal Hüyük[57] und später im (riesigen) Einflußgebiet der babylonischen Istar. Istar galt deshalb gar selbst als Vögelchen, nämlich als Taube oder (Straßen-)Schwalbe – und gleich ihr auch die ägyptische Isis und die griechische Athene.[58]

Und ebenso, nur entweiht, noch heute: Was wäre ein *Playboy*, was ein *Moulin-Rouge* ohne Straußenfedern und Federbäusche? Was gewerbliche, jedenfalls freimütige weibliche Zuwendung ohne die Assoziationen mit – pardon – Vögeln?[59] – Ein letztes, besonders groteskes Beispiel dazu:

In den finsteren Jahrhunderten der frühen Neuzeit war Impotenz ein verbreitetes Leiden.[60] Als Verursacher galten häufig Hexen. Diese Malefiz-Weiber nämlich hätten, so das überlieferte Gerücht, die Männer ihrer Glieder beraubt, dies Diebesgut sodann in Vogelnester gelegt und dort mit Körnern durchgefüttert. Als einer der Betroffenen einmal eine solche „Hexe" um Hilfe anging, erlaubte sie ihm, einen Baum mit einem Nest voller solcher Glieder zu ersteigen. Doch peinlich:

Als er ein großes nehmen wollte, sagte die Hexe: „Nein, nimm das nicht"; und fügte hinzu, es gehöre einem Weltgeistlichen. (Sprenger und Institoris II 85 f.)

Doch zurück zur Göttin Usas:

VERGLEICH. Da Show-Einlagen nach dem Vorbild der Usas in Kulten der Schöpfung und der Morgenröte nicht fehlen durften, lag es in der Natur der Sache, daß professionelle Tänzerinnen ihre Freizügigkeit nach dem Kult bisweilen auch profan vermarkteten. – Dies heißt aber notabene nicht, daß Usas selbst tatsächlich und im unmittelbaren Sinn als Hure gegolten hätte. Der Umstand, daß professionelle Tänzerinnen bisweilen vom Podium der kultischen Inszenierung auf den Strich der Straße herunterstiegen, machte es aber möglich und legte es nahe, die Göttin selbst mit Prostituierten zu *vergleichen*. Und in der Tat nutzen die Lieder an Usas nur diesen Vergleich. Die Formulierungen waren:

> *Wie ein bruderloses Mädchen … – sie gleicht einer, die die Schaubühne besteigt … – wie ein verlangendes Weib für den Gatten … – wie eine Buhlerin … – wie Lockmädchen … – wie eine Tänzerin … – gleichsam lüstern …* (Q 56)

Daß dieser Vergleich möglich war, impliziert aber natürlich auch, daß Prostitution nicht im selben Maß verunglimpft und ins soziale Abseits gedrängt war wie heute. Sie war, positiv formuliert, von Usas' Weihrauch umschwadet, das heißt in der Nachbarschaft des Heiligen angesiedelt. Und sie war, negativ formuliert, noch Jahrhunderte von der Möglichkeit entfernt, als Sünde gedeutet und mit dem Gewürm des schlechten Gewissens beimpft zu werden.

Insgesamt also weniger stigmatisiert als bei uns, scheint die Schwelle der Toleranz insbesondere zu Zeiten kultischer Umzüge (wie noch heute im Karneval) noch einmal heruntergesetzt gewesen zu sein. – Aber auch da werden abstrafende Blicke davon abgehalten haben, die Grenzen der Schamhaftigkeit allzu dreist zu übertanzen und mit den – gemein-indogermanisch etablierten – Banden der Ehe[61] Schleifchen zu spielen. Sittsame Ehefrauen etwa werden die gewerbsmäßigen Imitatorinnen der Usas selten geraden Blicks gegrüßt haben. – Aus verständlichem Grund:

Um eine Familie zu gründen und Kinder aufzuziehen, muß zumal männliche Sexualität in ein komplexes System von Bindungen eingeflochten werden (und Rosenfinger verstehen sich bekanntlich meisterlich auf solches Flechtwerk[62]). Nur dann ist hinreichend gesichert, daß Väter über Jahre hinaus zu ihren Familien halten. Dabei stehen den eher persönlichen und freiwilligen Bindungsformen (Liebe, Vertrauen, Achtung) die öffentlich sanktionierten ergänzend gegenüber: vornweg die Rechtsform der Ehe, aber auch jenes wandelbare Wertegefüge, das die Etiketten ‚anständig, ordentlich, normal' trägt. – Prostitution ist der Gegenspieler solcher Ordnung:

Indras Schöpfungswunder, auch seine erotischen, sind für die menschliche Welt zwar fürwahr konstitutiv. Aber dennoch ist mit erotischer Faszination allein keine Familie durchzubringen und mit der Erlebniswelt eines Einjährigen insgesamt kein Staat zu machen. Hierzu wird menschliche Reife erfordert. Und menschliche Reife besteht darin, die Welt des kleinen *Räubers unter Räubern* einzubinden in jene psychischen und intellektuellen Schichten, die sich in späteren Lebensphasen entwickeln. – Die Reize, mit denen Prostituierte locken, isolieren dagegen Indras Welt: Für Geld, diesen Inbegriff der Profanität, kitzeln sie aus den morgenroten Schichten der Schöpfung nach oben, was sich nur in den geschützten Freiräumen der Religion und wirklicher, einbindender Liebe heilvoll entfalten kann. Im Grunde ist solche Isolation für beide Seiten, Prostituierte wie Freier, Ausbeutung und Mißbrauch in einem; und es leuchtet hier ohne weiteres ein, warum das Rotlichtmilieu, bei allem Geglitzer, stets nur auf dem Bodensatz von Gier, Sucht, Aggression und Entwürdigung gedeiht.

Charme. Indras und Usas' Welt einzubinden birgt freilich stets die Gefahr, sie abzuwürgen – und dies zumal dann, wenn Religionen Oberhand gewinnen, die die Schöpfung als gescheitert deuten und deshalb himmlische Väter um Erlösung anrufen: Erste Konsequenz solcher Verschiebung des religiösen Themas aus der Welt der Halb- und Einjährigen in die der Zwei- und Dreijährigen ist regelmäßig die Tabuisierung der Sexualität nebst dem Erlaß umfänglicher Sündenkataloge … – Sobald Usas ob solcher Entwürdigung ihren Blick aber zu senken beginnt, ihr Gewand verschnürt und sich zuschleiert, kann dies auch die realen Frauen nicht unberührt lassen; weder gegenüber ihren kleinen Göttern, noch im ehelichen Schlafzimmer, noch draußen, in der Welt des Alltags.

Doch wozu den Geistern der Depression hinterherphilosophieren? Heute gilt es festzuhalten und einzuräumen, daß die wundersamen weiblichen Künste der Usas allerorts wieder zu neuen Blüten reifen. Ich meine zumal jenes *See-saw*, das schon Indra so erbaute: jenes auch in der Öffentlichkeit maßvoll gewagte und doch meist unverfängliche Spiel zwischen koketter Freizügigkeit und intimer Verwahrung, zwischen adretter Entblößung und dezenter Zurückhaltung, das unser Wort ‚Charme' so treffend charakterisiert. – Der wiederkehrende Charme unserer Frauen ist nicht nur ein zuverlässiger Indikator für die Freiheit und wachsende psychische Gesundheit unserer westlichen Kulturen, sondern auch dafür, daß – von fernen morgendlichen Horizonten heraufstrahlend – die Göttin der Morgenröte in stolzer Statur und eleganten Schritts ihren Tanz wieder aufzunehmen beginnt.

Weit davon entfernt also, der Prostitution das Wort zu reden, war der rigvedischen Psychologie die isolierende Bloßlegung von Usas' Reizen durch die Mädchen des „ältesten Gewerbes" nichts weiter als Medium des Vergleichs: Diese „leichten" Mädchen demonstrieren öffentlich und schamlos, was ansonsten nur auf dem Boden des Religiösen und im intimen Bereich des Privaten zur Geltung kommt und kommen soll.

Als Medium zum Vergleich mit Indras morgenroter Welt hat das Rotlichtmilieu aber durchaus seinen eigenen Charme. Nicht nur, weil dort diese heilige Welt aus den Urzeiten der Schöpfung isoliert und deshalb, obzwar pervertiert, dennoch in geradezu vollkommenem Abbild feilgeboten wird. Nein, als Gleichnis verstanden, ist das Milieu der Prostitution Schlüssel zu zwei[63] weiteren Geheimnissen der Schöpfung – und der Liebe …

Vor dem Lüften der Schleier auch um diese Geheimnisse steht aber noch die Behandlung eines Zusammenhangs an, der bislang nur stillschweigend vorausgesetzt wurde, jetzt aber noch einiger expliziter Worte bedarf:

FLINT. Was den früheren Kulturen allem Anschein nach selbstverständlich war, hinterläßt bei uns immer noch einen Schauder des Unglaublichen: nämlich daß Sexualität etwas mit frühester Kindheit zu tun hat. – Von Visionären wie Jean Paul und Nietzsche abgesehen, wurde dieser Zusammenhang erst wieder von Sigmund Freud hergestellt. In seinen berühmten *Drei Abhandlungen zur Sexualtheorie* von 1905 blieb freilich auch er noch eigentümlich abstrakt und reduziert. Doch immerhin:

Freud sah, daß wichtige Komponenten dessen, was sich im Erwachsenenstadium als sexuelles Erleben und Verhalten zeigt, Vorformen in der frühen Kindheit hat. Insbesondere die optische Faszination an weiblichen Füßen und Schuhen sowie an Haaren und Pelzen fiel ihm auf; desgleichen das *Ludeln*, *Lutschen* oder *Wonnesaugen*, das in der frühen Kindheit ein ähnlich *seliges Lächeln* wie nach der *sexuellen Befriedigung* hervorbringe (DAS 82 ff., 56 ff.). – Den Umstand, daß die Erwachsenen diese frühkindliche Basis ihres sexuellen Erlebens „vergessen" haben, bezeichnete Freud als *Amnesie*, den „dunklen" Zwischenraum bis zur Pubertät als *Latenz- oder Aufschubperiode* (77, 81). – Der provisorische Charakter des psychoanalytischen Ansatzes war Freud dabei schmerzlich bewußt. Schon in der ersten Auflage der *Drei Abhandlungen* … merkte er an:

> *Ein gründliches Studium der Sexualäußerungen in der Kindheit würde uns wahrscheinlich die wesentlichen Züge des Geschlechtstriebes aufdecken, seine Entwicklung verraten und seine Zusammensetzung aus verschiedenen Quellen zeigen.* (DAS 75)

Und fünfzehn Jahre später fügte er noch hinzu:

> *Verstünden es die Menschen, aus der direkten Beobachtung der Kinder zu lernen, so hätten diese drei Abhandlungen überhaupt ungeschrieben bleiben können.* (35)

Ein wenig abstrakt wie Freud, aber doch zum selben Ergebnis führend: Konrad Lorenz und seine Schule, die Vergleichende Verhaltensforschung. An seinen berühmten Graugänsen beobachtete Lorenz, daß sich deren Bindungsverhalten in frühen, fensterartigen Phasen – den sogenannten prägbaren Phasen – ausbildet: Einmal auf ein entsprechendes Objekt optisch fixiert, bleibt fortan ein stabiles Bindungsverhalten zu den entsprechenden „Artgenossen"; es sei die leibliche Mutter, eine Blechente oder Konrad Lorenz. – Eine Sonderform solcher Prägung ist die Sexualprägung: Ein männliches Zebrafinken-Junges etwa, das, statt auf seine Mutter, auf eine menschliche Faust geprägt wird, balzt – nach einer Phase der Latenz – im Erwachsenenstadium menschliche Fäuste an.

Das Phänomen optischer Sexualprägung im Kindesalter ist inzwischen für viele Tierarten nachgewiesen.[64] – An unseren nächsten Verwandten beobachtete die Schimpansenforscherin Jane Goodall:

Schon von früher Kindheit an zeigen die Männchen ein großes Interesse an den Brustschwellungen der Weibchen. Ich erinnere mich, wie Flint einmal, bevor er noch richtig laufen konnte, nach Kräften versuchte, sich einem solchen Weibchen zu nähern. Endlich bei ihm angekommen, machte er, als sich das Weibchen auf dem Boden ausstreckte, mehrmals den Versuch, es zu besteigen. Damals verblüffte mich diese Beobachtung; inzwischen jedoch weiß ich, daß dieses Verhalten beim männlichen Affenkind durchaus normal ist … (133 f.)

Esprit hatte Goodalls Schilderung, weil die Forscherin damals selbst im Zeichen der Venus stand und sicherlich Gelegenheit hatte, an ihrem Hugo (Baron van Lawick) ähnliches Verhalten[65] zu studieren. Vermutlich hätte sie unter diesen Voraussetzungen rigvedische Strophen wie die folgende zu deuten gewußt:

Und diese beiden (Brüste, die) *milchreichen jungen Frauen … , die Töchter der Lust, hat er* (Indra) *zur Ehe geschenkt.* (Q 57)

Dichter und dichterischer wieder als Freud, Lorenz und Goodall, vielleicht aber von Freud, vielleicht auch aus Altindien inspiriert, Hermann Hesse in seinem Roman *Narziß und Goldmund* (1957): Goldmund, erkrankt von den Wirren der Pubertät und der verdrängenden Weltverlichtung seines blassen Doppelgängers Narziß, beginnt dort an einer Schlüsselszene in aufwühlenden Träumen zum erotischen Mann zu genesen. Einmal wachte er auf, und

… eben noch im Entschwinden der eilig weggleitenden Traumwelt sah er es, fand das Bild … Er sah Sie. Er sah die Große, Strahlende, mit dem voll blühenden Munde, mit den leuchtenden Haaren. Er sah seine Mutter …; aus königlichen, hellblauen Augen blickte die Verlorene ihn wieder an, die unsäglich Geliebte … (NuG 57 f.).

Das „Objekt" der sexuellen Prägung hatte hier bereits wieder klar die Züge einer Usas: Die *Große, Strahlende,* mit *blühendem Munde, leuchtenden Haaren, königlichen Augen …*

Tausendhodig. Im Rigveda war das Wissen um den Zusammenhang zwischen frühkindlicher Prägung und späterer sexueller Faszination fest verankert und fand verschiedene Ausdrucksformen. – Schon bei den bisher eingeblendeten Mythen um Usas blieb wenig Raum für Zweifel, daß all die zauberhaft schillernden Motive beiden Polen galten: auf der einen Seite der Schicht des goldigen, gut halbjährigen Indra, auf der anderen Seite erwachsenen Männern und Frauen. – Und was für die Lieder an Usas, galt komplementär auch für die an Agni, Soma und obenan natürlich Indra: Obwohl eindeutig kleine Kinder, wurden diese „großen" Götter doch für ihre „Männlichkeit" gepriesen. Der übertreibende, potenzprotzende Ton zeigt dabei klar genug, daß diese „Männlichkeit" ironisch und psychologisch verstanden werden wollte: als bloßer Keim dessen, was sich mehr als ein Jahrzehnt später ausprägen und dann aus dem Dornröschenschlaf der Latenzphase erwachen wird.

Schon zur Zeit seiner Aussetzung durch Aditi *strotzte* Indra deshalb, wir lasen es, *vor Manneskraft* (Q 58); und in der Tat muß ja gerade diese Zeit um den fünften Lebensmonat die „heiße Phase" der sexuellen Prägung gewesen sein. Denn damals kam ihm die zauberhafte Göttin jubelnd aus der Urhöhle entgegen und gab ihm ihre Reize erstmals zur Entdeckung. – An anderen Stellen galt der kleine Gott entsprechend als *Mannherziger* (Q 59), ja, in sich überschlagenden Übersteigerungen als

> *... mannhaftester der Männer ... – der männliche, mannhafteste der Männer ... – mannhafter, männlichste Mann der Männer.* (Q 60)

Und dabei wollte die – keimhafte – „Männlichkeit" Indras sehr wohl im sexuellen Sinn verstanden werden. Einmal heißt es deshalb:

> *Indra ...: Du tausendhodiger von vielen Manneskräften ...* (Q 61)

Ob dieser legendären Potenz trug der von der Morgenröte beleuchtete *Goldige* natürlich auch (wie so viele Götter dieses Schlags) den Ehrentitel *goldiger Bulle* (Q 62). *‚Ein Bulle von Mann'* sagt man noch heute.

Auch am zugehörigen „theoretischen Apparat" fehlte es den rigvedischen Dichtern nicht. Was Freud mit den Begriffen frühkindliche *Amnesie* und *Latenz- oder Aufschubperiode* umriß, war auch ihnen bekannt. Bei kultischen Opfergesängen freilich wären abstrakte Begriffe wie die Freudschen deplaziert gewesen. Hier mußte das „Vergessene" von einst und sein Wiedererwachen im Erwachsenenstadium mit plastischer Metaphorik umschrieben werden. Nahe lag dafür das (auch ansonsten gebrauchte) Bild des in die „finstere" Welt des „Unbewußten" führenden Brunnens, präziser noch: des abgedeckten Brunnens:

> *Wie Brunnen von den Erbauern zugedeckt* (sind, so) *sind viele Ratschlüsse in deinen Leibern verdeckt, o Indra. – Wir Redekundigen rufen den Bullen Indra zur Freundschaft; Weiber begehrend, ziehen wir den Weiberschenker von unversieglichen Gnaden wie den Schöpfeimer im Brunnen heran. – Wie ein wasserreicher Brunnen quollst du immer für den Opferspender von Freigebigkeit, o Keulenträger.* (Q 63)

Und zuletzt: Weil das Wissen um den Zusammenhang zwischen Usas' Zauberwelt und ausgereifter Sexualität Gemeingut war, erhielten die kleinen Götter der Morgenröte auch Lob für die Aufbereitung und „Läuterung" nicht nur der mütterlichen Milch, sondern auch – des männlichen Samens. Die gesamte Rasselbande der Adityas stand dafür in Ehren. Hier nur einige Stellen zur Läuterung des Spermas:

> *Den Agni bitten wir immer wieder um leiblichen Samen. – Zu euch, ihr Marut, soll dieser Sang gelangen, zu Visnu, der gnädig Samen schützt.* (Q 64)

Zwei Adityas waren dabei allerdings herausgehoben: Soma und Mitra. – Soma, der kleine Wiegengott vor Sonnenaufgang, war zur Läuterung des männlichen Samens natürlich prädestiniert. Dies nicht nur, weil auch er schon nach der zauberhaften Usas (und ihrer schwarzen Schwester) schielte:

Der Weiberlüsterne läutert sich ... Der Aditi Enkelin (= Usas) *löst (ihr Gewand) für ihn* ...(Q 65)

Nein, Soma stand überdies mit dem Mond und deshalb wohl auch mit dem weiblichen Zyklus in Beziehung. Vor allem aber war der göttliche Rauschtrank, sobald mit seinen Milchkleidern vermischt, eine weißliche Flüssigkeit, die mit der Muttermilch[66] und mit dem männlichen Sperma verglichen wurde. – Aufgefangen wurde die somische Flüssigkeit in einem Krug. Krüge aber galten als symbolische Höhlen[67], und diese finsteren, unterirdischen Orte ihrerseits als Symbole der frühkindlichen Amnesie. Entsprechend lesen wir Verse wie:

Sich läuternd setzt sich Soma in den Krügen ... – von den Männern in der goldenen Kufe gezügelt. – Ausgepreßt in den Krug einziehend ...
Der Preisrenner ist geflossen, tausendsamig ... – Du, ... der männlich Blickende ... – der Männergewinner ... – Für Indras Freigebigkeit läutere dich recht, ... Soma, bring uns fruchtbaren Samen! (Q 66)

Auch der gut eineinhalb Jahre ältere Mitra war besonders geeignet, die der frühkindlichen Amnesie anheimfallende Phase der Morgenröte mit männlicher Fruchtbarkeit in Verbindung zu bringen. Denn *Mitra*, der *„Gott Vertrag"*, markierte als Repräsentant des Spracherwerbs eben jenen Übergang, auf dessen einer Seite die bald schon in den Brunnen des „Unbewußten" versinkende Welt der Morgenröte, auf dessen anderer Seite unsere sprachkonturierte Alltagswelt liegt. – Noch in römischer Zeit galt Mitra – ein *Bulle* wie alle Adityas – deswegen als göttlicher *Vermittler (mesites)* und *Gott des Übergangs (transitus)*.[68] Und prompt zeigen die römischen Mithrasreliefs in ihren Hauptszenen mehrmals, wie unter dem Genital des sterbenden Bullen = Mithras dessen Sperma in einem Krug aufgefangen wird.[69] – Erläuternde Texte dazu sind nicht überliefert. Aber was kann dies anderes besagen, als daß der *Gott des Übergangs* bei seinem Selbstopfer an der Grenze der frühkindlichen Amnesie den Samen der künftigen Fruchtbarkeit im Krug des „Unbewußten" bis zur Adoleszenz verwahrte.[70] Schon im Rigveda heißt es über Mitra (und Varuna):

(Es) *vergossen beide* (Mitra und Varuna) *gemeinsam Samen in einen Krug* ... (Q 67)

Sakontala. Bereits im Rigveda gibt es Anzeichen, daß der Zusammenhang zwischen Indras frühkindlichem Flirt und seiner späteren Sexualität in (wohl eher derben) Fest-Sketchen und kultischen Schauspielen zum besten gegeben wurde.[71] – Doch hier sei endlich die Gelegenheit genutzt, das oben gegebene Versprechen einzulösen: nämlich den Plot eines klassischen indischen Dramas einzublenden. Ich meine jenes zauberhafte Stück des Kalidasa (4./5. Jahrhundert nach Chr.), das, 1789 von William Jones ins Englische und von da 1791 erstmals ins Deutsche übersetzt[72], einen Goethe sogleich zu den Versen hinriß:

Willst du die Blüten des frühen, die Früchte des späteren Jahres,
Willst du, was reizt und entzückt, willst du, was sättigt und nährt,
Willst du den Himmel, die Erde mit Einem Namen begreifen –
Nenn ich Sakontala dir, und so ist alles gesagt. (II 134)

Obwohl an die zweitausend Jahre jünger als der Rigveda, wird die Welt von Kalidasas *Sakontala* noch immer von den alten Göttern regiert. Yama, Agni und Soma kommen darin noch ebenso vor wie Aditi und Indra. Letzterer allerdings ist bereits gänzlich in den Hintergrund getreten, wird aber von *Duschmanta*, König von Indien, würdig vertreten:

Als bogenbewehrter Jäger und Wagenfahrer durchstreift Duschmanta eine Landschaft, deren psychologische Realität nicht leicht zu verkennen ist: Ein Heiliger Hain, von zahmen und sorglos umherhüpfenden Tieren bevölkert, von einem tiefrot gefärbten Fluß durchzogen, ansonsten von *rötlichem Kiesel* überstreut, *rötlich wie die frühe Morgendämmerung* (24); dabei durchwirkt von bunten Blumen und hell glänzendem Laub; alles abwechselnd verhüllt und wieder freigegeben vom Opfer-Rauch des schmalzfauchenden Agni …

In dieser Wunderwelt begegnet Duschmanta Sakontala, der Tochter eines Königs und einer Nymphe. Zauberhaft wie Usas, ist Sakontala ein Wesen halb Frau, halb Wiesenblume; ganz nach der Art unserer Feen in Märchen und Kinderbüchern: *Ihre Lippe* ist *zart wie ein Blumenblatt*, ihr Arm wie ein *biegsamer Stengel*, ihre Aura *wie der Blütenglanz* (16): *Die Madhawipflanze*, so die Gute selbst, *ist meine Schwester.* (17) – Von einer *Biene* umsummt und mit *Honig auf der Lippe*, beobachtet König Duschmanta die Schöne aus dem sicheren Versteck eines Dickichts – mit den Worten:

Ihre Reize lassen sich nicht verbergen, wenngleich das Kleid von geflochtenen Fasern auf ihren Schultern liegt und einen Teil ihres Busens verbirgt, wie ein Schleier von gelben Blättern eine strahlende Blume umfaltet. (15)

Es bleibt nicht dabei: Sakontala, sich zum Bade bereitend, beginnt sich ihrer Blätter zu entblättern; und dabei zeigen sich auch *ihre gelösten Locken, denen das Band jetzt entfällt.* (23) – Voller Zauber sind natürlich auch Sakontalas Augen: *groß und schön wie die Augen des Rehes*, versetzen sie Duschmanta in die Trance und Regression der ersten Liebe. Ja, so wie Usas dem kleinen Indra, als sie jubelnd aus der Urhöhle entgegenkam, so neu und noch nie gesehen erscheint dem König nun auch Sakontala:

Der Wunsch meines Herzens ist erfüllt … (Ihre Schönheit,) jenes Licht, das mit zitternden Strahlen funkelt, bricht aus seiner irdischen Höhle hervor. (21)

Genug. – Nach solcher Verzauberung des Königs kommt es zur Hochzeit, und Duschmanta überreicht Sakontala seinen Siegelring als Pfand seiner Treue …

Doch: Die Pflichten des Lebens rufen Duschmanta zurück nach seiner Hauptstadt, um seinen Regierungsgeschäften nachzukommen – und damit nimmt das Drama seinen Lauf:

Bald schon ertönt eine himmlische Stimme über Sakontala:

> *Vergessen wird er dich ..., wie nüchtern Gewordene die Worte vergessen, die der Rausch aus ihnen sprach ...* (56)

Und wirklich: Sakontala reist verunsichert in die Hauptstadt, verliert zu allem Übel auch noch den Siegelring, und als sie zuletzt Duschmanta begegnet – erkennt er sie nicht mehr. Sakontala verläßt betrübt den Hof ...

Das gute Ende freilich liegt nicht mehr fern: Ein Fischer bringt Duschmanta den verlorenen Siegelring; er fand ihn im Bauch eines roten Fisches.[73] Kaum daß Duschmanta das schillernde Juwel sieht, geschieht das erwartete Wunder – und er ruft aus:

> *Ja, die unvergleichliche Sakontala ist meine rechtmäßige Gattin ... Der Ring gab mir mein Gedächtnis wieder ...* (90, 92)

Duschmanta erglüht von neuem, der ganze Palast gerät in Wallung, und dem gebührenden Zeremoniell steht nichts mehr im Wege. – Einzig der Hofnarr bleibt nüchtern und seufzt:

> *Unser König hat wieder Liebesluft eingehaucht, und ich weiß kaum, wie seine Krankheit zu heilen ist.* (92)

GLEICHAUSSEHEND. Kalidasas Inszenierung von Duschmantas frühkindlicher Amnesie und seiner „erotischen Blindheit“ während der Latenzperiode ließ freilich ein Problem offen. Kalidasa löste es mit Hilfe der Figur des Vidusaka, eben dem Hofnarren Duschmantas.

Denn natürlich darf im Erwachsenenstadium die „Erinnerung“ an Usas oder Sakontala gerade nicht mehr vollständig nach oben dringen. Jeder erwachsene Mann würde sonst vergeblich nach dem Ebenbild seiner einst jungen Mutter suchen. Vielmehr muß die „Erinnerung“ an Usas frei von allem Individuellen sein: beschränkt auf die allgemeinen, schemenhaft-anonymen Reize des „ewig Weiblichen“. Zumal die individuellen Gesichtszüge der Mutter müssen ausgeblendet bleiben.

Und wenn es so ist, wie die Psychologie des Rigveda nahelegt: daß nämlich die „heiße Phase“ von Indras Prägung tatsächlich in die Zeit um den fünften/sechsten Monat fällt, dann ist genau dies zu erwarten: Indra kann in dieser Phase zwar bereits den Zauber des mütterlichen Gesichts, noch nicht aber seine Individualität erkennen; denn dies gelingt Säuglingen erst ab etwa dem siebten Monat. – Die „Erinnerung“ aus dieser „heißen Phase“ würde folglich nur die anonymen Schemen des Weiblichen enthalten.

Der Hofnarr Duschmantas erlebt Frauen so, als wäre genau dies der Fall: Ihm sind alle Weiber gleich. – Zur Veranschaulichung wob Kalidasa eine eigene Szene ein: Duschmanta läßt dort ein Gemälde bringen, das er gerade erst hatte malen lassen. Es zeigt eine Schar junger Mädchen, Sakontala in ihrer Mitte. Als Duschmanta den Narren fragt, ob er Sakontala darauf erkenne, antwortet der:

Ich sehe hier so viele weibliche Figuren in dem Bilde, daß ich die Dame Sakontala nicht wohl unterscheiden kann.

Der König fragt noch einmal; und obwohl der Narr nun auf eines der Mädchen zeigt, bleibt seine Antwort unsicher-gleichgültige Vermutung:

Sie, glaub' ich, die ein wenig ermattet scheint; die Schnur ihres Kleides etwas gelöst; die zarten Stengel ihrer Arme matt dahinsinkend; einige helle Tropfen auf ihrem Antlitz und einige Blumen herabfallend aus ihrem losgebundenen Haar. Das muß die Königin sein, die übrigen sind vermutlich ihre Jungfrauen. (98)

Zwar ist solche erotische Gleichgültigkeit für einen Hofnarren untypisch[74]; ansonsten aber ist die hier illustrierte Psychologie unschwer zu durchschauen: In der Wahrnehmung des Narren tritt jene – isolierte – frühkindliche Schicht zutage, in der das Weibliche nur als optisch-anonymes, schemenhaftes Bild repräsentiert ist. – Bei reifer männlicher Sexualität ist diese Schicht in andere Erlebnis- und Bewertungsschichten integriert, die geliebte Frau deshalb zwar stets auch, aber nicht nur Repräsentantin des „ewig Weiblichen".

Ausgespielt und kapitalisiert wird das „ewig Weibliche" unter Erwachsenen gemeinhin nur im Milieu der Prostitution: Dort ist es erklärtes Ziel, alles Individuelle und Personelle zu überschminken, das heißt im abgedimmten Rotlicht zu anonymisieren und auf stereotype Schemen zu reduzieren …

Diese psychologische Parallelität war ein weiterer Grund, weswegen die rigvedische Usas mit Prostituierten *verglichen* wurde. Denn aus der Sicht des kleinen Indra war ihr gesamtes optisches Äußeres gleich einer Prostituierten nur stereotypes Schema des Weiblichen. Deshalb erlebte Indra die Usas ja auch noch als ganze Schar; und eben deshalb galt zumal für den noch etwas jüngeren Agni: *drei Usas sind deine Mütter …* (Q 68) – Und natürlich ließ sich auch dieser Aspekt der großen Göttin wieder aufs trefflichste mit der allmorgendlichen kosmischen Morgenröte analogisieren. Entsprechend lesen wir:

Dort ist die Tochter des Himmels in Licht gekleidet ein wie alle Male im Osten erschienen … – Die gabenreiche Himmelstochter hat sich sehen lassen. Alle schauen nach der Usas …

Wenn die prangenden Usas prunkend ausfahren, so sind sie nicht zu unterscheiden, die gleichaussehenden, alterlosen … Dieselben Usas wandeln in gleicher Weise sich gleichend mit unveränderter Farbe, … die hellen, am Leibe reinen, glänzenden … – Wie eine schöne Frau entblößt sie ihre Brust. Indem sie ihre begehrenswerten (Sachen) dem Opferer enthüllt, hat die Jugendliche wiederum wie früher Licht gemacht. – Sie geht … wie eine, die man wiedersehen soll. – Die uralte, immer wieder geborene Göttin, die sich in der gleichen Farbe putzt …

Alt und doch jugendlich … – Nie alternd, unsterblich wandelt sie nach eigenem Ermessen. – Also gibt sich diese als die erste unter vielen zum Beschauen. (Q 69)

Polterabend. Moderne Untersuchungen stimmen zu diesem Befund. Sie zeigten, daß die erotische Attraktivität weiblicher Gesichter steigt, je ebenmäßiger, je stereotyper sie sind: Abbildungen, auf denen die Züge von verschiedenen Frauen mit Computern zu einem Durchschnittsgesicht (Kompositgesicht) zusammengemischt werden, nähern sich mit wachsender Zahl der Stichproben dem weiblichen Schönheits-„Ideal"; nach beider, Männer wie Frauen, Urteil.[75]

Bewährtes „Instrument" zur Reduktion des weiblichen Gesichts auf die stereotypen Schemen des „ewig Weiblichen" ist natürlich der (transparente) Schleier, zumal der Hochzeitsschleier: Bräute versetzen ihr jetzt erwachsenes Gegenüber damit erneut in die Trance der ersten Liebe – und inszenieren damit rituell, was ihnen die rigvedischen Dichter einst auch abstrakt mit auf den Weg gaben. Im Hochzeitslied des Rigveda nämlich heißt es ausdrücklich und an die Braut gerichtet:

> *Mach, o belohnender Indra, diese (Frau) an schönen Söhnen reich und beliebt; schenke ihr zehn Söhne, mache den Gatten zum Elften!* (Q 70)

Erst wieder ein Nietzsche wagte es, diesen psychologischen Zusammenhang neuerlich auszurufen – und wurde auch dabei überhört:

> *Auf, ihr Frauen, so entdeckt mir doch das Kind im Manne!* (Za II 329)

Damit kurz zu den Hochzeitsbräuchen:

Hochzeitsbräuche sind, so scheint mir, ein weiterer Beleg dafür, daß die Menschen einst um den Zusammenhang zwischen frühkindlicher Welt und erwachsener Sexualität wußten – und daß unsere Kultur ihn vergessen hat: Denn ohne jedes psychologische Verständnis werden diese Bräuche einfach nur noch praktiziert; naiv, und weil es eben „Brauchtum" sei. – Zwar wollen die Ethnologen glauben machen, zumal auch der Hochzeitsschleier habe keine durchgehende Tradition, sondern sei mehrmals, zuletzt im Biedermeier, neu erfunden worden.[76] Doch andererseits reiht sich auch der Hochzeitsschleier stimmig und nahtlos in ein Gefüge von erhaltenen Bräuchen ein, das in seiner Gesamtheit schwerlich anders denn als Reinszenierung frühkindlicher Dramen zu deuten ist.

Auf Schleier, Ringe und Schmuck, ... Tanz und Festschmaus näher einzugehen erübrigt sich. Auch zum Brautkleid sei nur mit kurzen Passagen aus Liedern an Usas erinnert:

> *Ein weißes lichtes Kleid tragend ist sie erglänzt, – ... eine hellgekleidete junge Frau. – Die Lichte, Weißgekleidete ist aus dem Dunkel entstanden.* (Q 71)

Einige Worte mehr wert sind der Polterabend, die Entführung der Braut sowie die Kutschfahrt des jungen Paares.[77] Zumindest in konservativ-katholischen Gebieten und „auf dem Land" gehören sie noch heute zum festen Repertoire der Hochzeitsbräuche – und haben auffallende Entsprechungen in Indras Schöpfungsabenteuern:

Am Polterabend wird die bisherige „Burg" des Bräutigams (zumeist in Gestalt des bislang benutzten Geschirrs) zertrümmert, um immerhin rituell sicherzustellen, daß dessen Bindung an seine leibliche, seine Urmutter nun ein Ende hat – ganz analog zu Indras burgenzertrümmerndem Abschied von seiner Urmutter Aditi:

> *Burg um Burg schlägst du da mit Kraft zusammen. – Der wagemutige* (Indra) *hat die unangreifbaren Festen zerschmissen …* (Q 72)

Am nächsten Morgen wird dann der neue Bund besiegelt. – Bei den Feierlichkeiten dabei wird die Braut noch einmal entführt, vom Bräutigam gesucht und natürlich wieder gefunden – ganz wie einst von Indra. Denn auch schon Usas, Indras Braut, war von den Panis, den „bösen" Dämonen und Kompagnons des Drachen Vrtra, entführt und versteckt worden, und Indra hatte sie durch Eroberung und Raub wieder befreit:

> *Ihr beide, Indra, Agni, kämpfet (auch) jetzt für … die entführten Usas! –* (Indra) *raubte die Usas samt der Sonne …, der Gepriesene. – Er kannte das Versteck der Jungfern …* (Q 73)

Asvin. Zu Hochzeiten, zumal königlichen, gehört zuletzt auch die Fahrt mit einer Kutsche. Auch sie hat ihr Vor- und Urbild allem Anschein nach in Affären wie denen zwischen Indra und Usas. Daher gilt es, Indras Hochzeitskutsche – eine wahre Staatskarosse – samt königlicher Rittmeisterei kurz vorzufahren und vorzuführen. – Die genaueren Zusammenhänge sind, soweit ich sehe, nicht mehr rekonstruierbar: Indras Hochzeitskutsche jedenfalls scheint „irgendwie" mit seinem Dreirad identisch gewesen zu sein. Klar ist auch, daß Indra bei den Hochzeitsszenen mit Kutsche schon auf etwas älter, vielleicht ein Jahr, anzusetzen ist.

Die Fuhrmänner dieses *leicht rollenden, nicht umkippenden Wagens* (Q 74) waren die beiden Asvin; zwei galante Honigschlecker voller Frohsinn: Brautwerber, Hochzeitspaten, Kutschenlenker und Zugpferde in einem. *Dem Wort nach die pferdhaften, roßartigen*, im Rigveda aber bereits *ganz vermenschlicht*, waren die Asvin, so Lommel, *ausgesprochene Morgengötter* (Rig 22). Und in der Tat: Den Marut verwandt und in deren wildem Umzug die Vorhut bildend, umtänzelten sie das junge Hochzeitspaar und deichselten seine Kutsche; einen fürwahr königlichen Prunk- und Prachtwagen: mit Gold überzogen, von Honig triefend, und, da vom morgendlichen Horizont daherfliegend, mit allerlei Vogelrequisiten[78] geschmückt. – Hier endlich also ist es in aller Pracht und Würde: das Dreirad, mit dem Indra zur Hochzeit fuhr:

> *Als ihr Asvin um (sie,* die Braut*) anhaltend auf dem Dreirad zur Hochzeit … ginget, da gaben alle Götter euch ihre Einwilligung … Bald voraus, bald hinterdrein wandeln (abwechselnd) diese beiden …; zwei spielende Jungen …*
> *Diesen … Wagen, den vielgerufenen, preislichen, dreirädrigen, … weiser Rede würdigen, wollen wir mit Lobliedern bei Anbruch des Morgens anrufen. – Näher soll der dreirädrige Wagen der Asvin, der Honig führt, mit den raschen Rossen schönbesungen*

kommen ... Ihr beide seid ... die Wagenfahrer mit euren Wagenkünsten. – Mit goldener Decke, honigfarben, ... rollt euer Wagen heran ... mit Windeseile ...
Trinkt vom Honig mit dem Honig trinkenden Mund und schirrt für den Honig euren lieben Wagen! Ihr erquicket die Wegspur mit Honig; ihr führet den Schlauch, der Honig enthält, mit euch, ihr Asvin. – Drei Radreifen sind an eurem Süßigkeit führenden Wagen ... – Eure honighaltige, glückbringende Peitsche, ihr Asvin, mit der würzet das Opfer!
Flieget herwärts mit den Vogel(rossen) wie zwei Falken ... – Die wunschgeschirrten, fleckfarbigen Rosse, die Vögel sollen euch, ihr Herren Asvin, herfahren ... – Gleich Gänsen flieget ... (Q 75)

Auf den Weg gebracht hatte den Wagen *Surya* („*Sonne*"), das heißt der Brautvater, und Usas selbst:

Es kam auf den Ruf zuerst die Morgenröte, die Königin ... – Wecke, o Usas, die beiden Asvin, wecke, o Große, Edelmütige sie ... pünktlich ... Dieser Wagen der Asvin beginnt (dann) seine Umfahrt. – Eure Schönheit (ihr Asvin) *hat die Jungfrau, die Sonnentochter sich erkoren in der Übergangszeit* (von Nacht zu Tag) *... Herbei, ihr Herren, fahre mit Hengsten euer goldener Wagen, der Himmel und Erde auseinanderdrängt. – Sie* (Usas) *hat den Wagen bestiegen, ... den gutgeschirrte Rosse ziehen.* (Q 76)

Und nachdem der Wagen angeschirrt war, stieg das Brautpaar zu. Zuerst Usas:

Euren Wagen bestieg die Tochter des Surya wie eine, die mit dem Renner das Ziel gewinnt ...
Mit dem schönverzierten, leichtlaufenden Wagen, den du, Usas, bestiegen hast, mit dem begünstige heute den Mann ..., du Himmelstochter! – Euer Wagen (ihr Asvin) *fährt mit der Braut ...* (Q 77)

... dann Indra:

(Besteige, Indra,) *den riesigen Wagen ... Mit dem fahre von Soma berauscht zu deiner lieben Frau! ... Fahr los* (Indra)*; du hast die Zügel in die Hände genommen. Die starken Getränke* (das heißt Usas' Milch) *haben dich aufgeheitert ...* (Du) *hast mit deiner Frau gezecht, du Keulenträger. – Dieser* (Indra) *gab den Usas einen guten Gemahl ...* (Q 78)

Im Stich. Indras und Usas' Fahrt in der Hochzeitskutsche gibt Gelegenheit, eine letzte, wichtige Szene im morgenroten Drama um Bindung und Lösung einzumontieren:

So traut und honigtriefend die Kutschfahrten mit Indras Dreirad auch waren; der rigvedische Mythos kannte auch eine herbe Einlage: Einmal nämlich wurde es Indra zu bunt. Warum wissen wir nicht genau. Jedenfalls schlug er mit seiner Keule um sich und scheint dabei selbst Usas, seine Mutter, bedroht zu haben. Sie allerdings konnte, obwohl in Furcht versetzt, Ärgeres abwenden und wenigstens sich selbst in Sicherheit bringen:

> *Die fürchtete, von Indras Keule getroffen zu werden; die Schmucke lief davon, die Usas ließ ihren Karren im Stich.* (Q 79)

Der Hochzeitswagen aber ging durch Indras Wut zu Bruch:

> *Mit der Keule zerschmiß er den Karren der Usas …* (Q 80)

Nirgendwo wurde Indra für diesen Wutausbruch gerügt. Im Gegenteil: Er wurde ins Register seiner Heldentaten aufgenommen und als angemessene Reaktion auf Verfehlungen der Usas gedeutet:

> *Auch diese Heldentat und Mannestat hast du, Indra, fürwahr getan, daß du das mißgünstige Weib, die Tochter des Himmels, schlugst. Die Usas, die doch des Himmels Tochter, die sich groß tat, hast du, der Große, zerschlagen, o Indra. Die Usas lief von dem zerschlagenen Karren aus Furcht weg, da ihn der Bulle niedergestoßen hatte. Da liegt der Karren ganz zerschlagen …; sie (selbst) war in die Ferne gelaufen.* (Q 81)

Was war geschehen? Inwiefern war Usas *mißgünstig*, inwiefern *tat sie sich groß*, inwiefern waren Indras rohe Schläge deshalb angemessen, ja *Heldentat und Mannestat*? – Schon Renou rätselte ob dieser Fragen. Geldner merkte dazu an:

> *Seltsamer Mythos. Die Ursache ist nirgends angegeben.* (I 458)

Und jüngst erst kommentierte Roberto Calasso:

> *Warum nur mußte Indra, der Befreier, über Usas herfallen, die er selbst befreit hatte? Welches Verdienst würde er sich mit dieser feigen und ungereimten Tat vor den Menschen erwerben? Dahinter steckt eine dunkle Geschichte, die niemand erzählt hat.* (60)

Aus unserer Perspektive gibt es zu solchen Spekulationen keinen Anlaß. Denn der Nimbus des Rätselhaften löst sich auf, sobald Indra als kleines Kind verstanden wird: Wutausbrüche gegen Mutter und Dreirad sind in solchem Alter weder ungewöhnlich noch verwerflich.

Gleichwohl wäre es für die rigvedische Mythologie untypisch, wenn ein gänzlich harmloses und psychologisch unbedeutendes Drama hinter unserer Szene stünde. Was also könnte der Grund für Indras Wut gewesen sein? – Eine Möglichkeit wäre das Pendant zu Indras Ödipuskomplex:

Zu Zeiten der ersten Wagenfahrten und der ersten Flirts mit seiner Mutter erkannte Indra irgendwann, daß ein zweiter „Mann“, Tvastr, sein Vater, um seine Geliebte buhlte. Aus Eifersucht, wir lasen es, hatte Indra deshalb, selbst noch am Boden rutschend, *den Vater am Fuße gepackt und zerschmettert*, und obendrein dessen Eingeweide abgekocht, „ausrufend“:

> *„Aus Not kochte ich mir die Eingeweide des Hundes … Ich sah mein Weib ungeehrt. Da hat mir der Adler den Süßtrank* (das heißt den stärkenden Soma) *gebracht.“* (Q 82)

Aber ist es wahrscheinlich, daß Indras Eifersucht und Rache sich nur gegen den Vater richtete? – Hier muß ich meine männlichen Leser denn doch bitten, sich und Freud einmal ernsthaft bei der Nase zu packen und zu fragen, ob männliche Eifersucht sich wirklich nur gegen den Buhler, oder nicht doch auch und zumal gegen die Geliebte und ihr Hab und Gut zu wenden pflegt?

Indras Wutanfall als Eifersuchtsdrama gegen seine erste Geliebte verstanden, würde zum bislang gezeichneten Bild der Usas durchaus passen. Denn dadurch würde mit einem weiteren Motiv verständlich, warum Usas im Zwielicht der Prostitution stand: Aus Indras Perspektive trieb sie es – im Ton der Verletztheit formuliert: – anscheinend mit „jedem".

ASYMMETRIE. Naturgemäß bleiben bei einem umfassenden Thema wie dem in Rede stehenden Fragen offen. – Eine letzte gilt es – überleitend – aber noch aufzugreifen; eine Frage, die zumal meine LeserInnen im zurückliegenden Text schon öfter bewegt haben wird:

Warum stehen in den Liedern des Rigveda dem kleinen Yama, Agni, Soma, Indra … Mitra und Varuna keine kleinen Mädchen gegenüber? Gewiß, wir lesen vereinzelt von *Yami*, Yamas Schwester, von *Indrani*, Indras Schwester, und auch von weiteren *Schwestern der Götter* (Q 83). Insgesamt aber steht außer Zweifel, daß die „Stars" des Rigveda, die Rasselbande der Adityas, durchweg kleine Buben waren. Warum? – Die feministisch inspirierte These, daß hier schon erste Keile zwischen die Geschlechter getrieben worden seien, wird, so oft auch wiederholt, der historischen und psychologischen Realität schwerlich gerecht:

Zuerst einmal ist festzuhalten: Die allermeisten der besprochenen Schöpfungsabenteuer sind *nicht* geschlechtsspezifisch: Indras gewaltiger Durst auf Milch und Honig, seine ersten Gehversuche, sein Öffnen der Urhöhle, die Weitung der Sehschärfe, das Hochstemmen des Himmels, das Beruhigen der Berge, … sein Furchen der Flüsse und Entdecken der Usas; – all dies muß gleichermaßen von kleinen Mädchen wie von kleinen Buben bewerkstelligt werden, und wird auch an keiner Stelle des Rigveda einseitig als spezifisch männlich apostrophiert.

Darüber hinaus aber gab es dennoch zwei Gründe, eben doch kleine Jungen zu den „Stars" des morgenroten Dramas zu erheben. Allein sie scheinen den Ausschlag gegeben zu haben:

(1) Zwischen kleinen Buben und kleinen Mädchen muß in der Ausbildung dessen, was später zu Sexualität ausreift, eine reale Asymmetrie bestehen. Zwar scheint sich nicht nur Usas' Zauber, sondern ebenso ihre erotische Faszination im Gemüt auch der Mädchen zu verankern. Denn unter Erwachsenen beiderlei Geschlechts herrscht Einigkeit, daß die weibliche Seite nun einmal die schöne und die erotisch faszinierendere ist. Entsprechend marginal sind denn auch die Unterschiede der abgebildeten jungen Frauen in Männermagazinen vom Typ *Playboy* und in Frauenmagazinen vom Typ *Brigitte*. – Gleichwohl muß die Prägung der kleinen Buben an intensivere Emotionen gekoppelt werden: Niemand wird ernsthaft behaupten wollen, die Leidenschaft, ja Begierde für weibliche Formen, zumal die Brüste, sei bei beiden

Geschlechtern von vergleichbarer Heftigkeit. – Dieses Mehr an Heftigkeit aber ist der Beweggrund für eine nachdrücklich heterosexuelle Orientierung, und damit für nichts Geringeres als die Reproduktion der Art. – Damit hängt ein Weiteres zusammen:

(2) Indras Verhältnis zu Usas war notgedrungen dorniger als das kleiner Göttinnen desselben Alters. Während nämlich die kleinen Mädchen in ihrer Mutter schon sehr früh ihresgleichen erkennen[79], mußte Indras Identifikation und „Symbiose" gebrochen, er insgesamt mehr auf Distanz bleiben. Denn auch schon aus seiner Perspektive war er in der Tat ein Wesen ganz anderer, ja konträrer Art: Ihm mußte Usas immer auch Objekt und Gegenüber sein; er selbst einmal ganz anders, gewissermaßen das Gegenteil von ihr werden. – Indras morgenrote Liebe war deshalb zwar erotisch besonders knisternd, aber die Bindung an Usas zugleich unsicherer und verletzlicher, Indras Empfinden und Verhalten deshalb von eigentümlichen Spinnweben der Angst und Aggression umgarnt.

Diese „ausgesetztere" psychische Konstellation der kleinen Buben[80] scheint auch ein maßgeblicher Grund für ihre größere Anfälligkeit zu sein. Mit Barbara Diepold zu reden:

> *Die Existenz der Jungen ist eher gefährdet. Sie ... sind in der Reifung um Wochen hinterher. Bei der Geburt oder in der ersten Lebenswoche sterben wesentlich mehr männliche als weibliche Säuglinge. Die Ursachen dafür sind bisher nicht schlüssig zu erklären, deutlich jedoch ist, daß Jungen es mit der Anpassung an die Umwelt außerhalb des Mutterleibes schwerer haben als Mädchen. Dieser Trend setzt sich fort: Jungen sind häufiger krank, die Sterblichkeitsrate sowie die Suizidrate ist bei Jungen höher, und Jungen brauchen wesentlich häufiger Hilfe in Erziehungsberatungsstellen und kinderpsychiatrischen Einrichtungen.* (104)

Ob vielleicht die Szene von Indras (phallischen?) Keulenschwüngen gegen Usas und ihren Hochzeitswagen auch die gefährdendere und spannungsreichere entwicklungspsychologische Konstellation kleiner Buben zur Geltung bringen sollte?

Matriarchat. Barbara Diepold zählte weitere Beispiele für die höhere Anfälligkeit kleiner Buben auf; doch scheinen mir schon die genannten für die Behauptung hinzureichen: Die im Rigveda und andernorts hervorstechende Zuwendung an männliche Honigkönige ist auch Ausdruck vorrangiger therapeutischer Bedürftigkeit. Die Bindungsabenteuer mit Usas sind für sie gefährlicher, religiöse „Nachbehandlung" deshalb nötiger. – Daher wird es auch kein Zufall sein, daß die beiden Asvin, die Indra bei seiner Hochzeitsfahrt, also gerade auch da begleiteten, wo er mit seiner Keule gebührende Distanz zu Usas herzustellen suchte, als *männerschützende Ärzte* galten:

> *Ihr beide seid ja die Ärzte mit euren Arzneien, und ihr seid die Wagenfahrer mit euren Wagenkünsten. – Unternehmet eure Umfahrt auf dem glänzenden, männertragen-*

den Wagen ... – Wenn du Usas mit deinem Glanze kommst, ... (beginnt) dieser Wagen der Asvin seine männerschützende Umfahrt. – Für uns machet ... eure männerschützende Umfahrt, ihr Schatzreichen! (Q 84)

Gleichwohl folgt aus der mythischen Dominanz der männlichen Götter des Rigveda weniger, als in manchen Kreisen geschlossen wurde. Insbesondere deckt sie nicht die von Bachofen bis Gimbutas inflationär oft wiederholte These, nach der die vorausliegenden Kulturen „Matriarchate" gewesen seien; Matriarchate, die seit der Zeit der ältesten Textquellen – also seit dem Rigveda – in patriarchalische Gesellschaftsformen umgeschlagen hätten. Danach müßte die rigvedische Kultur zumindest tendenziell bereits patriarchalischen Charakter gehabt haben. – Schwerwiegende Argumente sprechen gegen diese Deutung:

Die Vatergestalten des Rigveda – Tvastr, Visvakarman, Prajapati, Daksa, ... – hatten zwar den einen oder anderen „autoritären" Zug, spielten insgesamt aber gänzlich untergeordnete Rollen. Die wahren Helden des Mythos waren Indra und die Adityas. Aus deren „Herrschaft" aber lassen sich keine patriarchalischen Strukturen ableiten, sondern allenfalls „hy-archische" (von gr. *hyios, „Sohn"*). – Wenn schon ein „elterliches Archat" für die rigvedische Zeit angesetzt werden soll, dann auch dort noch ein „Matriarchat". Denn die mythischen Mütter dort, zumal Aditi und Usas, hatten allerdings das Zeug zu „Matriarchinnen".

Für den Umgang der Geschlechter auf privater und politischer Ebene folgt aus der Dominanz dieser mythischen Muttergestalten aber nicht allzuviel. Denn unter der Lupe morgenroter Psychologie geben sich diese mächtigen Mütter nicht als politische Matriarchinnen, nicht als Fossilien archaisch-feministischer Clan-Politik, verschollenen Horden-Rechts oder frühneolithischer Hauskultur matriarchalischer Prägung zu erkennen, sondern als Mütter der Morgenröte. Und deren „Matriarchat" bestand zu allen Zeiten und besteht bis heute; selbst in wahrlich frauenfeindlichen Kreisen fundamentalistischer Christen und Muslime. – Aus religiösen Vorstellungen (und entwicklungspsychologischen Sachverhalten) eins zu eins auf die sozialen und politischen Verhältnisse zu schließen wäre und war ein Trugschluß.

Das im Mythos verankerte „Matriarchat" entsprechender Göttinnen scheint darüber hinaus in den Jahrtausenden vorher in ganz analoger Weise bestanden zu haben. Für einen Bruch oder eine „Wende" in rigvedischer (und hethitischer) Zeit sehe ich keinerlei stichhaltige Indizien. Bereits die archäologischen Befunde des frühen Neolithikums, z. B. von Çatal Hüyük, stimmen erstaunlich genau zu den späteren Texten. Und selbst im scheinbar so eindeutigen „Matriarchat" des frühneolithischen Hacilar, in dem nach Mellaarts – schwer begründbarer – Deutung, *die Männlichkeit ... den Frauen völlig unterworfen war* (Hüy 217), herrschten schon dieselben Verhältnisse wie im Rigveda. Denn regelmäßig war das Kind und der „Gatte" der Großen Mutter auch dort, so Mellaart selbst, *offensichtlich ein Junge* (Hac I 174).

Ich finde deshalb mit Geo Widengren, daß

> *... das sogenannte Matriarchat ... eigentlich nirgends mit Händen zu greifen ist.* (Feud 68)

Unbenommen und betonenswert bleibt dennoch , daß die „moderne" Welt „patriarchalische" Züge hat:

Seit Zarathustras (und Echnatons) Zeiten wird die väterliche Licht-, Sprach- und Normenwelt mythisch überhöht, die mütterliche Welt der Nacht und der Morgenröte dagegen verteufelt und bekriegt. Beides zeitigte unbestreitbar auch im Politischen und im persönlichen Umgang der Geschlechter Asymmetrien und subversive Feindseligkeiten; Irritationen jedenfalls, die gegen rationale Diskurse und „gute Absichten" auffallend resistent sind. Trotzdem gilt auch hier, daß sich die neuen mythischen Konstrukte nicht als monokausale Ursachen ansetzen lassen. – Den hier waltenden Mechanismen nachzuspüren ist nicht Thema dieses Buches.

Sehr wohl steht aber noch an, einige Blicke auf morgenrote Göttinnen außerhalb des rigvedischen Indien zu werfen, um die Utopie des Gewesenen mit weiteren Beispielen zu verallgemeinern. – Nachdem die Ixquic der Maya und die Istar Mesopotamiens schon kurze Auftritte hatten, bitte ich deshalb in meiner abschließenden Revue noch einige weitere Kolleginnen der schönen Usas auf die Bühne. Zuerst die Nut Ägyptens:

4. Revue

NUT. Die bezeichneten Aspekte der morgenroten Göttin begegnen auch im alten Ägypten bei einer ganzen Reihe weiblicher Gottheiten, z. B. bei Hathor, Maat und Isis. Nut aber vereinigt die für unseren Zusammenhang wichtigsten Züge. Wir sind über sie nicht nur aus Texten, sondern auch aus einer Vielzahl von Bildnissen[81] gut informiert. Immerhin eines von ihnen sei hier einmontiert und besprochen (Abb. 17):

In der Regel im Gelb-Gold und Purpur des Morgenlichts auf nachtschwarzen Grund gemalt, ist die Nut, wie die Usas, eine Himmelsgöttin, die sich, gleich dem morgenroten Firmament und einer stillenden Mutter, hoch über den Irdischen wie eine Brücke hinwölbt. Die Sterne der Nacht hat sie mit dem Licht des Morgens zurückgedrängt und in ihren Leib verschlungen; ähnlich wie Usas den (sterngepunkteten) Mantel der Nacht abgelegt und dadurch ihr morgenrotes Untergewand freigegeben hatte. – Wie Usas treffen wir die ägyptische Nut bei ihrem Schöpfungswerk nicht nur in menschlicher Gestalt an: Mehrere Darstellungen zeigen sie als mächtige, den Himmel überwölbende Kuh mit (vollem) Euter ...

Diese Elemente sind auf den altägyptischen Darstellungen nun mehrmals überdies mit dem Motiv der Trennung von Himmel und Erde in eins komponiert. Auch dies kosmische Wunder vollzieht sich ja in jenen Monaten, in de-

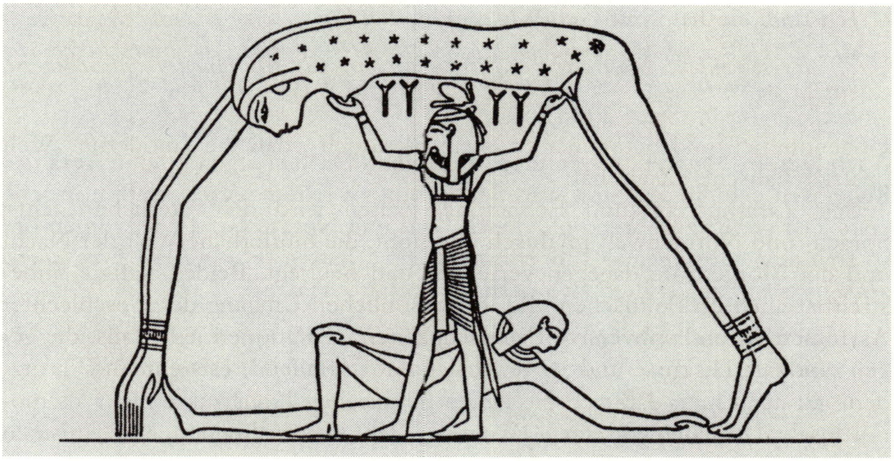

Abb. 17: Schu stemmt Nut; hier in Gestalt einer jungen Frau (Brunner-Traut Früh 122)

nen Usas die Welt eröffnet. Held der Abtrennung und Pendant der Adityas war in Ägypten der Windgott Schu: Sanft und mit nach oben geöffneten Händen stemmt er den Himmel empor. – Schu galt dabei, gleich den Adityas, ausdrücklich als Zwerg[82], und seine Pose unter Kuh oder Mutter stellt ihn in eine Reihe mit den Euterstemmern anderer früher Kulturen.[83]

Mehr als Zufall wird es auch sein, daß der himmelstemmende Schu dabei ein – man sagt noch heute so: – kleiner Mann ist: Unsere Abbildung zeigt ihn als kaum hüfthohen, hier vielleicht einjährigen Winzling unter der überschirmenden Mutter. Allenfalls fähig, mit anstoßender Zunge „Schu" zu sagen, hat er aber doch schon die Gestalt eines erwachsenen Mannes. – Klar genug kommt zum Ausdruck, wofür sich der Zwerg an seiner Geliebten besonders interessiert, was er an ihr berühren möchte.

Dennoch erschöpfen sich die weiblichen Reize der Nut nicht mit Vulva und Brüsten. Auch ihre nackten Arme und Beine sind geschmückt und hervorgehoben. Auf vielen Darstellungen zeigt sich die Göttin überdies mit wallenden Strähnen und geschminkten Augen.

Ich weiß nicht, ob ausdrücklich und spezifisch zu Ehren der Göttin Nut; jedenfalls inszenierten auch die Ägypter religiöse Feste, die denen zu Ehren der indischen Usas in vielem entsprachen. *Im Mittelpunkt solcher Veranstaltungen standen*, so Jan Assmann, *musikalisch-tänzerische Darbietungen*. Assmann genauer:

Zur Musik … treten zierliche und offenbar sehr junge Mädchen auf … Der Tanz gibt dem Ganzen nicht nur eine optische Gestaltung im Sinnes eines Einklangs von Ohren- und Augenweide. Es ist auch vollkommen unverkennbar, daß es bei dieser „Augenweide" vornehmlich um erotische Ausstrahlung geht. Die Musikantinnen tragen entweder durchsichtige Gewänder, die mehr zeigen als verhüllen, … oder sie sind überhaupt nur mit Schmuckstücken „bekleidet" (dazu gehören ein schmaler perlenbestickter Hüftgürtel, der oberhalb der Scham getragen wird, ein Blütengebinde im Haar, Schmuckkragen und Armbänder) und dadurch im Zustand „festlicher Nacktheit" dargestellt. (StuZ 202 f.)

Auch hier, in Ägypten, waren diese erotischen Darbietungen in eine Aura des Religiösen gehüllt. Ihr Sinn war, Schöpfung zu reinszenieren, mithin in jene erste Zeit zurückzuführen, in der sich Usas und Nut im Gold der Morgenröte so freimütig als singende Tänzerinnen gezeigt hatten. *Himmel und Erde, die im Alltag getrennt sind*, sollten sich deshalb, so Jan Assmann,

> *... im Fest wieder vereinen. Im Festduft senkt sich, nach ägyptischer Vorstellung, der Himmel auf die Erde herab. So heißt es in einem ägyptischen Liebeslied:*
>
> *Es sinkt der Himmel herab auf Luft, die ihn nicht trägt,*
> *und er bringt dir seinen Duft,*
> *einen betäubenden Wohlgeruch, der trunken macht* (all jene)*, die gegenwärtig sind.*
> (StuZ 212)

ANAHITA. Auch im alten Iran treffen wir, trotz der Siegeszüge des Zarathustrismus, eine Göttin vom Typ der Usas an: die heldenhafte Anahita.

Obwohl Anahita die größte Verehrung *in den unteren Schichten der Bevölkerung* (Gnoli ZTH 216) genossen haben wird, ließ ihr doch auch schon der Achämenidenkönig Artaxerxes II. (404–359 v. Chr.) in den wichtigsten Städten seines riesigen Reiches (wahrscheinlich goldene) Standbilder errichten. In seinem Palast zu Susa fand man eine Inschrift mit dem Wortlaut:

> *Artaxerxes, der Große König, der König der Könige spricht: ... Mit der Gunst Ahuramazdas, Anahitas und Mithras erbaute ich diesen Palast. Mögen Ahuramazda, Anahita und Mithra mich vor allen Übeln schützen ...* (Kent 154)

Interessant daran ist die gleichzeitige Erwähnung mit Ahura Mazda, dem göttlichen Vater, und vor allem mit Mithra, dem iranischen Pendant Indras; denn offenbar war Mithra – als göttlicher Repräsentant des Königs – auch hier Sohn und drittes Element der göttlichen Triade. *Augenscheinlich*, so auch Geo Widengren,

> *... sind die drei Gottheiten als Vater, Mutter und Sohn aufgefaßt ...* (HG 147)

In Armenien wurde die Triade von Ahura Mazda, Anahita und Mithra auch noch Jahrhunderte später hochgehalten; ja dort wurde Mithra bisweilen durch *Vahagn*, wörtlich *„der Vrtratöter"* und durch andere Göttersöhne substituiert.[84] – Auch eine Reihe von erhaltenen Abbildungen zeigt die große Göttin umgeben von Puttos im Alter von allenfalls drei, vier Jahren.[85] Der Text eines armenischen Chronisten weist Anahita als *die goldene Mutter der goldgeborenen Götter* aus (Wikander FP 94).

Welcher Welt Anahita zuzuordnen ist, legen auch ihre *zahmen Löwen* (70) und ihr *weit herabhängender Schleier* (81) nahe; desgleichen ihre Verwicklungen in Drachenkämpfe (99), ihre Nähe zu Vögeln und zu – weißen – Kühen, sowie ihre Liebe für Stieropfer (89 ff.).[86] Wie Usas zeigt sie auf mehreren erhaltenen Abbildungen ihre entblößte Brust; und selbst die Bade-Szene ist bezeugt.[87]

Der Name Anahita ist ein Kompositum aus dem verneinenden *an-* und *ahiti-*, *„Verunreinigung"*, bedeutete also wörtlich, so Lommel: *„die mit keiner Verunreinigung behaftete"* (Yt 29) oder *„die Unbefleckte"* (AS 312). Eine moralisierende Deutung scheint die „Unbeflecktheit" der Anahita erst später erfahren zu haben. Denn solange sie in ihrem ursprünglichen psychologischen Sinn verstanden wurde, hielt Anahitas „jungfräuliche" Reinheit die Menschen auch in Iran nicht ab, die Göttin gleichzeitig (und mit psychologischem Recht) ins Milieu der Prostitution zu stellen.[88] Überdies wird auch bei Anahita die unbefleckte „Jungfräulichkeit" als Analogon zur wolkenlosen Reinheit der Morgenröte gesehen worden sein; ähnlich wie es über Usas hieß:

> *Die Usas gingen fleckenlos auf, schöne Tage bringend …* (Q 85)

Der wertvollste Text über Anahita ist in den Yästs des Awesta überliefert. Einige Zeilen daraus mögen Anahitas kurzen Auftritt in meiner Revue abrunden und dabei die Psychologie morgenroter Göttinnen noch einmal in lyrischer Dichte zusammenfassen:

> *Um die Morgenröte … kam herzu Anahita in Gestalt eines schönen Mädchens, eines sehr kräftigen, schöngewachsenen, das hochgegürtet, hoch von Wuchs, vornehmer Herkunft, edel ist, die Füße mit goldgeschnürten glänzenden Schuhen bekleidet, … in einen kostbaren, reichgestickten goldenen Mantel gekleidet.*
> *Schön waren … ihre weißen Arme, pferdestark, mit schöner Zier prunkte sie, die strömende mit den starken Armen …*
> *Prangend mit vierseitigem goldenem Ohrschmuck, ein Halsgeschmeide trug die hochedle Anahita an ihrem schönen Hals; sie umgürtet sich die Leibesmitte, damit ihre Brüste wohlgestaltet und verlockend seien. – Oben band sich Anahita einen goldenen Kopfputz mit 100 Sternen an. Ein Kleid aus Biberpelz hat die heldenhafte Anahita an, von 300 Bibern, die dreimal geworfen haben; dann ist das Biberweibchen am schönsten. Jedes Mal, wenn er am meisten behaart ist, fängt der Biber an, unter dem Wasser zu leben …* (Dann) *glänzen die Felle dem Beschauer entgegen wie Silber und Gold.*
> *Verehre sie mir, die heldenhafte, reine Anahita, die den Samen von allem Männlichen bereitet und läutert, die die Leibesfrucht von allem Weiblichen zur Geburt bereitet, die alles Weibliche leicht gebären macht, die allen weiblichen Wesen zur gehörigen Zeit Milch verschafft …* (Lommel Yt 32 ff.)

Das Motiv des Biberpelzes bleibe der freien und freizügigen Interpretation überlassen. Unterstrichen sei dagegen, daß auch die iranische Göttin wiederum eine Himmelsgöttin war: *Anahita in der Höhe, hoch von Wuchs* trägt *einen goldenen Kopfputz mit 100 Sternen* und einen *reichgestickten goldenen Mantel …* – Wer erkennt in ihr nicht unsere Mutter Gottes wieder?

MADONNA. Es herrscht noch Uneinigkeit darüber, woher die Mutter Gottes ins Abendland kam; ob aus Ägypten, Griechenland, Rom oder – mir wahrscheinlicher – eben aus dem indo-iranischen Kulturkreis.[89]

Fast überall jedenfalls treffen wir die Mutter Gottes als Himmelskönigin an: auf Wolken schwebend, oft von einem von Drachen umschlängelten (Welten-)Baum oder, sonderbar, von einer orientalisch-waagerechten Mondsichel getragen, und das Haupt von einem Sternenreif geziert. Überdies ist sie zumeist in einen geöffneten, nacht-blauen und sternengepunkteten Mantel gehüllt, unter dem ein morgenrot-rosafarbenes oder goldenes Untergewand hervortritt. Der Symbolgehalt ist unverkennbar jener, den wir oben aus dem Rigveda kennenlernten:

> *Die Göttin hat das schwarze Gewand abgedeckt … – Sie zieht die große Finsternis weg, auf daß man sehe … – Als das schön zu schauende Himmelslicht … gefunden war, … da machte die Mannhafteste* (= Usas) *das hartnäckige stockfinstere Dunkel in Hilfsbereitschaft … zum Durchblicken. – Die dunkle (Nacht) und die rötlichen (Usas) sind Schwestern …* (Q 86)

Seltener trägt die Mutter Gottes auch ein weißes Hochzeitskleid; es hat ihrerseits sein Vorbild schon bei Usas:

> *Sie, die den Namen des ersten Tages kennt, die lichte, weiß gekleidete ist aus dem Dunkel entstanden. – Schön anzusehen ist … die Führerin der Tage erstrahlt.* (Q 87)

In ihrer gewöhnlichen, nachtblau-morgenroten Garderobe ist das Haupt der Madonna meist mütterlich geneigt und in einen Schleier aus feiner Gaze gehüllt. Im Arm trägt sie den Sohn Gottes, einen knapp einjährigen Honigkönig; oft überdies von einem Schwarm kindchenschemiger Putten umflattert. Unter ihrer Obhut und mit dem einen Händchen an die Brust greifend, erobert der Kleine mit Szepter, Globus oder Drachenspieß Himmel und Erde. – Die Szene insgesamt ist mancherorts, z. B. bei der Sixtinischen Madonna Raffaels, gar noch von Schabracken und Theatervorhängen gerahmt oder spielt in Nischen oder, wie in Leonardos berühmter *Madonna in der Felsengrotte*, in einer Höhle. – Häufig auch tritt die Mutter Gottes in anmutigem Tanzschritt aus dem goldenen Strahlenkranz einer aufgehenden Sonne hervor …

Und selbstverständlich ward auch der kleine Held der Mutter Gottes aus einer unbefleckten „Jungfrau“ geboren: Niemand sonst hatte je ihre Liebe geteilt, niemand sonst je ihre *lieben Sachen* gesehen, getastet und honigsüß gekostet … Als mythisch-infantile hat diese Vorstellung ihr psychologisches Recht. – Erst unter den feuchten Händen zölibatärer Zucht und in den Phantasien mythischer Verlichtung geriet die Jungfrauengeburt zum Dogma und zugleich zur Obszönität einer un-befleckten Empfängnis.

Dennoch blieb die Heilkraft der Mutter Gottes unermeßlich. Sie zumal war es, die, als sich das Christentum nach schrecklichen Zeiten im 4. Jahrhundert allmählich konsolidierte, zur Schutzpatronin und intimen Gesprächspartnerin jener Millionen wurde, die mit den theologischen Konstrukten des neuen „Glaubens“ nichts anzufangen wußten. Wie oft mögen gesungene Gebete von der Art des *Ave Maria* die Wangen wieder gerötet und die Gedärme wieder entspannt haben? Wie oft mag ihr rosanes Gewand vom Sudel des neuen Sündenwahns Absolution erteilt und das Spiel der Geschlechter wieder mit Achtung und Liebe gesegnet haben?

Sie, die Herrin des kindlichen Morgens, löste nicht nur die Tränen der Angst; sie erlöste im Schutz ihres Mantels auch zu Kindergelächter, Ringel-Reihen-Tänzen und Ernte-Dank-Festen. Blumengeschmückt zierte und ziert die Rosenfingrige Quellen, Seen und Liebfrauenbrünnlein. Sie taufte die Marienblümchen und den morgenroten Marienkäfer. Und wenn ihr Unterkleid oft auch allzu züchtig verschnürt ist, zeigt sie auf vielen Fresken doch noch die entblößte Brust wie Usas und Anahita; mancherorts gar, um als kosmische „Maria Lactans“ die Erdenkinder mit dem Strahl ihrer Milch zu nähren. – Hat es nicht seine delikate Stimmigkeit, daß sich neuerdings auch jene Pop-Diva als Madonna bezeichnet, die mit peroxid-gebleichtem Haar und im Outfit einer Straßen-Schwalbe heißen Sound über purpurne Lippen stöhnt und jubelt?

HÖRNCHEN. Eines ihrer Symbole bedarf noch der Erklärung: Woher die sonderbare Mondsichel zu Füßen der Mutter Gottes?

Wer diese „Mondsicheln“, zumal in südlichen Ländern, genauer betrachtet, wird sich des Eindrucks schwerlich erwehren, daß sie häufig dem – vergoldeten – Gehörn eines Stiers gleichen. – Und in der Tat gilt, was Lommel einmal wie folgt formulierte:

> … *bei vielen alten Völkern ist der Mond mit seinen zwei Hörnern ein Stier.* (Rig 17)[90]

Aus Indien z. B. wissen wir, daß sich jene Mondsichel, die der Gott Siva als Ornament seiner „Mütze“ trägt[91], aus symbolischen Stierhörnern entwickelte. Mit Heinrich von Stietencron zu reden:

> *Was später als Mondsichel interpretiert wurde, waren … ursprünglich Stierhörner.* (GuY 57).

Im Westen war es einem Ovid ganz selbstverständlich von den *Hörnern des Mondes* als den *Hörnern des drohenden Stieres* zu singen (Met II 80; VII 179 f.). Selbst Shakespeare spielte in seinem *Sommernachtstraum* noch mit dem Gleichnis des *gehörnten Monds* (V). – Und ist die Assoziation nicht auch heute noch naheliegend und geläufig? Bekannten gegenüber spreche ich die Mondsichel regelmäßig mit Stierhörnchen an, ohne dabei allzu große Verwunderung zu erregen. Ein Sechsjähriger antwortete im 20. Jahrhundert auf Piagets Frage: *Ist der Mond immer rund?* mit: *Nein … Wie ein Hörnchen* (249). Den Franzosen ist die Mondsichel bekanntlich ein *croissant de lune*. Und auf Marc Chagalls Gemälde *An den Mond* brüllt prompt ein überdimensionaler roter Himmels-Stier sein goldenes Konterfei der Mondsichel an … – Da die hinter den Äonen-Grenzen der frühkindlichen Amnesie ruhenden „transzendenten“ Inhalte häufig in den außerirdischen Bereich des Himmels projiziert werden, ist es nur um so stimmiger, daß in den goldenen Hörnern des Mondes die morgenrote Bullenhaftigkeit der Gottessöhne gesehen wurde. Über den rigvedischen Soma ist entsprechend überliefert:

> *Es brüllt der furchtbare Bulle im Gefühl seiner Stärke, die goldenen Hörner wetzend* … (Q 88)

Und aus dem alten Iran erhielt sich eine Nachricht über ein Fest für Mithra, bei dem zu einem gewissen Datum des Jahres – wie den Muslimen zu Beginn des Ramadan – der Gott in Gestalt des (Neu-)Mondes am Himmel erschien; wörtlich als

> … *ein Stier des Lichts, mit zwei goldenen Hörnern und silbernen Hufen* … (Al Biruni AN 212)

In Indien begegneten goldbehörnte Rinder bis in unsere Tage. Richard Katz, der witzgeladene Weltenbummler des frühen 20. Jahrhunderts, schilderte die Ursache eines Verkehrsstaus in Bombay einmal wie folgt:

> *Eine kleine geschechte Zebu-Kuh hat auf ihrem ungeleiteten Morgenspaziergang haltgemacht, ihre vergoldeten, krummen Hörner gesenkt und betrachtet nun träumerisch den asphaltierten Fahrdamm.* (39)

Von daher kann es nicht überraschen, daß Göttinnen, die der Mutter Gottes phänomenologisch auch sonst nahestehen, regelmäßig das spitze Gold-Gehörn einer Mondsichel zur Requisite hatten. Prominente Beispiele sind Istar und Anahita[92] – und schon die achttausend Jahre alte Göttin von Çatal Hüyük. – Auch sie bitte ich jetzt, zum Finale überleitend, kurz auf die Bühne:

GÖTTERFAMILIE. Wir hatten oben schon die opulente Göttin aus Çatal Hüyük studiert und dabei ihre vielfältigen Parallelen zur altindischen Aditi gesehen. Auch zum Pendant der Usas flocht ich bereits die wichtigsten Elemente ein. Die *junge Frau* oder *Mädchen-Gottheit* (Mellaart Hac 170) hatte ausdifferenzierte Hände und Füße, war geschminkt, trug, je nachdem, eine verwegene Hochfrisur oder wehende Locken, am Körper ein „Kostüm“ voller Wiesen-Ornamente und einen transparenten Schleier. Nachweislich war sie auch eine Tänzerin, und auf einem der gefundenen Reliefs befand sich gar, *auf die Brust der Göttin gemalt, die kleine Hand eines Kindes* (Mellaart Hüy 135). – Dargestellt wurde die Göttin zumeist wahrscheinlich mit „fertig“ konturierten weiblichen Gesichtszügen. Verschiedentlich war ihr Kopf aber auch – wie in Abb. 18 – mit den Ohren einer Katze versehen: eine recht kesse Mieze also.

Die Körperhaltung auf den meisten der gefundenen Reliefs regte zu lebhaften Spekulationen an. Meines Erachtens zeigt sie die Göttin in einer ty-

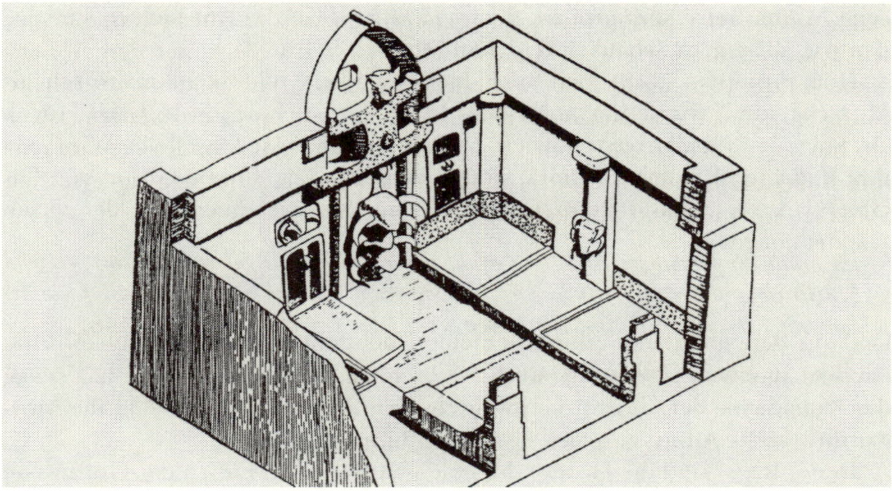

Abb. 18. Kultraum in Çatal Hüyük, etwa 6. Jt. v. Chr. (Mellaart Hüy 150)

pisch mütterlichen Pose: auf dem Boden sitzend, mit gespreizten und durchgedrückten Beinen, die Fußsohlen und Handflächen nach vorn gestreckt, als wolle sie ihren vielleicht einjährigen Gott mit der Geste eines „da..." herzen. – Ist dem so, dann haben wir auch hier eine originelle Variante jener Schemen vor uns, wie sie in den Trancen der religiösen Praxis durch die Aionen-Schranke der frühkindlichen Amnesie geschimmert sein mochten. Und in der Tat hielt sich dieser „Archetyp" der morgenroten Mutter durch Jahrtausende. Ähnliche Darstellungen fand man inzwischen nämlich auch bei der bis ins 9. vorchristliche Jahrtausend zurückführenden Grabung von Göbekli Tepe und auf Kelims (türkischen Wandteppichen) noch bis in jüngste Vergangenheit.[93]

Auch die Göttin von Çatal Hüyük war Element der Heiligen Dreifaltigkeit. Eine Reliefplatte zeigt auf der linken Seite Vater und Mutter, *ein Paar in seiner Umarmung*, und auf der rechten Seite *die Mutter mit dem Kinde ..., das der Vereinigung entsprossen* ist. Das Kind ist dabei erkennbar etwa ein Jahr alt; der *Ehegefährte* klar als erwachsener Mann und *bärtig* dargestellt. *Die Götterfamilie*, so Mellaart, *folgte somit dem Muster der menschlichen*. – Naturgemäß blieb der Vater auch hier im Hintergrund. Mellaart:

> *Der allgemeine Eindruck, den man durch das Material erhält, spricht für das Vorhandensein nur zweier Gottheiten: der Großen Göttin und ihres Sohnes und Liebhabers* (alles Hüy 236; vgl. Tafel 83).

Dieser Sohn und Liebhaber (Mellaart bezeichnete ihn auch als *göttliches Kind* (188) und *göttlichen Knaben* (218)) ist auch auf anderen Skulpturen neben seiner jugendlichen Mutter oder in ihren Armen zu erkennen. Die imponierendste davon ist jene, wo die ihrerseits mit konturenverwischenden Punkten überzogene Mutter auf einem großen, der *göttliche Knabe* auf einem kleinen Leoparden wie auf einem Schaukelpferdchen reitet (199, Taf X).

Und prompt schließt sich auch hier der Kreis: Wo nicht realistisch als Menschenkind, wurde der Sohn oder Liebhaber auch schon in Çatal Hüyük als Stier, ja künstlerisch reduziert als bloßes Gehörn dargestellt. Wie Usas ihre *Bullen* Agni, Soma ... Indra, so umsorgte auch die Große Göttin von Çatal Hüyük ihren „kraftstrotzenden" Helden. Mellaart über eine der vielen Darstellungen:

> *Unmittelbar unter ihr befindet sich ein Stierkopf ... Die Darstellung ist klar: Es handelt sich um eine Göttin, die soeben einen Stier geboren hatte.* (Hüy 148)

Anstelle dieses *soeben* ist natürlich „vor etwa fünf Monaten" einzusetzen; denn die Szene zeigt nicht die physische, sondern die „Geburt" in die Morgenröte: nicht Aditis, sondern Usas' „Entbindung".[94]

In der Regel sind die Hörner der goldigen Bullen zu Füßen der Göttin von Çatal Hüyük nach oben gewölbt und gleichen dann – wie in Abb. 18 – einer liegenden Mondsichel.

Mellaart schrieb einmal mit Erstaunen von der *Beständigkeit im Kult, die für Çatal Hüyük so bezeichnend ist* ... (147). Und in der Tat: In der Symbolik der Mutter Gottes mit der „Mondsichel" zu ihren Füßen erhielt er sich bis heute.

Zum Abschluß bitte ich einige frühe Göttinnen des Westens aufs Podium. Sie allerdings beginnen sich ob fehlender Texte und ihrer großen zeitlichen Distanz bereits wie in Nebeln der Morgenröte aufzulösen und bereiten damit meiner kleinen Revue ein gleichsam natürliches Ende:

URSTIER. Zu den archäologischen Sensationen in den neunziger Jahren des 20. Jahrhunderts gehörten Funde am westlichen Ufer des Bodensees, die mit denen des fernen Çatal Hüyük in Verbindung stehen könnten. Allerdings werden sie auf etwa 4000 v. Chr. und damit als einige Jahrtausende jünger datiert.

Im Schlick des Sees fand man vier Paare von weiblichen Brüsten, in Ton geformt und mit „magisch"-auflösenden, weißen Punkten bemalt. Sie waren einst wohl im Inneren von Kulthütten auf reich mit Ornamenten verzierten Wänden angebracht.[95] Anders als in Çatal Hüyük fauchten aus ihren Brustwarzen aber keine gefährlichen Geierschnäbel oder Reißzähne. Dies, und auch ihre Anmut und Jugendlichkeit, legt nahe, sie keinem Aditi-Typ zuzuordnen, sondern darin *die lieben Sachen* einer Usas zu sehen. Gut denkbar wäre, daß sie ähnlich wie im alten Indien mit Versen besungen wurden wie:

> *Und diese beiden milchreichen ..., die Töchter der Lust, hat er* (Indra) *zur Ehe geschenkt.* (Q 89)

Die eigentliche Sensation war freilich, daß die Tauch-Archäologen auch die zugehörigen Stierhörner fanden.[96] Helmut Schlichtherle schrieb dazu:

Abb. 19: Weiß gepunktete Tonreliefs weiblicher Brüste aus Bodmann, Bodensee, 4. Jt. v. Chr. (Schlichtherle Tau 68)

> *Ein im Brandschutt gefundenes Gehörn eines riesigen Urstieres und nahezu lebensgroße, realistisch aus Lehm auf die Wand geformte Brüste lassen vermuten, daß sie zu kultisch genutzten Pfahlhäusern gehörten ... Die Symbolik läßt auf südosteuropäische Einflüsse schließen, ... die in altorientalischen Fruchtbarkeitskulten ihr Vorbild hatten. – (Erinnert sei) an die reich verzierten Kulträume von Çatal Hüyük ...* (PhA 14, Tau 69)

Die unwürdige Zuschreibung ‚Fruchtbarkeitskult' übergehend, gilt es festzuhalten, daß ein genetischer Zusammenhang mit Çatal Hüyük möglich, aber keineswegs zwingend ist. Denn die assoziativ-ironische Gleichsetzung der kleinen Welt- und Frauen-Eroberer mit Bullen(-kälbchen) lag zu allen Zeiten nahe. Statt von einer durchgängigen Entwicklungslinie, genügt es deshalb, von einer psychologischen Parallele auszugehen. – Und dies ist zumal da indiziert, wo die Zwischenräume nicht nur zwei, sondern fünf, zehn oder gar fünfundzwanzig Jahrtausende betragen:

Auffällige Parallelen finden sich nämlich auch schon im eiszeitlichen Jungpaläolithikum. Der in Abb. 2 eingeblendete *Sorcier de Gabillou* mit seinen lustigen Stierhörnchen z. B. „blickt" genau auf eine in die Höhlenwand gegenüber eingravierte, jugendlich-erotische Frauengestalt in klar sexuell-animierender Pose.[97] Ähnlich, und von Gerhard Bosinski damit in Zusammenhang gebracht, eine noch einmal Jahrzehntausende ältere Darstellung in der Grotte Chauvet im Tal der Ardèche. Auch dort steht einem Mischwesen halb Mensch, halb Stier eine – allerdings extrem reduzierte – Frau gegenüber. Denn, so Bosinski:

Abb. 20:
Gönnersdorfer Tänzerinnen, spätes Jungpaläolithikum (Bosinski Men 95)

Etwas unterhalb und neben dem Wisent-Menschen ist ein schwarzes dreieckiges Zeichen gemalt, das einer weiblichen Schampartie gleicht … (Ural 164)

Nicht so extrem, aber gleichfalls reduziert dargestellt war auch die Schöne von Gabillou. Jean Gaussen, ihr Entdecker, nannte sie eigens *kopflose weibliche Gestalt* (Pl. 35,1); und in der Tat ist sie ohne Kopf, und damit auch ohne Gesicht und Frisur, und zudem ohne Füße und Hände in den Fels graviert. Dies würde nahelegen, sie nicht als Usas, sondern als Aditi zu deuten. Andererseits kennen wir gerade aus dieser späten Schicht des Jungpaläolithikums (dem sogenannten Magdalénien) verschiedene andere Frauendarstellungen, die gleichermaßen kopf- und fußlos sind, angesichts ihrer optischen Reize aber eindeutig dem Usas-Typ zugerechnet werden müssen; obenan die in Schiefer geritzten Mädchen von Gönnersdorf: Mit nackten Brüsten, stets schlanker Taille und in halb gebücktem, Hüfte und Gesäß betonendem Schritt scheinen sie einen kultisch-erotischen Tanz zu inszenieren. Eine trägt dabei gar einen Säugling in einem Körbchen auf dem Rücken.[98]

Aus uns nicht bekannten Gründen scheinen die Menschen damals in ihren Reinszenierungen vorrangig die kurze Phase der ersten Aussetzung fokussiert zu haben; rigvedisch gesprochen also Usas' allererstes und optisch noch rohes Hervortreten aus dem Dunkel der Urhöhle. – Vereinzelt warfen auch die

Dichter des Rigveda einen Blick durch dieses schmale Fenster auf das morgenrote Drama:

> *Indra und Agni! Fußlos ist sie* (Usas) *noch vor den fußbegabten (Kühen) gekommen. Während (Agni) ohne Haupt … wandelt, hat* (*Surya,* das ist die Sonne) *die … Schritte angetreten. – Fußlos geht sie als erste der Füßler.* (Q 90)

Ihr Völker. Mit letzter Sicherheit freilich werden zumal die jungpaläolithischen Zeugnisse nie zu deuten sein. Dennoch:

Nach allem, was uns moderne Paläoanthropologen lehren, gibt es Menschen unseres Schlags seit mindestens 100 000 Jahren. Charakteristisch für unsere Spezies ist eine mehrjährige frühe Kindheit. Zwar versinkt die Welt der frühen Kindheit im Zuge des Spracherwerbs in den Schlünden der frühkindlichen Amnesie. In spezifischen Freiräumen tritt sie im späteren Leben aber doch wieder nach oben; unter anderem in der Welt des Religiösen. Über alle Kulturen hinweg scheinen deshalb die Themen des Heiligen Variationen des immer Gleichen zu sein; verschieden umschmückt, aber doch stereotyp wie die frühe Kindheit selbst.

Daß wir für diesen einfachen psychologischen Zusammenhang und für die auffälligen globalen Parallelen so lange blind waren und fremde Religionen deshalb in eurozentrischer Vermessenheit und Arroganz als „Heidentum“, wo nicht als „primitives“ Machwerk von „Wilden“ abtaten, dies, so scheint mir, hat seinerseits einen leicht durchschaubaren Grund: Unsere „modernen“ Religionen waren und sind ein Seitenzweig jenes alten „Heidentums“; ein Lichtschößling gleichsam, der primär nur noch eine, die letzte Szene des morgenroten Dramas zum Inhalt hat und diese überdies in eine ferne Himmelszukunft projiziert: die Begegnung mit dem Vater.

Erst nach dem Herabsteigen von diesem randständigen Ast zeigt sich das gesamte Gewächs. – Und erst dann treten auch die Ursachen der so oft schon diagnostizierten Neurosen zutage, die die positiven Potentiale dieser neuen Religionen regelmäßig überschatten: Aus der Perspektive frühkindlicher Schichten inszenieren die monotheistischen Religionen eine zerrüttete Familie, in der die Erdenkinder der schweigenden (nur noch von Propheten vernehmbaren) Willkür eines allein erziehenden Vaters ausgeliefert sind. – Schon die donnergrollenden Verstimmungen, die Frauenscheu und das eifersüchtige Autoritätsgehabe dieses weltverlorenen Vaters erweisen klar genug, daß nicht nur seinen Zöglingen, sondern auch ihm selbst der gott- und weltverzaubernde Charme einer morgenroten Göttin fehlt.

Im Rigveda ist verschiedenenorts bereits die Sorge zu vernehmen, daß das heilige „Wissen“ um die Geheimnisse heiler mythischer Familienverhältnisse und gelingender Schöpfung ein verlierbares Gut sei. Besonders beeindrukkend kam diese Sorge in jenem imposantesten aller rigvedischen Lieder zum Ausdruck, dem die folgenden, beschließenden Verse entnommen sind. Es ist, als habe der Dichter damals unseren pausbackig-lachenden Gott emporgestemmt, um dann über die dreieinhalb Jahrtausende hinweg zu uns herüberzurufen:

> *Der die schwankende Erde befestigte, der die tobenden Berge zur Ruhe brachte, der den Raum sich ausgemessen hat, immer breiter, der den Himmel stützte – der, ihr Völker! ist Indra.*
> *Der die Schlange erschlug und damit die sieben Ströme laufen ließ, der die Kühe heraustrieb, indem er das Felsverlies öffnete; … der die Sonne, der die Morgenröten hat entstehen lassen, … – der, ihr Völker! ist Indra …*
> *Der den Ermatteten anspornt, den Abgemagerten, den Dichter, wenn er in Not um Hilfe fleht, der Schönbärtige; … der mit* (heiliger) *Scheu betrachtet wird als der, der die Keule im Arm trägt, … – der, ihr Völker! ist Indra.* (Q 91)

Anmerkungen

I. Hinführung

[1] Vgl. zu Schöpfungsmythen: Maya: Schele Rel 197 ff. – Ägypten: z. B. Hornung EuV 160 ff., Pha 33 ff. – Babylonien: z.B. Pettinato: 62, 77 f., 83 f., 89. – Kanaan: Loretz, passim, und insges. Beyerlin 210 ff. – Altarabien: Wellhausen 222; für den Islam vgl. man im Koran z. B. 31,9, und 71,14 ff. – Hethiter: Beyerlin 173 ff. und Haas GhR 106 ff. – Indien: s. unten; gute Zusammenfassung bei Kuiper VaV 10 ff. – Griechenland/Rom: z. B. Hesiod, Theogonie 116 ff.; Ovid Met I 4 ff. – Nordeuropa (Edda): De Vries 380 ff. – China: Keller 138 ff. – Japan: Glasenapp Rel 270 f., Rochedieu 92 ff. – Polynesien: Bateson 26, 442. – Zusammenstellungen: ausführlich bei Staudacher; interessante Details auch bei Eliade, Quellentexte 76 ff.; Bischof 259 f.; Haas GhR 106 ff.

[2] Vgl. zu Schildkrötenrücken: Indien: Mahabharata 1.16.10–11; vgl. für Indien insbes. auch: Stietencron GuY 74 f.f und insges. Kapp. – China: Keller 139 und Anm. 24. – Maya: Schele Rel 198. – Das Motiv kehrt auch in heutigen Kinderbüchern und in moderner Phantasy-Literatur wieder: *Die Scheibenwelt* Terry Pratchotts ruht *auf dem Panzer einer riesigen, durchs Universum spazierenden Schildkröte* ... (9).

[3] Zur Geschichte der RV-Forschung: insges. Oldenberg IuI; Gonda ReI 1 ff.

[4] Das Max-Müller-Zitat nach K. Hoffmann 709; übers. von mir.

[5] Vgl. zur Datierung Zarathustras: Boyce HZ 190; Gnoli ZTH 177; Gaube 108.

[6] Guter Überblick zur Wirkgeschichte Zarathustras: insges. Cohn.

[7] Die Frage nach dem Verhältnis von Zarathustra und Echnaton spare ich aus. Die Formulierung, daß Zarathustra *sicherlich der erste in der Geschichte war*, übernahm ich von Gnoli BD 214.

[8] Vgl. zum Problem der „Indo-Arier": Gnoli, Iran; Kuiper, Ary; und vor allem die neueren Aufsätze bei Erdosy, sowie Renfrew und Gamkrelidze/Ivanov Früh.

[9] Vgl. zu Geminus und Ymir: Fries II 364; auch Lincoln 684.

[10] Vgl. zu Indra im vorzarathustrischen Iran: Thieme Gods 311 ff. und Wy; auch Lommel AK 47. – Indras Repräsentant war damals wahrscheinlich *Verethragna*, idg. **vrtraghna, „Drachentöter, Niederschlagung des Widerstandes"*. Vgl. dazu: Thieme Gods 311 ff. und unten: *Kap IV., 4. Anahita.*

[11] Vgl. zu Indra, Daeva und Teufel z. B.: Lommel RdZ 90 und 49 ff.; Rudolph Prie 301; Wikander AM 57.

[12] Zu Platon und Zarathustra: schon Reitzenstein: Syn, insbes. 65 ff., 142, 148 f., und insges. Pla; zuletzt: Kingsley 190 ff.

[13] Vgl. zu Zarathustra in der Renaissance: Strausberg passim.

[14] Schopenhauer lernte den Rigveda erst spät und nur in bruchstückhaften und unzureichenden Übersetzungen kennen (Fr. Rosen, 1838; J. Stevenson, 1842; R. Roth, 1846; Colebrook, 1837; vgl. Schop. HNV Nr. n 1176, 1180, 1178, 1105; PII 424, 237). Entsprechend abwertend – aber vorsichtig! – war Schopenhauers Urteil: Der RV liefere *eine durchaus insipide* (= alberne) *Lektüre, – nämlich nach besagten Proben zu urteilen* (PII 424). Gegenüber Max Müller bezeichnete er den RV als *pures Priestermachwerk* (Gespr 87). – Die Upanischaden lagen Schopenhauer in der, so Max Müller, *fürchterlichen Übersetzung von Anquetil Duperron* (A. Schop. Gespr 87) vor. Anquetil Duperron hatte sie 1801/02 aus einer persischen Übertragung aus dem 17. Jahrhundert ins Lateinische übersetzt (vgl. Schop. HNV Nr. 1157; Thieme Upa 92).

[15] Vgl. zu Arzt: z. B. Nietzsche Mo I 1107 ff. und JGB II 566; Janz I 557 f.

16 Der wichtige vierte Teil von *Also sprach Zarathustra* erschien im Eigenverlag und in einer Auflage von 40 Exemplaren.

17 In Frage kommt zumal die Rigveda-Übersetzung Grassmanns von 1876/77. Nietzsches *Morgenröte* entstand 1879/80, *Also sprach Zarathustra* zwischen 1881 und 1885. – Das Motto der *Morgenröte* (vgl. dazu auch Mo I 1135 und EH II 1124) ist offenbar aus dem Gedächtnis zitiert (und prompt einem Lied an Varuna entnommen). Vgl. dazu Janz II 65 und III 393 (162). – Nietzsche erfaßte seinen Sinn zweifellos richtig: Grassmann übersetzte II 28,9 mit: *Es werden viele Morgen noch erstrahlen*; Geldner mit: *Viele Morgen sind noch nicht aufgegangen*; Doniger mit: *So many more dawns have not yet risen.*

18 Vgl. zur Diskussion um die Parallelität von Varuna und Ahura Mazda z. B.: Cumont 1 f.; Lommel RdZ 272 ff.; Kuiper VaV 5 und Mi 54 f.; Gonda ReI 74; S. Nyberg 74; Thieme Gods 403 ff.; Gershevitch 45 ff.

19 Vgl. zum *great puzzle* der frühkindlichen Amnesie: Gopnik et al. 50 f.

20 So Lotte Köhler am 23. April 1999 auf den *Lindauer Psychotherapie-Wochen*. – Mitschnitt bei: www.auditorium-netzwerk.de

21 Vgl. zur Wortgeschichte von brahman: Thieme Bra.

II. Der Lahme stand fest

1 „Arier" war die Selbstbezeichnung der indo-iranischen Indogermanen; frei von allen Attitüden des neuzeitlichen Nationalismus. Vgl. dazu: insges. Thieme ari; Gnoli Iran; Strohm GuN 69 ff., sowie die entsprechenden Aufsätze bei Erdosy. – Auf den Mißbrauch der rigvedischen Texte im Zuge schon des Kolonialismus und später des Nationalsozialismus gehe ich nicht weiter ein; vgl. dazu Weinberger 6 ff.

2 Spezifische Zuordnungen archäologischer Befunde zur rigvedischen Kultur scheinen bisher noch nicht gelungen zu sein; vgl. dazu die entsprechenden Aufsätze bei Erdosy. – Vgl. zu *Spielzeug* im zeitgleichen sonstigen Indien: Stietencron Rel 180 und die Abb. 188; zu den etwa zeitgleichen Hethitern: z. B. das berühmte rote Bullenpaar des anatolischen Museums in Ankara und ähnliche Tier- oder Sachdarstellungen (Abb. z. B. in Özgüc Heth und OuL 123 ff.); zum frühen Iran: z. B. Huot Abb. 61, 79, 80. Zu Spielzeug der westlichen Antike: z. B. Fittà 48 ff. – „Miniaturen" von Gespannen und Tieren in infantilem Habitus sind praktisch in jedem archäologischen Museum zu besichtigen. Vgl. dazu auch die Angaben in den nachfolgenden Fußnoten. – H. Müller-Beck schrieb schon mit Blick auf die sakrale Kunst der Eiszeit von *allfälligem Spielzeug* (20, vgl. 17). – Daß diese Figürchen in der Regel aus zerbrechlichem Terrakotta und nicht wie im Mythos von Indra aus Holz sind, belegt deutlich genug, daß sie nicht für reale Kinder gedacht waren, sondern sakrale, das heißt reinszenierende Funktion hatten.

3 Farbige Abbildungen des Dreirads von Dupljaja in: www.rastko.org.yu/isk/images/carriage.html und Putnikovich 7.

4 Vgl. zu Kindgöttern und Gänsen in Ägypten und Griechenland: Budde KaN 23 ff. Auch aus dem Mythos um Apollo kennen wir den Schwanenwagen; im Norden – auch archäologisch gut belegt – die Schwanenschiffe, z. B. aus dem *Beowulf* (Lehnert 200, 218).

5 Weitere drei-, aber auch vierrädrige und mit Enten geschmückte „Modell"- oder „Spielzeug"-Wägen bei Woytowitsch WS und WI sowie bei Weber BUZ.

6 Guter Überblick zur Entwicklung des passiven Sprachvermögens: Krist et al. 154 ff. und Gopnik et al. 93 ff.

7 Vgl. zu Dieb (und kultischem Stehlrecht) insbes. Widengren, Feud 52, 64, 83 ff., 96. Auch der rigvedische Agni war ein Dieb (V 15,5); und noch der römische Mithras (Vermaseren GK 64, 66 ff.).

8 Vgl. zu den drei (dreißig) Somaseen: Lüders II 694 ff.

9 Den übertreibenden Charakter der Zahlen 3, 30 und 300 kennen wir auch aus dem *Beowulf* (Lehnert 123, 380, 2361, 2278).

10 Vgl. zum Motiv des Austrinkens von Fußspuren: Weinreich 70 ff.

11 Vgl. zur etymologischen Verwandtschaft von Soma und Milch: Pokorny 912 ff.; dazu auch: Gamkrelidze/Ivanov IE 562 und Strohm GuN 116 ff.

12 Vgl. zu Madhu: Lüders II 339 ff.

13 Erst nach dem Abschluß meines Manuskripts erhielt ich die im Druck befindlichen Berichte des Sonderforschungsbereichs 295 der Uni Mainz über Kindgötter im griechisch-römischen Ägypten, die synergetische Optionen eröffnen könnten: Budde et al. KuN und KÄ.

14 Die Deutung, nach der die zitierte Stelle eine „Erinnerung" an den damals bereits mehrere Jahrtausende zurückliegenden Prozeß der Seßhaftwerdung zum Ausdruck bringe, ist haltlos; vgl. dazu Haas: GhR 4 und 52 f.; auch Strommenger (Paper der Staatlichen Museen Preußischer Kulturbesitz, Berlin, Nr. 1113, 15).

15 Vgl. Lévi-Strauss 507 ff.; Ginzburg HS 235 ff.

16 Guter Überblick zu den Mutterdarstellungen des Jungpaläolithikums: insges. Bosinski Men und insges. Hahn. Vgl. dazu auch unten: *Kap. IV*.

17 Vgl. zu den genannten Darstellungen: (Saint-Cirq, Knochenscheibe von Mas-d'Azil, Stab am Gourdan) Nougier 270, 272; (Sous-Grand-Lac, Pech Merle) Lorblanchet 63, 92; (Altamira) Bernaldo de Quirós 38; (Cougnac, Cosquer) Clottes Cos 157 f.

18 Vgl. zum Sorcier von Gabillou insbes. Gaussen, Planche 36 f.; farb. Abb.: Bosinski Ural 164.

19 Vgl. zu gepunkteten Fellen in Çatal Hüyük: Mellaart Hüy 98, 204 ff., sowie die Kommentare zu den Tafeln 61–64; vgl. auch: ders.: Rep 42 und GA I 52 ff. Dazu und zur Rolle des Leoparden auch im späteren Anatolien: Haas LuB 104 ff. – Hacilar: Mellaart Hac I 168; 170, 175. – Babylonien: z. B. auf dem Relief mit einem Tributbringerzug aus Chorsabad, Sargon II., um 715 v. Chr., Louvre; Replikat: Knaufmuseum, Iphofen. – Anatolien: Haas GhR 56–78 und 359. – Altarabien: Ibn Ishaq 195, 198. – Ägypten: Helck III 1006 f. – Dionysos: gleich unten und Haas LuB 110 f. – Maya: z. B. (Journal of the) National Geographic (Society), Vol. 187, No. 2, Febr. 1995, pp. 50 ff.; Grube 165 (Abb. 106).

20 Vgl. zu Indras Milchzauber z. B.: I 62,9; III 30,14; VI 44,24; 72,4;; VIII 89,7.

21 Vgl. zu *Superverbrechen* ...: Behringer 145.

22 Zum Vergleich der Attribute Indras und des frühneuzeitlichen Teufels: insges. Strohm Hex. – *Die Lüge humpelt wieder durch das Land*, las ich jüngst als Headline in einer Zeitschrift. – Vgl. dazu auch: Ginzburg HS 219 ff.

23 Alle zitierten Attribute des Dionysos: W. Otto 52, 77, 100, 175; Euripides 25 ff. – Zur Höhle des Dionysos: W. Otto 148, 172. Zur Kindlichkeit des Dionysos auch: Wilamowitz-Moellendorff I 80 und 368 ff.

24 Vgl. zu Nektar und Ambrosia: Roscher I 280 ff. und insges. Thieme Nek und Amb.

25 Vgl. zu Milch und Honig: insges. Usener MuH; Gamkrelidze/Ivanov IE 516 f.; insges. Vennemann; Bächtold-Stäubli IV 289 ff., VI 259 ff., I 1226 ff.; insges. Lévi-Strauss; insges. Herter. – Meist übersehen: die Milchgaben für den altarabischen Vadd, Wadd: Ibn al Kalbi 59 und Anm. 401.

26 Vgl. zu Bienen in Çatal Hüyük: Mellaart Hüy 123 und 185 ff., sowie Rep 39; auch Gamkrelidze/Ivanov IE 516 ff. Aus dem Rigveda kennen wir Bienenmythen insbesondere von den beiden Asvin; vgl. IV 45,4; I 112,21; X 40,6 und 106,10. – Zu Biene und Honig bei den Hethitern und ihren Nachbarn: Haas GhR 65, 435, 710 ff.; auch ders. HB 210 und vor allem LuB 111 ff. Zu Griechenland: Haas LuB 114 f. und Cook.

27 Vgl. zu 2 Mos 3,8 auch Deut 26,9,15 und Jes 7,15.

28 Brigitta: Hülsmann 75.

29 Vgl. zum Honigschlecker von Birnau: z. B. Spahr, Abb. 131 und 132. Prominenter noch der Honigdieb von Lucas Cranach von 1532. – Unmittelbares Vorbild der Honigschlecker war nach allgemeiner (aber keineswegs zwingender) Auffassung *Eros der Honigdieb* bei Theokrit (140, 19. Idylle).

30 Vgl. zu diesen Attributen des Horus: Brunner-Traut Mär 134 ff. – Zu Kleinkindern als Königsrepräsentanten in Ägypten auch: Budde et al. KÄ 3, 5 f.

31 Vgl. zu konr: Kluge 397; über die morphologischen Voraussetzungen dieser Herleitung heißt es dort ausdrücklich: *keine der Formen ist bezeugt*. – Vgl. zu kunne: Mitheis-Lieberich 32; weitere etymologische Versuche bei Gamkrelidze/Ivanov IE 653 f. und Schlesinger 106 ff.

[32] Vgl. Kluge: *König* und *Honig*; Pokorny: keneko- (I 564 f.); Kuiper PM 30 f.

[33] Vgl. zur Bedeutung des Honigs für das sakrale Königtum im späteren Indien: Gonda, AK 64, 129; für Israel: Widengren SK 52.

[34] Vgl. zu Melisseus, auch zu Melissaios, dem Vater des kretischen Zeus: Haas LuB 114 und HB 139 sowie Anm. 309.

[35] Vgl. zu raj- usw.: Pokorny I 854 ff. Näheres zur Bedeutung von raj- im nächsten Kapitel.

[36] Zu ähnlichem Ergebnis scheinen die Ethnologen gekommen zu sein. Wulf Schiefenhövel sagte auf den Lindauer Psychotherapie-Wochen 1999: *Nirgendwo (weder in Neuguinea noch andernorts) fand man einen Ödipuskomplex.* – Die besagten zwei Stellen des RV sind: IV 18,12 f. und VI 59,1 f. Vgl. zu IV 18,12 f. unten: *Kap. IV, 1., Eingeweide.* VI 59,1 f. lautet: (Indra und Agni,) *eure Väter sind erschlagen, die die Götter zu Feinden hatten. Ihr beide, Indra und Agni, seid am Leben. ... eure Mütter sind hier und dort.* – Weitere (unsichere) ödipale Andeutungen allenfalls noch in III 48; VI 44,22; VI 59,11; VII 86,5 ff.; VIII 1,6. – Vgl. dazu auch Ammer 69.

[37] Vgl. zur Problematik angeborener Wahrnehmungsinhalte: Wilson 184.

[38] Vgl. zu Jungs Fehlgriffen: z. B. Lohmann 55 ff.

[39] Vgl. zum pränatalen Identifizieren der mütterlichen Stimme z. B. Stern LS 135 f. und Krist et al. 156 (dort weitere Literaturangaben). Skepsis bei Karmiloff-Smith: 36 f. (dort ebenfalls weitere Literatur).

[40] Die zitierten Textpassagen entstammen meiner Mitschrift von Roths Vortrag *Das Unbewußte* vom 10. April 2000; ähnlich am 22. April 2001. – Mitschnitt bei: www.auditorium-netzwerk.de

[41] Vgl. zu Fußspuren der Götter: Haas HB 157.

[42] Vgl. zu Zwergenmythen: J. Grimm II 363 ff. (Kap. XVII); Bächtold-Stäubli IX 1008 ff.; insges. Lütjens. – Weitere Angaben im Fortgang. – Zum vorchristlichen Ursprung der Zwergenmythen des Mittelalters: Lütjens 1, 27, 49, 110.

[43] Vgl. zu tanzenden Zwergen: Bächtold-Stäubli IX 1046; in Ägypten: E. Otto 22; Griechenland: Aristophanes Wes 1500; Maya: Leyenaar/van Bussel, 177 ff., 192.

[44] Vgl. zur Zwergenhaftigkeit des Schu und anderer ägyptischer Götter: insges. Ballod, insbes. 68; auch insges. Rupp.

[45] Vgl. zu mittelalterlichen Zwergen als Kinder (zwei- bzw. vierjährig) auch: Lütjens 69, 71, 73.

[46] Vgl. zu Visnu als Kahlkopf: Geldner II 270.

[47] Vgl. zur Kahlköpfigkeit westlicher Zwerge: Bächtold-Stäubli IX 1026.

[48] Vgl. zu riesenhaften Zwergen: Bächtold-Stäubli IX 1120 ff.; Lütjens 7, 25, 53 ff., 97, 104.

[49] Vgl. zu Zwergenkönigen des Westens: Lütjens 3 ff., 70 und öfter.

[50] Als „reale" Zwerge wurden wohl überwiegend Menschen mit Chondrodystrophie und dem Williams-Beuren-Syndrom herangezogen, in Ägypten auch Pygmäen. Lesenswert dazu: Lenhoff.

[51] Hofzwerge bei Shakespeare: Sommernachtstraum III 2; bei Diego Velázquez: Szenen vom Hof Philipps IV; Abb. z. B. in: art (Kunstmagazin) Nr. 10. 1999, S. 65 und 70.

[52] Vgl. zu Juwelierzwergen usw.: insges. Rupp; insbes. 274 ff.; vgl. auch DER SPIEGEL Nr. 2, 1996, S. 139 f.; auch Ballod, insbes. 38, 42, 100.

[53] Vgl. zu Zwergen bei den Maya: die Abb. S. 143 und 243 bei Houston und Stuart.

[54] Vgl. zu Zwergengestalten des Jungpaläolithikums: die Abb. 78 und 79 bei Bosinski Men; zu Zwergen im griechischen Theater: z. B. Blume, Taf. VIII.

[55] Der Esel ist seit der Antike, und noch in der Gegenwart, häufige Requisite komödiantischer Inszenierungen. In der großen Literatur schon in Plautus' *Asinaria „Eselskomödie"* und in Apuleius' *Asinus Aureus „Der goldene Esel"*; und noch bei Cervantes (Sancho Panchas Reittier) und Nietzsche („Zarathustras" *Esel, der I-A macht*). Vgl. dazu auch Berthold WTh 121 f. und KF 45 f., 51, 65; auch Bächtold-Stäubli II 1003 ff. – Die Passage des NT lehnt sich natürlich an Sach. 9,9 an. – Auch Mohammed ritt auf einem *Esel* bzw. einem *weißen Maultier*: Ibn Ishaq 31, 217.

[56] Näheres zur Heilkunst der Könige: unten, *Kap. III, Teil 2, Kings Evil.*

[57] Kletternder Zwerg: z. B. in Daphni bei Athen; Abb. in Diez, Nr. 92.

[58] Vgl. zu Paullus/Paulus, Paula und Paullulus „der/die Kleine": Reichmuth 47, 82. Berühmte gleichnamige Zeitgenossen z. B. bei Sueton: Aug 16,3; 19,1; 64,1; Clau 16,1.

59 Unter den Claudiern und Flavieren lahmten: Augustus (Sueton, Aug. 80), Claudius, Galba (21), Otho (12,1), Vitellius (17,2) und Domitian (18); mehrere von ihnen galten als allgemein behindert, zusätzlich als klein, kahl, blind und stumm. – Daß es sich dabei ausschließlich um Zuschreibungen im medizinischen Sinn handelte, ist unwahrscheinlich.

60 Vgl. zu den genannten Attributen des Claudius: Sueton, Cl. 3, 21, 30; Seneca, Apoc. I,2, III,2, VII,3.

61 Vgl. zu Abb. von Händen in jungpaläolithischen Höhlen: z. B. Clottes Cos 62 ff.; in Çatal Hüyük: Mellaart Hüy 101 f., 123 f., 147, 194. Für das vorkolumbianische Amerika sehe man z. B. den Artikel in: Archäologie in Deutschland, 2/2001 S. 14 ff.

62 Die Handnegative werden als Hände der „verkehrten Welt" zu deuten sein; vgl. dazu: Strohm GuN 117 f. – Abb. z. B. Lorblanchet 181 und 188.

63 Vgl. zu „verstümmelten" Händen z. B.: Clottes Cos 62 ff. und Lorblanchet 62 f. und 109; auch Leroi-Gourhan 115 f.

64 Vgl. zu dem „Männchen" der Höhle Cosquer die Abb. bei Clottes Cos 154 und 156.

65 Vgl. zu vierfingrigen Händen in Çatal Hüyük: Mellaart Hüy 148 (Abb. 36,1 und 6); in Hacilar: ders. Hac I 74 und II 291, 309, 321, 329, 416. Bei den Hethitern (zweifingrig): Haas HB 51 und 54 (Abb. 9 und 11). Auch der Chauffeur auf dem Dreirad von Dupljaja ist vierfingrig (s. Putnikovich 7). Bemerkenswert auch Ibn al-Kalbis Beschreibung des Götzen Hubal in der vorislamischen Ka'ba: *Hubal war von rotem Karneol, von Menschengestalt, mit einer zerbrochenen Rechten.* (Aber seine Anhänger) ... *fertigten ihm nun eine Hand aus Gold* (43).

66 Vgl. zur Rolle des Handauflegens bei Asklepios usw. das mit *Theou Cheir, „Gottes Hand"*, überschriebene Kap. 1 bei Weinreich.

67 Jesus als Arzt: Mt 9,12 und ||; Lk 4,23.

68 Vgl. zu Heilungen Jesu durch Handauflegung: Mt 9,18 und ||; 19,13,15 und ||; Mk 6,5; 7,32; Lk 4,40; 13,13; seiner Apostel: Ag 6,6; 8,17,19,28; 9,12,17; 13,9; 19,6.

69 Vgl. zum Consolamentum der Katharer: z. B. Döllinger I 50, 153, 191, 193 ff., 204 ff., 242.

70 Auch die Asvin galten als Ärzte und wurden gleichzeitig für ihre Hände gepriesen (I 109,4). – Zu Heilungen westlicher Zwerge: Lütjens 38 und 98.

III. Der Blinde wurde sehend – Teil 1

1 Zu Gedankenexperimenten über geheilte Blindgeborene: z. B. Locke: I 95 ff.; Berkeley 21 f. und passim.

2 Vgl. zum Erkennen der mütterlichen Stimme und des Geruchs: Dornes KS 41 f.

3 Vgl. zum Erkennen von Gesichtern aus verschiedenen Perspektiven: Dornes KS 40.

4 Vgl. zu den Einzelheiten der modernen „Settings" z. B.: Krist et. al. 155, Karmiloff-Smith 12 ff., Dornes KS 34 ff.

5 Vgl. zum Nemrud Dag die bei J. Wagner 138 in Übersetzung wiedergegebene Kultinschrift, in der Antiochos I. *diesen heiligen Ort* ausdrücklich als *Thronsitz* und *heiligen Hügel* erklärt.

6 Vgl. zu Pyramiden als „Urhügel": Für Ägypten: Hornung Pha 35 (skeptisch: Assmann StuZ 20 f.); für Mesopotamien: Fauth 21 f.; für die Maya: Schele May 59 und Rel 197 f.

7 Ganz entsprechend parodierte Aristophanes den griechischen Dichterstand, indem er einen zweitklassigen Poeten auftreten ließ mit den Worten: *Ich bin ein Honigsüßengesangausströmender* ... (Vög 908).

8 Die Metapher des *Jüngsten Tages* war schon in rigvedischer Zeit geläufig; nur natürlich nicht auf die Endzeit, sondern auf die Zeit der Schöpfung bezogen. Über Usas, die Morgenröte, etwa heißt es: *Sie gibt sich als die erste zum Beschauen ... – Sie, die den Namen des ersten Tages kennt* (I 124,6; I 123,9). Entsprechend merkte Geldner einmal an: *Der Tag der Befreiung des Lichtes aus dem Vala wird (im RV) öfter als der erste Schöpfungstag hingestellt* (II 252).

9 Guter Überblick über Yamas/Yimas Charakter und Geschichte: Widengren Iran 52 ff.

10 Vgl. zur Folgenlosigkeit von Yamas Fußleiden: Stietencron GuY 71.

[11] Vgl. zu Yama als *erster Mensch* und *Herrscher im goldenen Zeitalter*: z. B. Stietencron GuY 71; Geldner III 132 f.; Hoffmann 715 ff.

[12] Vgl. zu Rausch und Flötenspiel bei Yama: X 135,7; 154,1.

[13] Vgl. zur Zersägung Yamas auch: Justi 23. Welch selige Zeiten, als das Sägen noch Inbegriff störender Geräusche war.

[14] Vgl. zur Viehweide Yamas: Thieme Had 47 ff.; zu *Ziergärten im Inneren des Berges* bei westlichen Zwergen: Lütjens 90.

[15] Zur metaphorischen Substitution des Dimensionslosen durch große Maßangaben vgl. man z. B. die iranische Höllenreise des *Ardai Viraz*: Berauscht von Wein und Hanf sagt er, nachdem *drei Tage und Nächte vorüber sind: „Die 9000 Jahre sind nun voll ...“* (Widengren IG 241).

[16] Vgl. zu Lichtkeim auch das Lied X 121, das wohl erst sekundär dem väterlichen Prajapati zugeschrieben wurde. Vgl. dazu auch Lommel Ei.

[17] Vgl. zu Ringen und ihrer magischen Kraft bei westlichen Zwergen: Lütjens 62 f. und 80 ff. Natürlich auch im *Beowulf* (Lehnert 1507, 2345) und von daher bei Tolkien.

[18] Vgl. zu analogen Gebrechen westlicher Zwerge: Lütjens 4, 8, 10, 16.

[19] Weitere Beispiele zu unterirdischen Juwelenpalästen westlicher Zwerge: Bächtold-Stäubli IV 176, 178; V 578; auch: Lütjens 90.

[20] Vgl. zum Eremännleloch bei Lindau: Hölzler; vgl. dazu Bächtold-Stäubli V 249 ff., insbes. 262 und 304 f.

[21] Wilhelm Hauff: *Lichtenstein* 1 XIV und 2 V (127 ff. und 188 ff.); Mörike: *Das Stuttgarter Hutzelmännlein (Historie von der schönen Lau)* (936 ff.); Jean Paul: *Unsichtbare Loge* UL, Sektor 1–5.

[22] Vgl. zu bergentrückten Zwergen: Grimm 363 ff., Simrock 429 ff., Rhode 111 ff. sowie die Artikel *Zwerge, Berg, Bergentrückt, Höhle, Drache* bei Bächtold-Stäubli. Zu bergentrückten Königen und Zwergen vgl. auch: Höfler SK 89 f. und Lütjens 88 ff. – Beeindruckende, von Drachen umlagerte Juwelenpaläste und -höhlen finden sich auch im *Beowulf* (z. B. Lehnert 2748 ff. und 3120 ff.). Man vgl. dazu für das vorislamische Arabien des weiteren Wellhausen 31, 103, 111.

[23] Das Mantra X 68 handelt eigentlich nicht von Indra, sondern von Brhaspati. Um meine Leser nicht allzusehr mit Details zu belasten, setze ich die beiden doch so verwandten Götter gleich.

[24] Vgl. zu Nietzsche: *Oh, ihr erst seid es, ihr Dunkeln, ihr Nächtigen, die ihr Wärme schafft aus Leuchtendem! Oh, ihr erst trinkt euch Milch und Labsal aus des Lichtes Eutern! ...* (Za II 363)

[25] Vgl. zu Zwergenschätzen und zwergischen Goldgräbern des westlichen Mittelalters: Lütjens 34 ff. und 88.

[26] Vgl. zu (Gold-)Schmieden unter westlichen Zwergen: Lütjens 36 und 86 f.; zu realen höfischen Juwelier-Zwergen in Ägypten: Rupp 281, 285.

[27] Auch andere Elemente aus Yamas und Laurins Welt begegnen in den römischen Adelsnamen wieder: *Bubulcus, „Rinderhirte“, Cabrarius, „Ziegenhirt“, Cornicen, „Hornbläser“, Subulo, „Flötenbläser“* (Reichmuth 58 ff.).

[28] Vgl. zu Inthronisationsritual und Höhle: Widengren Sem 62 ff.; auch ders. Iran 207 ff., 228, 237. – Offen ist die Debatte, ob auch die Kulthöhlen Antiochos' I. von Kommagene in diesen Kreis gehören; vgl. dazu den Brief F. K. Dörners an Widengren in: Widengren Sem 112 ff.; des weiteren Schwertheim 63 ff. und Wagner 60 f.

[29] Vgl. zur Verwandtschaft der christlichen Weihnachtsszene mit den besagten Königsritualen: Widengren Sem 62 ff. und ders. IG 227 ff. (Chronik von Zuqnin).

[30] Vgl. zu Var(a) und Yama: Widengren Sem 62; Lommel Yt 200 ff.; zur Etymologie von var-: Pokorny 1140, 1142 und 1161.

[31] Vgl. zu einjährigem Höhlenaufenthalt: Widengren Sem 62 ff.

[32] Vgl. zu Theater als Königsritual: Kuiper VaV 124, 128 und passim; auch Gonda AK 73 f. Ein Großteil der klassischen Dramen des Westens – von Aischylos bis Büchner und Dürrenmatt – sind noch immer Königsdramen.

[33] Vgl. zum Theater als Höhle: Für Indien: Natyasastra II 80: *The playhouse should be made like a mountain cavern ...* (nach Ghosh 29) und insges. Th. Bloch; vgl. auch Kuiper VaV 152 und Thieme The 33 f. Für Griechenland: insges. Jobst.

34 Vgl. zu Gold und Morgenröte für den indogermanischen Sprachraum: Pokorny 86 f.
35 Vgl. zum Tempel Salomons: 1 Kön 6 f.
36 Vgl. zum historischen Hintergrund der Polemik Ezechiels: Widengren SK 26 f.
37 Vgl. zum Motivkomplex Höhle, Berg, Pyramide bei den Maya auch: Schele Rel 207.
38 Vgl. zur Genese des abendländischen Subjekts aus mythischen Juwelen: Strohm GuN 18 f., 101 ff., 142, 169, 172.
39 Vgl. zu ‚Schatzsuche als religiöses Motiv': insges. Waltner-Kallfelz.
40 Neben anderen älteren klammere ich auch das prominenteste Beispiel für die Transformation der alten Juwelenmythen, Platons Höhlengleichnis, aus.
41 Die Formulierung, daß das Lachen vergangen sei, ist inspiriert durch einen Text aus den Anfangszeiten des Islam: ... *mit dem Götzendienst ist es aus, Scherz und Spiel ist nicht mehr erlaubt, denn die Religion ist jetzt Ernst geworden* (Wellhausen 220).
42 Vgl. zu Tieren in Ägypten: Hornung Tie.
43 Vgl. zu Perle und Lichtperle im Manichäismus: z. B. Polotsky 55 und die kurze Zusammenstellung bei Strohm GuN 106 ff.
44 Vgl. zu den zitierten Passagen zu Mani: Flügel 83, 100, 335; Jackson 482 ff.; Strohm GuN 171, 175, 178 f. Einen guten Überblick über Mani und den Manichäismus bieten noch immer: Widengren Mani und DM.
45 Vgl. zur Topographie und Herkunft der islamischen Paradiesvorstellungen: Widengren MAG 199 ff.
46 Vgl. zur Etymologie von *reg-: Pokorny 854 ff.; Gamkrelidze/Ivanov IE 654; zu den Konnotationen von rajan in rigvedischer Zeit: Gonda AK 122 und insges. reg; zu König als Ausdehner: ders. AK 107 ff.; vgl. dazu auch Schlerath 105.
47 Vgl. zu königlichen Ausdehnern im Westen: z. B. Schlesinger 117 f., 123 ff.
48 Vgl. zum König als Instanz kosmischer Ordnung: Hocart 32 ff.; Widengren Phän 365 ff.; für Indien: Gonda AK insbes. 68 ff.; Schlerath 52 ff. und passim; für Ägypten: Brunner 64 ff.; Assmann STuZ 238 ff.
49 Vgl. zum Kaiserwetter: Höfler SK 88 f.; allgemein zu König als Wettermacher: Hocart 34.
50 Vgl. zum universellen Motiv der Grünen Wiese insbes. den noch immer ausgezeichneten Artikel „Hölle" bei Bächtold-Stäubli. – Çatal Hüyük: Mellaart Hüy 185 f. und Tafel 41 und 42. Nietzsche: Za II 364; dazu Janz III 18. – Instruktive Beispiele auch bei Haas GhR (Register unter *Wiese*) und Wellhausen 107, 112 f., 141.
51 Vgl. zur Etymologie von ‚Paradies': Thieme Rig 46 und Fauth 5 und 15.
52 Vgl. zum Motiv des Paradies- und Königsgartens: Polinger-Foster. Gut bezeugt sind (durch das AT und griechische Quellen) die iranischen Königsgärten; vgl. dazu insges. Fauth; auch Widengren Phän 331 ff.
53 Vgl. zu den Reittieren – Böcken, Geißen, Rehen – westlicher Zwerge: Lütjens 22, 57, 76 f.
54 Vgl. zu Yamas Rinderweide: Thieme Had 47.
55 Vgl. zu Paradieseswiese im Totenreich bei Platon: Pol 615 ff. St.; zu weiteren Einzelheiten der entsprechenden antiken Vorstellungen des Westens: Malten.
56 Die unterweltliche Totenkneipe kannten auch schon die alten Hethiter: Haas GhR 131.
57 Vgl. zu Andeutungen der Paradieses-Wiese im NT: die *Hirten* in der Weihnachtsszene (Lk 2,8 f.) sowie den *Garten* und den *Gärtner* in der Auferstehungsszene (Jh 19,41 f. und 20,15).
58 Vgl. zu derartigen Reittieren auch die Abb. 1 und 10.
59 Noch Mohammed scheint dies Motiv zu zitieren: ... *denn die ganze Erde wird ihm (Allah) nur eine Handvoll sein, ... und die Himmel werden zusammengerollt sein in seiner Rechten.* (Koran 39,67). – Zum Motiv des Horizontbebens, Bergeversetzens und Bergebefestigens im Koran vgl. z. B. 13,30, 16,15, 31,9, 52,9 f. und 81,3.
60 Vgl. zu bebende Berge auch: Mk 11,23 und ||; Lk 3,4 und ||; Lk 23,27 ff.
61 Vgl. zum Motiv der wankenden Berge z. B. auch Psalm 93,1 ff.: *Jahwe ist König geworden! ... Ja, er hat die Erde befestigt, daß sie nicht wankt, fest steht dein Thron ...* (Ps 93,1 ff.; nach Loretz 107). – Auch in Laurins Welt waren die Berge noch nicht hinreichend verankert: *Als sie den Berg sahen, meinten sie, sie wären schon ganz nah. Aber erst am anderen Morgen kamen sie an* (889 ff.). – Zu wankenden Bergen bei den Hethitern: Haas GhR 194 f.
62 Vgl. zum Abtrennen und Hochstemmen des Himmels die Fußnoten 1 und 2 von Kap. I.

Vgl. dazu auch die Hebung des Schu, Abb. 17. Zu bronzezeitlichem Beispiel im Westen: Archäologie in Deutschland 4, 2001, 71; auch: www.tempel-im-moor.de.

63 Auch noch Mohammed wurde „offenbart", daß Allah, nachdem er *die Himmel ohne sichtbare Säulen erschaffen* ..., sogleich *an die sieben Himmel* ... *den Mond als Licht gesetzt und die Sonne zu einer Lampe gemacht hat* (Koran 31,9 und 71,15 ff.).

64 Vgl. zur Parallelität von Keule, Pfosten und Jarjara: Kuiper 160 ff.

65 Vgl. zum Szepter bei meiner „Kontrollgruppe", den Maya: Schele Rel 208 und Houston/Stuart 142. – Eng assoziiert ist das Szepter seit alters mit dem Pflanzstock des königlichen Gärtners oder einem Zweig des Lebensbaumes; daher wahrscheinlich die Nähe zu Indras und anderer Götter (Bauern-)Keule. Vgl. dazu Fauth 24 und Widengren KT 20 ff. und passim. – Der „goldene Zweig" war es bekanntlich, nach dem Frazer seine monumentalen Studien zum sakralen Königtum benannte.

66 „Lametta" aus Metallstreifen zum Schmuck kultischer Bäume sind schon für das alte Mesopotamien bezeugt: Widengren KT 7. – Für Altarabien: Wellhausen 102, 104, 112.

67 Vgl. zu Birke, Tanne usw.: Gamkrelidze/Ivanov IE 531 ff. und 540 ff.; insges. zu Lebensbäumen: Widengren Phän 331 ff. und insbes. KT.

68 Vgl. zu Heiligen Hainen und kultischen Bäumen bei den Germanen: Tacitus 7, 10, 39 f. und passim; de Vries 380 ff.; Derolez 244 ff.

69 Vgl. zu Baumschmuck: insges. Dieterich ST und Unt 497 ff.; vgl. dazu auch Delumeau 592. – Vgl. zu Mai- und Christbaum: insbes. Kuiper VaV 159, auch 10, 126, 130 ff. und Wikander Vayu 156.

70 Vgl. zur Entwicklungsgeschichte vom Tempel zur Kirche: Deichmann.

71 Das mythische Motiv des steinernen Himmels, auch im Westen, und dort nicht nur von Piagets Kindern bekannt (vgl. z. B. den Artikel *Himmel* bei Kluge), resultiert meines Erachtens aus dem Mythos der aufgebrochenen Felsenhöhle. Daß die früheren Menschen außerhalb des Bezirks des Religiösen ernsthaft geglaubt hätten, der Himmel sei aus Stein, halte ich für ein – typisches – Mißverständnis. Auch wir glauben ja nicht ernsthaft, daß Automobile Gottvater oder die Ozonschicht beherbergten, nur weil sie einen (plastikernen) „Himmel" haben.

72 Guter Überblick zur Architektur ägyptischer Tempel: Brunner 77 ff., Hornung Pha 108 ff. und Budde KÄ 2.

73 Vgl. zur Zwergenhaftigkeit Schus: insges. Ballod, insbes. 68; auch insges. Rupp, sowie unten: Abb. 17.

74 Eine der faszinierendsten „Yama"-Höhlen ist der Dom zu Trier: Insgesamt finster gehalten, befindet sich über dem Hauptaltar eine mächtige Höhlenöffnung, ihre Wände als roher, von fledermausartigen Puttos beflatterter Fels imitiert. Auf der andern Seite der Öffnung der sterbende Gottessohn im gold-gleißenden Licht der morgenrot strahlenden Sonne. – Ähnliche Höhleninszenierungen, nur weniger imposant, sind häufig; z. B. in Kloster Weltenburg, und auch am Hauptaltar des vatikanischen Petersdoms.

75 Vgl. zum Maskulinum des Himmels und der Himmelserscheinungen: Seebold. – Vgl. zur Herkunft des grammatischen Geschlechts: insges. Lommel Neu und Thieme Bes; auch Wandruszka 24 ff.

76 Vgl. zur Weiblichkeit der Pflanzen auch: X 97,2 ff.

77 Ähnlich wie ich hier aus religionsgeschichtlichem Fundus beschrieb Lacan den Kontext der Triangulierung aus psychoanalytischem. Knappe Zusammenfassung bei Ciompi 38 f. – Unerachtet der entwicklungsspezifischen Beziehungs-Verlagerungen verfügt der Säugling schon ab dem dritten Monat über differenzierte trianguläre Kompetenzen; vgl. dazu Fivaz-Depeursinge et al.

78 Vgl. zu Tvastr: insges. Ammer.

79 Vgl. zu Himmel und Erde als Schalen auch: I 164,33 und III 55,20.

80 Vgl. zur Assoziation von Sprache und Himmelserscheinungen auch den Artikel *bha-* bei Pokorny 105.

81 Guter Überblick zur Entwicklung des passiven Sprachvermögens: Krist et al. 154 ff. und Gopnik et al. 93 ff.

82 Ähnlich zum Ursprung von Platons Ideenlehre: Piaget 60.

83 Vgl. zu Schöpfung durch Wort: Für Ägypten: z. B. Hornung Pha 36; für Babylonien: z. B. Pettinato 77 f., 89, 102 f.; für Altamerika: z. B. Cordan 30; vgl. insges. oben: Kap. I, Anmerkung 1.

84 Auch in Indien waren die Vatergötter wichtige Katalysatoren beim Niedergang der morgenroten Religionen; wenn auch in gänzlich anderer Form als bei Echnaton und Zarathustra. Sehr lesenswert dazu: Stietencron Rel 189 ff.

85 Klassisch zur Rolle der Verneinung in der frühkindlichen Entwicklung: Freud Ver und Spitz NuJ.

86 Vgl. zur zurückgeführten Kuh: Lommel Yt 76 f.

87 Vgl. zu Mithras' Windeln: Brashear 18 f., 37, 50; das Wort (gr. sparganon) ist dasselbe wie Lk 2,7 und 12.

88 Vgl. zu Mithras' Defäkieren: auch Russell 243 und Gonda Mit 124 f.

89 Vgl. zu mesites: Plutarch, Isis 46 (II 204); zu transitus: Clauss 85 (Abb. 42) und 86. Zur vermittelnden Rolle Mithras' auch: Widengren HG 99 f. und 118 f.

90 Vgl. zu den genannten Attributen Varunas z. B.: IV 1,2; VI 48,14; VII 28,4; 86; 87,2; X 99,10; 147,5. Vgl. insgesamt zu Varunas neurotischem Naturell: Gonda MiI 42 ff.

91 Weitere Beispiele zu Kultplätzen bzw. Tempel- und Palastanlagen: Für den vorderen Orient einschließlich Israel: insges. Widengren KT; für die keltische und germanische Tradition: z. B. de Vries II 359 ff. – Gute zusammenfassende Darstellung: Widengren Phän 328 ff.

92 Vgl. zu Staatswappen z. B.: Visser.

III. Der Blinde wurde sehend – Teil 2

1 Vgl. zu Pani: Geldner III 328 und insbes. Wikander, Vayu 188 f.

2 Wörtlich war es nach diesem Mantra wieder Brhaspati, der die Höhle erbrach.

3 Vgl. zu Yamas vieräugigen Hunden: Gonda EaG 70.

4 Vgl. zum Wandel von Yamas Reich zum Reich des Hades: Thieme Had.

5 Hundertköpfige Bestie: Seneca Apoc. 13,3.

6 Vgl. zu Leopardenfellen: oben, den Text nach Abb. 2. Instruktiv auch: Koenig 109, 130, sowie die Taf. 46 und 47, und die Abb. S. 220 und 250.

7 Vgl. zum Pointillismus des Jungpaläolithikums z. B. den *aus Punkten geformten Wisent von Marsoulas* (Lorblanchet 112; auch Clottes Ni 28) sowie *die gepunkteten Pferde von Pech Merle* (Lorblanchet 181, vgl. 241 ff.). – Zum Pointilismus in Çatal Hüyük: Mellaart Hüy Taf. 73–76.

8 Vgl. zur Strahlkraft der Augen in den frühen Religionen: Assmann Fur.

9 Klassisch zum „bösen Blick": Bächtold-Stäubli I 679 ff., insges. Seligmann und Assmann Fur; für Altindien: Gonda EaG. Auch Koenig 193 ff.

10 Vgl. zu drakos und drakon: Pokorny 213 und Kluge *Drache*.

11 Vgl. zur intermodalen Wahrnehmung im Säuglingsalter: insbes. Karmiloff-Smith und Krist et al. 157 ff. Zu Kant: B 224 ff. (sogenannte „Erste Analogie der Erfahrung").

12 Vgl. zu Plastikfigürchen: Pauen.

13 Die Metapher vom Sud der Schöpfung ist uralt. Man denke an das Gesottene im Märchen von der Frau Holle und an Empedokles' *schönbrüstige Schmelzöfen* (Mansfeld II 11 = DK 31 B 96; vgl. dazu auch Strohm GuN 120); vielleicht gehört auch der Schaum der griechischen Aphrodite (z. B. Hesiod, Theo 191; auch Empedokles II 107 = DK 31 B 86) und des altindischen Namuci hierher (z. B. X 73,6 f.).

14 Vgl. zur weniger scharfen Trennung von Tier und Mensch in Ägypten: insges. Hornung Tie.

15 Vgl. zu Mitras (und Varunas) Sonnenauge: Lommel Spä.

16 Personifizierte Finger begegnen auch noch heute: Unlängst fiel mir ein Buch in die Hände: *Die Unzertrennlichen, Neue Fingerspiele* (Pausewang).

17 Vgl. zu Vulven-Darstellungen im Jungpaläolithikum: z. B. Lorblanchet 62, 142, 206.

18 Das Max-Müller-Zitat wie *Kap. 1, Anm. 4.*

19 Vgl. zu Soma, *dem am wenigsten verstandenen Gott der vedischen Religion* (dort 315): Lommel KS und MiS 204 ff.

20 Vgl. zu Soma und Mond: z. B. VIII 82,8 und IX 70,7; auch Lommel KS 319 f. und MiS 205 f.

21 Vgl. zur botanischen Bestimmung des Soma: insges. Harri Nyberg; auch Parpola. – Mit Fliegenpilzen hatte Soma, anders als zumal in esoterischer Literatur häufig behauptet, nichts zu tun. Die rigvedischen Schilderungen der Pflanze und ihrer Kelterung sprechen eindeutig dagegen.

22 Vgl. zum Opfertod Somas: Lommel KS 319; auch Merkelbach 16.

23 Vgl. zu König und aufgehender Sonne z. B.: Schlerath 158.

24 Vgl. zu Agni als Höhlengräber: VIII 60,16; III 5,1 ff.; als Juwelenfinder: VII 6,7; VI 16,40 f.; IV 1,10; als Wegbereiter: X 51,3 ff. u. a.

25 Vgl. zum universellen Phänomen der Konkreta- und Abstrakta-Personifikation in der Welt des Religiösen: Thieme Bes und Adi sowie Lommel Neu; zur korrelierenden Psychologie: Stern Leb 176 f., insbes. Anm. 7.

26 Vgl. zur Bedeutungslosigkeit der Namen Indras und Visnus: Thieme Adi 400, auch Rig 22.

27 Gisela Klann-Delius und Martin Dornes teilten mir dankenswerterweise mit, daß nach ihrem Wissensstand ein entsprechender Zusammenhang zwischen Namen und Persönlichkeitskonturierung in der modernen Säuglingsforschung bislang nicht hergestellt wurde.

28 Vgl. zu nama, nama-rupa usw. auch: Thieme Adi 399.

29 Zu Zwillings-Göttern denke man für Griechenland an Castor und Pollux; für Iran an Ormuzd und Ahriman; für die Maya an Hunapuh und Ixbalanque … Auch Jesus und der Täufer wurden als Zwillinge aufgefaßt; vgl. dazu: Strohm GuN 85 und Anm. 20. – Im Widerspruch zu der gegebenen psychologischen Deutung steht, daß viele göttliche Zwillinge deutlich älter als Yama sind: die Asvin, Mitra und Varuna, Cautes und Cautopates …

30 Vgl. zum ungeklärten Problem des Pluralis majestatis: Hocart 130 ff.

31 Vgl. zu den Systematiken der Adityas: Oldenberg RdV 178 ff. – Daß so farblose Gestalten wie Bhaga und Aryaman „ursprünglich" zur prominenten Schar der Adityas gehörten, ist wenig wahrscheinlich. – Die von mir vorgeschlagene Systematik will primär heuristisch und ohne Anspruch auf exakte Abbildung verstanden werden.

32 Vgl. zur Stellung Visnus zwischen Indra und Varuna: insbes. I 156,4 f.

33 Vgl. zur vormittäglichen Phase Mithras auch: Widengren HG 121.

34 Vgl. zu „Selbst"-Konzepten in der modernen Säuglingsforschung das erhellende und mit umfassenden Literaturangaben versehene Kapitel bei Dornes WK 175 ff.

35 Das Motiv des von Göttern nach Art eines Schiffes gesteuerten Menschen begegnet noch bei Platon: Krit 109 St; und auch Platons Ideen sind, ähnlich den buddhistischen dhammas, erkennbar *die entpersönlichten und logisierten Götter* von einst (Landmann 135).

36 Vgl. zum ontologischen Pluralismus Indiens insgesamt: Werner; im Buddhismus: Stcherbatsky, Rosenberg sowie Glasenapp UDT und GDT.

37 Vgl. zur pluralistischen Ontologie bei Nietzsche: JGB 577 ff. und oft; bei H. Hesse: insbes. den *Tractat vom Steppenwolf*; bei Stierlin z. B.: Hal 45 ff. 75, 129, 159, und insbes. auch Ver 112 f. und IuA 105 ff. Vgl. zu weiteren Vertretern auch Strohm GuN 243 ff.

38 Vgl. zu den Prinzipien vorachsenzeitlicher Staatsverfassungen (am Beispiel Ägyptens): insbes. Assmann Maat.

39 Vgl. zu Traummotiven (und ihrem Verhältnis zu Metaphern): insges. Faraday.

40 Martin Walser: DIE ZEIT, 14. Dezember 1990, S. 53.

41 Ich beziehe mich mit meinem Spiel-Begriff insbes. auf Huizingas *Homo ludens* und Ad. E. Jensens *Mythos und Kult* … 61 ff. und 80 ff.

42 Vgl. zu chinesischer Kunst die vielfältigen Abb. im Ausstellungskatalog *Das alte China* (Keller); z. B. die Nummern 21, 26, 32, 42 … im Katalogteil.

43 Vgl. zu entsprechenden Maya-Skulpturen im Ausstellungskatalog *Die Welt der Maya* (Grube) die Nummern 48, 50, 54, 88, 92 … im Katalogteil.

44 Meine Formulierungen sind (neben den abgebildeten) durch weitere archäologische Arte-

fakte von Nilpferden, Igeln usw. inspiriert: zu finden u. a. in den Ägyptischen Museen Berlins (z. B. Inv. Nr. 10 10250) und Münchens (z. B. ÄS 6040, 1570). Analoge Darstellungen trifft man in jedem größeren archäologischen Museum an.

45 Klassisch zu den „Übergangsobjekten" dieses Kinderzoos natürlich: Winnicott.

46 Vgl. zu Bronzezeit: Bächtold-Stäubli VI 11.

47 Vgl. zur kultischen Verehrung des Maulwurfs in Indien: Gonda RelI 88, 129.

48 Vgl. zu den genannten Prädikaten Mithras': Vermaseren GK 64, 66 ff., 68, 106. – Zum iranischen Mithra als äquivalent zum indischen Indra: insges. Thieme Wy, sowie Wikander Vayu 125 ff. und 133; auch Widengren Iran 23 (vgl. dort das Stichwort Thraetaona).

49 Vgl. zu Mithras, vom Sonnenstrahl getroffen, z. B. unten, Abb. 11.

50 Vgl. zu weiteren Abbildungen von Mithras Felsgeburt: Vermaseren CIMRM; einzelne auch in ders.: MiGe und MiRö; vgl. auch den Bildteil bei Merkelbach. – Vorbilder von Mithras Felsgeburt finden sich schon bei den Hethitern. Vgl. z. B. die Abb. 25 bei Bittel. – Interessant dazu auch die Steinkulte der Hethiter (Haas HB) sowie im vorislamischen Arabien. Entsprechende Felsheiligtümer galten dort nicht nur als von Göttern bewohnt, sondern wurden, Göttern wie Vadd ganz angemessen, auch geküßt, gestreichelt und mit Milch übergossen sowie in Reigenspielen umtanzt: Wellhausen 109 ff. und passim.

51 Vgl. zur Mithras Zipfelmütze mit wehenden Ohrenklappen: unten, Abb. 11.

52 Vgl. zu den genannten Attributen des Maulwurfs: insbes. Gambkrelidze/Ivanov IE 449 ff. und Bächtold-Stäubli VI 4 ff.; auch Pauly XIV,2; zum Stamm -mul (mhd. mul-werfe) auch den Artikel *-mel* bei Pokorny 716 ff.

53 Vgl. zu Kleist: Amphitryon III, 10.

54 Vgl. zu Indras Verwandlung zur Ameise: X 99,5; dazu Geldners Anm. III 311; vgl. auch IV 19,9 und VIII 102,21.

55 Vgl. zu goldgrabenden Ameisen auch: Herodot III 102 ff.; zu Ameisen in der klassischen Antike auch: Pauly I,2 1820 ff.; zu Ameisen im Westen auch: Bächtold-Stäubli I 361 ff.

56 Vgl. zu deutschem Aberglauben: Bächtold-Stäubli IX 1034; zur alten Verwandtschaft von Insekten und Zwergen auch die doch wahrscheinliche Etymologie bei Güntert 235.

57 Vgl. zu Goldkäferchen: Aristophanes Wes 1341.

58 Vgl. zu Ameisen von Hundsgröße im MA: Brummack 120.

59 Vgl. zum Verhältnis von Magiern zum Zarathustrismus ausführlich: Wikander FP, knapp: Stietencron IS 233 ff.

60 Vgl. zu Galba und Vespasian auch: Sueton Galba III 2 und Vespasian I.

61 Vgl. zu vorgeschichtlichen Stierkulten: Altheim Ita 45 ff., insbes. 48 f.

62 *Italia* bedeutet nach Altheim *Söhne des Stiergottes* (Ita 46).

63 Vgl. zu Hacilar und Çatal Hüyük: Mellart Hac 230, 523 und Hüy 148 und Rep 31. Zu altbandkeramischen Bullenkälbchen im Westen auch Krause 25 f.

64 Vgl. zu Baal als Stierkalb z. B. die versilberte Stierfigurine von Ashkelon (ca. 1600 v. Chr.), die 1990 in einem *Gefäß von der Form eines Bienenstocks* gefunden wurde (Gore 77, Abb. 68).

65 Vgl. zu Dionysos als Stierkalb: z. B. W. F. Otto 98, 150 ff., 175.

66 Rote Stiere sind ein häufiges Motiv: schon im Jungpaläolithikum, in Çatal Hüyük (Mellaart Hüy 168, Taf. 64), auch in Ägypten (insges. Morenz RS und A. Hermann 39) und noch bei Marc Chagall (z. B. An den Mond, 1953). Auch Indra war natürlich ein (morgen-)roter Bulle.

67 Vgl. zu gemein-indogermanisch: Gamgrelidze/Ivanov 446 ff.; zu weltweit: Blust 519 f., dort auch umfassende Literatur zu ethnologischen Studien.

68 Vgl. zur Etymologie von ahi- usw.: Lommel AK 35.

69 Zu danava und danu: … *mit danava (ist) offenbar Vrtra gemeint, der sonst, ebenso wie seine Mutter (I 32,9) auch danu genannt wird.* (Lüders 200).

70 Vgl. zu Scham: Thieme Rig 27.

71 Vgl. zu Mond: Geldner III 372.

72 Vgl. zu dazu die drittletzte Fußnote.

73 Vernascht sind Drachen noch heute: Die Schokoladenfirma Lindt hat einen Drachen als Emblem.

74 Vgl. zu Atra: Geldner: … *jedenfalls eine bestimmte Art von Dämon* (II 31); Lüders: *Ob mit dem Atra Vrtra selbst oder ein ihm ähnlicher Dämon gemeint ist, läßt sich kaum entscheiden* (201).

[75] Die altindischen Wörter für *vrtra,* „*Drache*" und *vala,* „*Höhle*" sind etymologisch verwandt: *Beide,* so Lüders, *kommen von der Wurzel* vr *und bezeichnen das Einschließende* (532). Vgl. zur genaueren Etymologie gleich unten.

[76] Vgl. zu den Tarnkünsten westlicher Zwerge: Lütjens 48, 50, 62, 80 f., 84.

[77] Vgl. zu Schätze bewachenden Drachen z. B. Bächtold-Stäubli II 384 f. und Blust 519, 524, 526 und 532.

[78] Vgl. zu Juwelen im Kopf z. B. Bächtold-Stäubli II 408 f.; auch Waltner-Kallfelz 88 ff., Blust 532 und Strohm GuN 106 f. Wichtige Primärquellen: Plinius XXVII, 158, und Sundermann 30 ff.

[79] Vgl. zur Vorgeschichte und Verbreitung azi dahaks auch Parpola 360.

[80] Vgl. zur adligen Herkunft Vrtras: Gonda ReI 228.

[81] Vgl. zum Motiv des „guten Drachen" auch Widengren Feud 17 und 45.

[82] Vgl. zu den übertragenen Bedeutungen von lahm, blind und aussätzig: Weinreich 176.

[83] Die wichtigsten Heiler neben Indra waren im Rigveda freilich die beiden Asvin. Ihre Wunder sind durchweg vom selben Typ; sie hier aufzuzählen würde mehrere Seiten verschlingen.

[84] Vgl. zu Vespasian: Tacitus Hist. IV 81; Sueton Vesp. 7; Cassius Dio, Hist. rom. LXVI, 8; zu Hadrian: Weinreich 65 f.

[85] Vgl. zu heilenden Königen insges. M. Bloch, Widengren Phän 376 ff. und Hocart 37 ff.; auch Dieterich Unt 518 und Weinreich 73 ff., 143 f. – Zur Frühen Neuzeit regelmäßig zitiert: Shakespeare, Macbeth IV,3 (Dialog Malcolms mit Arzt).

[86] Das frühkindliche Drama der Aussetzung (worüber im nächsten Kapitel) wurde offenbar schon in der Antike spezifisch mit Hautkrankheiten in Verbindung gebracht; medizinisch wohl nicht unbegründet, weil Bindungsstörungen häufig Hautleiden nach sich ziehen. Bei den griechischen Quellen ist oft nicht zu unterscheiden, ob das *lepros* ein soziales Problem oder eine Hautkrankheit („Lepra") bezeichnet.

[87] Die Quelle zu der zitierten Passage aus Widengren konnte ich nicht eruieren; Widengrens Angabe (Hocart 39) trifft nicht zu.

[88] Vgl. zur Anzahl der Heilungen: eine beliebige Konkordanz unter typhlos, cholos, lepros (und kophos). – In Jesu heilkundige Gefolgschaft trat natürlich nicht nur Paulus, sondern auch z. B. Antonius: In Padua, seiner Wirkstätte, werden noch heute Krücken und andere Requisiten gelungener Heilungen ausgestellt.

[89] Vgl. zu entsprechenden Heilungen im AT: z. B. Jes 35,5; 29,18 f.; 56,10 und Jer 31,8.

[90] Wir kennen das Motiv der Heilung Lahmer, Blinder und Aussätziger im Westen von den Mandäern (Lidzbarski Gin 30 und JB II 242 f.), im Osten von den Indischen Sonnenpriestern (Stietencron IS 133 ff.). Beide waren um die Zeitenwende aus Parthien ausgewandert; beide transportierten mithrisches Erbe.

[91] Vgl. zu den genannten Mithradates-„Dynastien": Pauly XV,2 2157 ff.; zu Mithra in Armenien insbes. Russell 268 ff.

[92] Zum häufigen rigvedischen Motiv des Wetteiferns und Wettrennens um die Gunst der Götter vergleiche man Jh 20,3 f. Bekanntlich wurde diese Wettlaufszene neben der Salbenkrämerszene zum Schlager mittelalterlicher Osterspiele. – Man vergleiche dazu auch die Wettrennszenen im *Beowulf* (Lehnert 865 ff., 916 ff.).

[93] Vgl. zu Jesu Verlassenheit: Lk 22,45 ff. und ||; Mt 27,46 und ||). Zum Motiv der eingeschlafenen Jünger vergleiche man auch die entsprechenden Szenen im *Beowulf* (Lehnert: 703, 2596 ff.). Sie müssen keineswegs aus dem NT entlehnt sein; ebensowenig wie das Motiv der zwölf (bzw. sieben) „Jünger": (Lehnert 2401 ff. und 3120 ff.).

[94] Vgl. zu Indras Keule, Blitz und Donner: Lommel AK 39 ff.

[95] Vgl. zu angira und angelos: Lommel AK 27.

[96] Daß der Mithraskult nicht in Rom, sondern doch in der Peripherie Parthiens entstanden ist, wurde durch die Grabungen in Dülük wieder wahrscheinlich (vgl. dazu Schütte-Maischatz/Winter). – Fast alle Motive der Mithrasmysterien (Stiertötung, Felsgeburt, Wasserwunder, Spermagewinnung, Krug, Hund, Schlange, Löwe, ... Sonnenvater, Mondmutter) begegnen schon im Rigveda und großteils noch im heutigen Mihragan. Eine astrologische Überformung der Mithrasmysterien liegt dennoch nahe. Ulanseys etwas lauthalse Deutung ist dennoch überzogen.

[97] Das griechische *(e-)s-chizo*, Stamm unseres „Schisma“ und unserer „Schizophrenie“, bedeutet *„auseinanderreißen“* und kann sehr wohl auch im Sinne von *„(einen Vorhang) energisch öffnen“* aufgefaßt werden.

[98] Vgl. zu *Rubin* usw. das Innsbrucker Osterspiel 540 ff. (Salbenkrämerszene; Meier 45 ff.). Zu komödiantischen Königskulten Irans: Boyce Mihr 116 ff. – Ähnliches wie für die Karfreitags- und Osterszene gilt für die Weihnachts- und Dreikönigsszenen; auch sie wurden durch die Jahrhunderte in Schauspielen aufgeführt.

[99] Vgl. zu Jesus und Theater: Thiede 36 ff.; auch insges. Schwank und Batey. – Und erinnert nicht Jesu Auftreten insgesamt an die uralte Tradition des „fahrenden Volks“?

[100] Vgl. zu Dionysos' Tötung: W. F. Otto 97 f. und Wilamowitz-Moellendorff 65 und 373; zu Phaethon: Ovid Met 320 ff. – Auch Gilgamesch war, wie Mithra, beides, Stier und Stiertöter: vgl. z. B. Schott 16 f. und 58 f.

[101] Vgl. bei Ad. E. Jensen auch 176 ff., 203 ff., 210 ff., 226 f. – Die Analogie immerhin zum rigvedischen Mitra sah auch Jensen (211 ff.). Ihm folgte auch Lommel (MiS 207 ff.).

[102] Vgl. bei Frazer: Kap. XXIV ff.; dieser insbes. auch zu den Verhältnissen im frühen Rom. Weitere Beispiele zu Königsopfern: für Mitteleuropa: Höfler SK 88, 96 f., 120; für Ägypten: Brunner 71; für Iran: Widengren SI 245; für Indien: Gonda AK 33; für die Maya: Grube 233.

[103] Interessant zu Substitutionsopfern die Überlieferungen der Hethiter zum sogenannten Ersatzkönigritual: Haas GhR 207 ff. Auch das parallele Sterben des indoiranischen Urmenschen Gayomart und des Urrindes spricht für ein ursprüngliches Substitutionsopfer; vgl. dazu: Schaeder 205 ff., auch Widengren IG 72 ff. Ein typisches Substitutionsopfer war natürlich auch das Abrahams (1 Mos 22); und auch noch im Islam fehlt das Motiv nicht: Ibn Ishaq 26 ff., Wellhausen 116.

[104] Vgl. zum Asvamedha RV I 162 und 163; dazu: Gonda AK 110 ff. und ReI 168 ff. Zu Stieropfern RV I 130,10, IV 24,5; zu Tieropfern allgem. IX 97,1, X 27,2 f. und 28,3. – Zum Stieropfer Mithras: insges. Hinnels.

[105] Vgl. zu Jesus als Stier: Hebr 10,4; als Lamm: Jh 1,29,36; 1 Pe 1,19, Off 5,6 und oft.

[106] Vgl. zu Opfergebäck auch Ad. E. Jensen 226 sowie Bächtold-Stäubli III 326 f. und VII 698 f.; auch Haas HB 21 und Rosenkranz.

[107] Vgl. zu Mondsichel und Stierhörnchen auch unten: *Kap. IV., 4. Hörnchen und ff.*

[108] J. Clottes bleibt beim Motiv der durchbohrenden Speere unbestimmt. Lorblanchet beschreibt mit: *von sieben Strichen durchbohrte Silhouette* (15), Bosinski mit: *„tödlich?“ verwundet* (Men 87) und *„gespeerter“ Mensch* (Ural 153 f.).

[109] Farbige Reproduktionen der in Abb. 12 gezeigten Figuren: Clottes Cos 157 ff. Weitere Abb. bei Lorblanchet 174 f. und 246 sowie bei Scelinskij/Sirokov 58 ff.

[110] Der Zirkus in heutiger Form ist zwar ein Produkt der Neuzeit, aber durchweg aus alten Elementen komponiert und gewachsen; vgl. dazu z. B. Croft-Cooke 7 ff. – Zu abgerichteten Tieren in frühen Kulturen: Zu Ägypten: Rupp 281, 284 ff.; zu Mesopotamien: insges. Polinger-Foster; zum hethitischen Anatolien: Haas LuB 106 f. und HB 18; zum achämenidischen Iran: Fauth 4 f., 7 f., 15, 17, 25; zu Griechenland und Rom: insges. Kötting, dazu auch die Artikel *Löwe* usw. bei Pauly.

[111] Vgl. zu meinen knappen Ausführungen zum Harlekin usw.: insges. Widengren Harl; auch Dieterich Pul und Strohm GuN 173. Kult- und Hofnarren kannte auch die Neue Welt; Grube berichtet von einer *Narrengottheit* (233 und Abb.), Houston/Stuart von Hofnarren (143).

[112] Vgl. zur Etymologie von Hel und Harlekin: Bächtold-Stäubli V 1774 f. und insbes. Widengren Harl 76, 85.

[113] Vgl. zum Harlekin als Hahn (Pulcinella): insges. Dieterich Pul.

[114] Vgl. zur familia harlekina z. B. Höfler 76, 98, 161.

[115] Vgl. zu Varuna oben: *Kap.II., Sklavenaufstand* und *Kap. III., Teil 1, 3. c. Meister der Rede.*

[116] Zu Zarathustras Narrentum sei an den – unsicheren – Hinweis bei Plinius erinnert, nach dem er schon am *Tage seiner Geburt lachte* (VII,15; vgl. dazu auch: West, Denkart VII 3,2). Die gewichtigeren Indizien stellte Widengren zusammen: Harl 57 ff.

[117] Vgl. zu Platon: Reich 354 ff.; zu Narren in den neuen Erlösungsreligionen auch den Abschnitt oben: *Kap. III., Teil 1, 2., Neuer Mensch* sowie die dort angegebenen Fußnoten.

[118] Vgl. zu *Heilige Idiotie*: Strohm GuN 169 ff.

[119] Vgl. zu frühen Darstellungen von Akrobaten: Höfler 116; auch Haas GhR 524 und Abb. 94a/b.

[120] Vgl. zur Etymologie von Karneval: Höfler KG 86; dort weitere Literatur.

[121] Vgl. zur frühkindlichen Erschließung physikalischer Zusammenhänge z. B. Gopnik et al. 70 ff., Karmiloff-Smith 65 ff., Kirst et al. 62 ff.

[122] Vgl. zu altindischen und altiranischen Umzugstraditionen: insbes. Wikander AM 67 ff.

[123] Auch noch in Mohammeds ersten Visionen zu Mekka erschien – man weiß nicht: Allah oder nur der Engel Gabriel – *am Horizont* wie vormals Indra; vgl. Koran 53,7 und 81,23.

[124] Die Geste des Kniens ist für den Rigveda nicht gesichert. Vgl. dazu die Kommentierungen Thiemes (MaA 48 und RM 387) zu Geldners Übersetzungen der Strophen III 59,3 und VII 82,4. Gleichwohl ist das Niederknien gegenüber Göttern wie den Adityas eine natürliche Begrüßungsgeste und anderweitig wohl nicht leicht zu erklären. – Zu *ausgestreckten Händen* und *Verneigung* z. B. III 14,4; auch z. B. Lommel Yt 10,83 f.

[125] Vgl. zu Schnabeldelphin neben Thieme HuE 41 insbes. auch ders.: Sim.

IV. Es erhob sich der Aussetzling

[1] Vgl. zur legendären Aussetzung Zarathustras: Denkard VII 3,11,13,16; zu Mohammed: Ibn Ishaq 30 ff.; zu den übrigen: Binder passim.

[2] Vielleicht gehört das zitierte Lied in den Umkreis der Mythen um die Wasserfrau Apsaras, die – stimmig – auch als Mutter der Zwillinge Yama und Yami galt. Vgl. dazu insbes. X 10,4.

[3] Vgl. zu Mahlers Symbiosetheorie die – skeptische – Darstellung bei Dornes KS 49 ff. – Mehrere rigvedische Stellen scheinen eine solche „symbiotische" Phase anzusetzen. Über Agni etwa, *den jüngsten (Sohn) der Aditi* (X 11,1), heißt es einmal: *Er ist Aditi* … (IV 1,20); über Soma: (du) *sollst zur Aditi werden* (VIII 48,2).

[4] Vgl. zur Etymologie von Aditi auch: Oldenberg RdV 202.

[5] Vgl. zu kinderfressenden Hexen: z. B. Sprenger und Institoris I 158, II 27, 30 ff., 135.

[6] Vgl. zur Zehnkönigsschlacht: RV VII 18,5 ff.; 33,3 und 3; 83,5 ff. Dazu: Witzel 328 ff.

[7] Vgl. zur Etymologie von Susna: Lommel AK 58 und Wikander Vayu 191 f.; ebenso schon Oldenberg RdV 152. – Als *Zischer* lernten wir nicht nur die Zwerge, sondern, psychologisch angemessen, auch schon den kleinen Agni kennen: *Er schnaubt … wie ein Ross. – Er zischt … wie ein Schwan* … (VII 3,2; I 65,9) – Daß Drachen fauchen, zischen und schnauben, wird daher zum einen als Ausdruck ihrer Vorsprachlichkeit, zum anderen ihrer Gefährlichkeit zu deuten sein: Sie zischen und fauchen wie bedrohte Katzen, Wiesel, Echsen … Vgl. dazu den weiteren Text. – Das Wort *Susna* ist natürlich, wie unser „zischen", lautmalend.

[8] Vgl. zu Mutter und Drache auch Stitt 36 sowie die Anmerkung 19. – Eine Drachenmutter dieses Typs war natürlich auch die griechische Echidna: *halb ein äugelndes Mädchen im Schmukke rosiger Wangen, halb eine greuliche Schlange, entsetzenerregend und riesig* … Ihr mit Echsis „Schlange" verwandter Name belegt den Zusammenhang auch etymologisch. Vgl. zur Etymologie: Pauly II A,1 510 (Schlange).

[9] Vgl. zum Mythos des Burgenzerbrechens und Jungfrauenbefreiens: Widengren Phän 177 ff., 247 ff. Vgl. zu neueren Varianten: *Dat Erdmänneken* bei Grimm (Nr. 91), sowie: Aarne/Thompson 90 ff. (= AT 301) *The Three Stolen Prinzesses*; vgl. dazu gegebenenfalls auch den Artikel: www.maerchenlexikon.de/at-lexikon/at 301. Ausführlich zu AT 301: Stitt, insbes. 189 ff. – Zum Motiv des Flüssebefreiens: Lommel AK 61 ff.; im Alten Testament: 4 Mos 20,8 ff. und 2 Mos 17,5 ff.; bei den Griechen: Euripides Bakchen 704 ff.; beim römischen Mithras: Vermaseren MiGe 14 und Clauss 80 ff. und Abb. S. 44.

[10] Vgl. zu Abbildungen jungpaläolithischer Aditi-Typen: Bosinski Men 78 ff.; dort auch die Vénus à la corne. Erst 2001 entdeckt: die „Venus"-Gravur in der Höhle Cussac; Abb.: www.spiegel.de/wissenschaft/0,1518,143389,00.html.

11 Vgl. zu Abb. von mesolithischen und früh-neolithischen Aditi-Typen neben den genannten Mellaart-Titeln: insges. Gimbutas (im Text leider zum Teil übermäßig ideologisierend); für Malta: v. Reden 90 ff. und 102, 111.

12 Das Motiv der aus der Erde geborenen, geformten oder gewachsenen Menschenkinder ist weit verbreitet und noch in heutigen Kinderbüchern häufig zu finden; man denke neben dem Mythos über die „Geburt" Adams auch z. B. an die „Offenbarung" Mohammeds, Koran 71,16: *Allah ließ euch aus der Erde gleich Pflanzen sprießen.*

13 Vgl. zu den Fehlgeburten der Aditi: RV VII 18,8 und X 72,8; dazu insges. Hoffmann.

14 Vgl. zu einer entsprechenden Gebärstellung: die Abb. bei Mellaart Hac 481.

15 Vgl. zu gebärenden und entsprechend „kauernden" „Venus"-Figuren: Bosinski Men 82, Mellaart Rep und v. Reden 91.

16 Vgl. zu Original-Abbildungen der bezeichneten Göttin von Çatal Hüyük: Mellaart Hüy Taf. 67, 68, IX. – Gute Abb. auch in: Klotz (28).

17 Vgl. zu Schoß und Nabel bei archaischen „Venus"-Figuren: z. B. Bosinski Men 79 und v. Reden 91.

18 Vgl. zu Babel und Jerusalem als Nabel: Widengren Phän 335 sowie SK 47 f. und 104 (Anm. 38); dort auch die Quellen und weitere Literatur.

19 Vgl. zu Nischen, roter Bemalung und Leopardenfellen: z. B. Kerndl 1113, 15; Mellaart Hac 168, 170, 174 sowie die dortigen Verweise auf die Abbildungen; auch: ders. Hüy 141 ff., 195, 200, 216, 233.

20 Der Drache, der Indras Jungfrauen belagerte, galt auch als *Sohn der Rohini* (vgl. RV I 103,2 und II 12,12). *Rohini* aber, so Wikander, *ist Fem. zu rohita „rot", formal identisch mit aw. raoidita, dem Beiwort des Drachen.* – *Sohn der Rohini* übersetzte Wikander deshalb mit *„Abkömmling der Roten"* (Vayu 176). Vgl. dazu auch Schlerath 101. – Das dunkle Rot der Aditi repräsentiert natürlich im Gegensatz zum hellen der Usas die Farbe vor Sonnenaufgang.

21 Vgl. zu Schamdreieck: Für die jungpaläolithischen Darstellungen widerspricht G. Bosinski: *Meist sind die Frauen unbekleidet und mit deutlich sichtbarem Schamdreieck dargestellt* (Men 79). – Die Urteile sind subjektiv: Wer die Abbildungen bei Bosinski (a. a. O.) und Mellaart (Hac 474 ff.) vergleicht, wird schwerlich gravierende Unterschiede feststellen. – Vgl. zur Hand- und Fußlosigkeit weiterer mesolithischer bzw. frühneolithischer Mutterfiguren (Tell Chuera, Hama, Halawa): Haas GhR 356; zur Handlosigkeit in „modernen" Mythen: Aarne/Thompson 240 (= AT 706).

22 Als *gesichtslos* galt nach der Übersetzung Thiemes bezeichnenderweise auch Vrtra, der Drache (Rig 27). – Thiemes Deutung dieses Attributs überzeugt nicht.

23 Im übertragenen Sinn sind uns die Haare der Aditi übrigens sehr wohl überliefert. Aditi galt, wie gezeigt, als Repräsentantin der Erde; und wie auch in späteren (z. B. manichäischen) Mythen galten die Pflanzen auch in rigvedischer Zeit als Haare der Erde. Entsprechend heißt es z. B. in V 41,11: ... *die Berge, die als Haar die Bäume tragen.*

24 Vgl. zu sexuellen Anwandlungen Agnis und Somas: oben *Kap. III, Teil 2, 3. Küsse* und *Königselefant.*

25 Vgl. zu Weltenmantel: insges. Eisler.

26 Der Theaterdirektor gab noch in den klassischen Schauspielen Altindiens die Bühne mit einem Prolog frei. Im folgte ursprünglich ein Tanzspiel von Mädchen des Usas-Typs. Zur Vorgeschichte vgl. Thieme The 26 ff. und 41 f.

27 Auch schon in Çatal Hüyük wurde die dem fettleibigen Muttertyp entgegengestellte charmante Göttin des Usas-Typs mehrmals in Verdoppelung dargestellt: Vgl. z. B. Mellaart Hüy 115 (Abb. 23), 135 (Abb. 26), 137 (Abb. 28). – Eine Versiebenfachung der Muttergöttin ist für die „prähistorische" Zeit sodann durch eine reliefierte Kalksteinplatte aus Tell Chuera bezeugt (Abb. bei Orthmann 35; auch bei Haas GhR (Abb. 84), Erklärung dazu 1028). Als *Siebengesichtige* galt auch noch Jahrtausende später eine Göttin im Gefolge der Sawosaka von Ninive; vgl. dazu Haas GhR 347. – Berühmtes Beispiel zur Verdreifachung sind natürlich die *Drei gestohlenen Prinzessinnen*: Aarne/Thompson 90 ff. (= AT 301).

28 Vgl. zu drei Chariten/Grazien: z. B. Hesiod Theo 945 ff.; zu den Gravuren von Angles-sur-l'Anglin: Bosinski Men 92 und Lorblanchet 34.

29 Zum religionsgeschichtlichen Hintergrund des Zauberflöten-Librettos: Morenz ZF.

30 Vgl. zur Al-Uzza das noch immer vorbildliche Porträt bei Wellhausen 34 ff.

31 Vgl. zur Etymologie von Usas: Pokorny 86 f. und Knobloch III 55 ff.; auch Haas GhR 380.

32 Vgl. zu *rosigen* Fingern der Eos, desgleichen zu ihren rosigen Knöcheln, ihrem rosigen Haar und Kranz auch: Pauly V,2 2667 (Eos).

33 Vgl. zu erotischen – bei ihr *aufgelösten Zöpfen* – auch die rigvedische *Rodasi*, wörtlich *„die Rote"*, eine freizügige „Freundin" der Marut (I 167,5); wie Sarasvati und andere rigvedische Göttinnen wohl auch eine Analogbildung zur Usas. – Auch bei den Griechen scheinen ja die Athene, Europa, … Medeia, Io, Phaidra, Ariadne Auffächerungen oder „Hypostasen" der Eos zu sein. Vgl. dazu Pauly V,2 2662 (Eos). – Vgl. zu gelöstem Haar auch unten: *3. Sexualität, Sakontala.*

34 Vgl. zur *schönengelockten (euplokamos) Eos*: Homer Ody V 390, 9 76, 10 144; zu ihrem rosigen Haar: Pauly V,2 2667.

35 Prägnante Schilderungen von Usas-Eos' Augen kennen wir aus dem rigvedischen Indien nicht; wohl aber aus Griechenland; vgl. dazu: Pauly V,2 2667 und –69.

36 Vgl. zu Schminke und Schminkfarben in Çatal Hüyük: Mellaart (157, 247). Auch die häufigen Rötelfunde archaischer Kulturen (schon bei homo erectus) finden hier eine einfache Erklärung. Vgl. dazu: Bednarik Kie 199 und insges. AO; auch Leroi-Gourhan 76 ff. und Goldenberg/Steuer Mon und Häm. – Für Ägypten und die westliche Antike sind die Belege überreich; für Kanaan/Ugarit vgl. z. B. Loretz 86 und Beyerlin 241; für das hethitische Anatolien: Haas GhR 354.

37 Die griechische Eos trug ein *Diadem* oder eine *Strahlenkrone*: Pauly V,2 2667.

38 Vgl. zu Wiesen- und Blumenornamenten schon in Çatal Hüyük: Mellaart Taf. 7; auch 186 Abb. 42 sowie Taf. 41 und 42.

39 Vgl. zur Etymologie von Kosmos und Kosmetik z. B. Kluge. Tertium comparationis ist natürlich die ordnende Macht der Eos/Usas.

40 Vgl. zu *„Sprachmalerei"*: Thieme Sm.

41 Vgl. zum Strahlen, Lächeln usw. der griechischen Eos: Pauly V,2 2659 und –67.

42 Die herausragende historisch-psychologische Studie zur *Angst im Abendland* in der Zeit zwischen dem 14. und 18. Jahrhundert ist noch immer: Delumeau.

43 Brüste als kosmische Hügel kennen wir z. B. aus dem Vorderen Orient, wo Marduk (ein Vetter Indras) auf der Brust Tiamats (dem Pendant der Aditi) *fruchtbare/leuchtende Hügel* anlegte (Haas GhR 148). Auch Indra befreite die „Flüsse" ja aus einer Berg-Höhle. Und auch noch z. B. in Mozarts Zauberflöte kehrt das archaische Motiv wieder: Im zweiten Akt nämlich verwandelt sich dort die Kulisse in *zwei große Berge, in dem einen ist ein Wasserfall, der andere speit Feuer.*

44 Vgl. zu Kant: Kudielka; zu Schopenhauer: Strohm GuN 246 ff.

45 Vgl. zum Schleier der Istar und verwandter Göttinnen: Haas GhR 357 und 362.

46 Vgl. zu Nebel und Hochzeitsschleier: die etymologische Verwandtschaft von *Braut* und *Nebel* im Griechischen: Bächtold-Stäubli VII 1210.

47 Vgl. zur Metapher *die Naht ausziehen*: den erhellenden Kommentar von Geldner I 409. Grassmann übersetzte mit: *Auflösend gleichsam ihren Gurt …*

48 Vgl. zu der problematischen Stelle VIII 2,42: Geldner II 285 und Lüders 561. – Die von beiden Autoren vorgeschlagene Übersetzung von *maki* mit *„zwei Frauen"* gibt im vorliegenden Kontext eine einfache, wenn auch metaphorische Bedeutung.

49 Vgl. zur kulturellen Brücke zwischen dem rigvedischen Indien und dem Vorderen Orient: insges. Thieme Gods; auch Haas GhR 542 f.

50 Vgl. zu Götterabenteuern mit katastrophalen, ja weltbedrohenden Konsequenzen z. B. die Ausfahrt Phaethons bei Ovid Met II 1 ff. Auch noch in Schillers *Der Kampf mit dem Drachen* überzieht das Ungeheuer das Land mit *Plagen* und *verheert* und *verödet* es.

51 Bei Haas: Sawoska. – Haas schwankt bei seinen Schilderungen des Hedammu-Mythos zwischen den Göttinnen Istar und Sawosaka. Wahrscheinlich sind sie in der Tat austauschbar; beide jedenfalls Repräsentantinnen der von Haas so bezeichneten *nackten Göttin* (GhR 356 f.).

52 Vgl. zu ähnlichen Präsentationen der *nackten Göttin*: die Abb. 56, 58, 61 ff. bei Haas GhR; zur Deutung als Istar bzw. Sawosaka: Haas HB 200 f.

[53] Vgl. zur Prostitution der Istar auch: Haas GhR 339 ff.

[54] Das Motiv der *Tänzerin* klammere ich aus. Man vgl. dazu z. B. Stern Mk 87 f. und Dornes KS 38. Die Korrespondenz zu Indras Tanzkünsten ist unverkennbar; vgl. dazu oben: *Kap. II., 4. Tänzer.*

[55] Die religiöse Tradition solcher Wandertrupps und des „Fahrenden Volks" scheint noch bei Buddha und Jesus fortzuleben; ja noch bei mittelalterlichen Ketzern und Bettelmönchen und heutigen Mormonen ... – Klassisch zur Anrüchigkeit des antiken Theaterspiels sind natürlich auch die wüsten Angriffe Tertullians (17,1 ff.).

[56] Vgl. zur Entstehung des Theaters aus dem Tanz und aus Umzugstraditionen: Thieme The und natürlich Nietzsches *Geburt der Tragödie* ... (GT).

[57] Vgl. zu Vögeln in Çatal Hüyük: Mellaart Rep 38; Hirsch III 84 ff.

[58] Vgl. zu (Taube und) Schwalbe: Istar: Haas HB 84, vgl. 89; Abb. S. 87 und 88. Isis: Brunner-Traut Mär 124; Athene: Homer Ody XXII 240 (dazu Wilamowitz-Moellendorff I 141). – Aus Altarabien kennen wir – nicht zuletzt durch Mohammeds „satanische Verse" (Koran 53,19 ff.) – die himmlischen *Schwäne* oder *Kraniche Manat, al-Uzza* und *al-Lat* (Ibn al-Kalbi 39 und Anm. 136; Wellhausen 34).

[59] Vgl. zum Motivkomplex ‚Vögel und Morgenröte' in der Zwergenwelt z. B. Laurin 220 und 909 ff.; schon im Jungpaläolithikum: oben Abb. 4. Vgl. dazu auch das schon wiederholt zitierte *Nest* der Adityas.

[60] Vgl. zu Impotenz: Delumeau 81 ff.

[61] Vgl. zu Eherecht und Ehenormen in Altindien: Thieme Jung.

[62] Schon das Hochzeitslied des Rigveda kennt die noch heute geläufige Metapher: *der Gatte wird in Fesseln gelegt* (X 85,28). – Auch für damals ist gewiß ein ironischer Tonfall zu unterlegen.

[63] Ausgeblendet muß hier bleiben, daß Usas' Nähe zur Prostitution im rigvedischen Mythos „irgendwie" mit einem Kindheitstrauma zusammenhing: Usas war nämlich ein Opfer des Inzests mit ihrem Vater, *Surya, „Sonne"* (vgl. dazu: I 71,5,8, I 164, 33, VI 12,4, X 61,7, I 115,2). – Die entsprechenden psychologischen Zusammenhänge zu diskutieren wäre interessant, liegt aber zu weit abseits unseres Themas.

[64] Vgl. zu optischen Prägungen und Sexualprägungen bei Tieren: insges. Immelmann.

[65] Die Parallele zu Tieren ist freilich mit Vorsicht zu ziehen. Menschliches Verhalten ist auch hier außergewöhnlich komplex und flexibel. Homosexualität, Travestie, sonderbare Formen des Fetischismus oder der Sodomie vorschnell auf „Fehlprägungen" zurückführen zu wollen wäre deshalb allzu leichtfertig.

[66] Vgl. zu Soma als Bereiter und Repräsentant der weiblichen Milch: oben *Kap. III, Teil 2, 3. Königselefant.* Dazu auch Lommel KS 317 ff. und MiS 205 f.

[67] Vgl. zu Höhle und Krug: oben: *Kap. III, Teil 1, 2. Goldstück.* Dazu insbes. auch die Stelle X 89,7: (Indra) *zerbrach den Berg wie einen neuen Krug* ...

[68] Vgl. zu mesites und transitus: oben *Kap. III, Teil 1, 3., c. Meister der Rede.*

[69] Vgl. zu Mithras Sperma und Krug z. B. das Relief aus Frankfurt Heddernheim; Abb. in: MiGe 24.

[70] Vgl. zu Selbstopfer und Sperma auch: RV IV 24,3. – Sperma-Mythen dieses Typs werden es gewesen sein, die, nachdem ihr psychologischer Sinn entfremdet war, zu den absonderlichen und obszönen Kulten der Spermagnosis degenerierten. Vgl. dazu Strohm GuN 162 ff.

[71] Vgl. zu derben Festsketchen: RV VIII 1,34 und insbes. X 86.

[72] Vgl. zur Textgeschichte und zur weiteren Erschließung der Sakontala: Thieme The 93 ff.

[73] Vgl. zum Motiv des Juwels im Bauch des Fisches: Opelt.

[74] Die erotische Gleichgültigkeit des Narren ist aus der Perspektive unseres Themas von sekundärer Bedeutung. Nur wenige Worte dazu: Der Narr repräsentiert Vidusaka und dieser den unheimlichen Varuna. Bei Varuna aber waren wichtige Entwicklungsschritte traumatisch besetzt: Er hatte weder gegen Drachen gekämpft, noch Morgenröten erobert. Deshalb aber war Varuna pathologisch regressiv: Er sehnte sich unter anderem zurück in Aditis Schoß und trieb sich in (Ur-)Gewässern und am Rand der Welt herum. – Gewöhnlich sind die kultischen Narren, genau umgekehrt, erotisch zügellos, dabei aber ebenso wenig in der Lage, im Weiblichen das Individuelle zu schätzen. Man denke z. B. an Mozarts befiederten

Papageno: Sein berühmtes *,alle Mädchen wären mein'* setzt dieselbe Anonymität voraus wie die Narrenszene bei Kalidasa, nur begleitet von erotischer Sehnsucht.

75 Vgl. zur Schönheit von Kompositgesichtern: Zimmer 12 ff.

76 Vgl. zu Schleier seit Biedermeier: Schmidt 20; zur Geschichte des Schleiers insges.: Bächtold-Stäubli VII 1207 ff. – Die im Rigveda überlieferten Hochzeitsbräuche werden hier nicht näher thematisiert.

77 Vgl. zu den bezeichneten Hochzeitsbräuchen: Bächtold-Stäubli IV 148 ff; zum Polterabend auch IX, Nachtr. 794.

78 Vgl. zum äußeren Erscheinungsbild entsprechender Königs- und Prunkwägen des Westens: Vosteen, Weber TKP, Leskovar und J. Jensen sowie Weber BUZ und Woytowitsch WI und WS. – Die dort besprochenen und abgebildeten Kultwägen des neolithischen, bronze- und eisenzeitlichen Westens ergänzen die literarischen Quellen des rigvedischen Indiens durchaus stimmig. – Zu beachten sind insbes. die Sonnen- und die an die Marut erinnernden münzartigen Ornamente, sowie die Stier- und Vogelrequisiten.

79 Erste Anzeichen für Geschlechtsdifferenzierung wurden schon ab dem zweiten Monat beobachtet; für Identifizierung des eigenen Geschlechts *schon lange vor dem 18. Monat.* Vgl. dazu: Fthenakis/Herz 96 ff.; auch Stern Tag 104.

80 Nach einem hethitischen Mythos aus dem 16. Jahrhundert v. Chr. wurden nur die Söhne der Königin von Nesa ausgesetzt (wie so oft in Körbchen, die in einen Fluß ins Meer trieben, um dort von Dritten gefunden zu werden). Ihre Töchter dagegen zog die Königin selbst auf. Vgl. Oettinger 51.

81 Vgl. zu Texten zur Nut: insbes. die Ägyptischen Unterweltsbücher: Hornung Unt 182 f., 193, 279 ff., 290 f. und 492 f. – Weitere Abb.: ders. TdK 106, 116 f., 131, 172.

82 Vgl. zur Zwergenhaftigkeit des Schu und anderer ägyptischer Götter: insges. Ballod, insbes. 68; auch insges. Rupp. – Vgl. zur Hebung des Schu: oben *Kap. III, Teil 1, c. Tempel.*

83 Vgl. zu Euterstemmern: oben *Kap. II, 6. Entenfüße.*

84 Vgl. zur besagten Triade in Armenien: Russel 244 und 247 f.; zu Vahagn = Verethranga = Vrtratöter und insges. zur gemeinsamen Vorgeschichte Indras, Mithras und Verethrangas: Thieme Gods 311 ff. – Typische Züge eines Gottessohnes hat auch der Pourva, den Yt 5 erwähnt und den wir auch aus dem Rigveda kennen. Er sollte später den Geschichten von Sindbad, dem Seefahrer, Pate stehen. Vgl. dazu: Thieme Wy.

85 Vgl. zu Anahita mit Puttos: Ringbom 14 (Abb. 9) und Seipel 283; bei beiden auch weitere Abb. von A. Abb. auch bei Sarre/Herzfeld 84 und Taf. IX.

86 Vgl. zu Löwen auch: Russel 235; zu Schleier: Imhoof-Blumer: 174, 207, 248 mit Tafeln und Ringbom 11 ff. (Abb. 7, 8, 9, 10, 11); zu Vögeln: Ringbom 14 (Abb. 9); zu Rindern und Stieren: Windischmann 97.

87 Vgl. zu freier Brust: Abb. bei Ringbom 8 f. und 15 f. (Abb. 3, 4, 10, 11); dazu auch Karomatov 131 ff.; zu Bade-Szene: Russell 52.

88 Vgl. zu Anahita und Prostitution: Russell 248 f.

89 Off 12,1 ist die älteste „christliche" Schilderung der „Mutter Gottes": *Am Himmel … erschien eine Frau, mit der Sonne umkleidet, der Mond unter ihren Füßen und auf ihrem Haupt ein Kranz von zwölf Sternen.* – Als Keim und ausschließliche Quelle des Marienkults kommt diese viel zu matte Passage nicht in Frage; als Legitimation und Katalysator eines kompletten mythischen Bildes dagegen sehr wohl. Sie steht, wie die gesamte *Offenbarung des Johannes*, erkennbar im Kontext iranischer Tradition; schon Mommsen wies darauf in gebührender Deutlichkeit hin (vgl. 275 Anm.). – Ich schließe mich ohne Anspruch auf Ausschließlichkeit dem Plädoyer Russells an (246, 251 f.). Armenien, früh christianisiert und eines der Pufferländer zwischen Orient und Okzident, ließe sich als Vermittler gut vorstellen. Interessant dazu auch: Wellhausen 41.

90 Vgl. zu Mond und Stierhörnern bei Ovid auch Fast II 447 f.; in der Sekundärliteratur z. B. Lommel KS 320, Altheim Ita 45 ff. und Merkelbach 16; zur Mutter Gottes und Stierhörnern: Widengren Phän 477; dort weitere Literatur.

91 Vgl. zu Siva: Kirfel SuD 85 ff. und SHJ 19 ff.

92 Vgl. zu goldenen Hörnern und Mondsichel bei der Istar: Haas HB 75; bei Anahita: Wikander FP 86, Russell 51, dazu auch Lommel 27, Ringbom 13 (Abb. 8).

93 Vgl. zu Göbekli Tepe: Zick; zu Kelims: Mellaart Rep. – Die These Zicks und anscheinend auch der Ausgräber von Göbekli Tepe, daß es sich bei den entsprechenden Reliefs in Göbekli Tepe *eindeutig* um *ein Tier mit gefletschten Zähnen* handle, Mellaarts Deutung als *gebärende Göttin* deshalb *kritisch zu überdenken* sei (67), ist gesucht. Auch Mellaart hatte die Göttin schon mit dem Kopf einer Katze rekonstruiert (vgl. oben, Abb. 7); und daß morgenrote Mütter zu allerlei, bisweilen auch gefährlichen Tieren mutieren können wie Echidna, bedarf keiner weiteren Belege.

94 Auch die von Mellaart wiederholt festgestellte Schwangerschaft der Mädchen-Göttin von Çatal Hüyük würde sich gut ins Bild fügen; denn auch z. B. Usas und Ixquic „gebaren" im übertragenen Sinn den fünfmonatigen Indra bzw. Hunapuh und Ixbalanque.

95 Vgl. zu Brüsten: Schlichthehrle Tau 67 ff. und PfA 13 f. (beides mit Abb.); vgl. auch: Schlichthehrle Arch 93 und ZOW 10.

96 Eine Abb. der Stierhörner wurde meines Wissens bislang nicht publiziert. Anfragen an: Landesdenkmalamt Baden-Württemberg, Arbeitsstelle 78343 Gaienhofen-Hemmenhofen, Diapositiv Si93-DF1-29.

97 Vgl. zum Sorcier usw.: Gaussen, Planche 35 mit Kommentar 1. Zur Topographie der Gravuren: 34 (Nr. 204 und 200).

98 Vgl. zu Gönnersdorfer Tänzerinnen auch: Bosinski Men 94 und KMR 56 ff.; Lorblanchet 24 ff. (mit Abb.) und 61.

Literaturverzeichnis

Aarne, Antti; Thompson, Stitt, The Types of the Folktales, Academia Scientiarum Fennica, Helsinki, 1981.

Aischylos, Tragödien und Fragmente, hrsg. und übers. von O. Werner, Artemis, Zürich usw., 1988.

Al Biruni,

– AN The Chronology of Ancient Nations, engl. von E. Sachau, 1879; Reprint: Minerva, Frankfurt, 1969, übers. von mir.

– Ind India, engl. von E. Sachau, ohne Jahresangabe; Reprint: Routledge and Kegan Paul, London etc., 1964, übers. von mir.

Altheim, Franz, Italien und Rom, Pantheon, Amsterdam-Leipzig, 1941.

Ammer, Karl, Tvastr; in: Die Sprache, 1, 1949, 68 ff.

Apollodor, Mythische Bibliothek = ders., Die griechische Sagenwelt, übers. von Ch. G. Moser, Dieterich, Leipzig, 1988.

Apuleius, Das Märchen von Amor und Psyche, übers. von K. Steinmann, Reclam, Stuttgart, 1978.

Aristophanes, Komödien, nach der Übers. von L. Seeger, hrsg. von H.-J. Newiger, dtv, 1990.

Aslin, Richard N., Motor Aspects of Visual Development in Infancy; in: Salapatek, Ph. and Cohen, Leslie (Editors), Handbook of Infant Perception, Academic Press, Orlando, 1987, Vol. I, p. 43 ff., übers. von mir.

Assmann, Jan,

– Fur Furcht; Artikel in: Wittelck, E. Otto (Hrsg.), Lexikon der Ägyptologie, Bd. II, Wiesbaden, 1976.

– Maat Maat, C. H. Beck, München, 1990.

– StuZ Stein und Zeit, Fink, München, 1991.

Bächtold-Stäubli, Handwörterbuch des deutschen Aberglaubens, 1927 bis 1942; Reprint: De Gruyter, Berlin usw., 1987, 10 Bd.

Ballod, Franz, Prolegomena zur Geschichte der zwergenhaften Götter in Ägypten, Diss., Moskau, 1913.

Bartolomae, Christian, Die Gathas des Awesta, Straßburg, 1905.

Bateson, Gregory, Ökologie des Geistes, übers. von H. G. Holl, Suhrkamp, Frankfurt, 1992.

Batey, Richard A., Jesus and the Theatre; in: New Testament Studies, Vol. XXX, 1984, 563 ff.

Bednarik, Robert G.,

– Kie Der Kiesel von Makapansgat; in: Anthropos 94, 1999, 199 ff.

– AO Art Origins; in: Anthropos 89, 1994, 169 ff.

Behringer, Wolfgang, „Erhob sich das ganze Land zu ihrer Ausrottung“, Hexenprozesse und Hexenverfolgungen in Europa; in: Richard von Dülmen (Hrsg.), Hexenwelten, Fischer, Frankfurt, 1987, 131 ff.

Bernaldo de Quirós, Federico, Altamira: Die Kunst, die Künstler und ihre Zeit; in: Beltrán, A., B. d. Q., F. etc., Altamira, hrsg. von G. Bosinski, übers. von K. Wüst und B. Rotter, Thorbecke, 1998, 25 ff.

Berkeley, George, Versuch einer neuen Theorie der Gesichtswahrnehmung, übers. von R. Schmidt, Meiner, Leipzig, 1912.

Berthold, Margot,

– WTh Weltgeschichte des Theaters, Kröner, Stuttgart, 1968.

– KF – und Rosenlechner, Otto, Komödiantenfibel, Staakmann, München, 1979.

Beyerlin, Walter, Grundrisse zum Alten Testament, Bd. I Religionsgeschichtliches Textbuch zum Alten Testament, Vandenhoeck & Ruprecht, Göttingen, 1985.

Binder, Gerhard, Die Aussetzung des Königskindes – Kyros und Romulus, Anton Hain, Meisenheim, 1964.

Bischof, Norbert, Das Kraftfeld der Mythen, Piper, München, ca. 1996.

Bittel, Kurt, Guide to Bogazköy, Dönmez, Ankara, ohne Jahresangabe.

Bloch, Marc, Die wundertätigen Könige, übers. von C. Märtl, C. H. Beck, München, 1998.

Bloch, Theodor, Ein griechisches Theater in Indien; in: Zeitschrift der Deutschen Morgenländischen Gesellschaft 58, 1903, 455 ff.

Blume, Horst-Dieter, Einführung in das antike Theaterwesen, Wiss. Buchgesellschaft, Darmstadt, 1991.

Blust, Robert, The Origin of Dragons; in: Anthropos 95, 2000, 519 ff.

Bosinski, Gerhard,

– KMR Die Kunst des Magdalénien im Rheinland; in: Müller-Beck, Hansjürgen (Hrsg.), Die Anfänge der Kunst vor 30000 Jahren, Theiss, Stuttgart, 1987, 52 ff.

– Men Menschendarstellungen der Altsteinzeit; in: Der Löwenmensch, hrsg. vom Ulmer Museum, Thorbecke, Sigmaringen, 1994, 77 ff.

– Ural in: Scelinskij, 139 ff.

Boyce, Mary,

– HZ A History of Zoroastrianism, I. The Early Period, Brill, Leiden etc., 1975; übers. von mir.

– Mihr Mihragan among the Irani Zoroastrians; in: Mithraic Studies, ed. by J. R. Hinnels, Manchester University Press, 1975, Vol. I, p. 106 ff.

Bowlby, John, Elternbindung und Persönlichkeitsentwicklung, Dexter, Heidelberg, 1995.

Brashear, William M., A Mithraic Catechism from Egypt, Holzhausens Nfg., Wien, 1992.

Brummack, Jürgen, Die Darstellung des Orients in den deutschen Alexandergeschichten des Mittelalters, Schmidt, Berlin, 1966.

Brunner, Hellmut, Altägyptische Religion, Wiss. Buchgesellschaft, Darmstadt, 1989.

Brunner-Traut, Emma,

– Früh Frühformen des Erkennens, Wiss. Buchgesellschaft, Darmstadt, 1990.

– Mär Altägyptische Märchen, E. Diederichs, München, 1990.

Buddha; siehe Gunsser.

Calasso, Roberto, Ka, Suhrkamp, Frankfurt, 1999.

Ciompi, Luc, Affektlogik, Klett-Cotta, Stuttgart, 1992.

Clauss, Manfred, Mithras, C. H. Beck, München, 1990.

Clottes, Jean,

– Chau Der heutige Kenntnisstand (zur Grottes Chauvet); in: Chauvet, J.-M.; Deschamps, É. B.; Hillaire, Ch., Grotte Chauvet, übers. von K. Wüst, Thorbecke, Sigmaringen, 1995, 81 ff.

– Cos – und Courtin Jean, Grotte Cosquer, übers. von K. Wüst, Thorbecke, Sigmaringen, 1995.

– Ni Niaux, übers. von S. Bergmann und P. Nittmann, Thorbecke, Sigmaringen, 1997.

Cohn, Norman, Die Erwartung der Endzeit – Vor Ursprung der Apokalypse, übers. von P. Gilhofer und H.-U. Möhring, Insel, Frankfurt, 1997.

Cook, A. B., The Bee in Greek Mythology; in: The Journal of Hellenic Studies XV, Athen, 1895.

Cordan, Wolfgang, Popol Vuh, Das Buch des Rates, übers. von W. C., E. Diederichs, München, 1993.

Croft-Cooke, Rupert und Cotes, Peter, Die Welt des Circus, Orell Füssli, Zürich, 1977.

Cumont, Franz, Die Mysterien des Mithra, Wiss. Buchgesellschaft, Darmstadt, 1981.

Deichmann, Friedrich Wilhelm, Vom Tempel zur Kirche; in: Mullus, Festschrift für Theodor Klauser, Jahrbuch für Antike und Christentum, Ergänzungsband 1, 1964, 52 ff.

Delumeau, Jean, Angst im Abendland, übers. von M Hübner, G. Konder und M. Roters-Burck, Rowohlt, Reinbek, 1985.

Derolez, R. L. M., Götter und Mythen der Germanen, VMA-Verlag, Wiesbaden, ohne Jahresangabe.

Diepold, Barbara, Zur Entwicklung der Geschlechtsidentität bei Jungen; in: Buchheim, P. usw. (Hrsg.), Konflikte in der Triade, Springer, Berlin usw., 1995, 103 ff.

Dieterich, Albrecht,
– Pul Pulcinella, Teubner, Leipzig, 1897.
– ST Sommertag; in: ders., Kleine Schriften, Teubner, Leipzig usw., 1911, 324 ff.
– Unt Der Untergang der antiken Religion; in: wie ST, 449 ff.

Diez, Ernst, Byzantine Mosaics in Greece, Hosios Lucas & Daphni, Harvard University Press, Cambridge (Mass.), 1931.

Diogenes Laertius, Leben und Meinungen berühmter Philosophen, übers. von O. Apelt, Meiner, Hamburg, 1990.

Döllinger, Ignaz, Beiträge zur Sektengeschichte des Mittelalters, München, 1890; Reprint: Wiss. Buchgesellschaft, Darmstadt, 1982. 2 Bde.

Doniger, Wendy, The Rig Veda (108 Hymns), Penguin Books, New Delhi, 1994.

Dornes, Martin,
– KS Der kompetente Säugling – Die präverbale Entwicklung des Menschen, Fischer, Frankfurt, 1994.
– PuK Psychoanalyse und Kleinkindforschung, in: Schneider, Hartmut (Hrsg.), Die Frühe Kindheit, Mattes, Heidelberg, 1995, 37 ff.
– WK Die emotionale Welt des Kindes, Fischer, Frankfurt, 2000.

Eichendorff, Joseph, Werke in einem Band, Hanser, München, 1977.

Eisler, Robert, Weltenmantel und Himmelszelt, C. H. Beck, München, 1910, 2 Bde.

Eliade, Mircea, Geschichte der Religiösen Ideen, Herder, Freiburg usw. 1978–91; 5 Bde.

Empedokles; siehe Mansfeld.

Erdosy, George (Hrsg.), The Indo-Aryans of Ancient South Asia, Vol. I (ed. by A. Wezler and M. Witzel), De Gruyter, Berlin usw., 1995.

Euripides, Die Bakchen, übers. von O. Werner, Reclam, Stuttgart, 1994.

Faraday, Ann, Deine Träume, Schlüssel zur Selbsterkenntnis, Fischer, Frankfurt, 1992.

Fauth, Wolfgang, Der königliche Gärtner und Jäger im Paradeisos; in: Persica, 8, 1979.

Fischer, Ernst Peter, Das Schöne und das Biest, Piper, München, 1997.

Fittà, Marco, Spiele und Spielzeug in der Antike, Theiss, Stuttgart, 1998.

Fivaz-Depeursinge, Elisabeth und Corboz-Warnery, Antoinette, Das primäre Dreieck, übers. von A. Hildenbrand, Carl-Auer-Systeme, Heidelberg, 2001.

Flügel, Gustav, Mani, seine Lehre und seine Schriften – Aus dem Fihrist des Abu'lfaradsch Muhammad ben Ishak al-Warrak, 1862; Reprint: Biblio, Osnabrück, 1969.

Fraund, Michael und Waffeneder, Andrea, Deutsche Heldensagen (Laurin), Gondrom-Verlag, ohne weitere Angaben.

Frazer, James George, Der goldene Zweig, Rowohlt, Hamburg, 1989.

Freud, Sigmund,
- DAS Drei Abhandlungen zur Sexualtheorie, Fischer, Frankfurt, 1993.
- Ver Die Verneinung; in: Gesammelte Werke, hrsg. von A. Freud usw., Fischer, Frankfurt, 1968, Bd. XIV, 11 ff.

Fthenakis, Wassilios und Merz, Hannelore, Schon das Kleinkind braucht den Vater; in: Bild der Wissenschaft, 5, 1978, 90 ff.

Gaube, Heinz, Zoroastrismus; in: E. Brunner-Traut (Hrsg.), Die großen Religionen des Alten Orients und der Antike, Kohlhammer, Stuttgart usw, 1992, 95 ff.

Gaussen, Jean, La Grotte Ornée de Gabillou, Imprimeries Delmas, Bordeaux, 1964.

Gamkrelidze, Thomas V. und Ivanov, Vjaceslav V.,
- IE Indo-European and the Indo-Europeans, de Gruyter, New York, 1995.
- Früh Die Frühgeschichte der indoeuropäischen Sprachen; in: Spektrum der Wissenschaft, Dossier: Die Evolution der Sprachen, 1, 2000, 50 ff.

Geldner, Karl Friedrich, Der Rig-Veda; in: Harvard Oriental Series Vol. 33 ff., Harvard University Press, Cambridge etc., 1978, 4 Bde.

Gershevitch, Ilya, The Avestan Hymn to Mithra, University Press, Cambridge, 1959.

Ghosh, Manomohan, The Natyasastra, Calcutta Oriental Press, 1967.

Ginzburg, Carlo,
- HS Hexensabbat, übers. von M. Kempter, Fischer, Frankfurt, 1993.
- Be Die Benandanti, übers. von K. F. Hauber, Europäische Verlagsanstalt, Hamburg, 1993.

Gimbutas, Marija, The Goddesses and Gods of Old Europe, University of California Press, Berkeley etc., 1982.

Glasenapp, Helmuth von,
- GDT Zur Geschichte der buddhistischen Dharma-Theorie; in: Zeitschrift der deutschen Morgenländischen Gesellschaft 92, 1938, 37 ff.
- Nach Nachwort zu: Oldenberg, Hermann, Buddha, hrsg. von H. von Glasenapp, Cotta, Stuttgart, 1959, 453 ff.
- Rel Die nichtchristlichen Religionen, Fischer, Frankfurt, 1957.
- UDT Der Ursprung der buddhistischen Dharma-Theorie; in: Zeitschrift für die Kunde des Morgenlandes 46, 1939, 242 ff.

Gnoli, Gherardo,
- BD Einige Bemerkungen zum altiranischen Dualismus; in: Proceedings oft the second European Conference of Iranian Studies, Serie orientale Roma, Vol. LXXIII, Rom, 1995, 213 ff.
- Iran Iran als religiöser Begriff im Mazdaismus; in: Vorträge der Rheinisch-Westfälischen Akademie der Wissenschaften (Geisteswissenschaften, G 320), Westdeutscher Verlag, 1993.
- ZTH Zoroaster's Time and Homeland, Instituto Universitario Orientale, Naples, 1980.

Goethe, Johann Wolfgang, Sämtliche Werke, hrsg. von E. Beutler, Artemis, München, 1977.

Goldenberg, Gert und Steuer, Heiko,
- Mon Montanarchäologische Forschungen im Südschwarzwald; in: Denkmalpflege

in Baden Württemberg, Nachrichtenblatt des Landesdenkmalamtes 4, 1998, 197 ff.
– Häm Neolithischer Hämatitbergbau bei Sulzburg, Kreis Breisgau-Hochschwarzwald; in: Archäologische Ausgrabungen in Baden-Württemberg 1997, Theiss, Stuttgart, 1998, 33 ff.

Gonda, Jan,
– AK Ancient Indian Kingship from the Religious Point of View, Brill, Leiden, 1969.
– EaG Eye and Gaze in the Veda, North-Holland Publishing Company, Amsterdam-London, 1969.
– IH The Indra Hymns of the Rigveda, Orientalia Rheno-Traiectina, Brill, Leiden usw., 1989.
– Mit The Vedic God Mitra, Orientalia Rheno-Traiectina, Brill, Leiden, 1972.
– MiI Mitra in India; in: wie Boyce, Mihr, Vol. I., p. 40 ff.
– ReI Die Religionen Indiens, Bd. I, Kohlhammer, Stuttgart usw., 1978.
– reg Semantisches zu idg. re- „König" und zur Wurzel reg- („sich aus)strecken"; in: Zeitschrift für vergleichende Sprachforschung auf dem Gebiete der indogermanischen Sprachen 73, 1955/56, 151 ff.

Goodall, Jane, Wilde Schimpansen, übers. von M. W. Rien, Rowohlt, Hamburg, 1975.

Gopnik, Alison; Meltzoff, Andrew; Kuhl, Patricia; How Babies Think, Weidenfeld & Nicolson, London, 1999; übers. von mir. – Zuerst in den USA unter: The Scientist in the Crip. Inzwischen auch deutsch: Forschergeist in Windeln, übers. von G. Turner, Hugendubel, Kreuzlingen-München, 2000.

Gore, Rick, Ashkelon; in: National Geographic 1, 2001, 66 ff.

Grassmann, Hermann, Rig-Veda, Brockhaus, Leipzig, 1876 f., 2 Bde.

Grimm, Jacob, Deutsche Mythologie, Berlin, 1875 ff.; Reprint: Drei Lilien, Wiesbaden, 1992, 3 Bde.

Grube, Nicolai (Hrsg.), Die Welt der Maya, Zabern, Mainz, 1993. Darin ders.: Schrift und Sprache der Maya, 215 ff.

Gunsser, Ilse-Lore, Reden des Buddha, aus dem Palikanon übers., Reclam, Stuttgart, 1973.

Güntert, Hermann, Kalypso, Niemeyer, Halle, 1919.

Haas, Volkert,
– GhR Geschichte der hethitischen Religion, Brill, Leiden usw., 1994.
– HB Hethitische Berggötter und hurritische Steindämonen, Zabern, Mainz, 1982.
– LuB Leopard und Biene im Kulte „Hethitischer" Göttinnen; in: Ugarit-Forschungen 13, 1981, 101 ff.

Hahn, Joachim, Menschtier- und Phantasiewesen (des Jungpaläolithikums); in: Der Löwenmensch, hrsg. von Ulmer Museum, Thorbecke, Sigmaringen, 1994, 101 ff.

Hegel, Georg W. F., Vorlesungen über die Philosophie der Geschichte; in: Sämtl. Werke, hrsg. von H. Glockner, Stuttgart, 1961.

Hauff, Wilhelm, Lichtenstein, Reclam, Stuttgart, 1988.

Hermann, Alfred, Der letzte Apisstier; in: Jahrbuch für Antike und Christentum 3, 1960, 34 ff.

Herodot, Das Geschichtswerk, hrsg. von H. J. Diesner, übers. von Th. Braun, Aufbau, Berlin usw., 1985, 2 Bde.

Herter, Hans, Amme und Saugflasche; in: wie Deichmann, 168 ff.

Hesiod, Sämtliche Werke, übers. von Th. Scheffer, Schünemann, Bremen, 1984.

Hesse, Hermann,
– StW Der Steppenwolf, Suhrkamp, Frankfurt, 1974.

– NuG Narziß und Goldmund, Suhrkamp, Frankfurt, 1973.
Hinnels, John R., Reflections on the bull-slaying scene; in: wie Boyce, Mihr, Vol. II, p. 290 ff.
Hinz, Walther, Zarathustra, Kohlhammer, Stuttgart, 1961.
Hirsch, Udo, The Goddess of Anatolia, Eigenverlag, 1989.
Hocart, A. M., Kingship, Oxford, University Press, 1927; Reprint: ibid., 1969.
Höfer, Otto, Oidipus; in: Roscher (s. d.), III 700 ff.
Höfler, Otto,
– KG Kultische Geheimbünde der Germanen, Diesterweg, Frankfurt, 1934.
– SK Der Sakralcharakter des germanischen Königtums; in: Das Königtum, Mainauvorträge 1954, Thorbecke, Sigmaringen, 1973.
Hölzler, Alois, Das Eremännleloch im Bösenreutiner Tobel; in: Dobras, W. (Hrsg.), Jahrbuch des Landkreises Lindau, Eppe, Bergatreute, 1989, 75 ff.
Hoffmann, Karl, Aufsätze zur Indoiranistik, hrsg. von J. Narten, Bd. 3, Reichert, Wiesbaden, 1992.
Homer,
– Ody Odyssee, übers. von Roland Hampe, Reclam, Stuttgart, 1986.
– Il Ilias, übers. von Roland Hampe, Reclam, Stuttgart, 1979.
Hornung, Erik,
– EuV Der Eine und die Vielen, Wiss. Buchgesellschaft, Darmstadt, 1990.
– Pha Geist der Pharaonenzeit, dtv, München, 1992.
– TdK Tal der Könige, Wiss. Buchgesellschaft, Darmstadt, 1985.
– Tie Die Bedeutung des Tieres im alten Ägypten; in: Studium Generale, Berlin, 1967 (20. Jahrg.), Heft 2, 69 ff.
– Unt Ägyptische Unterweltsbücher, übers. von E. H., Wiss. Buchgesellschaft, Darmstadt, 1989.
Houston, Stephen D. und Stuart, David, Der Hofstaat der Maya; in: Grube (s. d.), 142 ff.
Hülsmann, Ekkehard, Die Bienenkörbe der Stuppacher Madonna; in: Bienenpflege 3, 1999, 74 f.
Huizinga, Johan,
– HL Homo Ludens, Rowohlt, Reinbek, 1997.
– HM Herbst des Mittelalters, übers. und hrsg. von K. Köster, Kröner, Stuttgart, 1961.
Humbach, Helmut,
– Ga-I Die Gathas des Zarathustra, C. Winter, Heidelberg, 1959.
– Ga-II The Gathas of Zarathustra and the Other Old Avestan Texts, C. Winter, Heidelberg, 1991, Bd. I.
Hume, David,
– En An Enquiry concerning Human Understanding; in: ders., Enquiries etc., ed. by L. A. Selby-Bigge and P. H. Nidditch, Clarendon Press, Oxford, 1979, übers. von mir.
– Treat A Treatise of Human Nature, ed.: as EnI, 1980, übers. von mir.
Ibn al-Kalbi, Das Götzenbuch, übers. von R. Klinke-Rosenberger, Harrassowitz, Leipzig, 1941.
Ibn Ishaq, Das Leben des Propheten, übers. von G. Rotter, Spohr, Kandern, 1999.
Ibscher, Hugo (Hrsg.), Kephalaia, übers. von H. J. Polotsky und A. Böhlig; in: Manichäische Handschriften der staatlichen Museen Berlin, Kohlhammer, Stuttgart, 1940.
Imhoof-Blumer, Friedrich, Kleinasiatische Münzen, Wien, 1901 f.; reprint: Olms, Hildesheim, 1991.

Immelmann, Klaus, Programmierung des Verhaltens; in: Bild der Wissenschaft 12, 1972, 84 ff.

Insler, Stanislav, The Gathas of Zarathustra; in: Acta Iranica 8, Bibliothèque Pahlavi, Théhéran-Liège, 1975.

Jackson, Abraham, V. W., Die Person Manis, des Begründers des Manichäismus; in: Widengren DM, 479 ff.

Jänicke, Oskar, Deutsches Heldenbuch, Erster Teil, (Laurin), Weidmannsche Verlagsbuchhandlung, Berlin usw., 1963, 199 ff.

Jensen, Adolf E., Mythos und Kult bei Naturvölkern, Steiner, Wiesbaden, 1951.

Jensen, Jörgen, Neues vom Sonnenwagen; in: Archäologie in Deutschland, 2, 2000, 58 ff.

Janz, Curt Paul, Friedrich Nietzsche, Biographie, Hanser, München usw., 1993, 3 Bde.

Jean Paul (Friedrich Richter), Sämtliche Werke, hrsg. von N. Miller, Zweitausendeins, Frankfurt, 1996.

Jobst, Werner, Die Höhle im griechischen Theater des 5. und 4. Jahrhunderts v. Chr., Böhlaus Nachf., Wien, 1970.

Johannes von Hildesheim, Die Legende von den Heiligen Drei Königen, Bachem, Köln, 1960.

Justi, Ferdinand, Der Bundehesh, hrsg. und übers. von F. J., Leipzig, 1868; Reprint: Olms, Hildesheim usw., 1976.

Kafka, Franz, Die Verwandlung, Fischer, Frankfurt, 1994.

Kalidasa, Sakontala; nach der Übers. von W. Jones und G. Forster, bearb. von S. Negrentino, München, scaneg, 1987.

Kant, Immanuel, Kants Werke, Akademie Textausgabe, de Gruyter, Berlin, 1968 (B = Kritik der reinen Vernunft, 2. Aufl. von 1787).

Kapp, Dieter B., Ein Menschenschöpfungsmythos der Mundas und seine Parallelen; in: Abhandlungen für die Kunde des Morgenlandes 43,2, 1977.

Karamatov, F. M und Meskeris, V. A. und Vyzgo T. S., Musikgeschichte in Bildern, Bd. II,9 Mittelasien, Dt. Verl. für Musik, Leipzig, 1987.

Karmiloff-Smith, Annette, Beyond Modularity, Bradford Book, Cambridge (Mass.) etc., 1992.

Katz, Richard, Ein Bummel um die Welt, Ullstein, Berlin, 1922.

Keller, Andrea, Kosmos und Kulturordnung in der frühen chinesischen Mythologie; in: Das Alte China, Katalog zur Ausstellung, Essen, 1995, 136 ff.

Kent, Roland, G., Old Persian (Inschriften der Achämeniden), American Oriental Society, New Haven etc., 1953; übers. von mir.

Kerndl, A., Paper der Staatlichen Museen Preußischer Kulturbesitz Berlin, Museum für Vor- und Frühgeschichte, Berlin 1988.

Kingsley, Peter, Meetings with Magi; in: Journal of the Royal Asiatic Society III, 5, 1995, 173 ff.

Kirfel, Willibald,

– SHJ Symbolik des Hinduismus und des Jinismus, Hirsemann, Stuttgart, 1959.

– SuD Siva und Dionysos; in: Zeitschrift für Ethnologie, Bd. 78, 1953, 83 ff.

Klein, Melanie, Das Seelenleben des Kleinkindes, hrsg. von H. A. Thorner, Klett-Cotta. 1997.

Klotz, Heinrich, Die Entdeckung von Çatal Höyük, C. H. Beck, München, 1997.

Kluge, Friedrich, Etymologisches Wörterbuch, de Gruyter, Berlin usw., 21. Auflage 1975 und 22. Auflage 1989.

Knobloch, Johann, Sprache und Religion III, C. Winter, Heidelberg, 1986.

Köhler, Lotte, Ursachen späterer Konflikte im ersten Lebensjahr; in: wie Diepold, 91 ff.

Koenig, Otto, Kultur- und Verhaltensforschung, dtv, München, 1970.

Kötting, Bernhard, Tier und Heiligtum; in: wie Deichmann: 209 ff.

Krause, Rüdiger, Stierkopf, Spondylus und verziertes Knochengerät; in: Archäologische Ausgrabungen in Baden-Württemberg 2000, Theiss, Stuttgart, 2001, 23 ff.

Kudielka, Robert, Urteil und Eros, Diss., Tübingen, 1977.

Kuiper, Franciscus-Bernardus-Jacobus,

– Ary The Aryans in the Rigveda, Rodopi, Amsterdam, 1991.

– Mi Remarks on „The Avestan Hymn to Mithra"; in: Indo-Iranian Journal, 's-Gravenhage, V., 1961, 36 ff.

– PM Proto-Munda Words in Sanskrit, Noordhollandsche Uitgevers Maatschappij, Amsterdam, 1948.

– VaV Varuna and Vidusaka, North-Holland Publishing Company, Amsterdam etc., 1979; übers. von mir.

Lachmann, Karl (Hrsg.), Die Gedichte Walthers von der Vogelweide, neu hrsg. von H. Kuhn, de Gruyter, Berlin, 1965.

Landmann, Michael, Pluralität und Antinomie, Reinhardt, München usw., 1963.

Lehnert, Martin, Beowulf, hrsg. und übers. von M. L., Insel, Leipzig, 1988.

Lenhoff, Howard M. usw., Williams-Beuren-Syndrom und Hirnfunktionen; in: Spektrum der Wissenschaft 2, 1998, 62 ff.

Leroi-Gourhan, André, Die Religionen der Vorgeschichte, übers. von M. Bischoff, Suhrkamp, Frankfurt, 1981.

Leskovar, Jutta, Für Kinder, Frauen und Männer (Kultische Wagen des Westens); in: Archäologie in Deutschland 4, 2001, 26 ff.

Leuner, Hanscarl, Katathmyes Bilderleben, Grundstufe, Thieme, Stuttgart usw., 1989.

Lévi-Strauss, Claude, Vom Honig zur Asche (Mythologica II), Suhrkamp, Frankfurt, 1990.

Leyenaar, Ted J. J. und Van Bussel, Gerard W., Das Ballspiel der Maya; in: Grube (s. d.), 177 ff.

Lichtenberg, Georg Christoph, Schriften und Briefe, hrsg. von W. Promies, Hanser, München, 1980.

Lidzbarski, Mark,

– Gin Ginza, übers. und erklärt von M. L., Vandenhoeck & Ruprecht, Göttingen, 1925.

– JB Das Johannesbuch der Mandäer, Einleitung, Übersetzung, Kommentar von M. L., Töpelmann, Giessen, 1915.

Lincoln, Bruce, Traces of Iranian Creation Mythology; in: Journal of the American Oriental Society 117, 1997.

Locke, John, Über den menschlichen Verstand, übers. von C. Winckler, Meiner, Hamburg, 1962, 2 Bde.

Löw, Ulrike, Figürlich verzierte Metallgefäße aus Nord- und Nordwestiran, Ugarit-Verlag, Münster, 1998.

Lohmann, Hans-Martin, Psychoanalyse und Nationalsozialismus, Fischer, Frankfurt, 1984.

Lommel, Herman,

– AK Der arische Kriegsgott, Klostermann, Frankfurt, 1939.

– AS Anahita-Sarasvati; in: ders., Kleine Schriften, Steiner, Wiesbaden, 1978, 305 ff.

– Gath Die Gathas des Zarathustra, hrsg. von B. Schlerath, Schwabe & Co., Basel usw., 1970.

– Ei Der Welt-Ei-Mythos im Rigveda; in: wie AS, 167 ff.

– KS König Soma; in: wie AS, 314 ff.
– MiS Mithra und das Stieropfer; in: wie AS, 199 ff.
– Neu Neutrum und sächliches Geschlecht; in: wie AS, 12 ff.
– RdZ Die Religion des Zarathustra, Olms, Hildesheim usw., 1971.
– Rig Gedichte des Rig-Veda, Barth, München usw., 1955.
– Spä Die Späher des Varuna und Mitra und das Auge des Königs; in: wie AS, 294 ff.
– Yt Die Yäst's des Awesta, Vandenhoeck & Ruprecht, Göttingen, 1927.

Lorblanchet, Michel, Höhlenmalerei, übers. von P. Nittmann, Thorbecke, Sigmaringen, 1997.

Loretz, Oswald, Ugarit und die Bibel, Wiss. Buchgesellschaft, Darmstadt, 1996.

Lüders, Heinrich, Varuna, Vandenhoeck & Ruprecht, Göttingen, 1951; 2 Bde.

Lütjens, August, Der Zwerg in der deutschen Heldendichtung des Mittelalters, Breslau, 1911; Reprint: Olms, Hildesheim usw., 1977.

Malten, L., Elysion und Rhadmanthys; in: Jahrbuch des dt. Archäologischen Instituts 28, 1913, 35 ff.

Mansfeld, Jaap (Hrsg.), Die Vorsokratiker, ausgewählt, übers. und erläut. von J. M., Reclam, Stuttgart, 1986, 2 Bde.

Meier, Rudolf (Hrsg.), Das Innsbrucker Osterspiel – Das Osterspiel von Muri, Reclam, Stuttgart, 1974.

Mellaart, James,
– Hüy Çatal Hüyük, übers. von J. Rehork, Lübbe, Bergisch-Gladbach, 1967.
– Hac Excavations at Hacilar, Edinburgh, University Press, 1970, 2 Bde.
– Rep The earliest Representations of the Goddess of Anatolia and her Entourage; in: Rageth, Jürg, Kelims aus Anatolien, Eigenverlag, Riehen/Basel, 1990, 27 ff.

Merkelbach, Reinhold, Mithras, Beltz-Athenäum, Weinheim, 1994.

Mohammed; siehe Rudolph Ko.

Mommsen, Theodor, Das Weltreich der Caesaren, Phaidon, Wien usw., 1933.

Morenz, Siegfried
– RS Rote Stiere; in: Ägyptologische Studien (Festschrift H. Grapow), 1955, 239 ff.
– ZF Die Zauberflöte, Böhlau, Münster usw., 1952.

Mörike, Eduard, Sämtliche Werke, Hanser, München, 1972.

Müller-Beck, Hansjürgen, Die Anfänge der Kunst im Herzen Europas; in: ders. (Hrsg.), Die Anfänge der Kunst vor 30000 Jahren, Theiss, Stuttgart, 1987.

Nabokov, Vladimir, Nachwort zu: Kafka, Franz, Die Verwandlung, Fischer, Frankfurt, 1994, 61 ff.

Nietzsche, Friedrich, Werke, hrsg. von K. Schlechta, München, 1969.
– Dith Dionysos-Dithyramben, II 1237 ff.
– EH Ecce Homo, II 1063 ff.
– GM Zur Genealogie der Moral, II 761 ff.
– GT Die Geburt der Tragödie oder Griechentum und Pessimismus, I 7 ff.
– JGB Jenseits von Gut und Böse, II 563 ff.
– Mo Morgenröte, Gedanken über die moralischen Vorurteile, I 1009 ff.
– Za Also sprach Zarathustra, II 275 ff

Nougier, Louis-René, Die Welt der Höhlenmenschen, übers. von V. E. Müller, Artemis, Zürich usw., 1989.

Nyberg, Harri, The Problem of the Aryans and the Soma: The Botanical Evidence; in: Erdosy (s. d.), p. 383 ff.

Nyberg, Henrik Samuel, Die Religionen des alten Iran, übers. von H. H. Schaeder, Zeller, Osnabrück, 1966.

Oettinger, Norbert, Indogermanische Sprachträger lebten schon im 3. Jahrtausend v. Chr. in Kleinasien, in: Die Hethiter, Katalog zur Ausstellung, Theiss, Stuttgart, 2002, 50 ff.

Özgüc, Tahsin,
- Heth Die Hethiter, Museum für anatolische Zivilisationen, Ankara, ohne Jahresangabe.
- OuL Opfer und Libation; in: Die Hethiter, Katalog zur Ausstellung, Theiss, Stuttgart, 2002, 122 ff.

Oldenberg, Hermann,
- IuI Aus Indien und Iran, W. Herz, Berlin, 1899.
- RdV Die Religion des Veda, Wiss. Buchgesellschaft, Darmstadt, 1977.

Opelt, Ilona, Der Edelstein im Bauch des Fisches; in: wie Deichmann 268 ff.

Orthmann, Winfried, Tell Chuera, Rudolf Habelt Verlag, Bonn, 1990.

Otto, Eberhard, Beiträge zur Geschichte der Stierkulte in Ägypten; in: H. Kees (Hrsg.), Untersuchungen zur Geschichte und Altertumskunde Ägyptens, Bd. 13, Olms, Hildesheim, 1964.

Otto, Walter F., Dionysos, Klostermann, Frankfurt, 1989.

Ovid,
- Met Metamorphosen, übers. und hrsg. von H. Breitenbach, Reclam, Stuttgart, 1993.
- Fast Festkalender (Fasti), übers. und hrsg. von N. Holzberg, Wiss. Buchgesellschaft, Darmstadt, 1995.

Ozols, Jakob, Über die Jenseitsvorstellungen des vorgeschichtlichen Menschen; in: Klimkeit, H.-J., Tod und Jenseits im Glauben der Völker, Harrassowitz, Wiesbaden, 1978, 14 ff.

Pauen, Sabine und Zauner, Nicola, Differenzieren Kinder im vorsprachlichen Alter zwischen Menschen und Säugetieren; in: Zeitschrift für Entwicklungspsychologie und Pädagogische Psychologie 31 (2), 1999, 78 ff.

Pausewang, Elfriede, Die Unzertrennlichen, Don Bosco, München, 1991.

Pauly(-Wissowa), Paulys Real-Encycopädie der classischen Altertumswissenschaft. Neue Bearbeitung. Hrsg. von G. Wissowa u. a., Druckenmüller, Stuttgart, 1893 ff., 84 Bde.

Papousek, Mechthild, Frühe Störungen der Eltern-Kind-Beziehungen im Säuglingsalter; in: Schneider, Hartmut (Hrsg.), Die Frühe Kindheit, Mattes, Heidelberg, 1995, 1 ff.

Parpola, Asko, The problem of the Aryans and the Soma: Textual-linguistic and archaeological evidence; in: Erdosy (s. d.), p. 353 ff.

Petersen, Wilhelm, Mecki bei den sieben Zwergen, Lingen, Köln, o. J.

Petiska, Eduard, Wie der Maulwurf zu Hosen kam, Artia, Praha, 1988.

Pettinato, Giovanni, Das altorientalische Menschenbild und die sumerischen und akkadischen Schöpfungsmythen, C. Winter, Heidelberg, 1971.

Pfister, Marcus, Tierkalender 2002, Nord-Süd, Gossau, Zürich usw. 2001.

Piaget, Jean, Das Weltbild des Kindes, dtv, München, 1992.

Platon, Sämtliche Dialoge, hrsg. und übers. von O. Apelt, Meiner, Hamburg, 1988.

Plutarch, Über Isis und Osiris, übers. und kommentiert von Th. Hopfner; in: Monographien des Archiv Orientalni, hrsg. von J. Rypka, Bd. IX, Prag, 1940, Teil I und II.

Pokorny, Julius, Indogermanisches Etymologisches Wörterbuch, Francke, Stuttgart, 1989, 2 Bde.

Polinger-Foster, Karen, Zoos und Gärten im Alten Orient; in: Spektrum der Wissenschaft, 1, 2000, 28 ff.

Polotsky, Hans Jakob, Manichäische Homilien, hrsg. und übers. von H. P. Kohlhammer, Stuttgart, 1934.

Porphyrios, The Caves of the Nymphs in the Odyssee, Revised Text with Translation; in: Arethusa Monographs I, State University of New York at Buffalo, 1969; übers. von mir.

Pratchott, Terry, Die Scheibenwelt, hrsg. von W. Jeschke, Heyne, München, 1993.

Pütz, Peter, Nachwort zu: Friedrich Nietzsche, Also sprach Zarathustra, Goldmann, ohne weitere Angaben, 267 ff.

Putnikovich, Radomir (Hrsg.), The History of Serbian Culture, Porthill, Middlesex, 1995.

Rank, Otto, Der Mythos von der Geburt des Helden, Deuticke, Leipzig usw., 1909.

Reden von, Sibylle, Die Megalith-Kulturen, DuMont, Köln, 1982.

Reich, Hermann, Der Mimus, Berlin, 1903; Reprint: Olms, Hildesheim usw., 1974.

Reichmuth, Johann, Die lateinischen Gentilicia, Diss., Zürich, 1956.

Reitzenstein, Richard

– Pla Plato und Zarathustra (1924); in: ders., Antike und Christentum, Wiss. Buchgesellschaft, Darmstadt, ohne Jahresangabe, 20 ff.

– Syn – und H. H. Schaeder, Studien zum antiken Synkretismus aus Iran und Griechenland, I. Griechische Lehren, Teubner, Leipzig, 1926.

Renfrew, Colin, Die Indoeuropäer aus archäologischer Sicht; in: Spektrum der Wissenschaft, Dossier: Die Evolution der Sprachen, 1, 2000, 40 ff.

Ringbom, Lars, Zur Ikonographie der Göttin Ardvi Sura Anahita; in: Acta Academiae Aboensis Humaniora XXIII,2, Abo, 1957.

Rochedieu, Edmond, Der Schintoismus, übers. von G. Grothe, Editio-Service S.A., Genf, 1973.

Rohde, Erwin, Psyche, Wiss. Buchgesellschaft, Darmstadt, 1991.

Roscher, Wilhelm H., Ausführliches Lexikon der griechischen und römischen Mythologie, Teubner, Leipzig, 1897 bis 1902; Reprint: Olms, Hildesheim, 1965.

Rosenberg, Otto, Probleme der buddhistischen Philosophie; in: Materialien zur Kunde des Buddhismus, hrsg. von M. Walleser, Heft 7/8, 1924.

Rosenkranz, Bernhard, Kultisches Trinken und Essen bei den Hethitern; in: Festschrift für Heinrich Otten, Harrassowitz, Wiesbaden, 1975, 284 ff.

Rudolph, Kurt,

– Prie Zarathustra – Priester und Prophet; in: Zarathustra, hrsg. von B. Schlerath, Wiss. Buchgesellschaft, Darmstadt, 1970, 270 ff.

– Ko (Hrsg.), Der Koran, übers. von M. Henning, VMA-Verlag, Wiesbaden, ohne Jahresangabe.

Rupp, Alfred, Der Zwerg in der ägyptischen Gemeinschaft; in: Chronique d' Egypte 40, 1965, 260 ff.

Russell, James R., Zoroastrianism in Armenia, Harvard Iranian Series, 1987.

Sarre, Friedrich und Herzfeld, Ernst, Iranische Felsreliefs, Wasmuth, Berlin, 1910.

Scelinskij, Vjaceslav E. und Sirokov, Vladimir N., Höhlenmalerei im Ural, übers. von G. Bosinski, Thorbecke, Sigmaringen, 1999.

Schaeder, Hans Heinrich (und R. Reitzenstein), Studien zum antiken Synkretismus aus Iran und Griechenland, II. Iranische Lehren, Teubner, Leipzig, 1926, 203 ff.

Schele, Linda,

– May – und Freidel, David, Die unbekannte Welt der Maya, Weltbild, Augsburg, 1995.

– Rel Religion und Weltsicht (der Maya); in: Grube (s. d.), 197 ff.

Schiller, Friedrich, Gesammelte Werke in 6 Bänden, Schweizer Verlagshaus, Zürich, o. J.

Schlerath, Bernfried, Das Königtum im Rig- und Atharveda, Steiner, Wiesbaden, 1960.

Schlesinger, Walter, Das Heerkönigtum; in: Das Königtum, Mainauvorträge 1954, Thorbecke, Sigmaringen, 1973, 105 ff.

Schlichtherle, Helmut,

– Arch Archäologie in Seen und Mooren, Theiss, Stuttgart, 1986.

– PfA Pfahlbauten rund um die Alpen; in: ders. (Hrsg.), selber Titel, 7 ff.

– Tau Taucharchäologische Untersuchungen; in: Archäologische Ausgrabungen in Baden Württemberg, 1991, 65 ff.

– ZOW Zentrale Orte – kleine Weiler (Co-Autor), in: Archäologie in Deutschland 2, 2000, 4 ff.

Schmidt, Leopold, Hochzeitsbrauch im Wandel der Gegenwart; in: Mitteilungen des Instituts für Gegenwartsvolkskunde 4, Österreichische Akademie der Wissenschaften, Wien, 1976.

Schopenhauer, Arthur,

– G Über die vierfache Wurzel des Satzes vom zureichenden Grunde; in: ders., Sämtliche Werke, hrsg. von A. Hübscher, Brockhaus, Wiesbaden, 1966 ff., Bd. 1.

– Gespr Gespräche, hrsg. von A. Hübscher, Frommann-Holzboog, Stuttgart, 1971.

– PII Parerga und Paralipomena II; in: wie G, Bd. 6.

– HNIII Der Handschriftliche Nachlaß Bd. III, hrsg. von A. Hübscher, Kramer, Frankfurt, 1970.

– HNV wie HNIII, Bd. V.

Schott, Albert, Das Gilgamesch-Epos, Reclam, Stuttgart, 1988.

Schütte-Maischatz, Anke und Winter, Engelbert, Kultstätten der Mithrasmysterien in Doliche; in: Wagner, Jörg (Hrsg.), Gottkönige am Euphrat, von Zabern, Mainz, 2000, 93 ff.

Schwank, Benedikt, Das Theater von Sepphoris und die Jugendjahre Jesu; in: Erbe und Auftrag 52, 1976, 199 ff.

Schwertheim, Elmar, Monumente des Mithraskultes in Kommagene; in: Antike Welt 6, 1975 (Sondernummer Kommagene), 63 ff.

Searls, Harold F., Das Bestreben, den anderen verrückt zu machen – ein Element in der Ätiologie und Psychotherapie der Schizophrenie; in: G. Bateson u. a., Schizophrenie und Familie, übers. von H.-W. Sass, Suhrkamp, Frankfurt, 1992, 128 ff.

Seebold, Elmar, Der Himmel, der Tag und die Götter bei den Indogermanen; in: Historische Sprachforschung, 104, 1991, 29 ff.

Seipel, Wilfried (Hrsg.), 7000 Jahre persische Kunst (Ausstellungskatalog des Kunsthistorischen Museums Wien), Wien, 2000.

Seligmann, Siegfried, Der böse Blick und Verwandtes, 1910; Reprint: Olms, Hildesheim usw., 1985, 2 Bde.

Seneca, Apocolocyntosis, übers. und hrsg. von A. Bauer, Reclam, Stuttgart, 1981.

Shakespeare, William, Werke, übers. von Schlegel/Tieck, Standard-Verlag, Hamburg, ohne Jahresangabe, 10 Bde.

Simrock, Karl, Handbuch der Deutschen Mythologie, A. Marcus, Bonn, 1878.

Sophokles, Dramen, hrsg. und übers. von W. Willige, Wiss. Buchgesellschaft, Darmstadt, 1995.

Spahr, Gebhard, Oberschwäbische Barockstraße IV, Isa Beerbaum, Weingarten, 1978.

Spitz, René,

– Brü Brücken – Zur Genese der Sinngebung; in: Psyche 28, 1974, 1003 ff.

– NuJ Nein und Ja, Klett, Stuttgart, 1978.
– EO Die Entstehung der ersten Objektbeziehungen, Klett, Stuttgart, 1973.
– SzK Vom Säugling zum Kleinkind, Klett, Stuttgart, 1967.

Sprenger, Jakob und Institoris, Heinrich, Der Hexenhammer, übers. von J. W. R. Schmidt, dtv, München, 1982.

Statius Silvae, Das Lyrische Werk in neuer Übersetzung, übers. von H. Wissmüller, Ph. C. W. Schmidt, Neustadt, 1990.

Staudacher, Willibald, Die Trennung von Himmel und Erde, Wiss. Buchgesellschaft, Darmstadt, 1968.

Stcherbatsky, Theodor, The Central Conzeption of Buddhism and the Meaning of the Word 'Dharma', Royal Asiatic Society, London, 1923.

Stern, Daniel N.,
– LS Die Lebenserfahrung des Säuglings, übers. von G. Erb, Klett-Cotta, Stuttgart, 1992.
– Mk Die Mutterschaftskonstellation, übers. von E. Vorspohl, Klett-Cotta, Stuttgart, 1998.
– Tag Tagebuch eines Babys, übers. von G. Erb, Piper, München, 1993.

Stierlin, Helm,
– Hal Haltsuche in Haltlosigkeit, Suhrkamp, Frankfurt, 1997.
– IuA Ich und die anderen, Klett-Cotta, Stuttgart, 1994.
– Ver Nietzsche, Hölderlin und das Verrückte, Carl-Auer-Systeme, Heidelberg, 1992.

Stietencron, Heinrich von,
– GuY Ganga und Yamuna, Harrassowitz, Wiesbaden, 1972.
– IS Indische Sonnenpriester, Harrassowitz, Wiesbaden, 1966.
– Rel Religionen (des alten Indien); in: Franz, H. G. (Hrsg.), Das alte Indien, Bertelsmann, München, 1990, 177 ff.

Stitt, Michael, Beowulf and the Bear's Son, Garland Publishing, New York etc., 1992.

Strausberg, Michael, Faszination Zarathustra – Zoroaster und die Europäische Religionsgeschichte der Frühen Neuzeit, de Gruyter, Berlin usw. 1998, 2 Bde.

Strohm, Harald,
– GuN Die Gnosis und der Nationalsozialismus, Suhrkamp, Frankfurt, 1997.
– Hex Hexenwelten – eine historische und religionspsychiatrische Studie (5 Adio-Kassetten), Carl-Auer-Systeme, Heidelberg, 1996.

Sundermann, Werner, Ein manichäisch-soghdisches Parabelbuch, Akademie-Verlag, Berlin, 1985.

Sueton, Die Kaiserviten, hrsg. und übers. von H. Martinet, Artemis & Winkler, Düsseldorf, 1997.

Tacitus, Germania, hrsg. und übers. von M. Fuhrmann, Reclam, Stuttgart, 1983.

Tertullian, De spectaculis – Über die Spiele, übers. und hrsg. von K.-W. Weeber, Reclam, Stuttgart, 1988.

Theokrit, Sämtliche Dichtungen, übers. und hrsg. von D. Ebener, Insel, Leipzig, 1973.

Thiede, Carsten Peter, Ein Fisch für den römischen Kaiser, Luchterhand, München, 1998.

Thieme, Paul,
– Adi Die vedischen Aditya und die zarathustrischen Amesa Spenta; in: Zarathustra, hrsg. von B. Schlerath, Wiss. Buchgesellschaft, Darmstadt, 1970, 397 ff.
– Amb Ambrosia; in: ders., Studien zur indogermanischen Wortkunde, Akademie-Verlag, Berlin, 1952, 15 ff.

– Bes Beseelung in Sprache, Dichtung und Religion; in: ders., Kleine Schriften, Steiner, Wiesbaden, 1984, 374 ff.
– Bra Brahman; in: wie Bes, 100 ff.
– Gods The „Aryan" Gods of the Mitanni Treaties; in: wie Bes, 396 ff.
– Had Hades; in: wie Amb 35 ff.
– HuE Über einige dualische Bezeichnungen von Himmel und Erde im Veda; in: Zeitschrift für Vergleichende Sprachforschung 92, 1978, 32 ff.
– Jung „Jungfrauengatte"; in: wie Bes, 426 ff.
– MaA Mitra and Aryaman; in: Transactions of the Connecticut Academy oft Arts and Sciences, Vol. 41, New Haven, 1957.
– Mit The Concept of Mitra in Aryan belief; in: wie Boyce Mihr, Vol. I., p. 21 ff.
– Nek Nektar; in: wie Amb, 5 ff.
– Psu psu; in: wie Bes, 72 ff.
– Rig Gedichte aus dem Rigveda, ausgewählt, übers. und kommentiert von P. Th., Reclam, Stuttgart, 1977.
– RM Remarks on the Avestan Hymn to Mithra; in: wie Bes, 386 ff.
– RWa Rezension zu: Wackernagel, Altindische Grammatik (1954); in: wie Bes, 661 ff.
– Sim Simsumara „Schnabeldelphin"; in: wie Bes, 54 ff.
– Sm „Sprachmalerei"; in: wie HuE, Bd. 86, 1972, 64 ff.
– The Das indische Theater; in: Kindermann, H. (Hrsg.), Fernöstliches Theater, Kröner, Stuttgart, 1966.
– Tot Die Totenseele; in: wie Amb 55 ff.
– Upa Upanischaden, ausgewählt, übers. und kommentiert von P. Th., Reclam, Stuttgart, 1974.
– Unt Untersuchungen zur Wortkunde und Auslegung des Rigveda, Niemeyer, Halle, 1949.
– Wy (Die) Wurzel yat im Veda und Avesta, nebst einem Exkurs über eine altiranische (altindische?) Analogie zum zweiten Abenteuer Sindbads, des Seefahrers; in: Monumentum H. S. Nyberg III (Hommages et Opera Minora III), Pahlavi/Brill, Theheran/Leiden, 1975.

Usener, Hermann, Milch und Honig; in: Kleine Schriften IV, Steiner, Wiesbaden, 1965, 398 ff.

Vennemann, Theo, Biene und Imme; in: Sprachwissenschaft 23, 1998, Winter, Heidelberg, 471 ff.

Vergil, Aeneis, übers. und hrsg. von W. Plankl, Reclam, Stuttgart, 1989.

Vermaseren, Maarten J.,
– CIMRM Corpus Inscriptionum et Monumentorum Religionis Mithriacae, Nijhoff, Den Haag, 1956 und 1960.
– GK Mithras, Geschichte eines Kultes, Kohlhammer, Stuttgart, 1965.
– MiIII Mithriaca III, The Mithraeum at Marino, Brill, Leiden, 1982.
– MiGe Der Kult des Mithras im römischen Germanien, Gentner, Stuttgart, 1974.
– MiRö Mithras in der Römerzeit; in: ders. (Hrsg.), Die orientalischen Religionen im Römerreich, Brill, Leiden, 1981.

Visser, Derkwillem, Flaggen, Wappen, Hymnen, Battenberg, München, 1987.

Vosteen, Markus, Andacht, Ansehen, Anlieferung (und) Die doppelte Erfindung (Kultische Wägen des Westens); in: Archäologie in Deutschland 4, 2001, 16 ff. und 20 ff.

Vries, Jan de, Altgermanische Religionsgeschichte, de Gruyter, Berlin, 1956/57, 2 Bde.

Wagner, Jörg, Kommagene, Heimat der Götter, Harenberg, Dortmund, 1987.

Walther von der Vogelweide; siehe Lachmann.

Waltner-Kallfelz, Isolde, Die Schatzsuche als religiöses Motiv; Harrassowitz, Wiesbaden, 1993.

Wandruszka, Mario, Das Leben der Sprachen, DVA, Stuttgart, 1984.

Weber, Gesine,
- BUZ Wagen und Wagenteile der Bronze- und Urnenfelderzeit in Zentraleuropa, Abschlußarbeit zur Erlangung des Magister Artium, Frankfurt, 1988, (dankenswerterweise als Kopie überlassen).
- TKP Transport-, Kult-, und Prestigeobjekt (Kultische Wägen des Westens); in: Archäologie in Deutschland 4, 2001, 24 f.

Wehrberger, Kurt, Der Löwenmensch; in: wie Bosinski Men, 29 ff.

Weinberger, Eliot, Kaskaden; in: Lettre 52, 2001, 4 ff.

Weinreich, Otto, Antike Heilungswunder, Töpelmann, Gießen, 1909; Reprint: de Gruyter, Berlin, 1969.

Wellhausen, Julius, Reste arabischen Heidentums, Reimer, Berlin, 1897.

Werner, Karel, Indian Concepts of Human Personality; in: Journal of the Royal Asiatic Society 1, 1988, 73 ff., übers. von mir.

West, E. W., Sacred Books of the East, Pahlavi Texts, Part V (Denkard, Books VII and V), translated by E. W. West, Clarendon Press, London, 1897.

Widengren, Geo,
- DM Der Manichäismus (Hrsg.), Wiss. Buchgesellschaft, Darmstadt 1977.
- Feud Der Feudalismus im alten Iran, Westdeutscher Verlag, Köln usw., 1969.
- Harl Harlekinstracht und Mönchskutte, Clownhut und Derwischmütze; in: Orientalia Suecana, Vol. II, Uppsala, 1953, 39 ff.
- HG Hochgottglaube im alten Iran, (Uppsala Universitets Arsskrift 6, 1938) Lundequistka/Harrassowitz, Uppsala/Leipzig, 1938.
- IG Iranische Geisteswelt, Holle, Baden-Baden, 1961.
- Iran Die Religionen Irans, Kohlhammer, Stuttgart, 1965.
- KT The King and the Tree of Life; in: Uppsala Universitets Arsskrift 4, 1951.
- MAG Muhammad – The Apostle of God and his Ascension (King and Saviour V, Uppsala Universitets Arsskrift 1, 1955), Lundequistka/Harrassowitz, Uppsala/Wiesbaden, 1955.
- Mani Mani und der Manichäismus, Kohlhammer, Stuttgart, 1961.
- Phän Religionsphänomenologie, de Gruyter, Berlin, 1969.
- Sem Iranisch-semitische Kulturbegegnung in parthischer Zeit, Westdeutscher Verlag, Köln usw., 1960.
- SI The Sacral Kingship of Iran; in: La Regalità Sacra, Brill, Leiden, 1959, 242 ff.
- SK Sakrales Königtum im Alten Testament und im Judentum, Kohlhammer, Stuttgart, 1955.

Wikander, Stig,
- AM Der arische Männerbund, Diss., Lund, 1938.
- FP Feuerpriester in Kleinasien und Iran, C. W. K. Gleerup, Lund, 1946.
- Vayu Vayu, Lundequistska/Harrassowitz, Uppsala/Leipzig, 1941.

Wilamowitz-Moellendorff, Der Glaube der Helenen, Wiss. Buchgesellschaft, Darmstadt, 1955, 2 Bde.

Wilson, Edward O., Warum haben wir Träume aus der Steinzeit ...?; in: Geo Wissen, Die Evolution des Menschen, 9, 1998, 184.

Windischmann, Friedrich, Die Persische Anahita oder Anaitis; in: Abhandlungen der Philosoph.-Philologischen Classe der Königlich Bayerischen Akademie der Wissenschaften VIII 1, München, 1856, 85 ff.

Winnicott, Donald W., Vom Spiel zur Kreativität, übers. von M. Ermann, Klett-Cotta, Stuttgart, 1995.

Witzel, Michael, Rgvedic History: Poets, Chieftains and Politics; in: Erdosy (s. d.), p. 307 ff.

Woytowitsch, Eugen,

– WI Die Wagen der Bronze- und frühen Eisenzeit in Italien, C. H. Beck, München, 1978.

– WS Die Wagen der Schweiz; in: Helvetia Archaeologica 26, 1995 (Nr. 103/104), 83 ff.

Zarathustra (Y = Yasna); siehe: Lommel Gath; zum Vergleich auch: Humbach Ga I und Ga II, Bartolomae, Hinz, Insler.

Zick, Michael, Am Anfang war Anatolien; in: Bild der Wissenschaft 8, 2000, 58 ff.

Zimmer, Dieter E., Schönheit, was ist das? – in: Die Zeit, magazin 2, 1996, 8 ff.

Zink, Jörg, Trauer hat heilende Kraft, Kreuz-Verlag, Stuttgart, 1988.

Verweise zu den Quellentexten ohne definitiven Autor:

Ägyptische Unterweltsbücher; siehe: Hornung Unt.

Awesta; siehe: Gathas und Yästs.

Beowulf; siehe Lehnert.

Bundehesh, Kleiner; siehe: Justi.

Denkard; siehe: West.

Gathas; siehe: Zarathustra.

Gilgamesch-Epos; siehe: Schott.

Ginza (der Mandäer); siehe: Lidzbarski.

Johannesbuch (der Mandäer); siehe: Lidzbarski.

Osterspiele; siehe: Meier.

Koran; siehe: Mohammed.

Laurin; siehe: Jänicke und Fraund.

Manichäische Texte; siehe: Ibscher, Polotsky, Sundermann.

Mandäische Texte; siehe: Lidzbarski.

Natyasastra; siehe: Ghosh.

Popol Vuh; siehe: Cordan.

Rigveda; siehe: Geldner, Doniger, Grassmann, Thieme Rig, Lommel Rig.

Upanischaden; siehe: Thieme Upa.

Yästs; siehe: Lommel Yt.

Verzeichnis der zitierten Rigveda-Stellen

Die Stellen sind in der Regel nach der Gesamtübersetzung von K. F. Geldner zitiert. Wo mir bekannte, verbesserte Übersetzungen vorliegen, wurden sie unter Verweis auf die Herkunft im allgemeinen vorgezogen. – Textergänzungen sind grundsätzlich eingeklammert; die kursivierten stammen von den Übersetzern, die nicht kursivierten von mir. Auslassungen sind mit »...« markiert; Textstücke aus verschiedenen Liedern durch Zeilenschaltung oder mit »–« getrennt. Zugunsten besserer Lesbarkeit wurden behutsame Veränderungen der Orthographie und Interpunktion vorgenommen.

I. Hinführung

Q 1: VI 8,3. – Q 2: IX 86,43; VII 92,2; VI 44,16; VIII 49,4. – Q 3: VII 33,9,12; X 14,1; 114,10; 135,1 ff.; 164,2. – Q 4: II 15,7.

II. Der Lahme stand fest

Q 1: III 44,3; X 96,1 ff.; I 7,2; VII 34,4; III 44,4; V 38,2; III 44,1. – Q 2: VII 20,3; VIII 66,9; V 29,14; V 30,4; III 32,10; III 48,2; VII 98,3. – Q 3: X 153,1; X 120,9; X 43,1; I 62,10; I 52,1,3. – Q 4: IV 30,24; z. B. X 79,6; X 87,3. – Q 5: X 96,3 ff.; I 101,10; VI 29,6. – Q 6: VIII 12,31; X 111,2; X 99,1; III 49,4 nach Lüders 193; X 96,7. – Q 7: X 73,1 ff. – Q 8: III 49,4 nach Lüders 193. – Q 9: X 73,2. – Q 10: I 110,2,4. – Q 11: IV 35,1; IV 33,2. – Q 12: I 161,10. – Q 13: X 66,10; IV 33,7; IV 36,1. – Q 14: I 110,8. Q 15: I 110,5; I 161,2; IV 33,5. – Q 16: IV 35,2,3; I 161,9. – Q 17: I 20,4; I 110,8; IV 33,3. – Q 18: IV 36,1,2. – Q 19: IV 35,5; IV 33,10; I 20,2. – Q 20: IV 32,23 f. – Q 21: VI 44,19. – Q 22: I 6,2; I 10,3; I 81,3; III 43,6; VIII 32,29; VIII 13,11; X 112,4; VI 40,1. – Q 23: X 41,1; X 35,14; I 82,5 f. – Q 24: I 157,3; V 74,9; V 75,6; V 78,1. – Q 25: X 55,6; X 14,9. – Q 26: VIII 75,5. – Q 27: IV 36,1; VIII 75,5; X 44,1. – Q 28: I 30,16; VI 29,2; VIII 33,11. – Q 29: I 54,5,1; X 73,8; IV 17,10, vgl. I 130,4. – Q 30: VIII 76,11; IV 17,4. – Q 31: IV 17,13; X 43,8; I 56,4. – Q 32: X 73,1; IV 36,2. – Q 33: X 73,9. – Q 34: X 73,3. – Q 35: z. B. X 54,1. – Q 36: X 113,1; IV 17,1. – Q 37: X 55,1; X 120,7. – Q 38: I 154,1 ff.; VII 100,3. – Q 39: V 87,4; I 22,19. – Q 40: I 155,3; I 22,18 f., vgl. zu *rta-sya* Lüders 625; I 156,3 f. – Q 41: VIII 98,1; VIII 96,3. – Q 42: I 10,9; VIII 78,5; III 51,3. – Q 43: VIII 52,3; I 156,5; VIII 12,27. – Q 44: I 61,7; VIII 63,9. – Q 45: I 52,1,3; III 48,4. – Q 46: I 32,2; I 85,9; I 57,2; I 7,2; II 17,6; X 22,4. – Q 47: VIII 77,6 f. – Q 48: VIII 96,2. – Q 49: I 61,7. – Q 50: VIII 77,10 f. – Q 51: VIII 69,14 f. – Q 52: I 22,17. – Q 53: VIII 7,10; I 154,4,5; VIII 77,4; V 29,7 f.; VI 17,11. – Q 54: VIII 45,24. – Q 55: VI 99,4 f. – Q 56: VIII 12,32; III 48,2 f. – Q 57: III 30,14. – Q 58: z. B. III 52,1,7 f. – Q 59: VI 70,5. – Q 60: III 31,11. – Q 61: II 16,5; X 49,10. – Q 62: IV 20,4; III 47,1; VI 41,2; I 30,2,3; X 43,7; II 11,11; I 130,2; VI 47,6; X 113,2. – Q 63: VIII 93,18. – Q 64: X 99,10. – Q 65: VIII 66,8. – Q 66: VI 40,1; III 43,6; III 35,3 f. – Q 67: V 36,2; I 9,3; VIII 61,3 f.; VIII 76,10; X 23,1; X 23,4; X 96,8; II 12,6 nach Thieme Rig 23. – Q 68: VIII 1,23; VIII 2,1; VIII 17,8. – Q 69: V 36,2. – Q 70: VIII 98,8; VIII 13,7; X 50,4 f.; IV 23,1; VI 44,21,2; VIII 13,25. – Q 71: I 64,8; I 166,10 f. – Q 72: z. B. I 51,1; IV 16,14; z. B. X 124,9; X 55,6; z. B. I 51,9. – Q 73: z. B. I 130,7 und II 23,4. – Q 74: VIII 92,3. – Q 75: III 34,1; VI 44,14; VI 47,18. – Q 76: 1 174,1; I 177,19; IV 17,20; III 46,2. – Q 77: z. B. I 82,4; X 41,1. – Q 78: VII 31,12. – Q 79: II 17,1; X 111,1; VIII 51,3; II 11,1; IV 4,9; III 33,10. – Q 80: VIII 3,2; VIII 13,8; III 46,4; I 172,3. – Q 81: I 174,8. – Q 82: I 52,3. – Q 83: VIII 69,15. – Q 84: VIII 91,2. – Q 85: VIII 61,10; III 57,2; VIII 33,5; IV 21,9; VIII 81,6; VII 34,4; VIII 77,11; VIII 61,18; X 180,1. – Q 86: II 33,4,7. – Q 87: X 60,12; X 137,7.

III. Der Blinde wurde sehend,

Teil 1

Q 1: X 61,19; III 39,6. – Q 2: IV 17,3; II 11,5; V 32,6; I 52,10. – Q 3: III 34,4,10; V 31,3; I 51,10; I 62,5; X 111,2,4,5; I 51,4; III 32,8; I 62,5. – Q 4: II 15,7. – Q 5: I 52,6; II 13,5; IV 19,2; III 34,10; VI 62,2; X 138,2; I 53,3; IV 17,11; II 13,7; II 11,6. Q 6: I 163,3. – Q 7: z. B. X 14,1,4. – Q 8: X 97,16. – Q 9: X 164,2. – Q 10: X 135,1. – Q 11: X 137,7. – Q 12: X 135,7. – Q 13: X 135,1; X 154,1. – Q 14: X 68 4 ff. (an Brhaspati). – Q 15: III 31,4; X 67,7; I 166,11; I 87,3. – Q 16: VIII 66,4; I 130,3; VII 27,2; X 68,6 (an Brhaspati); III 30,14. – Q 17: IV 16,8; I 53,2. – Q 18: VI 47,6; I 30,16; VIII 61,3; VIII 33,11; III 31,15; I 53,3. – Q 19: X 48,1. – Q 20: I 85,8. – Q 21: III 31,9; X 62,2; IV 3,11 nach Lüders 510 f.; X 62,7. – Q 22: X 89,7. – Q 23: VIII 66,4; I 130 3. – Q 24: X 37,11; X 85,44. – Q 25: VIII 14,7; X 113,5; II 15,2; II 12,2 nach Thieme Rig 22; II 11,7; VII 84,2. – Q 26: VIII 14,5; VIII 70,6; VIII 12,7; I 52,11,13. – Q 27: I 56,4; II 17,4; X 73,11; VI 47,8. – Q 28: IX 73,5; IX 41,1; I 130,8. – Q 29: II 13,6 f.; X 89,13; X 55,2. – Q 30: I 7,2; I 33,10; II 14,3. – Q 31: IV 36,1. – Q 32: III 44,3. – Q 33: VI 70,1,6. – Q 34: X 14,2. – Q 35: III 30,10; VII 31,8; I 85,2,10; VII 56,16; II 34,12. – Q 36: III 30,9,4; II 11,7 f. nach Lüders 172; II 17,5; VI 30,3; IV 19,4; X 44,8; VI 30,3; II 12,3 nach Thieme Rig 22 f. – Q 37: IV 17,2. – Q 38: IV 175,5; I 63,1; II 11,9,15 nach Lüders 172. – Q 39: IV 17,4; I 52,2. – Q 40: III 30,5. – Q 41: X 173,1 ff. – Q 42: V 31,3; VIII 14,5; II 17,5; II 11,77. – Q 43: II 11,8 f. – Q 44: I 56,5; X 153 1,3; II 15,2; III 49,4 nach Lüders 193; II 17,5. – Q 45: II 17,4,2; VIII 14,5; VI 47,5; II 15,2; VI 44,21. – Q 46: I 52,8; VIII 12,30; V 45,2. – Q 47: V 11,3; VII 16,3; IV 5,1; VI 8,2,3; IV 13,5. – Q 48: III 8,1,3,4; IV 6,3. – Q 49: III 8,6,9,10. VII 35,7. – Q 50: I 51,4; II 13,5. – Q 51: I 188,9. – Q 52: VI 49,6; X 53,9; X 2,9. – Q 53: I 188,9. – Q 54: III 55,20. – Q 55: X 53,9. – Q 56: X 10,5. – Q 57: X 81,7; X 82,3,1,2. – Q 58: X 81,1. – Q 59: VIII 61,3 f.; VIII 76,10. – Q 60: IV 17,12; X 113,5. – Q 61: IV 17,1; I 52,10; VI 72,2,3. – Q 62: I 57,5. – Q 63: I 63,1; X 55,1. – Q 64: III 44,3,2; I 62,7. – Q 65: VII 35,9.

Teil 2

Q 1: III 31,6. – Q 2: X 108,2,8. – Q 3: V 45,7; I 104,5. – Q 4: I 62,3; IV 16,8; I 62,3; VI 20,4; I 72,8. – Q 5: X 14,10 ff. nach Lommel Rig 107. – Q 6: I 53,2; III 31,7; X 68,7 ff. (an Brhaspati), vgl. zu 7 Lüders 522. – Q 7: IV 13,5; IV 5,1. – Q 8: V 29,7. – Q 9: X 4,5. – Q 10: X 4,3. – Q 11: III 29,3; I 140,3; I 95,1; III 26,3; I 140,2; III 55,6; VI 16,11; III 23,1. – Q 12: III 23,3; I 95,2; III 29,13; IV 6,8; I 71,1. – Q 13: X 92,2; VII 7,3; VIII 19,31; VII 9,1; III 29,14; VII 10,1; V 1,4; III 29,3. – Q 14: X 4,4; I 141,2; III 29,3. – Q 15: X 10,7,11. – Q 16: III 9,7. – Q 17: I 58,5; I 140,6; VIII 60,13; VI 16,39; III 7,5; VII 3,2; I 65,9. – Q 18: X 115,1. – Q 19: X 69,2; X 79,3,6; V 7,7; I 149,3; VIII 43,4,6,8; V 15,3. – Q 20: III 28,2; IV 3,10; III 21,5,2; X 69,2; VIII 43,10. – Q 21: III 29,3; V 41,10; X 79,2,5; III 7,3; X 87,9; III 15,3; X 87,10; III 22,2; V 11,1; III 27,5; III 1,18; I 146,1; I 31,13. – Q 22: VI 41,3; X 169,3. – Q 23: X 94,4. – Q 24: IX 62,4; IX 82,3. – Q 25: IX 33,5; IX 5,6; IX 69,3; IX 83,3; IX 41,1; IX 5,6; IX 94,2. – Q 26: IX 8,4; IX 68,7; IX 93,1; IX 1,8; IX 38,3. – Q 27: III 53,10; X 94,1 ff.,14; IX 13,7. – Q 28: X 94,14. – Q 29: IX 1,2. – Q 30: IX 38,5; IX 85,9; IX 92,6; IX 57,3; IX 43,5; IX 110,10; IX 65,25; IX 37,2; IX 68,9; IX 67,14; IX 70,7; IX 71,6; IX 74,8; IX 75,3; IX 11,5; VIII 53,3; IX 69,4; IX 101,14; IX 104,1 f.; IX 70,1; IX 61,21; IX 96,7 f.; IX 86,32. – Q 31: X 96,5,8. – Q 32: IX 70,9 f.; IX 39,5; VIII 12,1; VIII 97,7; VIII 17,7; IX 86,2; IX 81,1; IX 85,3; IX 63,19; IX 61,14; X 43,3. – Q 33: VII 92,2; X 123,1. – Q 34: X 94,9; I 52,1 ff. – Q 35: X 79,2,6; X 115,2; X 79,1; VII 4,2; I 58,5; II 2,5; V 22,4; X 87,3; VIII 60,13; I 148,4. – Q 36: X 20,3; V 7,7; III 29,13. – Q 37: X 156,5; VI 16,40 f. – Q 38: VI 16,11; III 19,4; III 28,2. – Q 39: I 66,8. – Q 40: X 21,5. – Q 41: VIII 46,14; III 37,3; I 57,3; II 20,6; VI 18,8; VII 22,5; VI 18,7; VII 32,17. – Q 42: VIII 52,7. – Q 43: IV 1,2. – Q 44: V 67,1. – Q 45: V 69,3 f. – Q 46: V 66,6; V 62,8; V 63,1; VII 87,5; V 67,3 f.; V 71,2. – Q 47: VI 51,5 f. – Q 48: X 68,4 (an Brhaspati). – Q 49: V 67,4. – Q 50: I 51,9. – Q 51: III 44,4; X 44,1. – Q 52: VIII 70,6. – Q 53: IX 83,3; VIII 32,24; V 36,5; VIII 33,11;

VII 24,4. – Q 54: I 51,1; VIII 4,10; I 32,3; X 55,6; X 124,9; VII 103; IV 16,4; IX 57,3, vgl. IV 16,14; X 99,8. – Q 55: VIII 96,7; VIII 93,14; I 52,10. – Q 56: VIII 6,16; V 30,6; V 32,4; III 32,6; IV 19,3; I 103,7. – Q 57: I 52,10; V 29,4; I 61,10; VIII 96,7; VI 17,10. – Q 58: I 80,5; I 52,6; VIII 6,13; I 56,6; X 105,7. – Q 59: I 52,15; III 30,16 f.; X 152,3; III 32,4. – Q 60: V 32,3; I 32,5; V 32,4; VIII 100,7; II 11,9; V 29,4; VIII 6,16; V 32,6; VIII 6,13; VIII 6,6; X 96,4. – Q 61: I 32,5,10; V 32,8; X 113,7; I 80,4. – Q 62: X 49,6,8. – Q 63: X 138,6. – Q 64: VIII 6,16 f.; III 30,8 ff.; I 51,4; I 32,4 nach Thieme Rig 26. – Q 65: III 32,11. – Q 66: III 30,8 nach Wikander Vayu 174; I 32,7; V 32,8. – Q 67: VI 50,14; X 64,4; X 66,11. – Q 68: IV 19,3. – Q 69: I 54,10; V 32,6,4; III 30,16 f. – Q 70: X 105,7; II 30,3; X 73,5 beide nach Lüders 180; V 29,4. – Q 71: VIII 93,14. – Q 72: VIII 6,6; VIII 76,2; I 52,10. – Q 73: X 99,6. – Q 74: IV 1,11. – Q 75: VII 38,5; VII 35,13; VII 34,16 f.; X 93,1,5. – Q 76: II 13,12. – Q 77: IV 19,9. – Q 78: VIII 79,2; X 25,11. – Q 79: X 124,6. – Q 80: X 4,5. – Q 81: X 8,1,9. – Q 82: X 135,1. – Q 83: X 14,2. – Q 84: I 163,3. – Q 85: X 13,4. – Q 86: X 44 8; I 7,3; I 130,3; IV 28,5; VI 17,5; IV 1,17. – Q 87: I 62,10; X 73,6. – Q 88: III 14,4; III 21,5; IX 45,3; VI 69,3; VIII 3,24. – Q 89: VIII 96,7; VIII 7,31; I 52,10. – Q 90: III 30,16; I 52,6. – Q 91: VII 33,1; IV 2,15; X 62,2; II 11,20. – Q 92: VI 47,18; III 53,8 nach Lüders 547; III 48,3; VI 22,1. – Q 93: X 68,9; II 17,5; VIII 89,7; I 121,2. – Q 94: I 51,5; I 32,12. – Q 95: IV 30,19; IV 32,2. – Q 96: I 64,12; V 52,12; I 88,4; II 34,5; I 88,1. – Q 97: I 85,10. – Q 98: V 53,3. – Q 99: VIII 20,22; X 78,1,6; V 57,2; VII 56,16; I 85,2,4; VIII 7,24 f.; VII 59,7; I 167,2. – Q 100: V 57,5; III 30,10; I 166,11; VIII 20,9. – Q 101: V 55,6; V 57,1; I 37,3; I 87,2; I 116,18, Schnabeldelphin nach Thieme HuE 41; V 58,2; VIII 7,35; V 56,3; I 64,8. – Q 102: V 54,10; VII 56,20; I 86,10; V 57,3; I 37,7; VIII 7,34; V 57,4; V 58,7; VIII 94,11. – Q 103: I 64,5; IX 74,4; II 34,13. – Q 104: II 34,13; I 168,9; VII 57,3. – Q 105: I 168,2; VIII 7,36.

IV. Es erhob sich der Aussetzling

Q 1: I 121,2. – Q 2: VIII 96,7. – Q 3: IV 18,11. – Q 4: II 13,1 f., 12. – Q 5: IV 18,13. – Q 6: VII 35,13; VII 34,17. – Q 7: IX 96,15; IX 74,3; X 63,3; I 153,4. – Q 8: X 36,3 f.; VIII 47,9; V 42,2; VIII 67,10 f.; VIII 18,6; X 64,13. – Q 9: III 32,6; IV 19,3; V 32,8. – Q 10: I 53,7; I 54,6; VIII 99,6. – Q 11: VIII 100,8; I 51,11; VI 20,4 f.; I 56,3; VIII 1,28; X 138,4; X 67,5,7. – Q 12: I 32,9. – Q 13: V 30,9. – Q 14: I 32,11 nach Lommel AK 36; I 103,7; X 138,1; III 31,4; II 15,7. – Q 15: V 30,10; II 27,7; I 72,9. – Q 16: I 55,2; VIII 92,22; I 30,3; II 15,3; III 46 4. – Q 17: II 11,2; V 32,1,2; X 73,2; IV 16,7. – Q 18: IV 19,5; III 33,1. – Q 19: V 45,2; IV 16,4 f.; I 32,2; VI 72,1 ff. – Q 20: I 153,4. – Q 21: X 63,2. – Q 22: VIII 67,11 f. – Q 23: VI 67,2,4. – Q 24: X 72,3 f., 9. – Q 25: VIII 29,2; IX 26,1; X 70,7; VIII 12,32; X 64,13; IV 1,12; IX 72,6 f. – Q 26: X 22,14. – Q 27: III 30,8 nach Wikander Vayu 174. – Q 28: I 48,15. – Q 29: X 101,1; VII 71,1; X 172,4; V 80,2; IV 51,6; VII 90,4. – Q 30: VIII 19,31; III 17,3. – Q 31: VII 18,2. – Q 32: I 113,1,14 ff.,19. – Q 33: V 76,1; III 30,13. – Q 34: I 113,12,14 f.; I 124,8,11; I 188,6; I 122,2; I 92,1,4; IV 58,9. – Q 35: III 30,13. – Q 36: IV 39,1; IV 40,1. – Q 37: III 61,4 f.; I 48,5,8,15; I 92,12; VII 81,4. – Q 38: I 92,6,9,12; VII 77,3,5. – Q 39: I 124,1,4; I 113,5,7; VII 81,1; IV 51,5; V 47,1; I 113,19; I 113,4. – Q 40: V 32,4. – Q 41: II 30,3; X 73,5 beide nach Lüders 180; V 29,4. – Q 42: X 70,6; I 122,2; III 55,11. – Q 43: VII 71,1; I 113,14; IV 52,6; I 92,11 f.; I 123,1; VII 77,1; IV 16,4; VII 82,1; VII 76,1. – Q 44: VII 77,2 f.; III 61,3 ff.; VI 64,2,5; I 124,6. – Q 45: VIII 2,42; III 33,1. – Q 46: I 52,3. – Q 47: I 123,6,9,10 f.; V 80,6; I 124,4,7; I 92,4,6,9,11. – Q 48: I 123,2; III 55,14; IV 51,2; VII 75,1; I 92,9; I 113,19; VII 75,2; V 80,2,4 ff. – Q 49: IX 5,6. – Q 50: III 61,7. – Q 51: I 123,10; III 61,3; V 80,5; VII 80,2; V 80,2; I 123,2; VII 75,1. – Q 52: V 45,2; I 113,12; VII 75,1; V 80,1,4. – Q 53: I 124,6 ff.; I 92,4; V 80,6; I 48,6. – Q 54: V 79,6 f.; I 124,10 f. – Q 55: I 48,5; I 124,12. – Q 56: I 124,7 f.; IV 80,6; I 48,6. – Q 57: VIII 2,42. – Q 58: IV 18,5. – Q 59: I 51,10. – Q 60: III 49,2, III 51,4; X 29,1; IV 25,4. – Q 61: VI 46,3. – Q 62: III 44,4. – Q 63: VIII 50,6. – Q 64: VIII 71,13; VII 36,9. – Q 65: IX 69,3. – Q 66: IX 68,9; IX 75,3; IX 62,19; IX 109,17; IX 86,23; IX 2,10; IX 60,4. – Q 67: VII 33,13. – Q 68: III 17,3. – Q 69: I 124,3; VII 78,4; IV 51,6,9; V 80,6; I 124,8; I 92,10; III 61,1; I 113,13; I 124,6. – Q 70: X 85,45. – Q 71: VII 77,2; I 113,7; I 124,3. – Q 72: I 53,7; X 138,4. – Q 73: VI 60,2; II 20,5; II 15,7. – Q 74: IV 36,1,2. – Q 75: X 85,14,18; X 41,1; I 157,3,6; V 77,3; IV 45,3; I 34,2;

I 22,3; V 74,9; V 75,6; V 78,1. – Q 76: I 121,3; VIII 9,17 f.; VII 69,4,1 nach Lommel Rig 46; VII 78,4. – Q 77: I 116,17; I 49,2; VII 69,3 nach Lommel Rig 46. – Q 78: I 82,4 ff.; VI 44,23. – Q 79: X 138,5. – Q 80: II 15,6. – Q 81: IV 30,8 ff. – Q 82: IV 18,13. – Q 83: II 32,6 ff.; z. B. X 10,1 ff. – Q 84: I 157,6; VI 62,10; VIII 9,18; VIII 26,15. – Q 85: VII 90,4. – Q 86: I 113,14; VII 91,2; IV 16,4; III 55,11. – Q 87: I 123,9; VII 77,2. – Q 88: IX 70,7. – Q 89: VIII 2,42. – Q 90: VI 59,6; I 152,3. – Q 91: II 12,2 f.,7,6,13 nach Thieme Rig 22 ff.

Namenregister

Auswahl aus dem Haupttext. Götter, Heroen und religiös-charismatische Personen sind kursiv aufgeführt.